Geschichte

Industrialisierung

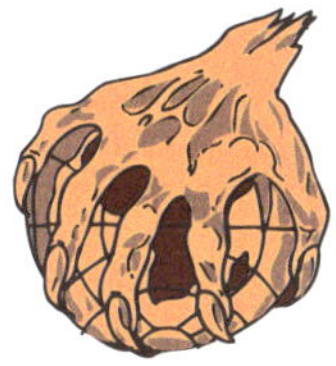

Zeitalter des Imperialismus

ntdeckung Amerikas

Amerikanische Revolution

Erster Weltkrieg

Neuzeit

Beginn der Neuzeit um 1500

Beginn der Neueren Geschichte 1789

Beginn Neueste Geschichte und Zeitgeschichte ab 1918

Geschichte

Reformation

Französische Revolution

Eur
Re

Geschichte

deutscher Nation

Paulskirchen-parlament

Deutsches Kaiserreich

Die Reise in die Vergangenheit

Baden-Württemberg 7/8
Differenzierende Ausgabe

Herausgegeben von Hans Ebeling
und Prof. Dr. Wolfgang Birkenfeld

Bearbeitet von:
Katja Bienert, Dieter Christoph, Cathrin Schreier, Philipp Seitz und Kirsten Waibel-Gassert

Mit Beiträgen von:
Johannes Derichs, Erik Freedman, Jürgen Gericke, Michael Gollert, Uwe Hofemeister, Martin Mirwald, Wolfgang Pankratz, Volker Punzel, Gabriele Reißmann, Heike Schuster, Uta Usener und Anke Walzer-Mirwald

westermann

Druck A^3 / Jahr 2017
Alle Drucke der Serie A sind im Unterricht parallel verwendbar.

Redaktion: Dr. Alexander Fleischauer
Layout und Umschlaggestaltung:
Janssen Kahlert Design & Kommunikation, Hannover
Druck und Bindung: westermann druck GmbH, Braunschweig

ISBN 978-3-14-**110781**-4

Liebe Schülerinnen und Schüler,

vor euch liegt euer neues Buch für das Fach Geschichte. Es will euch zu einer „Reise in die Vergangenheit“ einladen. Dieses Buch soll euch helfen, selbstständig Geschichte zu entdecken. Wir, die Autorinnen und Autoren dieses Buches, haben dazu viele Bilder und Texte zusammengestellt, die vom Leben der Menschen in früheren Zeiten berichten. Für eine Reise benötigt ihr eine geeignete Ausrüstung. Euer Buch bietet euch verschiedene Hinweiszeichen. Sie helfen euch dabei, euch bei eurer Reise in die Vergangenheit zurechtzufinden.

Unbekannte oder schwer verständliche Wörter sind im Text unterstrichen. Im Anhang ab S. 292 könnt ihr diese Wörter nachschlagen.

Allmende

Mit dem Buchstaben **Q** sind Textquellen gekennzeichnet. In diesen Texten haben Menschen lange vor unserer Zeit ihre Gedanken aufgeschrieben. Diese Textquellen müsst ihr genauer untersuchen.

Q1

Der Buchstabe **M** bezeichnet alle Materialien, die sich auf den Seiten eures Schulbuches finden.
M kann eine Bildquelle, eine Karte, eine Zeichnung oder eine Tabelle sein.

M1

Webcodes bieten euch einen Zugang zu spannenden Angeboten z. B. Filmen, virtuellen Rundgängen oder 3D-Animationen. Hierfür müsst ihr den Code unter www.westermann.de in das Suchfenster eingeben.

Webcode

Arbeitstechnik-Seiten stellen euch die Arbeitstechniken des Faches Geschichte vor. Auf diesen Seiten könnt ihr z. B. lernen, wie man Herrscherporträts analysiert, Karikaturen interpretiert oder Statistiken auswertet.

Arbeitstechnik

Geschichte erleben-Seiten enthalten Anregungen zum Ausprobieren und Entdecken. Ihr könnt z. B. ein mittelalterliches Wappen gestalten.

Geschichte erleben

Auf den **Auf einen Blick**-Seiten findet ihr eine Zusammenfassung mit allen wichtigen Informationen und Begriffen des Kapitels sowie eine Zeitleiste mit den wichtigsten Daten.

Auf einen Blick

Auf den **Kann ich ...?**-Seiten könnt ihr die Fähigkeiten und Kenntnisse, die ihr im Unterricht erworben habt, selbstständig überprüfen. Mit den zusätzlichen Materialien könnt ihr das Gelernte wiederholen, üben und anwenden.

Kann ich ... ?

Fenster zur Welt-Seiten ermöglichen euch den Blick auf andere Erdteile und Kulturen. Ihr erfahrt, was sich an verschiedenen Orten zeitgleich abgespielt hat, z. B. wie das Osmanische Reich entstanden ist und warum Amerika entdeckt wurde.

Fenster zur Welt

Der Anhang enthält ein Methodenglossar und Worterklärungen. Hier könnt ihr wichtige Begriffe nachschlagen und ihr findet Zusammenfassungen der im Buch vorgestellten Arbeitstechniken. Ihr könnt das rote Bändchen nutzen, um diese Seiten schnell wiederzufinden.

ARBEITSAUFTRÄGE

Hinweise zur Bearbeitung der Arbeitsaufträge

Die Arbeitsaufträge leiten euch dazu an, Texte und Abbildungen auszuwerten und Zusammenhänge zu verstehen.

→]

Bei einigen Arbeitsaufträgen erhaltet ihr eine Hilfestellung, um die Aufgaben besser verstehen und bearbeiten zu können.

Operatoren

Jede Aufgabe im Buch beginnt mit einem Operator. Ein Operator ist das Verb, mit dem die Aufgabe eingeleitet wird und das euch angibt, wie ihr eine Aufgabe erledigen sollt (z. B. Erkläre … / Vergleiche …).
Eine Liste mit Erklärungen zu allen in diesem Buch verwendeten Operatoren findet ihr ganz hinten im Buchdeckel.

Durch die Operatoren ergeben sich verschiedene Anforderungsbereiche, also leichtere und schwierigere Aufgaben.

Damit ihr den Schwierigkeitsgrad gleich auf den ersten Blick erkennen könnt, sind die Arbeitsaufträge mit kleinen Klammern vor der Ziffer versehen. Diese Klammern sagen euch, in welchem Anforderungsbereich die Aufgabe liegt, also was bei der Beantwortung der Frage von euch erwartet wird und was nicht.
Es werden drei Anforderungsbereiche unterschieden:

Anforderungsbereich I

Aufgaben im Anforderungsbereich I sind die leichtesten. Hier sollt ihr neu erworbenes Wissen wiedergeben. Achtet darauf, dass ihr die Aufgaben gründlich und vollständig beantwortet, aber nichts hinzufügt, was gar nicht gefordert ist.
Die Arbeitsaufträge des Anforderungsbereichs I sind mit einer Klammer vor der Aufgabennummer versehen.

) 1. Beschreibe …

Anforderungsbereich II

Bei den Aufgaben im Anforderungsbereich II sollt ihr bekannte Inhalte selbstständig untersuchen und danach erklären und begründen, wie es zu einem Ereignis kam und welche Folgen es hatte. Hier seid ihr also etwas mehr gefordert als bei Aufgaben des Anforderungsbereichs I. Die Aufgaben lassen sich aber mit den auf der Schulbuchseite zu findenden Informationen beantworten.
Diese Aufgaben sind mit zwei Klammern gekennzeichnet.

)) 2. Analysiere …

Anforderungsbereich III

Die Aufgaben aus dem Anforderungsbereich III sind die schwierigsten. Hier sollt ihr euch mit neuen Inhalten und Problemen auseinandersetzen, um sie dann zu bewerten und Stellung dazu zu nehmen.
Aufgaben aus diesem Anforderungsbereich haben drei Klammern.

))) 3. Überprüfe …

Gemeinsam zum Ziel

Das vorliegende Schulbuch bietet viele Möglichkeiten für eine spannende Reise in die Vergangenheit. Dabei soll keiner unterwegs über- oder unterfordert werden. Daher sind die Seiten in unterschiedliche Schwierigkeitsgrade aufgeteilt.

Für alle – grundlegendes Niveau

Seiten, die oben im Seitenkopf mit den drei Farben gelb, blau und grün gekennzeichnet sind, richten sich an alle. Sie sind leicht zu verstehen und zu bearbeiten. Die geschichtlichen Themen, die auf diesen Seiten vorgestellt werden, sind grundlegend, das bedeutet, alle müssen sie behandeln.

Für Schnelle – mittleres Niveau

Seiten, die mit blau und grün gekennzeichnet sind, richten sich an schnelle Schülerinnen und Schüler. Hier werden zusätzliche Themen behandelt, die vertiefende Einblicke in die geschichtlichen Abläufe und Ereignisse ermöglichen. Die Texte und Fragestellungen auf diesen Seiten sind etwas kniffliger.

Für Experten – erweitertes Niveau

Diese Seiten sind nur mit einem grünen Viereck im Seitenkopf gekennzeichnet. Hier werden weiterführende Themen behandelt. Sie sind schwieriger als die übrigen Seiten im Buch.

Falls ihr mit den grundlegenden Seiten schnell fertig seid, könnt ihr eure Lehrkraft fragen, ob ihr eine Seite mit höherem Schwierigkeitsgrad bearbeiten dürft.

Auf den **Auf einen Blick**-Seiten sind rechts die historischen Begriffe abgedruckt, die ihr nach der Bearbeitung des Kapitels erklären können sollt. Auch hier finden sich die drei Symbole wieder.
Die Begriffe, die alle beherrschen sollen, sind mit gekennzeichnet.
Die Begriffe für die Schnellen sind mit hervorgehoben.
Die schwierigen Begriffe, welche die Experten erklären können sollen, stehen unter dem grünen Viereck .

Viel Spaß bei eurer Reise in die Vergangenheit!

Mittelalterliche Lebenswelten

Das Mittelalter von ca. 500 bis 1500 n. Chr. galt lange als düstere Zeit. Doch heute übt diese Epoche auf viele Menschen Faszination aus.
In diesem Kapitel erarbeitet ihr die zentralen Lebensräume der mittelalterlichen Gesellschaft: Land, Burg, Stadt und Kloster. Ihr setzt euch mit den friedvollen und kriegerischen Kontakten der europäischen Christen mit anderen Kulturen auseinander.
Ihr lernt, regionalgeschichtliche Spuren in die Epoche des Mittelalters einzuordnen und Deutungen aus verschiedenen Perspektiven zu untersuchen. Ihr übt, Informationen im Internet zu recherchieren sowie eine Erkundung zu planen und durchzuführen.

Bauern bei der Kornernte (Gemälde von Pieter Bruegel, 1565)

M1 Die mittelalterliche Stadt Esslingen lädt zum Besuchen ein.

M2 Die hier abgebildete Stadtkirche St. Dionys ist eine von vier mittelalterlichen Kirchen.

Das mittelalterliche Esslingen am Neckar

Der Begriff Mittelalter bezeichnet die Epoche in der Mitte zwischen zwei anderen großen Zeitabschnitten, der Antike und der Neuzeit, und ist zeitlich etwa zwischen 500 und 1500 einzuordnen.

Viele Menschen verbinden mit dem Mittelalter Ritter, Burgen und die Gründung zahlreicher Städte, obwohl die meisten Menschen damals auf dem Land lebten.

Leben im mittelalterlichen Esslingen am Neckar

Ein typisches Beispiel für eine mittelalterliche Stadt ist Esslingen am Neckar. Den Besuchern fallen heute vor allem die vielen gepflegten Fachwerkhäuser auf. Vorwiegend die reichen Bewohner der Stadt lebten in diesen. Eine Stadtmauer mit 28 Toren und 50 Türmen schützte damals Esslingen am Neckar gut vor Angreifern.

Der christliche Glaube prägte das Leben der Menschen. Dies wird durch die zahlreichen Kirchen für den Besucher erkennbar. Vom einstigen Kloster ist heute nur noch das Münster St. Paul erhalten. Dort fanden im Mittelalter gläubige Menschen ein Leben in Ruhe, Abgeschiedenheit und im Dienste Gottes.

Die Stadt Esslingen am Neckar wurde im Schutz der Burg gegründet. In dieser lebten der Burgherr, seine Ritter und Bedienstete.

Neben der Burg prägen heute die Kanäle das Stadtbild von Esslingen. Im Mittelalter transportierten Händler ihre Waren auf dem Neckar in andere Städte oder boten sie auf dem Marktplatz zum Verkauf an.
In den angrenzenden Dörfern lebten Bauern. Ihr Leben war geprägt von harter Arbeit auf den Feldern und in den Weinbergen.

M 3 Vielfältige Eindrücke von Esslingen am Neckar

ARBEITSAUFTRÄGE

- › **1.** Nenne den zeitlichen Umfang des Mittelalters.
- ›› **2.** Erkläre den Begriff Mittelalter.
- ›› **3.** Charakterisiere das mittelalterliche Leben in Esslingen am Neckar.
- ››› **4.** Gestalte eine Collage zu einer mittelalterlichen Stadt in deiner Umgebung.

→ **zu 3.**
Nutze auch das Bildmaterial.

Die Ständegesellschaft im Mittelalter

Ein Leben in Ständen

Die Menschen im Mittelalter lebten in einer strengen und unveränderbaren Ordnung. Sie waren entweder Mitglied der Geistlichkeit, also der Kirche, Adlige oder Bauern. Über allen stand der König. Da die meisten Menschen als Bauern auf dem Land lebten, wird diese Gesellschaftsform als Agrargesellschaft bezeichnet. Die Zugehörigkeit zu einem dieser Stände war durch die Geburt bestimmt.

Lediglich der Klerus bildete hier eine Ausnahme. Er war die Gesamtheit aller Angehörigen des geistlichen Standes. In diesen konnte keiner hineingeboren werden, da Kirchenvertreter weder heiraten noch Kinder zeugen durften. So kauften sich nicht erbberechtigte Adlige in diesen ein.

Zwischen den einzelnen Ständen gab es große Unterschiede.

M 1 Ein mittelalterlicher Bischof (Rekonstruktionszeichung)
Neben Bischöfen gehörten auch Äbte und Äbtissinnen sowie Mönche, Nonnen und Priester zum geistigen Stand, dem Klerus.

Q 1 Der Bischof von Laon zur Ständeordnung (1016)

Das Haus Gottes ist dreigeteilt: Die einen beten, die anderen kämpfen, die dritten endlich arbeiten. Diese drei … können nicht getrennt werden. Die Dienste des einen sind die Bedingungen für die Werke der beiden anderen. Jeder trachtet danach, das Ganze zu unterstützen.

Webcode:
Arbeitsblatt zur Ständeordnung
WES-110781-101

M 2 Jesus Christus in der Mitte des Bildes befiehlt den Ständen: Du bete! Du beschütze! Du arbeite! (Holzstich, 1492)

Der König als Lehnsherr

Der König als oberster Grund- und Lehnsherr konnte nicht überall im Land zur gleichen Zeit sein. Deshalb brauchte er Leute seines Vertrauens, die ihm halfen, das Land zu regieren und zu verwalten. Das waren die sogenannten Kronvasallen, zum Beispiel Herzöge und Bischöfe. Sie erhielten kein Geld für ihre Dienste, sondern Land. Dies bekamen die Kronvasallen aber nicht geschenkt, sondern nur geliehen. Deshalb wurde das Land Lehen genannt. Die Kronvasallen konnten dieses Land an einen Untervasallen weiter verleihen.

Das Lehnswesen

Der Lehnsherr versprach bei der Übertragung des Lehens seinem Vasallen Schutz und Verteidigung. Der Lehnsmann musste ihm dafür den Treueeid schwören, der ihn zu lebenslanger Gefolgschaft und Waffendienst verpflichtete. Ein Lehen konnte nicht nur Land, sondern auch ein Amt sein, welches einem Vasallen das Einkommen sicherte.

M3 König werden konnte im Mittelalter nur ein hoher Adliger. Wichtige Fürsten wählten ihn und schworen ihm Treue. Dafür erhielten sie als Kronvasallen ein Lehen (zeitgenössische Malerei).

M4 Das Lehnswesen im Mittelalter

ARBEITSAUFTRÄGE

- › **1.** Nenne die mittelalterlichen Stände.
- ›› **2.** Erläutere den Begriff Klerus.
- ›› **3.** Arbeite aus Q1 und M2 die Aufgaben der drei Stände heraus.
- › **4.** Beschreibe das Bild M3.
- ›› **5.** Erkläre das in M4 dargestellte Lehnswesen.
- ››› **6.** Erörtere die Vor- und Nachteile des Lehnswesens für einen Kronvasallen.

Von der Freiheit in die Abhängigkeit

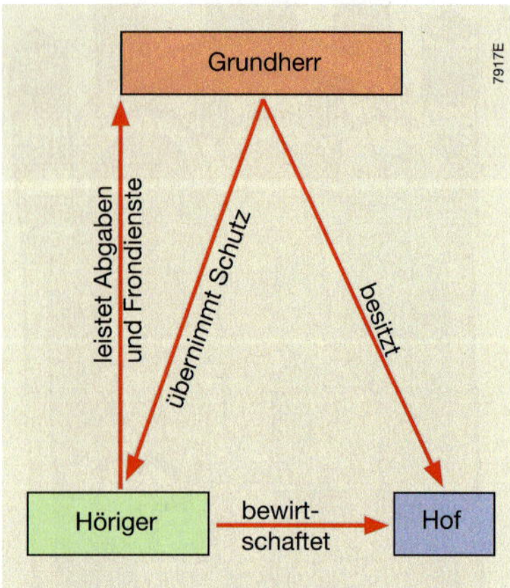

M 1 Die Grundherrschaft als Schaubild

Im 6. Jahrhundert lebten die meisten Menschen in Europa als freie Bauern, die ihr eigenes Land bewirtschafteten. Sie zahlten keine Abgaben, dienten aber ihrem König im Krieg. Jedermann durfte im Wald Holz schlagen und jagen, in den Flüssen und Seen fischen und die Wildnis zu Ackerland machen.

Wegen der Pflicht zum Kriegsdienst konnte der Bauer sich aber nicht genügend um seine Felder kümmern. Auch wurde nach seinem Tod sein Besitz unter den Söhnen gleichmäßig aufgeteilt. So schrumpften die Ackerflächen und Höfe. War beispielsweise eine Ernte schlecht, musste sich der Bauer Geld leihen, um neues Saatgetreide zu kaufen. Wer zu viele Schulden gemacht hatte, übergab sein Land einem Grundherrn, der dann diese Rückstände bezahlte. Der Bauer war nun zwar abhängig, musste aber keinen Kriegsdienst mehr leisten. Dieses Abhängigkeitsverhältnis heißt Grundherrschaft.

Q 1 Der Bischof Buchard von Worms zur Abhängigkeit der Bauern (1010)

Wegen der Sünde des ersten Menschen ist dem Menschengeschlecht als Strafe Knechtschaft auferlegt worden. Gott hat jenen, für die die Freiheit nicht passt, in großer Barmherzigkeit die Knechtschaft auferlegt … Die einen hat er zu Knechten, die anderen zu Herren eingesetzt.

Jährliche Abgaben:
- Feldzehnt (Getreide, Wein, Garten- und Baumfrüchte),
- Blutzehnt (Haustiere und tierische Erzeugnisse: Eier, Milch, Butter, Honig, Wachs, Felle, Wolle)
- Grundzins (Abgabe nach der Größe des Landes)
- Kopfsteuer (Abgabe nach der Anzahl der Familienmitglieder)
- Abgaben zu bestimmten Festtagen

Besondere Abgaben:
- Abgaben für eine Heiratserlaubnis
- Abgaben beim Todesfall des Bauern (das beste Stück Vieh und das beste Kleidungsstück)
- Abgaben im Kriegsfall

Frondienste:
- Arbeiten beim Grundherrn
- Sonderarbeit zur Aussaat- und Erntezeit
- Bereitstellung von Arbeitskräften, Zugtieren und Wagen (z. B. beim Holzschlag, Wege- und Brückenbau)

Abgaben und Frondienste

Der Bauer durfte den Hof jetzt als Höriger weiter bewohnen und das Land bewirtschaften. Aber er zahlte dafür nun Abgaben, den Zehnt. Das bedeutet, dass er den zehnten Teil des jährlichen Ertrags von Ackerbau und Viehzucht seinem Grundherrn abzugeben hatte. Der Hörige musste auch bestimmte Aufgaben, die Frondienste, für seinen Grundherrn erledigen. Dazu gehörte unter anderem die Bewirtschaftung seiner Felder. Die Arbeiten für den Grundherrn hatten Vorrang.

M 2 Ein Aufseher überwacht die Bauern bei der Fronarbeit auf dem Getreidefeld des Grundherrn. (Buchmalerei, um 1300)

M 3 Einige Bauern übergeben dem Grundherrn ihre Abgaben. (Holzschnitt, 1479)

Das Leben als Höriger

Der Hörige war kein freier Mann mehr. Seinen Hof oder das Dorf durfte er nur mit der Erlaubnis seines Grundherrn verlassen. Auch wenn er heiraten wollte, musste dieser damit einverstanden sein. Heiratete ein freier Bauer eine Hörige, dann waren die Kinder aus dieser Ehe auch Hörige. Er durfte auch nicht jagen, denn die Jagd war allein dem Grundherrn vorbehalten. Unerlaubtes Jagen wurde streng bestraft.

Hörig zu sein hatte auch Vorteile: Kriegsdienste brauchte der Hörige nicht mehr zu leisten, und Kriege und kämpferische Auseinandersetzungen gab es beinahe jedes Jahr. Ein Bauer konnte sich daher das ganze Jahr um Familie, Hof, Vieh und Felder kümmern. Er sparte sich außerdem die Kosten für eine Kampfausrüstung. Der Grundherr war verpflichtet, den Hörigen zu beschützen. Das Land, auf dem dieser lebte, durfte ihm nicht weggenommen werden, doch konnte der Grundherr den Hörigen mitsamt dem Land verkaufen.

Manche Bauern gerieten in noch größere Abhängigkeit, sie wurden Leibeigene, das heißt persönlicher Besitz eines Herrn. Dies geschah dann, wenn sie ihre Schulden nicht mehr bezahlen konnten. In dieser Situation blieb ihnen nur noch die Möglichkeit übrig, sich selbst einem Grundherrn zu übergeben, der ihnen daraufhin die Schulden erließ oder bei einem anderen bezahlte.

Ausrüstung	Kosten
Kettenpanzerhemd	20 – 100 Ochsen
Helm	3 – 5 Ochsen
normales Reitpferd	5 – 10 Ochsen
kampferprobtes Reitpferd	125 – 250 Ochsen
Schild und Lanze	1 – 2 Ochsen
Schwert	1 – 2 Ochsen

M 4 Kosten für die Anschaffung einer Kampfausrüstung
Ungefähr 45 Ochsen besaßen alle Bewohner eines größeren Dorfes insgesamt.

Webcode:
Arbeitsblatt zur Grundherrschaft
WES-110781-102

ARBEITSAUFTRÄGE

› **1.** Nenne Abgaben und Frondienste der hörigen Bauern.
› **2.** Beschreibe den Aufseher in M2.
›› **3.** Erläutere den Weg eines Bauern in die Abhängigkeit.
›› **4.** Erkläre die Grundherrschaft unter Verwendung von M1.
›› **5.** Arbeite die Meinung der Kirche in Q1 zur Abhängigkeit der Bauern heraus.
›› **6.** Analysiere den Holzschnitt M3.
›› **7.** Stelle die Vor- und Nachteile im Leben eines Hörigen tabellarisch dar.
››› **8.** Bewerte die Aussage: Vor allem die Kriegsdienstpflicht machte aus freien Bauern Hörige.

zu 2.
Wie sieht er aus? Wie wirkt er auf dich?

zu 6.
Wende die Schritte zur Beschreibung eines Bildes an.

zu 7.

Vorteile	Nachteile
kein Kriegsdienst …	Abgaben leisten …

Dorfleben – hart und entbehrungsreich

M1 Alle Mitglieder einer Bauernfamilie mussten mithelfen, so auch der kleine Junge mit dem roten Kittel, der die Schafherde des Vaters vom Hof führt (zeitgenösische Buchmalerei).

Im Mittelalter lebten die meisten Menschen als Bauern in Dörfern auf dem Land. Diese lagen weit auseinander und hatten selten mehr als 150 Einwohner. Wälder, Wege, Wiesen, Bäche und Teiche gehörten allen gemeinsam und wurden als Allmende bezeichnet. Hier durfte jeder Bauer sein Vieh grasen lassen, Holz schlagen, jagen und fischen.

Der Bauer als Selbstversorger

Alles, was der Bauer zum Leben brauchte, stellte er selbst her, er war Selbstversorger. Getreide bildete die wichtigste Nahrungsgrundlage im Mittelalter. So wurden Roggen, Gerste, Dinkel, Hafer, Weizen und Hirse angebaut. Das Bauernbrot war ein grobes Roggenbrot, das mit Mehl aus Erbsen oder Linsen gestreckt wurde. Ärmere Bauern ernährten sich hauptsächlich von einem Brei, der aus grob zerkleinertem Hafer und Wasser bestand. Rüben, Kohl, Zwiebeln und Lauch bereiteten sie als Eintopf zu.

Fleisch, Eier und Käse wurden von den einfachen Leuten selten gegessen, sondern zählten neben den besseren Getreidesorten in der Regel zu den Abgaben an den Grundherren. Die Ernte reichte selten aus, um ausreichend Vorräte für Notzeiten anzulegen.

Die Wohnverhältnisse der Bauern

Die Bauern wohnten zusammen mit ihrem Vieh vor allem in strohgedeckten Häusern. Im Winter sorgte die Anwesenheit der Tiere für zusätzliche Wärme. Die Luft war rauchig, denn es gab keinen Schornstein. Der Fußboden aus gestampftem Lehm wurde mit Stroh ausgelegt und diente auch als Schlafplatz. Es gab keine Toiletten, wie wir sie kennen. Wasser musste aus einem Brunnen oder Bach geholt werden. Einfache Möbel, Schüsseln, Teller und Löffel fertigten die Bauern aus Holz.

M2 So könnte ein Bauernhaus im Mittelalter von Innen ausgesehen haben. (Rekonstruktionszeichnung)

M3 Die wichtigsten Arbeiten eines Bauern in den zwölf Monaten eines Jahres (Buchmalerei, 1460)

Arbeiten im Jahreslauf

Das Leben der Bauern auf dem Land war vom Ablauf der Jahreszeiten bestimmt. Im Frühjahr pflügten sie die Felder, im Sommer wurden das Heu und das Getreide geerntet, im September säten sie das Wintergetreide aus, die Weinernte fand im Herbst statt und geschlachtet wurde im Dezember.

ARBEITSAUFTRÄGE

› 1. Nenne die Bestandteile der Allmende.

› 2. Beschreibe die Lebensverhältnisse der Bauern im Dorf.

›› 3. Vergleiche die damaligen Wohnverhältnisse mit deinen eigenen.

›› 4. Die Einzelbilder in M3 zeigen für jeden Monat eine wichtige Tätigkeit der Landbevölkerung. Ordne jedem Monat eine Tätigkeit zu.

›› 5. Erläutere, inwiefern die Arbeit der Bauern an die Jahreszeiten gebunden war.

››› 6. Gestalte einen Sachtext über die Aufgaben der Bauern im Laufe eines Jahres.

zu 3.
Nutze auch M2.

zu 4.
*Getreide dreschen * Schafe scheren * Weintrauben mit den Füßen auspressen * mit der Sense Heu machen * Getreide mit der Sichel ernten * Weinreben schneiden * jagen * schlachten * Schweine zum Fressen in den Wald treiben * Wintergetreide säen * Mist ausbringen * den Boden aufhacken*

zu 6.
Wende die Schritte zur Erstellung eines Sachtextes von Seite 288 an.

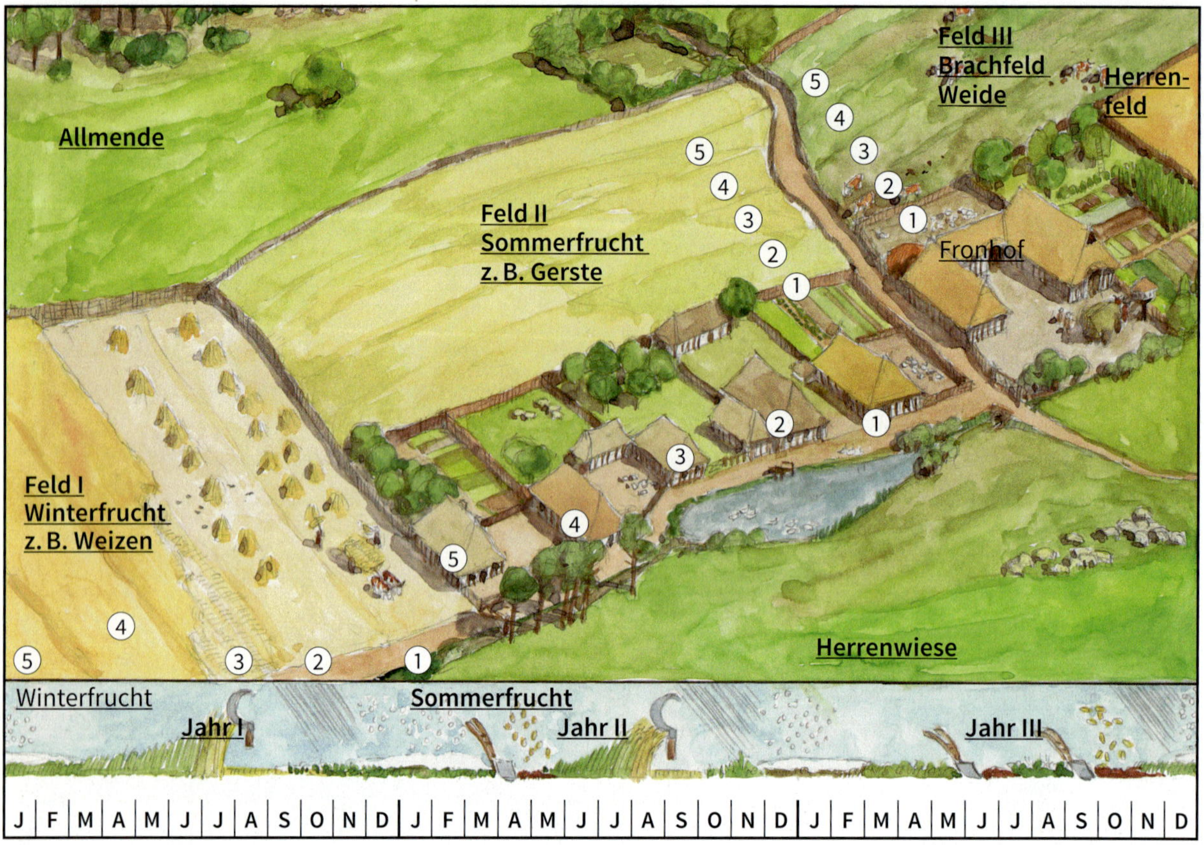

M1 Ein mittelalterliches Dorf betreibt die Dreifelderwirtschaft.

Erträge bei der Zweifelderwirtschaft

1. Jahr	Brache Grasfläche	Getreide
2. Jahr	Getreide	Brache Grasfläche
3. Jahr	Brache Grasfläche	Getreide

Erträge bei der Dreifelderwirtschaft

1. Jahr	Winter-getreide	Brache Gras	Sommer-getreide
2. Jahr	Sommer-getreide	Winter-getreide	Brache Gras
3. Jahr	Brache Gras	Sommer-getreide	Winter-getreide

M2 Ablauf und Erträge der Zweifelder- und der Dreifelderwirtschaft

Fortschritte in der Landwirtschaft

Dörfer und Felder

Die Dörfer der Bauern bestanden meist nur aus wenigen Höfen, umgeben von Wiesen, Äckern und Feldern. Die Bauern teilten ihre Felder in etwa zwei gleich große Teile ein. Lange Zeit hatten sie dann immer nur eines von beiden bestellt. Das andere lag für ein Jahr brach. Der Boden konnte sich so erholen und diente zugleich als Weide für das Vieh. Allerdings waren die Erträge bei dieser Zweifelderwirtschaft relativ gering. Ein Unwetter konnte die gesamte Ernte vernichten.

Die Dreifelderwirtschaft und ihre Vorteile

Mit der Zeit fanden die Bauern heraus, dass Weizen und Roggen als Wintergetreide schon im Herbst ausgesät und im Frühjahr geerntet werden konnten. Hafer und Gerste waren dagegen Sommergetreide und wurden im Frühjahr ausgesät und im Spätsommer eingebracht.

Nun teilten die Bauern ihre Felder in drei Teile auf. Auf einem Bereich bauten sie Wintergetreide an, auf dem zweiten Sommergetreide. Das dritte Stück blieb brach und diente als Weide. Im nächsten Jahr wurde gewechselt. Diese Methode heißt Dreifelderwirtschaft.

So kam es zu einer gleichmäßigen Verteilung der Feldarbeit auf das ganze Jahr und zu höheren Erträgen. Zwei Ernten verringerten das Risiko von Missernten und verbesserten auf längere Zeit die Bodenqualität.

M3 Bauern bei ihrer Arbeit (Holzschnitt, 1520)

Technische Fortschritte

Als Zugtiere setzten die Bauern Ochsen oder Pferde ein. Die Bauern legten den Tieren ein gepolstertes Kummet um den Hals. An diesem befestigten sie den Pflug. Die Pferdehufe schützten sie mit Hufeisen.

Der Pflug erhielt Räder. Diesen Räderpflug konnten die Bauern besser führen und feste Lehmböden leichter und schneller bearbeiten. Auch düngten sie nun ihre Felder mit Mist, um so die Ernteerträge zu steigern.

Zunächst verwendeten die Bauern Sicheln zum Mähen. Diese wurden durch Sensen ersetzt. Zum Dreschen des Korns verwendeten die Bauern lange Zeit Stöcke. Schließlich setzten die Bauern Dreschflegel ein, die aus zwei miteinander beweglich verbundenen Stöcken bestanden. So konnten die Körner leichter aus den Ähren geschlagen werden.

Auch begannen die Bauern, die Kräfte von Wasser und Wind zu nutzen. Die Wassermühle und später auch die Windmühle nahmen ihnen die schwere und langwierige Arbeit des Kornmahlens ab.

M4 Bauern bei der Erntearbeit (Gemälde, 1610)

ARBEITSAUFTRÄGE

› **1.** Beschreibe die Dreifelderwirtschaft.

›› **2.** Vergleiche den Ertrag der Zweifelderwirtschaft mit dem der Dreifelderwirtschaft.

››› **3.** Bewerte die Dreifelderwirtschaft.

›› **4.** Arbeite aus M3 und M4 landwirtschaftliche Fortschritte heraus.

››› **5.** Gestalte ein Werbeplakat für neue handwerkliche Geräte.

→ **zu 1.**
Nutze M1.

→ **zu 2.**
Werte M2 aus.

Die Burg – ein Bauwerk der Macht

Ähnlich wie die Kastelle der Römer dienten die Burgen im Mittelalter zur Bewachung und zum Schutz von Handelswegen und Grenzen. Sie waren Verteidigungsanlagen und wurden deshalb an geschützten Plätzen gebaut. Sie dienten auch zugleich als Wohnort des Burgherrn und seiner Familie.

Um wichtige Burgen herum entstanden oft ein Dorf oder eine Stadt. Deren Bewohner konnten die Festung im Krieg als Zufluchtsort nutzen. Für den Burgherrn war diese auch als Handelsort wichtig. Verschiedene Händler und Handwerker boten dort den Burgbewohnern und Bauern aus der Umgebung ihre Ware an. Des Weiteren diente die Burg als Herrschaftsmittelpunkt. Hier zog der Grundherr die Abgaben der Bauern ein und sprach als Richter über sie Recht.

Unterschiedliche Burgarten

Es gab zwei unterschiedliche Arten von Burgen. Die Höhenburgen wurden auf Berggipfeln oder an schwer zugänglichen Steilhängen errichtet. Die Niederungsburgen befanden sich auf dem Flachland. Sie wurden von breiten künstlich angelegten Wassergräben geschützt. Manchmal bauten die Menschen im Mittelalter diese Niederungsburgen in einer Schlucht oder auf einer Insel in einem Fluss oder See.

Noch heute sind in Baden-Württemberg restaurierte Burgen und Burgruinen zu besichtigen und zu bewundern. Zu ihnen zählen unter anderem die Burgen Hohenrechberg, Hohenneuffen, Katzenstein, Liebenzell, Staufeneck, Stettenfels, Hornberg, Lichtenberg und Meersburg.

M1 So könnte es in einer mittelalterlichen Burg ausgesehen haben. Allerdings waren die meisten Burgen in Baden-Württemberg wesentlich kleiner. (Rekonstruktionszeichnung)

(1) **Das Pförtnerhaus mit Falltor und Zugbrücke**

(2) **Der Wachraum**
Hier machten die Torwächter ihre Pause.

(3) **Die Pferdeställe**

(4) **Der Brunnen**
Die Versorgung mit eigenem Trinkwasser war im Belagerungsfall sehr wichtig.

(5) **Die Schmiede**
In dieser Werkstatt wurden die Hufe der Pferde mit Eisen beschlagen, Rüstungen und Waffen hergestellt.

(6) **Der Vorratskeller**
Im Falle einer Belagerung war ein gut gefüllter Keller von großer Bedeutung.

(7) **Die Küche**

(8) **Die Bierbrauerei**

(9) **Die Toilette**

(10) **Die Senkgrube**

(11) **Die Zisterne**
In großen Steintanks wurde das Regenwasser aufgefangen.

(12) **Der Wehrgang**
Er führte über die gesamte Burg. Von hier aus schossen die Ritter durch Schießscharten auf ihre Angreifer.

(13) **Der Bergfried**
Vom höchsten Turm der Burg hatten die Wachen einen guten Ausblick.

(14) **Der Raum des Burgverwalters**

(15) **Das Wohnraum des Burgherrn**

(16) **Die Burgkapelle**

(17) **Der Rittersaal**
Hier aßen und feierten die Burgbewohner.

(18) **Der Verteidigungsturm**
Die Stufen der Wendeltreppen verliefen stets im Uhrzeigersinn. So war es einem Ritter möglich, stets sein Schwert in der rechten Hand zu halten

(19) **Das Burgverlies**
Gefangene waren ganz unten in der Burg untergebracht und oft angekettet.

ARBEITSAUFTRÄGE

› **1.** Nenne Funktionen einer Burg.
›› **2.** Stelle die unterschiedlichen Burgarten zeichnerisch dar.
›› **3.** Arbeite aus M1 Einrichtungen zur Verteidigung einer Burg heraus.
›› **4.** Erkläre die Funktionsweise einer mittelalterlichen Burgtoilette.
››› **5.** Gestalte eine Burgführung durch M1.
››› **6.** Erörtere, inwiefern eine Burg ein Machtsymbol war.

Webcode:
Suche nach Burgen in deiner Nähe
WES-110781-103

zu 2.
Zeichne die Umgebung deutlich.

M1 Heute ist die Burg Weibertreu bei Weinsberg eine Ruine.

Die Belagerung der Burg in Weinsberg

Um eine Burg zu erobern, umzingelten die Angreifer sie zunächst. Sie setzten Katapulte ein und beschossen die Burg mit Steinbrocken, gefüllten Bienenstöcken, Kotkübeln oder brennendem Material. Manche Burgbesatzungen ergaben sich bereits nach wenigen Tagen. Andere verteidigten sich über viele Monate. Dann wurde die Belagerung für die Angreifer aufwendig, teuer und verlustreich.

M2 Ein Katapult (Rekonstruktion)

Q1 Die volkstümliche Sage „Die Weiber von Weinsberg" berichtet über die Belagerung der Burg Weinsberg im Jahr 1140.

Zu jener Zeit, als zwischen dem Hohenstaufenkönig Konrad III., …, und seinem Vetter, dem Herzog der Welfen, grimmige Feindschaft herrschte, zog ein Heer vor die Burg Weinsberg, deren Bewohner treu zum Welfen hielten. Jeden Angriff der Feinde wehrten sie tapfer ab. Da beschloss König Konrad, die Burg so lange zu belagern, bis der Hunger die Weinsberger zur Übergabe zwänge. Bald war Schmalhans Küchenmeister bei den Burgleuten, und ihre Lage wurde immer aussichtsloser, doch weigerten sie sich hartnäckig, dem Staufer die Tore zu öffnen. Darüber ergrimmte König Konrad so sehr, dass er drohte, die Verteidiger allesamt töten zu lassen.

In der Nacht vor jenem Tag, an dem die Burg schließlich genommen werden sollte, schlich sich eine junge Weinsbergerin ins Lager der Feinde und bat den König, den Burgleuten freien Abzug zu gewähren. Konrad, milde gestimmt durch den Liebreiz der Botin, gewährte daraufhin den Weibern die Gnade, vor dem letzten Sturm die Burg zu verlassen und dabei mitnehmen zu dürfen, was ihnen am liebsten wäre und sie auf ihren Schultern davontragen könnten…

M3 Die Weiber von Weinsberg (bemalter Kupferstich, 1630)

Die Einnahme der Burg

Die Schwachstelle einer Burg war das Tor. Dieses konnte mit einem Rammbock, das war ein schwerer Baumstamm mit metallbeschlagenem Ende, oder durch Bestechung von Burgbewohnern geöffnet werden.

Q2 Die Sage „Die Weiber von Weinsberg“ endet wie folgt:

... Als der Morgen graute, öffneten sich die Tore der Feste, und den Berg herab kam langsam ein seltsamer Zug: Jede der Frauen trug ihren Mann auf dem Rücken. Keuchend unter den schweren Lasten stiegen sie zur Stadt hinunter, wo sie der König mit Gefolge erwartete. Verwundert blickte Konrad ihnen entgegen, hatte er doch angenommen, dass die Weiber ihre Habseligkeiten zu retten versuchten. Herzog Friedrich, sein Neffe, stellte sich dem Zug in die Weg und meinte, solcherlei Tun sei gegen die Abmachung. Der Herr aber lächelte über die List der Weiber und sprach: „Lasst sie in Frieden ziehen! Am Wort des Königs soll keiner zweifeln...

... von der Treue der Weinsberger Frauen erzählen die Menschen noch heute ...

M4 König Konrad III. (1093–1152, Malerei aus dem 12. Jahrhundert)

ARBEITSAUFTRÄGE

- 》 **1.** Arbeite aus M1 die Art der Burg heraus.
- 〉 **2.** Beschreibe das Bild M3.
- 〉 **3.** Nenne nützliche Waffen zur Eroberung einer Burg.
- 》 **4.** Erkläre den Namen der Burg in Weinsberg.
- 》》 **5.** Gestalte zur Weinsberger Burgsage ein Comic.

zu 1.
Nutze auch S. 24/25.

zu 3.
Nutze auch M2.

Der Ritter – stets kampfbereit

M1 Dem Knappen wird sein Schwert umgegürtet. Nun ist er ein Ritter. (zeitgenössische Buchmalerei)

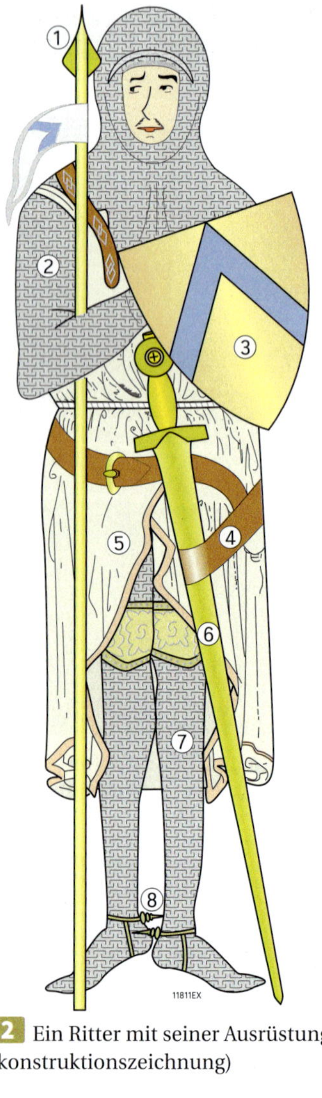

M2 Ein Ritter mit seiner Ausrüstung (Rekonstruktionszeichnung)

Mittelalterliche Ritter waren schwer bewaffnete Reiter. Als Belohnung für ihre Dienste im Krieg erhielten sie oft Land zum Lehen, das abhängige Bauern bewirtschafteten. Mit den Einnahmen bezahlten die Ritter den Unterhalt für Pferde und Ausrüstung.

Die Ausbildung zum Ritter

Für den Sohn einer adligen Familie war es eine große Ehre, Ritter zu werden. Die Ausbildung zog sich über viele Jahre. Vom 7. Lebensjahr an wurde der Junge meist auf der heimischen Burg zum Pagen erzogen. Er lernte selten lesen und schreiben. Stattdessen erwarb der Page die Fähigkeiten zu reiten, zu schwimmen, zu jagen, mit verschiedenen Waffen umzugehen und Pferde und Rüstung zu pflegen. Auch übte er sich im Klettern und Ringen.

In der Regel mit 14 Jahren schickte der Vater seinen Sohn auf eine andere Burg. Dort wurde aus dem Pagen ein Knappe. Er diente dem Burgherrn im Krieg und bei der Jagd. Auch übte er die höfliche Bedienung seines Herrn und der Gäste. Der Knappe lernte ferner Anstandsregeln, Tanzen, Musizieren und Brettspiele.

War er erfolgreich in seiner Ausbildung, wurde er mit etwa 21 Jahren in die Ritterschaft aufgenommen. Das geschah durch die Schwertleite. Feierlich wurde ihm sein Schwert überreicht.

Die Erwartungen an einen Ritter

Neben kriegerischen Fähigkeiten sollte ein Ritter auch höhere Eigenschaften besitzen.

Q1 Gottfried von Straßburg beschreibt eine Schwertleite (ca. 1200):

So kamen sie zum Dom, hörten die Messe und empfingen den Segen. Marke trat dann zu seinem Neffen Tristan, gürtete ihn mit dem Schwert, legte ihm die Sporen an und sprach: „Sieh, Neffe, nun ist dein Schwert gesegnet, und du bist Ritter geworden. Nun denk an ritterliche Ehre und an das, was du bist: Deine Geburt und dein Adel seien dir vor Augen, sei demütig ohne Falsch, wahrhaft und wohlerzogen, sei gütig gegen die Armen und hochgesinnt gegen die Reichen. Halte dich schmuck und würdig. Ehre alle Frauen. Sei freigiebig und treu ….“

Doch dies war nicht immer der Fall.

Q2 Der Geistliche Petrus von Blois schrieb 1204 über die Ritter:

Sie plündern und berauben die armen Priester und Mönche und … sie unterdrücken erbarmungslos die Armen … Die im Kampf gegen die Feinde des Kreuzes Christi ihre Kräfte beweisen sollten, die liegen lieber mit ihrer Trunkenheit im Streit, geben sich dem Nichtstun hin, erschlaffen in Völlerei, und durch ihr verderbtes und unanständiges Leben schänden sie den Namen und die Pflichten des Rittertums.

Das Ritterturnier

Nach der Schwertleite durfte ein junger Ritter an Turnieren teilnehmen. Dies waren Kampfspiele mit Schiedsrichtern und festen Regeln. Zu den Festen kamen die Ritter aus nah und fern herbei.

Auf ein Zeichen stürmten die Ritter auf ihren Pferden gegeneinander, die Lanze auf den Gegner gerichtet. Je mehr Rivalen ein Ritter aus dem Sattel stoßen konnte, desto höher stieg sein Ruhm. Den Siegespreis empfing er aus der Hand einer adligen Dame: ein Schmuckstück oder einen Kranz. Der Sieger erhielt auch die Waffen, die Rüstung und das Pferd des Besiegten. In späterer Zeit wurden Turniere zum Geschäft. Startgelder wurden erhoben und hohe Preisgelder erwarteten den Sieger.

Diese Spiele dienten nicht nur dem Zeitvertreib, sondern stellten zugleich auch eine Übung für den Ernstfall dar. Häufig gab es dabei Verletzte oder sogar Tote.

M4 Zwei Ritter prallen in einem Turnier mit ihren Lanzen aufeinander. (Buchmalerei aus dem Codex Manesse, um 1300)

Faszination noch heute

Noch heute übt das Mittelalter große Faszination auf Kinder, Jugendliche und Erwachsene aus. In unterschiedlicher Weise wird die Zeit der Ritter am Leben gehalten. Die Menschen besuchen Mittelalterfeste und Showkämpfe. Ritterromane, Computer- und Brettspiele sowie Filme, die die Epoche des Mittelalters thematisieren, haben eine fesselnde Wirkung auf Groß und Klein.

M3 Lanzenstechen bei einem modernen Ritterturnier in Horb am Neckar

ARBEITSAUFTRÄGE

› **1.** Beschreibe die Ausbildung zum Ritter.

›› **2.** Ordne den Nummern auf der Ritterrüstung in M2 die richtigen Bezeichnungen zu.

›› **3.** Vergleiche die Erwartungen an einen Ritter (Q1) mit dem Bericht von Petrus von Blois (Q2).

›› **4.** Charakterisiere ein Ritterturnier.

›› **5.** Erläutere die heutige Faszination für die Zeit der Ritter.

››› **6.** Gestaltet ein Rollenspiel zur Schwertleite.

→ **zu 2.**
*Sporen * Schwert * Waffenrock * Kettenhemd * Panzerstrumpf * Schwertgürtel * Schild * Lanze*

→ **zu 4.**
Nutze auch M3 und M4.
Was war typisch für ein Ritterturnier?

→ **zu 6.**
Eine Anleitung zur Durchführung eines Rollenspiels findet ihr auf S. 143.

M1 Reiche und angesehene Kaufmannsfamilie (Malerei, 15 Jh.)

M2 Handwerkmeister mit seiner Frau (Malerei, 15 Jh.)

M3 Ein verletzter Tagelöhner liegt in seinem Bett (Malerei, 15 Jh.)

M4 Orte, an denen im Mittelalter oft Städte entstanden

Schutz durch Mauern

Seit dem 9. Jahrhundert wuchs die Bevölkerung in Europa langsam, aber stetig an. Nicht alle Kinder der Bauern konnten auf dem Hof ihrer Eltern bleiben, wenn sie erwachsen wurden.

Sie verließen daher den elterlichen Hof und versuchten, als Tagelöhner oder Handwerker in einer naheliegenden Stadt Arbeit zu finden. Einigen wenigen gelang es, als Händler von Salz, Pelzen, Stoffen und anderen begehrten Waren Geld zu verdienen.

Die Entstehung von Städten

Die Kaufleute siedelten vor allem an Kreuzungen von Handelswegen, Häfen, Flussübergängen oder Furten. Dies waren flache Stellen in einem Fluss, an dem die Menschen zur Fuß, auf dem Pferd oder mit einem Karren den Wasserlauf überqueren konnten.

Städte wurden häufig auch in der Nähe von Pfalzen, Burgen, Klöstern oder Bischofssitzen gegründet. Manche von ihnen entwickelten sich aus alten Römersiedlungen.

Die Handwerker suchten vor allem nach Orten, an denen sie ihre Rohstoffe günstig einkaufen und ihre Waren gut absetzen konnten. Deshalb ließen sie sich ebenfalls in den neu entstandenen Kaufmannssiedlungen nieder.

Die Stadtmauer

Die Grundherren bemühten sich häufig, selbst neue Städte zu gründen, da sie so ihre Gebiete leichter verwalten konnten. Gleichzeitig erhofften sich die Stadtherren gute Einnahmen durch Zölle, Steuern und bestimmte Abgaben.

Die Bürger einer Stadt erhielten das Recht, Mauern und Tore zum Schutz gegen Überfälle und Räuber zu errichten, mussten dafür jedoch Steuern zahlen. Der Schutz der Städte ermöglichte den Bewohnern ein vergleichsweise sicheres Leben und einen ungestörten Handel. So zogen nach und nach immer mehr Menschen vom Land in die Städte.

„Stadtluft macht frei" – das Bürgerrecht

Viele freie und unfreie Bauern zog es vom Land in die Stadt. Der Ausspruch „Stadtluft macht frei" stammt zwar aus späterer Zeit, beschreibt aber eine mittelalterliche Praxis. Denn wer ein Jahr und einen Tag in einer Stadt lebte, der war persönlich frei und konnte nicht ohne weiteres von seinem Grundherrn zurückgefordert werden.

Auch wenn die Bewohner der Städte nach Freiheit strebten und den Schutz der Städte suchten, so besaßen sie doch nicht alle die gleichen Rechte. Am meisten Macht und Einfluss hatten in einer mittelalterlichen Stadt die Patrizier. Das waren häufig Kaufmannsfamilien der Oberschicht, die ihren Reichtum dem Handel mit fernen Ländern verdankten. Sehr einflussreich waren auch die Handwerksmeister.

Nur diese beiden Bevölkerungsschichten besaßen das volle Bürgerrecht. Sie mussten Steuern zahlen, besaßen aber auch viele Rechte. Sie konnten Grundstücke kaufen und vererben und vor dem Stadtgericht klagen. Außerdem durften sie den Rat wählen und hatten somit Einfluss auf die Politik der Stadt. Handwerksgesellen, Tagelöhner, Hilfsarbeiter und Dienstboten besaßen in der Regel kein Bürgerrecht. Sie wohnten an der Stadtmauer oder außerhalb der Stadt.

M5 Rathaus in Vellberg aus dem Jahr 1528

Die Bürgerpflichten

Die Bürger hatten jedoch nicht nur Rechte, sondern auch Pflichten. Die Bewohner verpflichteten sich, den Stadtfrieden einzuhalten und einen Abschnitt der Stadtmauer zu bewachen und zu verteidigen, falls die Stadt angegriffen wurde. Zudem hatten die Bürger Steuern an die Stadt zu zahlen. Eine Frau wurde zur Bürgerin, wenn sie einen Bürger heiratete. Das Recht, den Stadtrat zu wählen, hatten Frauen jedoch nicht.

Webcode:
Arbeitsblatt zum Leben in der Stadt
WES-110781-104

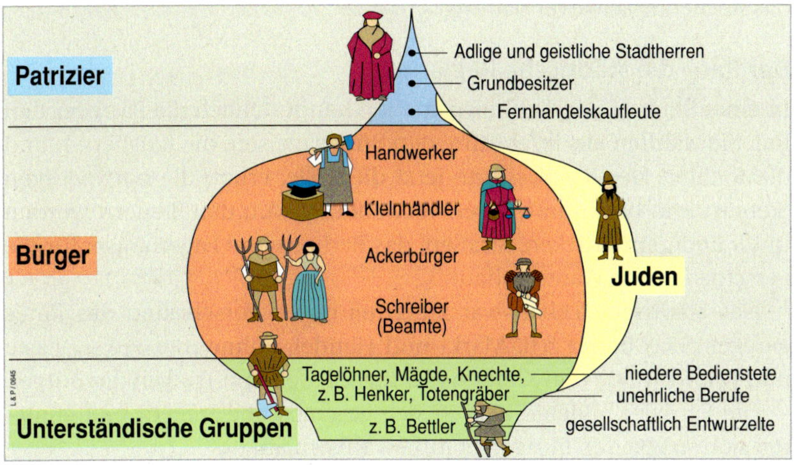

M6 Die soziale Stellung der Stadtbewohner

ARBEITSAUFTRÄGE

› **1.** Nenne verschiedene Bevölkerungsgruppen in einer mittelalterlichen Stadt.

›› **2.** Arbeite die unterschiedlichen Orte der Stadtgründungen aus M4 heraus.

›› **3.** Endungen von Stadtnamen bezeichnen Plätze, an denen sie gegründet wurden. Ordne in die Tabelle verschiedene Beispiele ein.

›› **4.** Erstelle eine Übersicht über die Rechte und Pflichten eines Bürgers.

›› **5.** Analysiere das Schaubild in M6.

››› **6.** Erörtere die Vor- und Nachteile eines Umzugs in eine Stadt aus der Sicht eines Bauern.

zu 3.

-bach	-berg	-burg	-furt

zu 5.
Wende die Schritte zur Auswertung eines Schaubildes von Seite 291 an.

M1 Patrizier feiern ein Tanzfest (Gemälde, um 1500).

Reichtum und Armut in den Städten

Der Aufstieg der Patrizier

Viele Patrizier waren im Laufe der Zeit sehr reich geworden. Sie wollten ihre Städte selbst regieren und nicht mehr vom Stadtherrn abhängig sein. Die Patrizier erkauften sich bestimmte Rechte und Freiheiten oder vertrieben den Stadtherrn. Nach und nach erlangten die Städte das Recht zur Selbstverwaltung.

M2 Im Mittelalter zogen die Gaukler und Spielleute immer von Stadt zu Stadt. Da sie viel unterwegs waren, brachten sie stets Neuigkeiten aus anderen Gegenden mit. Mit ihren Auftritten sorgten sie für Abwechslung in den Städten. Dennoch genossen die Gaukler und Spielleute kein großes Ansehen. Stand einer von ihnen vor Gericht, wurde er härter bestraft als andere (mittelalterliche Darstellung).

Der Rat – die städtische Regierung

In einer Stadt ohne Stadtherrn stellten hauptsächlich die Patrizier den Rat. Sie wählten aus ihrer Mitte den Bürgermeister, die Ratsherren und die Richter. Der Rat kassierte jetzt die Zölle, erhob die notwendigen Steuern und bestimmte deren Verwendung. Von den Steuern wurden unter anderem Brücken, Straßen, das Rathaus und Lagerhäuser für die verschiedensten Waren gebaut.

Das städtische Leben war zum Teil durch Vorschriften des Rates geregelt. Das betraf z. B. Markt und Handel, Löhne und Preise, Feste und Feiern, Mode und Kleidung, ja sogar Essen und Trinken der Bürger.

Die Patrizier bildeten eine in sich geschlossene Schicht und grenzten sich so von den übrigen Stadtbewohnern ab.

Die Unterschichten

Am Rande der Städte, nahe den Mauern oder gar außerhalb, lebten die Armen, die städtische Unterschicht. Mindestens jeder fünfte Einwohner gehörte dieser Schicht an, die kein Bürgerrecht hatte. Diese Menschen wohnten in einfachen Hütten, Kellern, unter Treppen oder in Mietshäusern. Viele arbeiteten als Handlanger, Tagelöhner, Fuhrknechte, Kohlenträger oder Hundefänger. Auch verarmte Witwen, Körperbehinderte, Waisenkinder, Bettler, Prostituierte, Henker, Totengräber und Spielleute zählten dazu.

Betteln war keine Schande

Das Betteln galt im Mittelalter als Beruf. Stadtbewohner, denen es besser ging, glaubten durch Spenden ihr Seelenheil zu retten. Im Mittelalter waren die Menschen davon überzeugt, dass jede gute Tat nach dem Tod im Jenseits von Gott belohnt werden würde.

Die armen Menschen bettelten häufig vor Wirtshäusern, Bürgerhäusern, Kirchen oder Klöstern. Es gab sogar Anführer, die die Bettler in Gruppen einteilten und ihnen Plätze zuwiesen. Berufsanfänger bekamen zunächst Plätze, an denen sie nicht viel einnahmen.

Aber der Erfolg des Bettelns hing nicht allein vom Standort ab. Es ging auch darum, auf eine möglichst geschickte Weise das Mitleid der anderen zu erregen. Wenn die Menschen wirklich aus großer Not heraus betteln mussten, um zu überleben, galt dieses Tun nicht als ehrlos.

M3 Ein Bettler bittet einen Kaufmann um eine Spende (Altarbild, 1480).

Aussatz und Lepra

Zu der städtischen Unterschicht gehörten auch Leprakranke. Lepra war eine besonders gefürchtete Krankheit im Mittelalter. Diese wird auch häufig als Aussatz bezeichnet. Erste Anzeichen der Krankheit sind Flecken und Knoten auf der Haut. Im weiteren Verlauf der Krankheit verstümmeln die Gliedmaßen immer mehr. In den meisten Fällen endet die Krankheit tödlich.

Im Mittelalter bestand eine große Gefahr, sich mit Lepra anzustecken. Deshalb mussten die Erkrankten außerhalb der Stadtmauer leben. Wenn sich jemand näherte, hatten sie ihre Mitmenschen mit einer Holzklapper oder Rassel zu warnen. Leprakranke wurden von der Stadtbevölkerung mit Nahrung versorgt, sodass sie nicht verhungern mussten.

Q1 An diese Vorschriften mussten sich Leprakranke halten:

1. *Es ist dir verboten, jemals in die Kirche, auf den Markt, in die Mühle, an den Backofen und in die Volksversammlung zu gehen.*
2. *Es ist dir verboten, dich in Quellen und Wasserrinnen zu waschen.*
3. *Ich gebiete dir außerdem, nur einherzugehen in deinem Leprosenanzug, damit du von anderen erkannt werden kannst, …*
4. *Ich lege dir ans Herz, dass du nicht irgendeine Sache, die du kaufen willst … anrührst …*
5. *Ferner trage ich dir auf, dass du nicht in ein Wirtshaus oder in andere Häuser gehst …*
6. *Ferner befehle ich dir, nicht mit irgendeinem Weibe, auch nicht mit deiner Frau, zu schlafen.*
7. *Ferner befehle ich dir, wenn auf dem Weg dir jemand begegnet und dich befragt, dass du nicht antwortest, bis du aus der Windrichtung gegangen bist …*

M4 Ein Leprakranker mit seiner Holzklapper vor den Mauern einer Stadt (Buchmalerei, 1450)

ARBEITSAUFTRÄGE

› **1.** Nenne Mitglieder der Unterschicht.
›› **2.** Charakterisiere einen Patrizier.
› **3.** Beschreibe die Macht der Patrizier.
›› **4.** Erkläre die Einstellung der mittelalterlichen Menschen zum Betteln.
››› **5.** Beurteile die einzelnen Vorschriften in Q1.

zu 2.
Nutze auch M1 und M3. Achte dabei unter anderem auf die Kleidung.

Informationen im Internet recherchieren

Gut informiert

Wer sich ein Thema erarbeiten möchte, um ein Plakat zu erstellen, ein Referat zu halten oder an einer Diskussion teilnehmen zu können, muss vorher sorgfältig recherchieren. Dabei ist es wichtig, richtige und aktuelle Informationen zu erhalten. Manchmal ist dies gar nicht so leicht.

Ohne Hilfe geht es nicht

Die Menschen werden heute von einer wahren Informationsflut überrollt. Gemeint ist damit, dass Interessierte zu allen Themen zahlreiche Informationen erhalten können. Büchereien verfügen über zahllose Bücher und andere Medien wie CDs oder DVDs, über das Internet können wir immer auf Daten aus der ganzen Welt zurückgreifen, und Archive sammeln Dokumente wie Zeitungen, Urkunden, Briefe oder Bilder aus vergangenen Zeiten.

Umgang mit dem Internet

Das Internet ist sicherlich der schnellste Weg, sich Informationen zu beschaffen, aber auch der, der sehr unübersichtlich ist. Daher ist ein sorgfältiges Arbeiten ratsam. Bei allen Internetseiten muss kritisch überprüft werden, ob die Informationen seriös sind. Seriös bedeutet z. B., dass nachvollziehbar ist, woher die Informationen stammen und wer der Urheber der Seite ist. Falls ihr unsicher seid, ob bestimmte Informationen seriös sind, dann fragt am besten eure Lehrkraft um Rat.

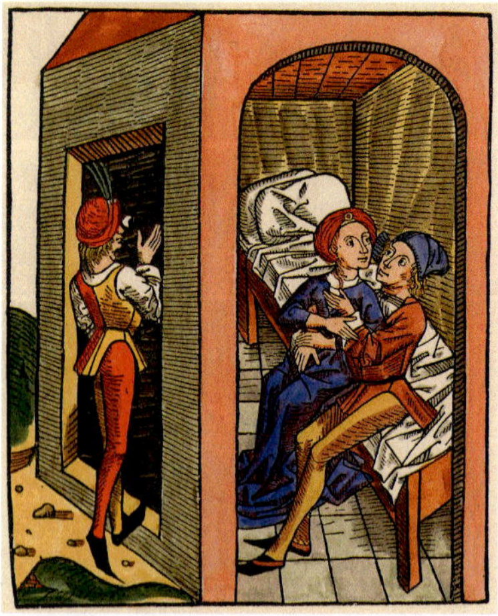

M 1 Eine Prostituierte in einem mittelalterlichen Frauenhaus (Holzschnitt, 15. Jahrhundert)

M 2 Neben Hospitälern und sozialen Einrichtungen betrieben viele Städte weitere Einrichtungen wie etwa Badehäuser und sogenannte Frauenhäuser, die den vielen unverheirateten Männern als Bordelle zur Verfügung standen (Buchmalerei, 1470).

Schritte zur Internetrecherche

1. ➔ ***Thema festlegen***
   Wie heißt dein Thema genau? Formuliere eine Überschrift.
2. ➔ ***Fragen an das Thema formulieren***
   Was genau möchtest du erfahren? Worauf möchtest du eine Antwort?
3. ➔ ***Stichwortliste erstellen***
   Welche Informationen suchst du im Internet?
   Formuliere genaue Suchbegriffe.
4. ➔ ***geeignete Webseiten mit Suchfunktion***
   www.blinde-kuh.de, www.kinderzeitmaschine.de, www.wasistwas.de, www.planet-schule.de, …
5. ➔ ***Suchbegriffe eingeben***
   Markiere dir bereits gefundene Suchbegriffe auf der Liste.
   Konzentriere dich auf die Beantwortung deiner Fragen.
   Mach dir stichwortartige Notizen zu deinen Fragen.
   Es kann sein, dass du mehrere Seiten aufrufen musst.
6. ➔ ***gefundene Informationen nutzen***
   Wenn du Informationen (Texte, Bilder, …) ausdruckst oder kopierst, gib stets die URL-Adresse der Homepage an.
   Verwende nur die Informationen, die du auch verstanden hast.
   Verfasse deinen Text in eigenen Worten.

Prostituierte im Mittelalter

Q1 Informationen zum Leben der Prostituierten im Mittelalter von der Internetseite planet-schule:

Der Frauenwirt

Das Geschäft mit den „freien Frauen“ gehörte zum Alltag der spätmittelalterlichen Stadt. Um das bunte Treiben einigermaßen unter Kontrolle zu halten, hat die Stadt ein eigenes Frauenhaus errichtet und es an einen Frauenwirt verpachtet.

Er führt die Aufsicht über die Prostituierten. Dabei ist er einer Frauenhausordnung verpflichtet, die die Stadt zum Schutz der Frauen aufgestellt hat: Er muss die Frauen mit Kleidung und regelmäßigen Mahlzeiten versorgen. Er hat ihnen Unterkunft und Bettstatt zur Verfügung zu stellen und ist außerdem für ihre Gesundheit verantwortlich. Nicht selten muss er auch gewalttätige Liebhaber aus dem Hause treiben.

Trotzdem – viele Frauen sind beim Wirt verschuldet und damit von ihm abhängig. Die Preise, die der Wirt für Kleidung, Unterkunft und Essen nimmt, sind überteuert, die Einkünfte der Frauen aber gering. Ein Teufelskreis!

Das Frauenhaus

Nicht jedermann hat hier Zutritt. Die Dienste, die dem Besucher in diesem Haus angeboten werden, sind kostenpflichtig. Das ist das städtische Frauenhaus. Hier leben und arbeiten die städtischen Prostituierten. Frauenhäuser wie dieses sind im Spätmittelalter weit verbreitet. Man findet sie in fast jeder noch so kleinen Stadt.

In seiner Bedeutung ist der damalige Begriff „Frauenhaus“ allerdings weit entfernt von unserem heutigen Verständnis, einem Zufluchtsort für Frauen.

Das Frauenhaus als Überlebenschance

Hedwig ging es wie viele Frauen auf dem Land. Mann, Eltern und Brüder waren gestorben. Sie war damit schutz- und rechtlos geworden. So ist Hedwig schließlich ins Frauenhaus gegangen. Es ist die einzig sichere Möglichkeit, in der Stadt zu überleben. Hier kann sie Geld verdienen, hat ein Dach über dem Kopf und bekommt zu essen.

Prostituierte werden gebraucht

Es ist ein Übel, wie viel Geld man hier lässt … Aber was soll er denn auch machen? Es ist nicht leicht, sich eine Freundin zu nehmen. Denn die Frauen dürfen nur jungfräulich in die Ehe gehen. Und als Geselle muss er mit der Hochzeit warten, bis er finanziell gut gestellt ist und eine eigene Werkstatt aufmachen kann. Fuhrleute, Gesellen, Handelsreisende oder gar Pilger – sie alle kommen gern hierher.

Stichwortartige Musterlösung zur Internetrecherche zum Leben der Prostituierten im Mittelalter:

Schritt 1:
Prostituierte im Mittelalter

Schritt 2:
a) Wo arbeiteten Prostituierte?
b) Warum arbeiteten Frauen als Prostituierte?
c) Wer gehörte zu den Kunden der Prostituierten?
d) Wie wurden Prostituierte behandelt?

Schritt 3:
Prostitution im Mittelalter:
a) Arbeitsort
b) Gründe für Prostitution
c) Kunden
d) Behandlung

Schritt 4:
www.planet-schule.de

Schritt 5:
a) städtisches Frauenhaus
b) sicherer Ort für schutz- und rechtlose Frauen, um in der Stadt zu überleben (Geld verdienen, Unterkunft, Essen)
c) Fuhrleute, Gesellen, Handelsreisende, Pilger
d) Kosten für Kleidung, Unterkunft und Essen überteuert, wenig Lohn, werden vom Frauenwirt beschützt

Schritt 6:
Formuliere aus den Notizen einen Text in eigenen Worten. So kannst du beginnen:
Ich möchte euch einiges über das Leben der Prostituierten im Mittelalter berichten …

ARBEITSAUFTRÄGE

› **1.** Nenne Vor- und Nachteile einer Internetrecherche.

›› **2.** Erkläre einem Mitschüler das Vorgehen bei einer Internetrecherche unter Verwendung der Musterlösung.

››› **3.** Gestalte ein Referat zu den Lebensverhältnissen der mittelalterlichen Bettler, indem du die Arbeitsschritte zur Internetrecherche anwendest.

Der Zusammenschluss der Handwerker

Mittelalterliche Handwerksberufe

Mit dem Wachsen der Städte entstanden immer mehr Handwerksbetriebe. Die meisten Handwerker waren zuvor Bauern.

Es entstanden Bauberufe, in denen Stein, Holz und Metall verarbeitetet wurden. Zu ihnen gehörten die Baumeister, Steinmetze, Gerüstbauer und Bildhauer.

Auch die Vielfalt der mittelalterlichen Holzberufe war groß. So gab es Tischler, Schreiner, Drechsler, Schnitzer und Flößer.

Die Lederverarbeitung entwickelte sich im Mittelalter weiter. Gerber bearbeiten das rohe Tierleder, damit es vom Sattler, Polsterer oder Schuhmacher verarbeitet werden konnte.

Im Mittelalter gab es auch Metallberufe wie den Schmied, der Werkzeuge, Hufeisen, Rüstungen und Waffen herstellte. Manche Schmiede hatten sich auf feine Goldarbeiten spezialisiert.

Es gab Textilberufe, die auch von Frauen ausgeübt wurden. Dazu zählten die Schneider, Weber und Färber.

Für die Ernährung der Menschen wurden Müller, Bäcker, Fischer, Jäger, Metzger, Köche, Imker und Gastwirte benötigt.

Ausbildung in Handwerksberufen

Im Mittelalter bestimmten der Vater eines Sohnes und ein Handwerksmeister, welchen Beruf der Junge erlernen sollte. Damit dieser eine Ausbildung machen konnte, schloss das Familienoberhaupt mit dem Lehrherrn einen Vertrag ab.

In dem Vertrag verpflichtete sich der Vater, dem Handwerksmeister Lehrgeld zu zahlen. Dafür nahm der Lehrherr den Jungen in seinem Haus auf und versprach, ihn auszubilden. Die Ausbildung dauerte zwischen drei und fünf Jahren.

Wenn ein Lehrling die Prüfung bestand, war er Geselle. Handwerksmeister konnte er nur dann werden, wenn es eine freie Stelle als Meister gab oder er die Frau eines verstorbenen Meisters heiratete.

Die Entstehung der Zünfte

Einen großen Anteil an der Stadtbevölkerung stellten die Handwerker. Die Meister eines Berufs schlossen sich zu sogenannten Zünften zusammen.

Sie wohnten häufig in der selben Straße und feierten gemeinsam Feste. Auch heute verweisen Straßennamen auf ihre einstigen Bewohner, zum Beispiel Weberstraße oder Gerberstraße.

Die Zünfte regelten vor allem berufliche Angelegenheiten, nämlich die Ausbildung der Lehrlinge, die Aufgabenbereiche der Gesellen, die Herstellung der Produkte, den Verkauf der Waren, den Verdienst und die Versorgung von Zunftmitgliedern in Notsituationen.

Die Regelungen der Zünfte engten den einzelnen Handwerksmeister auch ein, denn sie erlaubten ihm nicht, mit anderen Meistern seiner Zunft in Wettbewerb zu treten. Die Löhne, die Qualität und die Preise wurden gemeinsam festgelegt. Die Zünfte bestimmten auch, wie viele Meister es in einer Stadt geben durfte. So war ihr Lebensunterhalt gesichert.

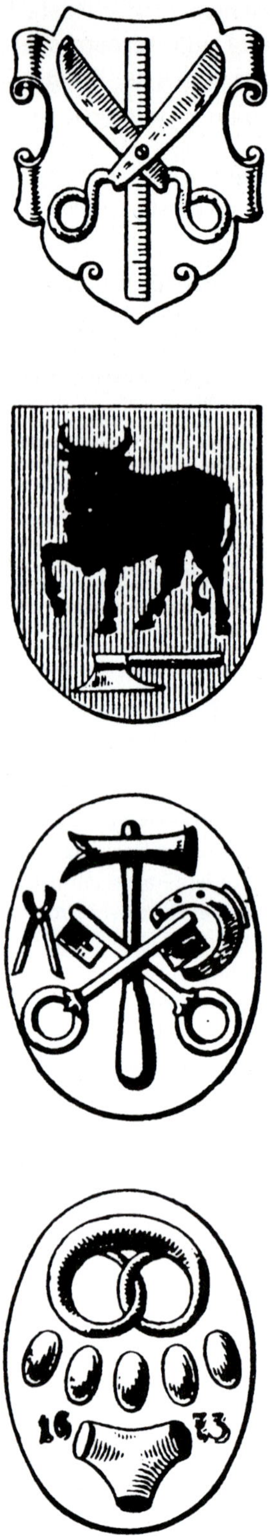

M1 Jede Zunft hatte im Mittelalter ihr eigenes Zeichen.

Die Witwen der Handwerksmeister

Wenn ein Handwerksmeister starb, so heiratete die Witwe in der Regel einen Gesellen, um nicht die Werkstatt zu verlieren. Ihr Ehemann stieg so zum Meister auf. Besaß sie jedoch einen männlichen Nachfolger, durfte die Witwe auch das Geschäft weiterführen, bis der Sohn erwachsen war. In einigen Städten gab es auch Zünfte, die Frauen als Zunftmitglieder akzeptierten.

Kampf um die Macht

Wenn sich Städte von ihrem Stadtherrn befreien konnten, stellen die reichen Kaufleute allein die Mitglieder des Rates. Je mehr aber die Handwerker zur wirtschaftlichen Stärke der Städte beitrugen, desto mehr Selbstbewusstsein erlangten sie.

Im 13. und 14. Jahrhundert drängten die Zünfte daher auf ein Mitbestimmungsrecht bei der Verwaltung der Stadt. In den meisten Fällen wiesen die Patrizier solche Forderungen zurück. So kam es in vielen Städten zu Aufständen, die nicht selten blutig verliefen. Es entwickelte sich jedoch keine einheitliche Regierungsform für die Städte. Sie wurden unterschiedlich verwaltet. In der einen Stadt hatten die Patrizier weiterhin die Macht, in einer anderen Stadt entschied ein Stadtherr oder die Zünfte.

M2 Zünfte kümmerten sich auch um die Beerdigung ihrer Mitglieder (Buchmalerei, 1490).

M3 Vertreter der Zünfte überbringen dem Augsburger Rat im Jahr 1368 ihre Forderungen (Malerei, 16. Jahrhundert).

ARBEITSAUFTRÄGE

- › **1.** Nenne mittelalterliche Handwerksberufe.
- › **2.** Beschreibe das Zusammentreffen der Handwerker und Patrizier in M3.
- ›› **3.** Erkläre den Begriff Zunft.
- ›› **4.** Ordne die mittelalterlichen Zunftzeichen den Handwerksberufen zu.
- ››› **5.** Gestalte ein Zunftzeichen für einen weiteren Handwerksberuf.
- ›› **6.** Erläutere Umstände, unter denen Frauen die Leitung eines Handwerksbetriebs übernehmen durften.
- ››› **7.** Erörtere die Vor- und Nachteile der Zunftzugehörigkeit für Handwerker.

zu 4.
Bäcker, Metzger, Schneider, Schmied

zu 5.
Welche Handwerksgeräte oder Produkte sind typisch für deinen ausgewählten Handwerksberuf?

Andersgläubige in der mittelalterlichen Stadt

M 1 Ein jüdischer Arzt behandelt einen Patienten (Druck, Augsburg 1487).

Seit der Römerzeit lebten Juden verstreut in Europa. Sie hatten zu den ersten Fernhändlern gehört, die Salz und Pelze von weit her holten. Juden zählten somit auch zu den ersten Bewohnern der neuen Städte und waren vielerorts gut in die Gesellschaft integriert. Vor allem jüdische Ärzte genossen im Mittelalter hohes Ansehen.
Als jedoch die christlichen Kaufleute immer mächtiger wurden, verdrängten sie die Juden zunehmend aus dem Handelsgeschäft. Auch die Zünfte nahmen sie nicht auf, da sie keine Christen waren. Juden durften kein Amt bekleiden und konnten keinen Grundbesitz erwerben. Außerdem mussten sie in einer besonderen Straße wohnen und spezielle Kleidung tragen, zum Beispiel einen spitzen Hut.

Juden als Pfandleiher

Im Gegensatz zu den Christen war es Juden nicht verboten, gegen Zinsen Geld zu verleihen. Dadurch, dass christliche Stadtbewohner bei Juden Schulden hatten, wurden diese mit der Zeit immer unbeliebter. Die Schuldner unterstellen ihnen, dass sie zu hohe Zinsen nähmen und deshalb Wucherer seien. Der Neid auf reiche Juden war groß.

Webcode:
Arbeitsblatt Juden im Mittelalter
WES-110781-105

Schutzprivileg für Juden

Kaiser Heinrich IV. erließ im Jahr 1090 das sogenannte Wormser Privileg zum Schutz der Juden. Dieses beinhaltete folgende Punkte:
- Juden durften weder verletzt noch getötet werden,
- jüdischer Besitz durfte nicht weggenommen werden,
- Juden durften Christen als Hauspersonal beschäftigen,
- Probleme in jüdischen Gemeinden wurden selbstständig geregelt,
- der Verfahrensablauf bei Streitigkeiten zwischen Juden und Christen war klar geregelt.

Mit diesem Schutzprivileg wollte er Steuerausfälle vermeiden, die er im Zusammenhang mit Ausschreitungen gegen Juden erwartete.

Die Suche nach den Sündenböcken

M 2 In manchen Städten wurden Juden als Sündenböcke festgenommen, gefoltert und getötet (Holzschnitt, 1475).

Im Jahr 1347 verschlechterte sich mit dem Ausbruch der Pest die Lebenssituation der Juden sehr. Diese Krankheit stellte die Menschen vor unbekannte Probleme. Sie war die schlimmste aller Seuchen im Mittelalter und hatte schwerwiegende Folgen. Etwa ein Drittel aller Menschen starb daran.

Die Krankheit war von Ratten aus Asien nach Europa eingeschleppt worden. Flöhe übertrugen die Pest auf den Menschen. Die Seuche breitete sich von Italien aus über die großen Schifffahrtswege und Handelsstraßen in kürzester Zeit in Europa aus. Die mittelalterlichen Ärzte standen der Krankheit und ihrer raschen Verbreitung hilflos gegenüber. Missernten und Überschwemmungen hatten zu Hungersnöten geführt. Die verminderten Abwehrkräfte der unterernährten Menschen leisteten der Seuche kaum Widerstand.

Die Ärzte kannten die Ursache für diese Krankheit noch nicht. Unter anderem die Juden gerieten daher schnell in Verdacht, daran schuld zu sein. Unter den Qualen der Folter gestanden einige Juden, die Pest verursacht zu haben. Es kam zu Judenhass und Judenverfolgungen.

Die Ursachen der Pest

Doch nicht die Juden waren verantwortlich für die rasche Verbreitung der todbringenden Krankheit, sondern die Zustände in den mittelalterlichen Städten. Gestank, Lärm, Rauch und Umweltverschmutzung waren die täglichen Begleiter der Menschen.

Müll und Abwasser wurden auf die Straße gekippt. Ein großes Problem war der Kot der frei herumlaufenden Schweine. Gerber, Metzger oder Färber verschmutzten die Straßen und Stadtbäche mit Abfällen.

In den Hinterhöfen befanden sich Ställe, Schuppen und Werkplätze ebenso wie die Aborte, die damaligen Toiletten. Steinhäuser wurden mit der Zeit mit einem Aborterker ausgestattet. Dessen Ablauf mündete in Gräben, die zwischen den Häusern lagen. Über die Reinigung dieser Gräben stritten sich die Stadtbewohner vor Gericht. Abwassergruben und Brunnen lagen häufig in unmittelbarer Nähe. Oft wurde das Trinkwasser aus Flüssen genommen, in die auch die Abwässer der Stadt flossen. Erkrankungen waren die Folge.

M3 Zahlreiche Toiletten waren im Freien hinter oder neben einem Haus und dienten auch gleichzeitig als Grundstücksgrenze (Malerei, 14. Jahrhundert).

Mittelalterliche Maßnahmen gegen die Pest

Die Menschen versuchten sich oft auf ungewöhnliche Art vor dieser tödlichen Krankheit zu schützen. Einige probierten, nachts wach zu bleiben, da sie meinten, die Pest könne nur ein schlafender Mensch bekommen. Auch betrachteten sie vergeblich Gegenstände aus Gold und Silber. Viele waren der Überzeugung, großer Gestank würde die Pest vertreiben. Doch genau das Gegenteil war der Fall. Öffentliche Badehäuser wurden geschlossen. Auch verbrannten sie die Möbel von Pesttoten. Andere flohen aufs Land. In Kirchen und Klöstern wurden Heiligenbilder mit Kalk überstrichen.

M4 Schmutzwasser und anderer Müll wurde in Städten einfach auf die Straße gekippt (Holzschnitt, 1532).

Q1 Der italienische Dichter Boccaccio schrieb 1348 über die Pest:

Zu Anfang der Seuche bildeten sich ... in der Leistengegend oder in den Achselhöhlen bestimmte Schwellungen, ... Von diesen zwei Körperteilen aus begannen die todbringenden Pestbeulen in kurzer Zeit auf alle Körperteile überzugreifen ... Tag und Nacht verendeten zahlreiche Menschen auf offener Straße und viele, die wenigstens in ihren Häusern umkamen, machten erst durch den Gestank der verwesenden Körper die Nachbarn darauf aufmerksam, dass sie tot waren. Diese Toten wurden nicht mit Tränen, Kerzen oder Geleit geehrt ... man kümmerte sich um sterbende Menschen nicht mehr ... als um krepierende Ziegen.

ARBEITSAUFTRÄGE

- › **1.** Beschreibe die Situation der Juden im mittelalterlichen Europa.
- ›› **2.** Erläutere die Hintergründe, dass Juden für die Pest verantwortlich gemacht wurden.
- ›› **3.** Erkläre die Ausbreitung der Pest.
- › **4.** Nenne Probleme, die das Zusammenleben vieler Menschen auf engem Raum in einer Stadt im Mittelalter verursachte.
- ››› **5.** Beurteile die einzelnen Maßnahmen der Menschen gegen die Pest.
- ››› **6.** Bewerte das Verhalten der Menschen gegenüber Pestkranken und Pesttoten in Q1.

→ **zu 2.** *Was wurde Juden in manchen Städten vorgeworfen?*

→ **zu 4.** *Nutze auch M3 und M4.*

→ **zu 6.** *Wie wurden diese behandelt? Was hältst du von diesem Verhalten?*

Treffpunkt Marktplatz

Typische Merkmale einer Stadt waren die Stadtmauer mit ihren Toren, das Rathaus, die Kirche und der Marktplatz.

Der Markt – ein Ort des Handels und des Austausches

Der Marktplatz befand sich etwa in der Mitte einer jeden mittelalterlichen Stadt. Es handelte sich hierbei um einen großen Platz beim Rathaus.

Hier verkauften die Handwerker und Kaufleute ihre Erzeugnisse. Auch die Bauern aus der Umgebung boten auf dem Markt ihre Waren an. Neben diesem Hauptmarkt hatten große Städte noch besondere Nebenmärkte, wie den Holzmarkt oder den Viehmarkt. Auf dem Marktplatz wurden die Menschen von Gauklern oder Sängern unterhalten und erfuhren so manche Neuigkeit, denn eine Zeitung oder das Fernsehen gab es noch nicht.

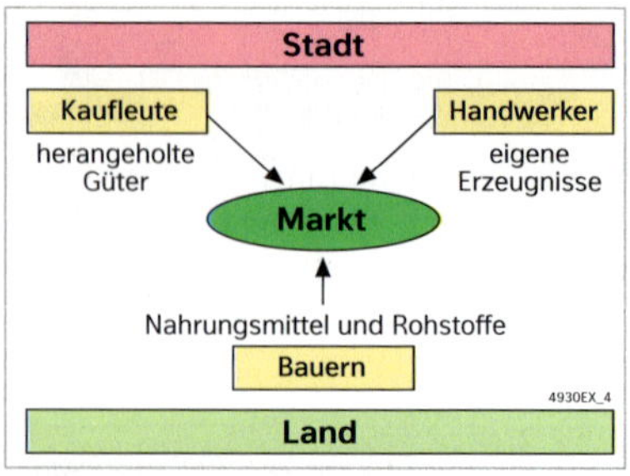

M1 Vielfältige Angebote auf einem mittelalterlichen Markt

Das Marktrecht

Besaß eine Stadt das Marktrecht, durfte dort regelmäßig Markt abgehalten werden. Auf dem Marktplatz sollte dann Frieden herrschen. Städtische Beamte kontrollierten, dass die Marktordnung eingehalten wurde. Sie prüften Preise, Maße und Gewichte sowie die Verkaufsstände. Wer gegen die Marktordnung verstieß, kam vor das Marktgericht.

M2 So könnte es auf einem mittelalterlichen Marktplatz ausgesehen haben (Gemälde, 16. Jahrhundert).

Der Marktplatz – ein Ort der Bestrafung

Verbrecher wurden im Mittelalter in aller Öffentlichkeit bestraft. In den meisten Städten fanden solche Bestrafungen auf dem Marktplatz und vor vielen Zuschauern statt. Es wurde jeder bestraft, der ein Verbrechen begangen hatte, ganz gleich wie alt er war, also manchmal auch Kinder.

Bei Mord, Raub, Brandstiftung, Vergewaltigung oder Diebstahl in einer Kirche wurde der Täter mit dem Tode bestraft. Bei einem Diebstahl auf dem Marktplatz oder in einem Wirtshaus hackte der Henker dem Täter einen Finger oder gar die ganze Hand ab. Geldstrafen gab es selten, zum Beispiel wenn Schadenersatz geleistet werden sollte. Betrüger oder Lügner stellten die Stadtbewohner an einem Schandpfahl auf dem Marktplatz öffentlich zur Schau. Marktbesucher konnten diese dann mit Dreck, fauligem Obst oder Steinen bewerfen. Ehebrechern und Menschen, die einen Verbrecher versteckt hielten oder ihre Schulden nicht bezahlen konnten, wurde das Haus zerstört oder die Lebensmittelvorräte von hungrigen Gesellen verzehrt. Hatte ein Mann sich mit einer Frau unter seinem Stand eingelassen, schnitt der Vollstrecker der Strafe ihm die Haare ab. Glücksspielern brannte der Henker Würfel in die Haut. Hat jemand unerlaubt ein Gespräch belauscht, musste er mehrere Tage lang eine Schandmaske mit großen Ohren tragen.

M4 Bäcker, die zu kleine Brote backten, wurden einmal oder mehrere Male ins Wasser getaucht. Diese Strafe hieß Bäckertaufe (Ansichtskarte, Nürnberg, 19. Jahhundert).

M3 Verschiedene Formen von mittelalterlichen Bestrafungen und Hinrichtungen (Holzschnitt, 1512)

M5 Schandmaske aus dem 16. Jh.

ARBEITSAUFTRÄGE

- 〉 **1.** Beschreibe die Marktplatzszene in M2.
- 〉〉 **2.** Analysiere das Schaubild M1.
- 〉〉 **3.** Erkläre das Marktrecht.
- 〉 **4.** Nenne mittelalterliche Bestrafungen, die in M3 abgebildet sind.
- 〉〉 **5.** Erstelle eine Übersicht zur Bestrafung im Mittelalter.
- 〉〉〉 **6.** Bewerte das mittelalterliche Bestrafungssystem.

→ **zu 5.**

Verbrechen	Strafe

→ **zu 6.**

Wer wurde bestraft? Wie wurde bestraft? Was hältst du davon?

Rückzug von der Welt

Ein Leben in Abgeschiedenheit

Die christliche Religion und Kirche spielten für alle Menschen im Mittelalter eine sehr große Rolle. Einigen war ihr Glaube sogar so wichtig, dass sie nur noch Gott dienen wollten. Sie zogen sich deshalb ganz aus der Welt zurück und gingen als Nonnen in ein Frauenkloster oder als Mönche in ein Männerkloster. Hier lebten sie unter der Leitung einer Äbtissin oder eines Abtes in einer von der Außenwelt weitgehend abgeschlossenen Anlage.

M1 Ein adliger Vater übergibt seinen jüngsten Sohn dem Abt. Dafür erhält das Kloster einen Teil seines Landbesitzes. Sein Sohn hat nun die Möglichkeit, eines Tages ein Abt zu werden (Buchmalerei, um 1300).

Sicherheit und Aufstiegsmöglichkeiten

Menschen gingen nicht nur aus religiösen Gründen in ein Kloster. Viele Adlige schickten ihre unverheirateten Töchter und die nicht erbberechtigten Söhne dorthin. Als Mönche oder Nonnen beteten sie für das Seelenheil der Familie. Sie stiegen vielleicht selbst zum Abt oder zur Äbtissin auf und halfen ihren Familien durch ihren Einfluss.

Für viele Frauen bot das Leben im Kloster Vorteile. Sie waren versorgt, konnten hier lesen und schreiben lernen und sich sogar wissenschaftlich fortbilden. Mönche und Nonnen wurden im Mittelalter wegen ihrer Gottesfürchtigkeit geachtet.

Tagesablauf in einem mittelalterlichen Kloster:

ab 2:00 Uhr: Gebet und gemeinsames Singen und Lesen religiöser Texte
ab 4:00 Uhr: das Gotteslob wird gebetet, danach Morgenwäsche
ab 6:00 Uhr: Gebet, Lesen heiliger Schriften, Frühstück und Arbeitsbeginn

Das Arbeiten und Studieren heiliger Schriften wurde durch die folgenden Gebets- und Mahlzeiten unterbrochen:
gegen 12:00 Uhr: Gebet und Mittagessen
gegen 15:00 Uhr: Gebet
gegen 17:00 Uhr: Gebet und Abendessen
gegen 18:00 Uhr: Schlussgebet
30 Minuten nach Sonnenuntergang: Schlafenszeit

Regeln im Kloster

Viele zukünftige Mönche und Nonnen kamen schon als Kinder in ein Kloster und wurden dort erzogen. Mit etwa 15 Jahren wurden sie in die Ordensgemeinschaft aufgenommen. An diesem Tag versprachen die Novizinnen und Novizen ihren Oberen:

Ich will arm bleiben.
Ich will ehelos bleiben.
Ich will gehorsam und demütig sein.

Die wichtigste Ordensregel hatte der Mönch Benedikt von Nursia bereits um 530 n. Chr. aufgestellt: bete und arbeite. Von den Mönchen und Nonnen verlangte Benedikt also nicht nur Gottesdienste und Gebete, sondern auch körperliche Arbeiten.

M2 Nonnen beim gemeinsamen Gebet in der Kirche (Buchmalerei, 15. Jh.)

Die Klosteranlage

Das Zentrum einer Klosteranlage war die Kirche, denn das Gebet und das Lob Gottes waren die wichtigsten Aufgaben der Mönche und Nonnen. Ruhe, Zeit zum Beten und Nachdenken fanden sie im Kreuzgang. Im innersten Bereich des Klosters, der nur den Klosterbewohnern vorbehalten war, befanden sich der Speiseraum und die Schlafsäle.

Zur Klosteranlage gehörten auch verschiedene Gärten, Werkstätten, eine Bäckerei und Ställe für das Vieh. So war ein Kloster Wohn-, Gebets- und Arbeitsraum zugleich.

M3 Der Kreuzgang im ehemaligen Kloster Alpirsbach im Schwarzwald war ein überdachter Gang um einen quadratischen Innenhof.

Q1 Der Mönch Benedikt von Nursia schrieb 529 über die Klosteranlage:

Das Kloster soll so angelegt sein, dass sich alles Nötige innerhalb des Klosters befindet. Wasser, Mühle, Garten, Werkstätte ... Alle Gäste sollen wie Christus aufgenommen werden, besonders Glaubensgenossen und Pilger... Die kranken Brüder sollen einen eigenen Raum haben ... Sind Handwerker im Kloster, können sie in aller Demut ihre Tätigkeit ausüben, wenn der Abt es erlaubt.

M4 Der Klosterplan von St. Gallen zeigt auf, wie eine ideale Klosteranlage aussehen sollte. Dieser Plan entstand um 820, wurde aber nie so umgesetzt.

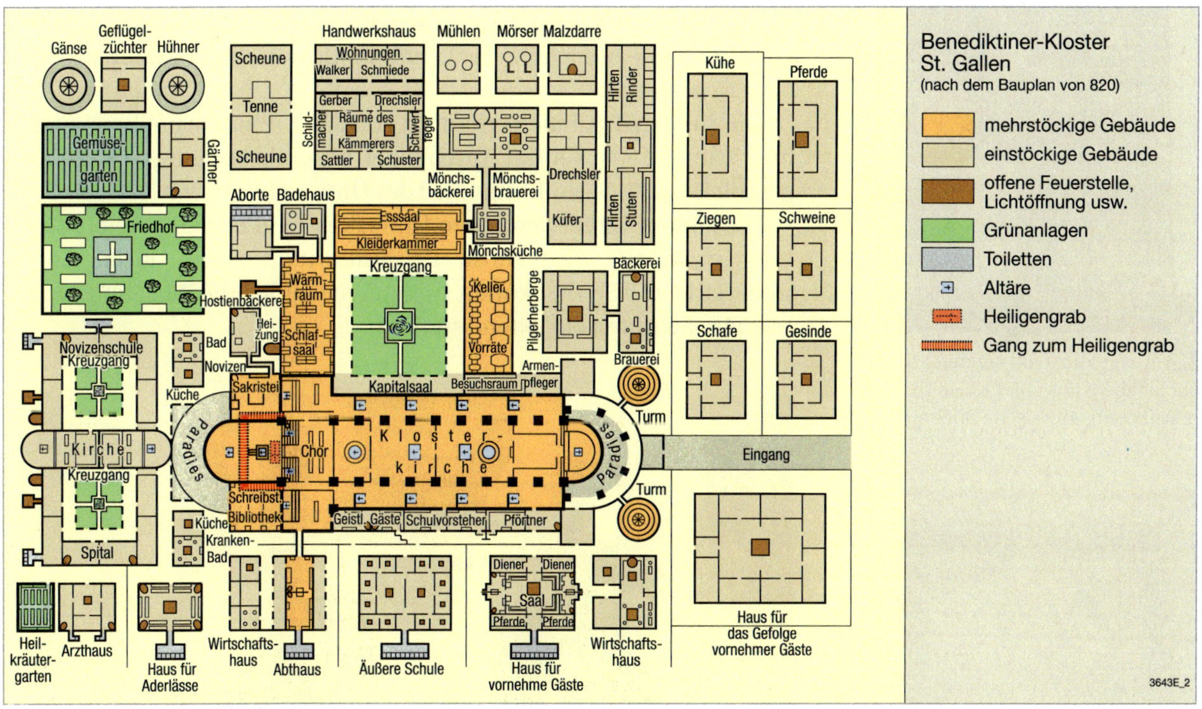

Webcode:
Arbeitsblatt zum Leben im Kloster
WES-110781-106

ARBEITSAUFTRÄGE

› **1.** Nenne Gründe für ein Leben im Kloster.

› **2.** Beschreibe die Gebetsszene M2.

›› **3.** Vergleiche den Tagesablauf in einem mittelalterlichen Kloster mit deinem.

›› **4.** Ordne die einzelnen Teile der Klosteranlage aus M4 folgenden Überschriften zu: religiöses Leben – Schule – Krankenversorgung – Viehhaltung – Handwerk – Gästeunterkünfte.

››› **5.** Überprüfe, inwiefern du die Vorstellungen des Mönches Benedikt im Klosterplan von St. Gallen wiederfindest.

zu 2.
Achte darauf, was die einzelnen Nonnen machen.

zu 5.
Welche Teile eines Klosters werden in Q1 erwähnt?
Findest du diese in M4 wieder?

M1 Ein Mönch in einer Klosterschreibstube (Buchmalerei, 14. Jahrhundert)

M2 Der kunstvoll verzierte Anfangsbuchstabe B aus einer Klosterhandschrift (zeitgenössische Buchmalerei)

M3 Eine Nonne unterrichtet ihre Schülerinnen. (Buchmalerei, 13. Jahrhundert)

Aufgaben der Klöster

Bewahrung und Vervielfältigung von Wissen

Klöster waren nicht nur Stätten des Gebetes, sondern auch Orte, an denen das Wissen über verschiedene Lebensbereiche aufbewahrt und weitergegeben wurde.

In vielen Klöstern gab es Schreibstuben, in denen Mönche wertvolle Bücher sorgfältig mit der Hand abschrieben. Sie besaßen große Sammlungen von Handschriften. Oft wurden Bücher aus anderen Klöstern ausgeliehen, um sie abzuschreiben, denn einen Kopierer gab es noch nicht. Dabei handelte es sich nicht nur um religiöse Schriften, sondern auch um Bücher über Landwirtschaft, Verwaltung, Musik, Heilpflanzen oder Medizin. Diese Handschriften waren im Mittelalter selten und kostbar. Wenige Menschen außerhalb der Klöster konnten lesen und schreiben oder sich gar ein solches Buch kaufen.

Vermittlung von Wissen

Eine staatliche Schule wie heute gab es damals noch nicht. Seit dem 5. Jahrhundert entstanden Klosterschulen. Diese waren ursprünglich nur für Novizen oder Novizinnen gedacht. Mit der Zeit konnten auch andere Kinder und Jugendliche, deren Eltern es sich finanziell leisten konnten, diese besuchen. Die Lehrer in Klosterschulen waren Mönche oder Nonnen.

Die jüngeren Schüler erlernten zunächst lesen, schreiben, singen und Latein. Auch war das Abschreiben von Bibelstellen und Heiligengeschichten ein fester Bestandteil des Unterrichts.

Die älteren Schüler erhielten Unterricht in den sieben freien Künsten: Grammatik, Redekunst, Beweisführung, Musik, Rechenkunst, Geometrie und Sternenkunde. Außerdem wurden die Bibel und andere religiöse Schriften eingehend studiert.

M4 Mönche in einer Schreibstube in einem heutigen Kloster

Anwendung von Wissen

Zu den wichtigen Aufgaben der Klöster gehörte die Krankenpflege. Hierzu gab es in vielen Anlagen ein Spital und Gärten mit Heilkräutern.

Das Wissen um die Heilkraft bestimmter Pflanzen und die Zubereitung von Arzneien wurde in den Klöstern aufgeschrieben und weitergegeben. So schrieb beispielsweise die Äbtissin Hildegard von Bingen ein Buch über Heilpflanzen und ihre Wirkung.

M5 Nonnen pflegen Kranke in einem Klosterspital (zeitgenössische Buchmalerei).

Q1 Ratschläge der Äbtissin Hildegard von Bingen (1098 – 1179):

Hafer fördert bei gesunden Menschen ein fröhliches Gemüt, eine reine und helle Aufgeschlossenheit und die Haut wird schöner …
Himbeeren sind … brauchbar gegen Fieber. Wer Fieber hat und keinen Hunger hat, koche Himbeeren in wenig Wasser, lasse sie darin liegen und trinke den Himbeersaft morgens und abends und lege die in Wasser gekochten Himbeerblätter als Umschlag auf seinen Magen. Das soll er drei Tage lang tun, und das Fieber wird weichen …
Wer ein leeres Gehirn hat und eine schlechte Gesichtsfarbe und daher Kopfweh, esse oft Mandeln, dem füllen sie das Gehirn und geben ihm eine gute Gesichtsfarbe. Walnüsse lassen die Muskeln wachsen, stärken die Knochen und das Nervensystem …
Wer Salat essen will, soll die Blätter erst mit Dill oder Essig oder Knoblauch abschmecken, so dass der Salat noch kurz vor dem Gegessenwerden Zeit hat, sich mit diesen Gewürzen zu durchtränken. Isst man ihn so zubereitet, dann stärkt er das Gehirn und macht eine gute Verdauung.
Gekocht sind Zwiebeln gesund, weil sie durch ihre Feuchtigkeit, die in ihnen vorhanden ist, Schadstoffe mindern. Für solche, die an Schüttelfrost und an Fieber leiden, ist die Zwiebel besonders gut …

M6 Eine Nonne stellt aus Heilkräutern ein Medikament für einen Kranken her (Buchmalerei, 14. Jahrhundert).

Klöster als Grundherrn

Stetig vermehrte sich der Grundbesitz der Klöster durch Schenkungen. Bauern und Adlige vermachten den Klöstern Land, um ein gutes Werk für ihr Seelenheil zu tun oder um einem Verwandten den Eintritt in ein Kloster zu ermöglichen. So gelangten viele Klöster zu großem Grundbesitz mit eigenen Hörigen.

Klöster als politische Berater

Mit der Zeit wurden einige Anlagen so bedeutend, dass sie als Reichsklöster dem Kaiser direkt unterstellt waren. In ihnen ließ sich der Kaiser mit seinem Gefolge auf Reisen beherbergen und bewirten. Hier holte er sich Rat bei seinen Äbten. So wuchsen auch der politische Einfluss und die Macht dieser Klöster.

Webcode:
Informationen zur Klostermedizin
WES-110781-107

ARBEITSAUFTRÄGE

› **1.** Beschreibe den Buchstaben in M2.
› **2.** Nenne Unterrichtsinhalte in einer Klosterschule.
›› **3.** Ordne jeder Aufgabe eines mittelalterlichen Klosters eine heutige Einrichtung oder einen Beruf zu.
›› **4.** Erstelle zu den Gesundheitstipps von Hildegard von Bingen eine Tabelle.
››› **5.** Bewerte die Bedeutung der Klöster im Mittelalter.

zu 3.

Aufgaben	heute
Bücher sammeln	Bücherei
…	…

zu 4.

Pflanze	Wirkung
Hafer	Fröhlichkeit, …
…	…

Eine Erkundung planen und durchführen

In Baden-Württemberg gibt es viele mittelalterliche Spuren, die es lohnt zu entdecken. Doch eine Erkundung sollte nicht planlos erfolgen.

M1 Kreuzgang mit Brunnenhaus und Klosterkirche von Maulbronn 1

Schritte zum Planen und Durchführen einer Erkundung

1. → ***Erkundungsort festlegen***
   ein Dorf, eine Stadt, ein Stadtteil, ein Museum, ein Kloster, ...
2. → ***Anreise planen***
   zu Fuß, mit dem Linienbus, gemieteter Reisebus oder mit der Bahn
3. → ***Kosten berechnen***
   Fahrtkosten, Eintrittsgeld, Führungskosten, ...
4. → ***Erkundungsschwerpunkt bestimmen***
   Erscheinungsbild, Leben der Stadtbewohner, Bedeutung des Ortes, Besonderheiten, ...
5. → ***Unterstützung zur Vorbereitung suchen***
   Homepage/Internet, Fachleute, schriftliche Reiseführer, ...
6. → ***Art der Dokumentation festlegen***
   Foto, Film, Fragebogen, ...
7. → ***Erkundungsaufgaben erstellen***
   Interview, Recherche, Beschreibung, Zeichnen, Vergleichen, Fotografieren, ...
8. → ***Erkundungsaufgaben bearbeiten***
   Befrage Einwohner oder Mitarbeiter von Museen.
   Achte auf Jahreszahlen, Inschriften, Wappen, Straßennamen.
   Schaue Denkmäler genau an.
9. → ***Erkundung inhaltlich auswerten***
   Halte Entdeckungen in Bildern und Texten fest (Plakat, Collage, Film, Mind Map, bebilderter Bericht, Bildergeschichte ...)
10. → ***Erkundung bewerten***
    Formuliere begründet deine Meinung.

M2 Das Brunnenhaus

M3 Ein Wirtschaftsgebäude

M4 Die ehemalige Klosteranlage von Maulbronn

Das Kloster Maulbronn

Das ehemalige mittelalterliche Kloster befindet sich in der Kleinstadt Maulbronn, in der Nähe von Knittlingen und Mühlacker im Enzkreis. Es ist die am besten erhaltene Klosteranlage in Baden-Württemberg und wird daher von der UNESCO als Weltkulturerbe geschützt.

Die Geschichtsforscher gehen heute davon aus, dass das einstige Männerkloster 1147 in dem damals einsamen Tal gegründet wurde. Dort lebten, abgeschieden von der Außenwelt und umgeben von dichten Wäldern, zahlreiche Mönche unter der Leitung eines Abtes, um ganz allein Gott zu dienen.

Die Besitztümer des Klosters wuchsen im Laufe der Jahre durch verschiedene Schenkungen, Stiftungen und Güterkäufe, so dass es mit der Zeit über 20 Dörfer und etwa 2500 Hektar Wald besaß. Daher erlangte das Kloster immer mehr wirtschaftlichen, gesellschaftlichen und politischen Einfluss. Zur Verwaltung des Klosterbesitzes wurden mehrere Klosterpfleger eingesetzt. Ein Verwaltungssitz befand sich beispielsweise in Kirchheim am Neckar im Kreis Ludwigsburg.

Heute ist fast die gesamte Klosteranlage in Maulbronn im Besitz des Landes Baden-Württemberg und wird vor allem als Museum genutzt. Dort sind auch das Rathaus und die Polizei der Stadt untergebracht. Seit 1556 befindet sich in dieser Anlage außerdem ein Gymnasium mit Internat, das unter anderem der Dichter Friedrich Hölderlin und der Schriftsteller Hermann Hesse besucht haben.

M5 Die Klosterkirche von Maulbronn

ARBEITSAUFTRÄGE

› **1.** Beschreibe einem Mitschüler dein Vorgehen beim Planen und Durchführen einer Erkundung ins Kloster Maulbronn unter Verwendung der Musterlösung.

›› **2.** Begründe, inwiefern eine Erkundung nach Maulbronn geeignet ist, um Genaueres über ein mittelalterliches Kloster zu erfahren.

››› **3.** Entwickle einen Ablaufplan für eine Klostererkundung in deiner Nähe, indem du die Schritte zum Planen und Durchführen einer Erkundung anwendest.

Stichwortartige Musterlösung zur Planung und Durchführung einer Erkundung ins Kloster Maulbronn

Schritt 1:
Kloster Maulbronn

Schritt 2:
abhängig vom Ort der Schule

Schritt 3:
Fahrtkosten: ?
Eintrittsgeld: 3,50 € pro Schüler
oder:
spezielles Angebot für Schulklassen (z. B. Nadelfilzen, Schreiben wie im Mittelalter, Brotbacken, Korbflechten, Buchbinden, …) inklusive Führung: 4,50 € pro Schüler

Schritt 4:
ehemalige mittelalterliche Klosteranlage

Schritt 5:
www.kloster-maulbronn.de

Schritt 6:
Fotos und Fragebogen

Schritt 7:
Interview, Recherche, Beschreibungsaufgaben, Zeichenaufgaben vorbereiten und Fotografieaufträge erteilen

Schritt 8:
Befragen von Angestellten und Besuchern, Gebäude/Figuren beschreiben oder abzeichnen , das Wirken von Gebäuden, Bilder und Figuren festhalten, Inschriften entdecken, Fragen zu Informationstafeln, Grundriss erstellen, …

Schritt 9:
Erstellung von Plakaten zu Klosterkirche, Kreuzgang, …

Schritt 10:
Ich fand die Erkundung …, weil …

zu 2.
Beachte auch die Bilder M1 - M5.

zu 3.
Übersicht über verschiedene Klöster auf: www.kloester-bw.de

Mittelalterliche Frömmigkeit

M1 Am Tag des Jüngsten Gerichts entscheiden Jesus Christus und Gott, wer in den paradiesischen Himmel und wer in die Hölle kommt (Malerei, 1493).

Im mittelalterlichen Europa prägte der christliche Glaube das Leben und den Alltag der Menschen. Er bestimmte ihre Vorstellung von der Welt.

Krankheiten, Missernten und andere Unglücksfälle betrachteten die Menschen des Mittelalters als eine Strafe Gottes. Kirchliche Festtage gliederten den Ablauf des Jahres. Für das alltägliche Zusammenleben in der Bevölkerung bildeten die Zehn Gebote der Bibel wichtige und anerkannte Regeln. Es war allgemein üblich, mehrmals am Tag zu beten.

Himmel und Hölle

Die Menschen waren davon überzeugt, dass es nach dem Leben auf der Erde ein Weiterleben nach dem Tod gebe. Derjenige, der sich auf der Erde gottgefällig verhielt und Gottes Gebote erfüllte, durfte auf ein Leben im Himmel hoffen. Wer hingegen auf der Erde viel Schlechtes tat, musste die Hölle fürchten und dort immerwährendes Leiden, Schmerzen und Qualen erdulden.

Da niemand sicher sein konnte, wie er am Tag des Jüngsten Gerichts beurteilt werden würde, hatten die meisten Menschen große Angst vor diesem Tag.

M2 Die bildliche Darstellung der Zehn Gebote im Gemälde von Lucas Cranach dem Älteren (1516):

1. Du sollst keinen fremden Gott anbeten.
2. Du sollst den Namen Gottes nicht missbrauchen.
3. Du sollst den Feiertag einhalten.
4. Du sollst Vater und Mutter ehren.
5. Du sollst nicht töten.
6. Du sollst nicht stehlen.
7. Du sollst nicht ehebrechen.
8. Du sollst kein falsches Zeugnis geben.
9. Du sollst nicht die Frau eines anderen begehren.
10. Du sollst nicht das Gut eines anderen begehren.

Das Fegefeuer

Da kein Mensch frei von Sünden war, gab es nach der mittelalterlichen Glaubensvorstellung das Fegefeuer als Zwischenstation auf dem Weg zum Himmel. Die Seelen derjenigen, die weder völlig gut noch böse waren, mussten an diesem Ort bleiben, bis das Feuer sie von ihren Sünden gereinigt hatte. Viele Gläubige dachten, dass sie durch fromme Taten wie etwa durch Gebete und Buße die Leidenszeit im Fegefeuer verkürzen könnten.

Die Buße

Eine Möglichkeit Buße zu leisten war es, sich auf Wallfahrten zu begeben. Der gläubige Pilger nahm beschwerliche und auch gefährliche Wege auf sich, um zu heiligen Orten zu gelangen. Dort wollte er Gott um Vergebung für seine begangenen Sünden bitten. Ziele von Wallfahrten waren zum Beispiel Rom, Santiago de Compostela und Jerusalem.

Die Menschen pilgerten auch zu einer Kirche oder einem Kloster, das Reliquien besaß. Dies konnten beispielsweise Teile des Skeletts wie Knochen und Schädel, Blutstropfen oder Kleider eines Heiligen sein. Auch von diesen Reliquien erhofften die Menschen Schutz und Hilfe.

Die Walterichswallfahrt

Auch in Baden-Württemberg gab es Wallfahrtsorte. Bekanntheit genoss zum Beispiel das Walterichsgrab in Murrhardt, das sich in der ehemaligen Marienkirche befand.

Walterich war der Gründer des Murrhardter Klosters und vermutlich ein unehelicher Sohn des Kaisers Karl des Großen. Zahlreichen Überlieferungen nach heilte er viele Kranke. Daher wurde Walterich auch nach seinem Tode verehrt, und die Menschen erhofften sich weitere Wunder und Krankenheilungen von ihm.

Um auf den Hügel der Marienkirche zu gelangen, bestiegen die Pilger auf ihren Knien rutschend die Büßertreppe. Sie wollten so den Leidensweg Jesu von Nazareth nacherleben. Diese Wallfahrt fand stets in der Karwoche statt. Noch heute wird dieser Ort vor allem am Karfreitag von vielen Gläubigen aufgesucht.

Pilgern auch heute

Einige mittelalterliche Frömmigkeitsformen gibt es auch noch heute, so etwa das Pilgern auf dem Jakobsweg. Erstreckte sich dieser im Mittelalter von den französischen Pyrenäen nach Santiago de Compostela, verläuft er heute auch durch Deutschland. Der Weg ist mit einer gelben Jakobsmuschel markiert.

M3 Die Ausrüstung eines Pilgers für seine etwa ein Jahr dauernde Reise nach Jerusalem bestand aus Folgendem:
- eine Schlafmatte,
- einfache Kleidung, Sack, Pilgerstab,
- gesalzenes Fleisch, Schinken, Rinderzunge, Käse, Butter, frischgebackenes Brot für 8 Tage, Zwieback, Rosinen, Nüsse, Zucker,
- 1 Flasche Saft aus Rosenblättern gegen Magen- und Darmbeschwerden,
- 1 Flasche Wasser,
- 1 Fässchen Wein,
- 3 kleine Kochtöpfe,
- 3 gefüllte Beutel: einer voller Glauben, einer voller Geduld und einer voller Geld.

Ein Pilger hatte keine Waffen dabei, da er in friedlicher Absicht reiste. (Rekonstruktionszeichnung)

ARBEITSAUFTRÄGE

- » **1.** Erläutere die Glaubensvorstellung der damaligen Menschen.
- » **2.** Analysiere das Bild M1.
- » **3.** Erkläre mit deinen eigenen Worten die Bedeutung der Zehn Gebote.
- › **4.** Beschreibe den Pilger in M3.
- »› **5.** Bewerte die Ausrüstung des Pilgers in M3 für seine Reise nach Jerusalem.
- » **6.** Charakterisiere die Wallfahrt nach Murrhardt.
- »› **7.** Überprüfe, ob in der Nähe deines Wohnorts ein Jakobsweg verläuft.

zu 2.
Wende die Schritte zur Beschreibung eines Bildes von Seite 290 an.

zu 5.
Waren die einzelnen Ausrüstungsgegenstände nützlich und ausreichend?

zu 7.
www.deutsche-jakobswege.de

Jerusalem – die Stadt der drei Religionen

M1 Die Grabeskirche

Jerusalem wird von Juden, Christen und Muslimen jeweils als heilige Stadt angesehen, da alle drei Religionen diesen Ort mit bedeutenden religiösen Ereignissen verbinden.

Jerusalem – die heilige Stadt der Juden

Der jüdische König David eroberte etwa 1000 v. Chr. diesen Ort. Er machte Jerusalem zur Hauptstadt seines Reiches und zum Zentrum des jüdischen Glaubens.

König David begann dort einen Tempel zu Ehren Jahwes, des Gottes der Juden, zu planen und zu errichten, den sein Sohn Salomo vollendete. Dieser wurde zum wichtigsten Heiligtum der Juden. Seit König Salomo stand an dieser Stelle stets ein Tempel. Dieser wurde allerdings nach der Zerstörung durch die Römer im Jahr 70 nicht wieder aufgebaut. Heute ist nur noch die sogenannte Klagemauer erhalten.

Jerusalem – die heilige Stadt der Christen

Auch den Christen ist Jerusalem heilig, da es der Ort der Gefangennahme, Folterung, Kreuzigung und Bestattung von Jesus von Nazareth war. Dieser war der Begründer der christlichen Religion. Auch soll er nach Überlieferungen aus der Bibel in Jerusalem von den Toten auferstanden, seinen Anhängern an Ostern erschienen und zu seinem Vater in den Himmel aufgefahren sein.

Kaiser Konstantin ließ ihm zu Gedenken an der Stelle, an der er sein Grab vermutete, von 326 bis 335 die Grabeskirche errichten. Sie galt von nun an als wichtigstes Heiligtum der Christen in Jerusalem.

M2 Blick auf den Jerusalemer Tempelberg mit der Klagemauer, einem Ort des Gebets für gläubige Juden

M3 Der Felsendom auf dem Tempelberg mit seiner goldenen Kuppel

Jerusalem – die heilige Stadt der Muslime

Für die Muslime ist Jerusalem nach Mekka und Medina die drittheiligste Stadt des Islam. Bevor in Richtung der Kaaba in Mekka gebetet wurde, war Jerusalem Richtungsort des Gebetes.

Nach muslimischen Überlieferungen soll ihr Prophet Mohammed nachts vom Tempelberg aus zu Allah in den Himmel auf einem weißen Pferd geritten sein. Dabei begegneten ihm Abraham, Moses und Jesus. An dieser Stelle errichteten Muslime im Jahr 691 den Felsendom. Diese Moschee soll die Gläubigen an dieses bedeutende Ereignis erinnern. Einst stand allerdings hier der jüdische Tempel von Jerusalem.

Jerusalem – keine Stadt des Friedens

Der Stadtname Jerusalem bedeutet übersetzt Stadt des Friedens. Doch ein solcher Ort war sie selten. Stets stritten sich Völker im Namen ihrer jeweiligen Religion um den alleinigen Besitzanspruch an Jerusalem. Diese Konflikte wurden in grausamen Kriegen, wie zum Beispiel in den Kreuzzügen, ausgetragen.

Auch heute ist in Jerusalem noch kein Frieden eingekehrt. So streiten sich jüdische Israelis und muslimische Palästinenser um Jerusalem.

M4 Ein israelischer Soldat bewacht die jüdische Klagemauer.

ARBEITSAUFTRÄGE

› **1.** Nenne die drei Religionen, für die Jerusalem eine heilige Stadt ist.

›› **2.** Erstelle eine Mind Map zu Jerusalem.

›› **3.** Ordne die Gebäude in M1 und M3 jeweils einer der drei Religionen zu.

›› **4.** Erläutere die Bedeutung der Stadt Jerusalem für Juden, Christen und Muslime.

››› **5.** Gestalte als Reiseleiter einen Vortrag über die wichtigsten religiösen Wahrzeichen der Stadt.

zu 2.
Gehe dabei auf den Namen, die Vergangenheit, Gegenwart und Religionen der Stadt ein.

Krieger im Zeichen des Kreuzes

M1 Papst Urban II. hielt wegen großem Interesse an seiner Rede diese auf einem freien Feld vor der Stadt (Holzschnitt, 1482).

Die Araber hatten Palästina, das so genannte Heilige Land der Christen, Mitte des 7. Jahrhunderts erobert. Christliche Pilger konnten aber weiterhin ungehindert zu ihren heiligen Städten Jerusalem, Bethlehem oder Nazareth reisen.

Dies änderte sich im 11. Jahrhundert, als die Seldschuken, ein türkisches Reitervolk aus Mittelasien, die Araber aus Palästina vertrieben.

Pilgerfahrten wurden nun gewaltsam verhindert und die Christen, die in Jerusalem lebten, hatten unter den Eroberern zu leiden.

Die Seldschuken bedrohten auch Konstantinopel, die Hauptstadt des Byzantinischen Reiches. Deshalb wandte sich der Kaiser von Byzanz an Papst Urban II. Er erbat von ihm und den Christen Europas Hilfe zur Abwehr der Angreifer.

Aufruf zum Krieg im Zeichen des Kreuzes

1095 fand in der französischen Stadt Clermont eine Versammlung von Kirchenvertretern statt. Auf dieser berichtete Papst Urban II. von dem Hilferuf aus Konstantinopel. Zum Abschluss der Versammlung hielt er eine Rede. Darin rief der Papst zu einem Krieg gegen die muslimischen Seldschuken auf.

Q1 Papst Urban II. ruft 1095 zum ersten Kreuzzug ins Heilige Land auf:

Von Jerusalem und Konstantinopel kommt schlimme Nachricht zu uns. Die Seldschuken, ein fremdländisches und gottloses Volk, sind in das Land der Christen eingedrungen und haben es mit dem Schwert, durch Plünderungen und Brandstiftungen verwüstet…
Unerschrockene Krieger, Nachkommen unbesiegter Vorfahren, gedenkt der Tapferkeit eurer Väter. Besitz hält euch nicht, denn das Land, das ihr bewohnt, ist überall von Meer und Bergen umgeben und zu eng für eure große Zahl. Es hat keinen Überfluss an Reichtümern und nährt kaum jene, die es bearbeiten.
Aus diesem Grunde streitet ihr euch, führt Kriege gegeneinander und bringt euch gegenseitig um. Hört auf, euch zu hassen und zu bekriegen. Geht hin zum heiligen Grabe Christi, nehmt das Land den verruchten Heiden ab und macht es zu eurem eigenen – jenes Land, von dem die Bibel sagt, dass Milch und Honig dort fließt. Beschreitet den Weg, der zur Vergebung eurer Sünden führt, des unvergänglichen himmlischen Ruhms seid ihr gewiss. Wir warnen aber davor, dass Greise, Schwache und des Waffengebrauchs Unkundige die Reise antreten.

M2 Darstellung von Kreuzrittern auf dem Cover eines Jugendsachbuches

„Gott will es!"

So antworteten die Menschen, als sie die Rede des Papstes gehört hatten. Die Ritter befestigten sich Kreuze aus Stoff an ihren Mänteln zum Zeichen, dass sie einen Kreuzzug antraten.

Immer mehr Menschen aus dem heutigen Europa erklärten sich bereit, das Heilige Land von den Muslimen zu befreien. Kreuzzüge waren demnach christliche Eroberungskriege gegen Andersgläubige, die im Auftrag der Kirche und somit im Namen Gottes geführt wurden.

M3 Aufbruch zum ersten Kreuzzug (Rekonstruktionszeichnung)

Aufbruch der Kreuzfahrer

Tausende Menschen aus Europa folgten dem Aufruf des Papstes. Bischöfe und Herzöge, Grafen und Ritter, aber auch einfache Männer und Frauen nahmen am Kreuzzug teil. Reiche reisten auf Pferden, Wagen oder Schiffen. Die einfachen Menschen legten den Weg durch wenig bewachsene, wasserlose Gegenden zu Fuß zurück. Die meisten Kreuzfahrer überstanden den beschwerlichen Marsch in das Heilige Land nicht. Sie starben an Hunger, Durst oder unbekannten Krankheiten. Nur ein ritterliches Kreuzfahrerheer erreichte 1099 Jerusalem.

Insgesamt fanden bis 1270 sieben Kreuzzüge statt, die nach anfänglichen Erfolgen, wie der Eroberung Jerusalems im Jahr 1099, von zahlreichen Niederlagen geprägt waren.

Kinderkreuzzüge

Zehntausende Kinder und Jugendliche nahmen einer Legende nach im Jahr 1212 an einem zum Scheitern verurteilten Kinderkreuzzug teil. Von Geschäftemachern, Betrügern und religiösen Hitzköpfen wurden sie zur Teilnahme verführt. Viele überlebten die Überquerung der Alpen nicht, andere blieben unterwegs zurück oder kehrten zu ihren Familien um. Zahleiche Kinder und Jugendliche wurden von Betrügern an Sklavenhändler verkauft.

M4 Nach ihrer Hochzeit mit dem französischen Kronprinzen Ludwig VII. begleitete Eleonore von Aquitanien mit vielen adligen Damen und Dienerinnen ihren Mann auf dem zweiten Kreuzzug. Ihre Wagen mit zahlreichen Luxusartikeln führten zu chaotischen Zuständen auf der beschwerlichen Reise (Buchmalerei, 1147).

ARBEITSAUFTRÄGE

- › **1.** Nenne die heiligen Stätten der Christen in Palästina.
- › **2.** Beschreibe die Kreuzritter in M2.
- ›› **3.** Analysiere die Rekonstruktionszeichnung M3.
- ›› **4.** Arbeite aus Q1 die Gründe für den ersten Kreuzzug heraus.
- ›› **5.** Erkläre den Begriff Kreuzzug.
- ››› **6.** Gestalte einen Eintrag für ein Schülerlexikon zu den Kreuzzügen.
- ››› **7.** Überprüfe, ob der Kinderkreuzzug und die Teilnahme Eleonores von Aquitanien mit ihren adligen Damen im Sinne Papst Urbans II. gewesen wäre.

zu 3.
Wende die Schritte zur Beschreibung eines Bildes von Seite 290 an.

zu 6.
Wende die Schritte zur Erstellung eines Sachtextes von Seite 288 an.

zu 7.
Beachte Q1.

Gläubige gegen Gläubige

Blutbad in Jerusalem

M1 Kreuzritter, Szene aus dem US-Spielfilm „Königreich der Himmel“

Im Sommer 1099 belagerten die Kreuzritter Jerusalem. Nach sechs Wochen in glühender Hitze gelang es ihnen, die Stadt zu erobern. Sie hatten Belagerungstürme, Katapulte und Rammböcke aus Holz gebaut und setzen diese ein. Es begann ein fürchterliches Blutbad in Jerusalem, dem ein Großteil der jüdischen und muslimischen Bevölkerung zum Opfer fiel. Die Kreuzritter verschonten weder Frauen noch Kinder. Viele Krieger wurden reich, denn was sie an Wertgegenständen vorfanden, durften sie behalten.

Webcode:
Arbeitsblatt zur Eroberung Jerusalems
WES-110781-108

Q1 Der muslimische Historiker Ibn al-Atir (1160 - 1233) beschreibt den Einfall der Kreuzritter, welche die Muslime Franken nannten, aus seiner Sicht:

Die Franken wandten sich gegen Jerusalem und nahmen die Stadt nach 40 Tagen ein. Die Einwohner wurden ans Schwert geliefert, und die Franken blieben eine Woche in der Stadt, während derer sie die Einwohner ermordeten. Eine Gruppe von diesen suchte Schutz in Davids Bethaus, verschanzte sich dort und leistete einige Tage Widerstand. Nachdem die Franken ihnen das Leben zugesichert hatten, ergaben sie sich; ... In der Al-Aqsa-Moschee aber töteten die Franken mehr als 70 000 Muslime, ... Aus dem Felsendom raubten die Franken mehr als 40 Silberleuchter ... und andere unermessliche Beute. ...

M2 Die Kreuzritterburg Krak des Chevaliers im heutigen Syrien wurde im 12. Jahrhundert erbaut.

Blut und Elend

Den Kreuzzug nach Jerusalem sahen die Kreuzfahrer als Heiligen Krieg an, der von der Kirche gefordert wurde und dem Wohle des Christentums diente. Da es galt, Jerusalem von den Muslimen zu befreien, waren die Kreuzritter der Überzeugung, dass alles im Kampf erlaubt sei.

M3 Kreuzfahrer schießen die abgeschlagene Köpfe ihrer Feinde mit Katapulten über die Stadtmauer von Jerusalem (Malerei, 13. Jahrhundert).

Q2 Der christliche Historiker Raimund von Aguilers berichtet von der Eroberung Jerusalems durch die Kreuzritter 1099:

..., doch in der Gegend um den Zionsberg kämpften die Sarazenen erbittert mit Raimunds [ein Anführer des ersten Kreuzzuges] Streitmacht, ganz so, als ob sie nicht unterlegen wären ... Stöße von Köpfen, Händen und Füßen lagen in den Häusern und auf den Straßen, ...
So reicht es aus zu berichten, dass in dem Tempel Salomons und dem Säulengang Kreuzfahrer bis zu den Knien ... im Blut ritten. Meiner Meinung nach war es sprichwörtliche Gerechtigkeit, dass der Tempel Salomons das Blut der Heiden empfangen sollte, die Gott dort seit Jahren gelästert hatten ... Die wenigen Überlebenden flohen zu Davids Bethaus und übergaben sich nach einem Sicherheitspfand an Raimund ... Ich stelle fest, dass dieser Tag allem Heidentum ein Ende bereitete.

Kreuzfahrerstaaten

Die Eroberung Jerusalems und der Küstengebiete des Vorderen Orients im ersten Kreuzzug war unter Führung französischer Ritter erfolgt. Auf dem eroberten Land errichteten ihre Anführer eigene Staaten. Der wichtigste Kreuzritterstaat war Jerusalem. Die neuen christlichen Reiche konnten sich nicht ohne Unterstützung aus Europa halten. Daher folgten weitere Kreuzzüge, alle allerdings nur mit geringem Erfolg. 1291 eroberten die Araber die Kreuzfahrerstadt Akkon, den letzten Stützpunkt der Kreuzritter im Nahen Osten im Königreich Jerusalem. Die Herrschaft der Christen in Palästina war damit zu Ende. Selbst die Unterstützung der Kreuzritter durch mongolische Krieger konnte daran nichts ändern.

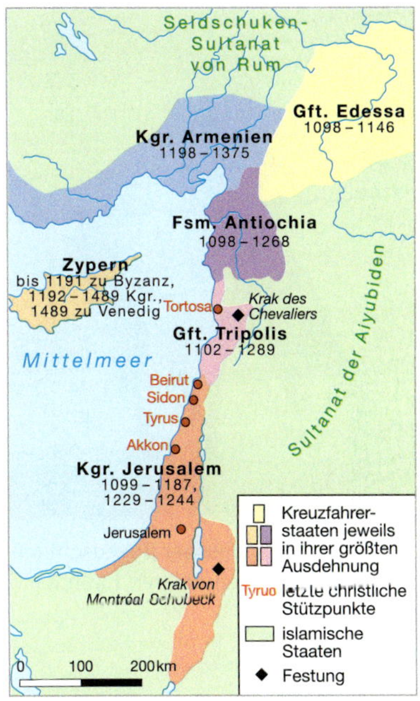

M4 Christliche Kreuzritterrstaaten vom 12. bis 13. Jahrhundert
Kgr. = Königreich
Fsm. = Fürstentum
Gft. = Grafschaft

Judenverfolgung in Europa

Der Begriff Kreuzzug bezog sich schnell nicht nur auf Kriege im Heiligen Land, sondern generell auf den Kampf gegen alle Andersgläubigen. So hatte der Kreuzzugseifer der Christen auch für europäische Juden, die sie für den Tod Jesu von Nazareth verantwortlich machten, furchtbare Folgen. Christen gingen auch in Europa gegen Juden vor. Dabei erschlugen sie viele, plünderten ihre Wohnungen und Synagogen.

ARBEITSAUFTRÄGE

- › **1.** Beschreibe die Kreuzritterburg in M2.
- ›› **2.** Charakterisiere einen Kreuzritter.
- ›› **3.** Vergleiche Q1 und Q2 miteinander.
- ›› **4.** Erläutere den Begriff Heiliger Krieg.
- › **5.** Nenne die christlichen Kreuzfahrerstaaten.
- ››› **6.** Beurteile das Vorgehen der Kreuzritter bei der Eroberung Jerusalems.
- ››› **7.** Bewerte das Vorgehen der Christen gegenüber Juden.

zu 2.
Welche Eigenschaften und Fähigkeiten hatte er?
Nutze auch M1 und M3.

zu 3.
Wie werden jeweils die Taten der Kreuzfahrer beschrieben?
Wird eine Rechtfertigung gegeben?

zu 5.
Nutze auch M4.

Das Weltreich der Mongolen

M 1 Die Zelte der Mongolen ließen sich leicht und schnell auf- und abbauen (Malerei, 14. Jahrhundert).

Das Volk der Mongolen

Die Mongolen waren ein Steppenvolk, das ein Nomadenleben führte. Sie lebten in Zelten und bauten keine Häuser, da sie stets auf der Suche nach neuem Weideland für ihre Tiere weiterzogen.

Die Mongolen kleideten sich mit zweckmäßiger Kleidung aus Pelz, Fell, Baumwolle, Seide oder Stoffen aus Metallfäden und festen Lederstiefeln. Im Winter trugen sie gefütterte kegelförmige Mützen, teilweise sogar mit Ohrenschutz, und im Sommer häufig ein Kopftuch.

Dieses Nomadenvolk ernährte sich überwiegend von Lebensmitteln, die seine Tiere produzierten, vor allem von Milchprodukten, aber auch von Wildtieren und Fischen. Zu ihren pflanzlichen Nahrungsmitteln zählten Wildkräuter, Körner, Früchte, Beeren, Gemüse, Wurzeln, Knollen und Pilze. Sie tranken hauptsächlich Milch von Schafen, Kühen, Ziegen, Kamelen und Pferden.

Ein Mongole war untrennbar mit seinem Pferd verbunden. Sobald er laufen konnte, lernte er reiten. Als Kleinkind wurde er, damit er nicht vom Pferd fallen konnte, auf diesem festgebunden.

M 2 Ein mongolischer Bogenschütze (chinesische Seidenmalerei, 13. Jh.)

Angst und Schrecken

Die Mongolen hielten sich selbst für unbesiegbar. Keine andere Armee hat jemals so viele Schlachten gewonnen wie die gut organisierten und streng geführten mongolischen Reiterheere.

Unter den Besiegten sorgten sie für Angst und Schrecken. Ihre Feinde sahen in ihnen die Strafe für ihre Sünden.

Stets planten sie ihre Kriegszüge genau. Die Mongolen waren in der Lage, erfolgreich mehrere Länder gleichzeitig anzugreifen, zum Beispiel Polen und Korea. Auch hielten eisige Winter in Russland sie von Angriffen dort nicht ab.

Ihre Rüstung bestand aus Leder, Eisenschuppen oder Kettenhemden. In ihren Kämpfen benutzten sie vor allem Pfeil und Bogen. Ein runder Schild sorgte für den nötigen Schutz. Auch Äxte, Speere und Streitkolben setzten sie geschickt als Waffen im Kampf ein. Ihre Kampftechniken wurden regelmäßig trainiert.

M 3 Der Angriff der Mongolen auf das Großfürstentum Moskau war die erste kriegerische Auseinandersetzung mit Europäern. Die Russen mussten nach ihrer Niederlage den Mongolen Abgaben leisten (Rekonstruktionszeichnung).

Q1 Der persische Dichter Amir Khusru (1253 - 1325) beschreibt das Aussehen mongolischer Kämpfer:

Ihre Augen waren so eng, dass sie damit ein Loch in ein Gefäß aus Messing hätten bohren können, und ihr Gestank war noch schrecklicher als ihre Farbe. Ihre Köpfe saßen auf ihren Körpern, als hätten sie keine Hälse, und ihre Wangen glichen Lederflaschen voller Runzeln und Falten. Ihre Nasen reichten von einem Wangenknochen zum anderen. Ihre Nasenlöcher erinnerten an vermodernde Gräber, und von ihnen hing das Haar bis zu den Lippen hinunter. Ihre Schnurrbärte waren von außergewöhnlicher Länge, aber die Bärte rund um ihr Kinn waren sehr spärlich.
Ihre Oberkörper, die von halb schwarzer, halb weißer Farbe waren, waren mit Läusen bedeckt, was aussah wie Sesam, der auf schlechter Erde wächst.

Pax Mongolica – der mongolische Frieden

Im mongolischen Imperium gab es stabile gesellschaftliche, kulturelle und wirtschaftliche Verhältnisse. Der Staatenbund war gut organisiert. Die politische Führung hatte ein Großkhan inne, dessen Machtanspruch nicht in Frage gestellt wurde. Der berühmteste und erfolgreichste war Dschingis Khan. Er schaffte es, die einzelnen Stämme zu vereinen. Das Leben im mongolischen Reich war so vom Pax Mongolica, dem mongolischen Frieden, geprägt.

Die Mongolen verständigten sich über ein gut strukturiertes Kommunikationssystem, das Örtöö-System. Dieses wurde zum Weiterleiten von Befehlen, zum Transport von Gütern und Personen eingesetzt. Stets eine Tagesreise entfernt befand sich ein ständig besetzter Versorgungsposten. So konnte alles problemlos durch das riesige Reich von einem Posten zum nächsten weitertransportiert werden.

M4 Dschingis Khan (1155–1227) war ein gefürchteter Feldherr und Begründer des mongolischen Weltreiches. Nach dem Tod seines Enkels Kublai Khan war kein Khan mehr so mächtig, um sich den aufkommenden Unruhen im eigenen Reich und den Angriffen anderer Völker erfolgreich entgegenzustellen (Malerei, 14. Jahrhundert).

Der Sturm der Mongolen

Dschingis Khan und seine Nachfolger zogen aus mit dem Ziel, die Welt zu erobern. Sie nahmen große Gebiete in Europa, im Nahen und Mittleren Osten, in Süd- und Südostasien, in China und Korea ein. Das Mongolische Reich wurde zum größten Herrschaftsgebiet der Geschichte. Ein neues Weltreich war entstanden. Diese Eroberungszüge werden heute als Sturm der Mongolen bezeichnet.

So schnell wie die Mongolen zu einer Weltmacht aufstiegen, fast genauso rasant brach dieses Reich wieder zusammen. Bereits im 13. Jahrhundert begann der Zerfall des riesigen Imperiums.

M5 Das mongolische Reiterheer besiegt 1241 bei Liegnitz das polnisch-deutsche Ritterheer unter Herzog Heinrich II. von Schlesien. Der Kopf des getöteten Herzogs wurde von den Mongolen auf eine Lanze gespießt (Buchmalerei, 14. Jahrhundert).

ARBEITSAUFTRÄGE

- › **1.** Beschreibe das Leben des mongolischen Volkes.
- ›› **2.** Charakterisiere einen mongolischen Kämpfer.
- ›› **3.** Stelle den Inhalt von Q1 zeichnerisch dar.
- ›› **4.** Vergleiche einen mongolischen Kämpfer mit einem europäischen Ritter.
- ›› **5.** Erläutere den Begriff Pax Mongolica.
- ››› **6.** Beurteile, inwiefern sich die Eroberungszüge der Mongolen mit einem Sturm vergleichen lassen.

zu 2.
Welche Eigenschaften und Fähigkeiten hatte er?
Nutze auch M2, M3 und M5.

zu 4.
Achte auf seine Ausrüstung.
Nutze auch S. 26/27.

M1 Touristen genießen die Fahrt in Gondeln durch die venezianischen Kanäle.

Die Handelsmacht Venedig

Venedig – eine Stadt auf Inseln

Venedig liegt am nördlichen Ende des Adriatischen Meeres. Wohnhäuser, Kirchen, Geschäfte und Lagerhäuser wurden auf vielen kleinen Inseln errichtet. Diese sind durch Kanäle voneinander getrennt. In vielen Stadtteilen gibt es keine Straßen und Gehsteige, sondern nur Wasserwege. Häuser und Plätze sind mit Brücken verbunden.

Es war nicht einfach, auf dem sumpfigen Boden Gebäude zu errichten. Deshalb stehen viele von ihnen auf Holzpfählen. Die prunkvollen Gebäude fertigten die Handwerker aus Stein und Marmor.

In Venedig wurde vor allem Glas produziert. Die Gebäude besaßen schon im Mittelalter teilweise Glasscheiben als Fenster. Für ihre Glasherstellung ist die Stadt heute noch bekannt. Die venezianischen Glasbläser durften im Mittelalter allerdings nur von Januar bis August ihren Beruf ausüben. Im Spätsommer wurde dann die hergestellte Glasware verkauft. Keinem Ausländer war es erlaubt, den Beruf des Glasbläsers auszuüben.

M2 Glaspokal aus dem 15. Jh. Im Jahr 1292 wurde wegen der großen Brandgefahr bei der Herstellung von Glaswaren die Produktion im Zentrum von Venedig verboten. Die Herstellung fand von nun an auf der Insel Murano statt.

Die Handelsstadt Venedig

Venedig war durch den Handel eine reiche und mächtige Stadt geworden. Aufgrund der günstigen Lage der Stadt kontrollierten die venezianischen Kaufleute den Warenaustausch zwischen Nordeuropa, Asien und Afrika. Gerade aus Asien und Afrika kamen seltene und kostbare Waren. Die Flotte der Venezianer beherrschte alle wichtigen Seewege, die die bedeutenden Handelszentren verbanden.

Venedig führte vielfältige und wertvolle Waren aus fernen Ländern ein. Dazu zählten Holz, Wolle, Pökelfleisch, Getreide, Wein, Seide, Musselin, Brokat, Keramikwaren, Porzellan, Schmuck, Parfüms, Gewürze, Arzneien und weitere in Europa begehrte Waren. Die Stadt verdankte daher ihren Reichtum vor allem dem Mut und der Abenteuerlust ihrer Kaufleute. Die Erkundungsfahrten und Handelsreisen in ferne Länder waren nicht ungefährlich.

Die Bezahlung der Waren

Gold und Silber waren überall anerkannte Tauschmittel. Venedig begann im 12. Jahrhundert, eigene Silbermünzen zu prägen. Da aber die Silbermünzen mit der Zeit einen Wertverlust erlitten, stiegen die Venezianer weitgehend auf Goldmünzen um.

Bei schönem Wetter wurden in Venedig unter freiem Himmel verschiedene Geldgeschäfte, wie Tauschen und Verleihen, auf einer Bank abgewickelt. In Oberitalien entstanden die ersten Bankhäuser. Die dort beschäftigten Geldhändler waren mit der Zeit in ganz Europa tätig. In vielen Städten und Ländern verbot es die Kirche den Christen, Geldhandel zu betreiben, so wurde diese Tätigkeit von Juden ausgeübt. Allerdings war dies in Venedig nicht der Fall, hier durften auch Christen diesen Beruf ausüben.

Venezianische Händler auf der Seidenstraße

Über die Seidenstraße reisten venezianische Kaufleute von Konstantinopel aus durch Asien. Auf diesen Handelsstraßen fand ein reger Austausch von Waren statt.

Vor allem Glas verkauften die Venezianer dort. Dafür brachten sie von ihren Reisen unter anderem Seide, Gewürze, Pelze und Porzellan mit. In Venedig wurden diese Waren hauptsächlich an reiche Menschen verkauft, da diese Güter sehr wertvoll und teuer waren. Die eingeführten Gewürze wurden von den Käufern nicht nur zum Kochen verwendet, sondern auch zur Herstellung von Medikamenten und Parfüms verarbeitet.

Auch asiatische Erfindungen wie das Papier und das Schwarzpulver kamen über die Seidenstraße nach Europa.

Der Tod als Handelsgut

Wie der Austausch von Gütern und die Verbreitung von religiösen Vorstellungen und kulturellen Neuerungen gelangten aber auch Krankheiten über die Seidenstraße nach Venedig, so etwa die Pest. Die Erreger für diese tödliche Krankheit, die Wissenschaftler vor allem in asiatischen Nagetieren nachweisen konnten, wurden als blinde Passagiere von den asiatischen Handelsreisenden mitgebracht. Diese Tiere versteckten sich häufig in Pelzen.

Im Jahr 1347 brach diese todbringende Krankheit zum ersten Mal in Venedig aus. Die Pest wütete fürchterlich. Viele Ärzte starben oder flüchteten ängstlich aus der Stadt, da es kein wirksames Heilmittel gab. Von den 120 000 Einwohnern starben 70 000. Die Pest breitete sich über Europa aus.

M3 Auf der Seidenstraße wurden die Handelswaren vor allem auf Trampeltieren transportiert. Diese Tiere konnten sowohl große Hitze wie auch Kälte gut ertragen.

M4 Ein Arzt versucht sich mit einer Pestmaske gegen die tödliche Krankheit zu schützen. Im Schnabel befanden sich wohlriechende Kräuter.

ARBEITSAUFTRÄGE

- › **1.** Nenne Einfuhrgüter Venedigs.
- ›› **2.** Charakterisiere die Stadt Venedig.
- ›› **3.** Beschreibe die Entwicklung des venezianischen Geldwesens.
- ›› **4.** Erkläre den Zusammenhang zwischen dem Handel und der Pest.
- ›› **5.** Erläutere die Bedeutsamkeit der asiatischen Handelsbeziehungen für Venedig.
- ››› **6.** Gestalte einen Eintrag in ein Schülerlexikon über die Handelsmacht Venedig.

zu 4.
Wie kam die Pest nach Venedig?

zu 6.
Wende die Schritte zur Erstellung eines Sachtextes von Seite 288 an.

Wir gestalten ein Familienwappen

M1 Mittelalterliche Jagdszene (Codex Manesse). Vielleicht kam so dieser Adlige auf die Idee für sein Wappen.

M2 Das Stadtwappen von Eberbach

M3 Das Zunftwappen der Schneider

Die Entstehung der Wappen

Während einer kriegerischen Auseinandersetzung waren die Ritter schwer voneinander zu unterscheiden. So konnten Feinde kaum von Verbündeten auseinander gehalten werden. Daher begannen die Kämpfenden, ihre Schilder, Umhänge, Helme und Lanzen zu kennzeichnen. So entstand das Wappen. Auch auf Turnieren konnte der Herold, eine Art mittelalterlicher Sportmoderator, nun die Teilnehmer eindeutig voneinander unterscheiden. Zunächst besaßen nur adlige Ritter ein Wappen. Später hatten auch Städte und Zünfte ihr eigenes Wappen.

Die bildliche Gestaltung

Auf den Wappen waren vor allem Fantasiewesen, Tiere, Pflanzen, Türme und Muster gezeichnet. Diese standen in engem Bezug zum Besitzer des Wappens. Daher sprechen wir heute von redenden Wappen, die uns etwas über den Namen des Trägers oder sein Leben erzählen möchten.

Die farbliche Ausgestaltung

Die Verwendung von Farben fand nicht willkürlich statt, sondern sie hatten unterschiedliche Bedeutungen:

Rot: Recht, Stärke, Tapferkeit, Liebe
Blau: Ruhm, Ehre, Ehrlichkeit, Treue
Grün: Freiheit, Fröhlichkeit, Hoffnung, Gesundheit
Schwarz: Standhaftigkeit, Tod, Untergang, Gehorsam
Lila und Orange: Würde, Macht, Herrlichkeit
Silber und Weiß: Reinheit, Unschuld, Weisheit, Freude
Gold: Herrlichkeit, Ansehen, Reichtum, Würde

Andere Farben verwendeten die Ritter im Mittelalter für ihre Wappen nicht.

Das benötigen wir:
Bleistift, Radiergummi
Lineal, Zirkel
Buntstifte
Din-A4 Papier

So geht ihr vor:

1. Zeichne mit Bleistift den Umriss eines Wappens auf ein Blatt Papier.
2. Du kannst dein Wappen auch in Felder unterteilen, z. B. halbieren oder vierteln. Verwende dabei ein Lineal.
3. Zeichne mit Bleistift jeweils ein Motiv in die Bereiche. Denke daran, dass das Dargestellte etwas mit dir zu tun haben soll.
4. Male dein Wappen mit den Farben aus, die deiner Meinung nach am besten dazu passen. Berücksichtige dabei die Bedeutung der Farben.
5. Stelle deinen Mitschülern und deiner Lehrkraft das Wappen vor und erkläre dabei die Bedeutung des Dargestellten und der Farben.

Mittelalterliche Lebenswelten

Das Zusammenleben der Menschen wurde im Mittelalter durch die Ständeordnung geregelt. Die Bauern waren von einem Grundherrn abhängig. Der Grundherr beschützte seine Bauern. Diese mussten ihm dafür Abgaben und Frondienste leisten. Das Leben der Bauern war hart, denn die Landwirtschaft brachte nur geringe Erträge.

Ritter, die meist auf Burgen lebten, setzten sich das Ideal eines christlichen Kämpfers, der gegen Gewalt und Unrecht zu Felde zieht.

Seit dem 12. Jahrhundert wurden in Europa Städte immer größer und wichtiger. Die Grundlage für ihren Reichtum war der Handel. Aber auch die Handwerker, die sich zu Zünften zusammenschlossen, brachten Wohlstand in die Städte.

Mönche und Nonnen lebten in Klöstern. Diese waren zugleich Orte des Gebets und der Arbeit, aber auch der Wissenschaft und der Kunst.

Im Mittelalter herrschten oft Hunger, Krankheiten und Seuchen. Zwischen 1347 und 1351 starben Millionen Menschen an der Pest.

Nachdem die muslimischen Seldschuken das Heilige Land erobert hatten, rief Papst Urban II. im Jahr 1095 zu einem Kreuzzug nach Jerusalem auf. Vom 11. bis zum 13. Jahrhundert zogen immer wieder Kreuzritter aus Europa in das Heilige Land. Diese Kreuzzüge blieben allerdings politisch ohne dauerhaften Erfolg.

Wie bereits in der Antike transportierten Fernhändler mit Karawanen kostbare und begehrte Waren aus Asien über die Seidenstraße an das Mittelmeer, von wo sie beispielsweise über Venedig ihren Weg nach Europa fanden.

Arbeitstechniken

In diesem Kapitel hast du gelernt, wie du
- Informationen im Internet recherchierst und
- eine Erkundung planst und durchführst.

WICHTIGE BEGRIFFE

Grundherrschaft
Dorf
Burg
Kirche
„Himmel und Hölle“
Kloster
„Stadtluft macht frei“
Bürger
Zunft
Juden
Seidenstraße
Pest
Kreuzzug

Rittertum
Frömmigkeit
Rat
Markt

Agrargesellschaft
Klosterschule
Stand: Klerus, Adel, Bauern
Lehen
Treueeid
Königtum
Selbstverwaltung
Schutzprivileg
Pax Mongolica
Mongolensturm
Heiliger Krieg

Mittelalterliche Lebenswelten

M1 Murrhardt

Ich kann ...	☆	☆☆	☆☆☆
... Informationen im Internet recherchieren.			
... eine Erkundung planen.			
... regionalgeschichtliche Beispiele in übergeordnete Zusammenhänge einordnen.			
... Deutungen aus verschiedenen Perspektiven untersuchen.			

Informationen im Internet recherchieren

☆ Nenne die Schritte zur Internetrecherche.

☆☆ Erstelle eine Mind Map zu den Bauern im Mittelalter, indem du die Schritte zur Internetrecherche anwendest.

☆☆☆ Gestalte einen Eintrag in ein Schülerlexikon zu den Bauern im Mittelalter. Verwende dabei deine Mind Map.

M2 Gernsbach

Erkundung planen

☆ Nenne eine mittelalterliche Burg in deiner Nähe.

☆☆ Erstelle einen Ablauf zur Planung und Durchführung dieser Burgerkundung.

☆☆☆ Beurteile, inwiefern eine Burgerkundung geeignet ist, um Genaueres über das mittelalterliche Burgleben zu erfahren.

Regionalgeschichtliche Beispiele einordnen

☆ Nenne mittelalterliche Spuren in deiner Nähe.

☆☆ Ordne M1 – M6 folgende Begriffe zu: Burg, Kirche, Kloster, Marktplatz mit Brunnen, Stadtmauer, Rathaus.

☆☆☆ Überprüfe, inwiefern dein Schulort und die nähere Umgebung mittelalterliche Spuren aufweisen.

M3 Katzenstein

M4 Wiblingen bei Ulm

Verschiedene Perspektiven untersuchen

☆ Nenne die Bevölkerungsgruppe, die manche Menschen und Städte für die Pest verantwortlich machten.

☆☆ Vergleiche Q1 und Q2 in einer Tabelle.

	Q1	Q2
Von wann ist die Quelle?	…	…
Welches Ereignis wird thematisiert?	…	…
Wer waren die Opfer?	…	…
Welche Ursachen werden genannt?	…	…
Wer wurde verantwortlich gemacht?	…	…
Warum wurde diese Bevölkerungsgruppe verantwortlich gemacht?	…	…
Was geschah mit ihnen?	…	…
Haltung des Schreibers	…	…

☆☆☆ Beurteile die beiden Quellen hinsichtlich ihrer Glaubwürdigkeit.

M5 Reutlingen

Q1 Im 14. Jahrhundert verursachte die Pest ein Massensterben. Religiöse Eiferer, die sogenannten Geißler, zogen umher und schlugen sich selbst mit einer Art Peitsche. Sie wollten auf diese Weise die vermeintliche Schuld der Menschen abbüßen, um so das weitverbreitete Sterben zu stoppen. Der Chronist Jean d'Outremeuse berichtet um 1348:

Während diese Geißler durch das Land zogen, ereignete sich eine höchst ungewöhnliche Sache, die man nicht vergessen darf. Denn als man feststellen musste, dass die Sterblichkeit und die Pest auch nach den Bußübungen der Geißler nicht aufhörten, breitete sich ein allgemeines Gerücht aus. Man sagte dies überall und glaubte auch gewiss daran, dass diese Seuche von den Juden stammte.

Die Juden hätten starkes Gift überall in der Welt in die Quellen und Brunnen geworfen, um diese Seuche über die Christenheit zu bringen und dieselbe zu vergiften. Deshalb wurde Groß und Klein von einem heftigen Zorn gegen die Juden erfüllt. Dieselben wurden überall ergriffen, wo man ihrer habhaft werden konnte. Sie wurden in allen Gebieten hingerichtet und verbrannt, in denen die Geißler herumzogen …

M6 Backnang

Q2 Der Regensburger Kirchengelehrte Konrad von Megenberger berichtet um 1348:

Man fand in zahlreichen Brunnen mit Gift gefüllte Säckchen; deshalb wurde eine nicht festzustellende Zahl von Juden im Rheinland, in Franken und in allen deutschen Ländern ermordet.

Dabei weiß ich wahrhaftig nicht, ob dies einige Juden überhaupt getan haben. Wäre dies so gewesen, so hätte dies gewiss das Unheil verschlimmert. Anderseits weiß ich aber wohl, dass keine andere Stadt mehr Juden zählte als Wien. Dort waren aber unter den Juden die Pestopfer so zahlreich, dass sie ihren Friedhof in großem Umfang erweitern und zwei Grundstücke kaufen mussten. Sie wären also recht dumm gewesen, sich selbst zu vergiften.

M7 Zwei Geißler (Holzschnitt, 1493)

Webcode Lösungen: WES-110781-110

Die Wende zur Neuzeit

Der Epochenwechsel vom Mittelalter zur Neuzeit stellt einen bedeutenden Umbruch dar. Technische Erfindungen und wissenschaftliche Erkenntnisse ermöglichten abenteuerliche Entdeckungsreisen. Auf der Suche nach Reichtümern in der Neuen Welt wurden aus den Entdeckern Eroberer, die Kolonien gründeten und Kulturen in Süd- und Mittelamerika zerstörten.
In Europa kritisierte der Mönch Martin Luther Missstände in der Kirche. Die Auseinandersetzungen führten zur Glaubensspaltung.
In diesem Kapitel analysiert ihr die Umbrüche an der Wende zur Neuzeit und bewertet ihre Auswirkungen.
Ihr lernt, Geschichtskarten auszuwerten sowie Spottbilder zu analysieren.

Hafenansicht von Sevilla (Gemälde von Alonso Sanchez Coello, 1531–1588)

Die Macht des Buchdrucks

Der erste Bestseller – die Bibel

Bis Mitte des 15. Jahrhunderts mussten Bücher mühsam mit Tinte und Feder abgeschrieben werden. Für die handschriftliche Kopie einer Bibel brauchte ein Mönch etwa zwei Jahre, entsprechend teuer wurde so ein Buch. Von hundert Menschen konnten etwa fünf lesen und schreiben.

Das änderte sich, als um 1450 Johannes Gutenberg den Buchdruck mit beweglichen Buchstaben erfand. Das erste Buch, das er druckte, war eine 1282 Seiten starke Bibel. Von den damals etwa 180 gedruckten Bibeln der ersten Serie sind heute noch 48 erhalten. Sechs Schriftsetzer und zwölf Drucker sowie weiteres Hilfspersonal waren fast drei Jahre lang mit deren Herstellung beschäftigt. Auch diese Bibeln kosteten noch viel, aber die Verbreitung von Büchern in der damals bekannten Welt begann.

Um 1500 gab es in Europa schon weit über tausend Druckereien. Aufgrund des größeren Angebotes fielen auch die Preise für Bücher. Nun wurden Lehrbücher, Romane, wissenschaftliche Abhandlungen und Flugblätter mit Nachrichten gedruckt. Immer mehr Menschen lernten lesen und konnten sich zu vielen Themen informieren. Es stellte sich schnell heraus, dass Herrscher die Verbreitung kritischer Schriften nur schwer verhindern konnten, denn einige Exemplare der Druckwerke entgingen meist der Vernichtung. Gutenbergs Erfindung hatte damals eine ähnliche Wirkung wie heute das Internet.

M1 Johannes Gutenberg-Statue in Mainz (Bronzestandbild nach Entwürfen des dänischen Bildhauers Bertel Thorvaldsen, 1837)

Q1 Im Jahr 1501 äußerte sich Papst Alexander in einer Urkunde:

Da wir erkannt haben, dass durch die Buchdruckerkunst sehr viele Bücher in verschiedenen Teilen der Welt … gedruckt worden sind, die viele Irrtümer und der christlichen Religion feindliche Lehren enthalten, verbieten wir … allen Buchdruckern …, in Zukunft Bücher zu drucken, ohne vorher eine ausdrückliche Erlaubnis der Bischöfe oder ihrer Stellvertreter erhalten zu haben. Diesen machen wir zur Pflicht, das zu Druckende sorgfältig zu prüfen und darauf zu achten, dass nicht gedruckt wird, was dem Glauben widerspricht, gottlos und Ärgernis erregend ist.

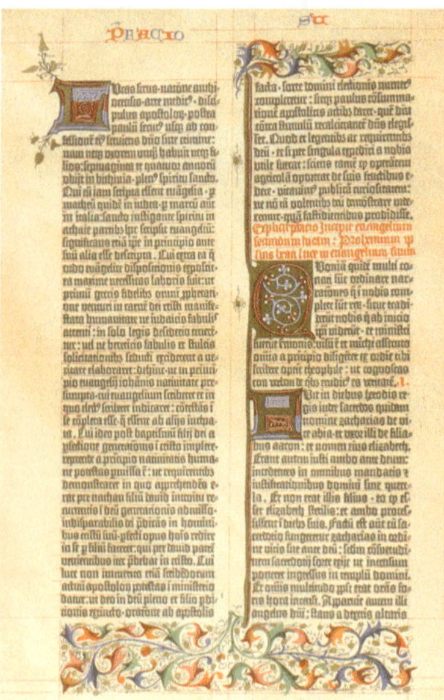

M2 Seite aus der Gutenbergbibel.

Gutenberg – der Mann des Jahrtausends

Im Rückblick auf das vergangene Jahrtausend wurden viele Dinge bewertet. Das amerikanische Magazin Time-Life wählte 1997 Gutenbergs Buchdruck zur bedeutendsten Erfindung und 1999 kürte eine Gruppe von Wissenschaftlern Johannes Gutenberg zum Mann des Jahrtausends.

Von Gutenberg gibt es kein Bild, das zu seinen Lebzeiten entstanden ist und nur wenige gesicherte Fakten. Sein eigentlicher Name lautete Johannes Gensfleisch. Gutenberg war der Hausname seines Elternhauses, in dem er um das Jahr 1400 in Mainz geboren wurde. Da er sich Geld geliehen hatte, um seine Erfindung zu finanzieren, mischten Teilhaber und Gläubiger im Geschäft mit. Gutenberg konnte diese bedeutende Erfindung nicht zu seinem Vorteil nutzen und starb 1468 in ärmlichen Verhältnissen.

Webcode:
Weitere Informationen zu Johannes Gutenberg
WES-110781-201

M3 In einer Buchdruckerei (Kupferstich von Jan Stradanus, 1588)

① Eine Letter wird in einen Kupferklotz geschlagen und mit Blei ausgegossen.
② Der Setzer fügt die Lettern zusammen.
③ Die Vorlage wird gefärbt.
④ Ein feuchtes Blatt wird auf die Seite gespannt.
⑤ Lettern und Papier werden zu einem sauberen Druck gepresst.

M4 Gutenbergs Drucktechnik

ARBEITSAUFTRÄGE

- › **1.** Beschreibe den Kupferstich M3.
- ›› **2.** Vergleiche die Herstellungsgeschwindigkeit der Gutenbergbibel mit der handgeschriebenen Bibel eines Mönches.
- ›› **3.** Erläutere, inwieweit die Erfindung des Buchdrucks wegweisend für eine neue Zeit war.
- ›› **4.** Arbeite die Haltung des Papstes zum Buchdruck aus Q1 heraus.
- ›› **5.** Begründe die Wahl Gutenbergs zum Mann des Jahrtausends.
- ››› **6.** Erörtere die Vorteile und die Gefahren, die in der Verbreitung von Druckwerken stecken.

zu 1.
Welche Druckvorgänge werden dargestellt? Nutze dazu auch M4.

zu 2.
Stückzahl / Dauer / Personen

zu 6.
Beachte dazu auch Q1.

Vom Schreiben …

Bis zur Erfindung des Buchdrucks durch Johannes Gutenberg mussten Bücher abgeschrieben werden. Dies geschah meistens in Klöstern, die damit das Wissen der Zeit sammelten und eine Einkommensquelle hatten. Dort saßen Nonnen oder Mönche auf Holzbänken in düsteren Räumen und kopierten von Hand Texte aus alten Schriften.

Probiert doch selbst einmal aus, wie Menschen im Mittelalter schrieben. Ihr könnt dazu einen Text abschreiben, wie zum Beispiel ein Gedicht. Ein besonders persönliches Buch entsteht, wenn ihr eure Erlebnisse im Schullandheim beschreibt, einen Kalender herstellt oder Rezepte aus dem Kochunterricht sammelt.

M1 Ein Schüler schreibt wie im Mittelalter.

Das benötigt ihr:

- Federhalter mit Feder
- Tusche
- Küchenrolle zum Abtupfen

M2 So könnte euer Arbeitsergebnis aussehen

So geht ihr vor:

1. **Schreiben: Vorübungen**
   Zunächst solltet ihr versuchen, die Buchstaben eures Namens nach der Anleitung in M3 zu gestalten.
   Die nummerierten Pfeile zeigen an, in welcher Reihenfolge die Federstriche für die einzelnen Buchstaben gesetzt werden müssen. Es ist wichtig, dass die Schwünge der Feder von oben nach unten und von innen nach außen gezogen werden.
   Ihr solltet auch einige kunstvoll gestaltete Anfangsbuchstaben, sogenannte Initialen, üben.
2. **Texte gestalten**
   Jetzt könnt ihr gemeinsam ein kleines Buch abschreiben oder selbst texten. Dazu verteilt ihr die Seiten oder die Themen in der Klasse. Zur Illustration könnt ihr auch Seiten mit Zeichnungen einfügen.
3. **Texte präsentieren**
   Als Ergebnis habt ihr ein schönes Buch hergestellt, das gebunden werden sollte. Nun kann es präsentiert werden.

M3 Schreibanleitung für eine mittelalterliche Schrift

... zum Drucken

Gutenbergs Druckpresse war eine revolutionäre Erfindung. Der Buchdruck gilt als eines der Merkmale, die das Mittelalter beendeten und den Beginn der Neuzeit kennzeichnen.

Ihr könnt selbst einen Text mehrfach drucken. Dazu braucht ihr keine Druckerwerkstatt oder gegossene Lettern, sondern nur Kartoffeln.

Das benötigt ihr:

- etwa 30–40 größere rohe Kartoffeln
- je Person ein Gemüsemesser und ein Frühstücksbrettchen
- Wasserfarben und Pinsel zum Anmischen der Farben
- oder mehrere große Stempelkissen
- Zeitungspapier zum Abdecken
- zu bedruckendes Papier (Plakate oder Urkundenpapier)

So geht ihr vor:

1. **Herstellung der Druckformen: Vorbereitung**
   - Legt euren Arbeitsplatz mit Zeitungspapier aus.
   - Nehmt die Kartoffel und teilt sie auf dem Brettchen mit dem Gemüsemesser in zwei gleich große Hälften.
   - Aus jeder Hälfte versucht ihr, einen Würfel mit etwa 4 cm Seitenlänge zu schneiden. 5 beschnittene Seiten reichen aus.
2. **Herstellung der Druckformen: Schnitzen**
   - Verteilt die zu erstellenden Buchstaben in eurer Klasse. Von bestimmten Buchstaben solltet ihr eine größere Anzahl herstellen, da sie öfters in unserer Sprache vorkommen.
   - Zeichnet den Umriss eines Druckbuchstabens spiegelverkehrt auf den Kartoffelwürfel. Übt das vorher mit einem Pappkarton. Schaut, dass alle Buchstaben etwa gleich groß sind.
   - Schneidet mit dem Gemüsemesser vorsichtig die Buchstaben heraus. Sie sollten sich etwa 5 mm vom Kartoffelblock abheben. Beginnt außen und arbeitet zuletzt mit der Messerspitze die Öffnungen innerhalb der Buchstaben heraus.
3. **Drucken**
   - Mischt die Wasserfarben in flachen Schälchen an. Achtet darauf, dass die Farbe nicht zu dünnflüssig ist.
   - Legt auf das zu bedruckende Blatt ein langes Holzlineal. Die in Farbe getunkten Buchstaben richtet ihr darauf aus, damit die Wörter gleichmäßig gedruckt werden.
   - Wenn ihr es perfekt machen möchtet, nehmt ihr zwei Holzleisten, die so lang sind wie euer Blatt breit ist. Zwischen diese Holzleisten klemmt ihr eure Kartoffelwürfel. Nun könnt ihr eine ganze Zeile mehrfach drucken.

M 4 Arbeitstechnik Kartoffeldruck

M1 Eine Kanone aus dem 15. Jahrhundert. Gut zu erkennen ist die Höhenverstellung zum Zielen (Zeichnung von Albrecht Dürer, um 1500).

M2 Dies ist ein Bildausschnitt einer Darstellung von Brillengläsern des holländischen Künstlers van Eyck aus dem Jahr 1436.

M3 Das Nürnberger Ei – tragbare Uhr aus dem 16. Jahrhundert

Altes Wissen und neue Erfindungen

Neugierde und Streben nach Reichtum

Durch den Kontakt mit den Muslimen in Spanien trafen Menschen aus Westeuropa auf die Kultur und das Wissen des Orients. In der Folge wurde eine Entwicklung in Gang gesetzt, die in einem neuen Weltbild gipfelte und große technische Fortschritte mit sich brachte.

Die Erfindung des Buchdrucks führte zu einer bis dahin nicht gekannten Verbreitung von Erkenntnissen. Erfindungen wie das Schießpulver, neue Waffen sowie seetüchtige Schiffe ermöglichten es den Europäern, zur Entdeckung der Welt aufzubrechen. Angetrieben wurden die Menschen von ihrer Neugierde und dem Streben nach Reichtum.

Neue Kriegstechnik

Um 1250 soll der Franziskanermönch Berthold Schwarz mit Schwefel, Salpeter und Holzkohle Versuche gemacht haben. Dabei erkannte er die explosive Wirkung, wenn die Mischung stimmte.

In China war Schwarzpulver schon seit dem 9. Jahrhundert bekannt. Es wurde als Leuchtsignal und bei Festen für Feuerwerkskörper verwendet. Waffenschmiede erkannten die Sprengkraft des Pulvers und experimentierten damit, bis es ihnen gelang, Geschosse über eine weite Entfernung abzufeuern. Die ersten Kanonen waren primitiv und oft für die Bedienungsmannschaft gefährlich. Aber weil diese Waffe so eine große Vernichtungskraft hatte, entwickelten Waffenschmiede sie ständig weiter, bis Truppen oder Festungsbauten aus der Distanz beschossen werden konnten.

Erfindungen für den Alltag

Bereits in der Antike benutzten Menschen Linsen aus Bergkristallen als Brenn- oder Vergrößerungsgläser. Die Araber kannten schon um das Jahr 1000 sogenannte Lesesteine. Das waren abgeflachte Glaskugeln, die als Lupen verwendet wurden. Fähige Handwerker, die davon erfuhren, entwickelten im 14. Jahrhundert erste Lesegläser. Mit der Verbreitung gedruckter Bücher stieg die Nachfrage nach Sehhilfen. Nachdem Linsen aus Glas in Venedig und Nürnberg gefertigt und geschliffen wurden, konnten sich wohlhabende Bevölkerungskreise Brillen leisten.

Auslaufuhren, die mit Wasser oder Sand funktionierten, sowie Sonnenuhren waren schon seit der Antike bekannt. Der Wunsch, die Zeit genauestens bestimmen zu können, forderte findige Handwerker heraus. Im 14. Jahrhundert wurden die ersten mechanischen Uhren mit Gewichten erfunden. Reiche Städte schmückten ihren Glockenturm oder die Fassade des Rathauses mit einer großen Uhr, die weithin sichtbar war.

Die Erfindung der Feder ermöglichte den Bau von Uhren, die keine Gewichte mehr brauchten. Damit ließen sich immer kleinere Uhren konstruieren, die schließlich mitgetragen werden konnten. Der Nürnberger Peter Henlein war bekannt für seine Taschenuhren. Seine Uhr lief etwa 3 Tage lang, bevor sie wieder aufgezogen werden musste. Ein Zeiger wanderte über das Ziffernblatt und zeigte mit geringen Abweichungen die Zeit an.

M4 Der „Jakobsstab“. Aus dem Winkel zwischen Stern- und Horizontlinie konnte der Seefahrer die Position des Schiffes errechnen. Mit dem Jakobsstab peilte der Kapitän über das obere Ende die Sonne oder den Polarstern an, während das untere Ende sich in gleicher Höhe mit der Horizontlinie befand. Den Winkel ermittelte der Kapitän und las in einem Tabellenbuch nach, wie weit nördlich oder südlich zum Äquator sich sein Schiff befand (französische Buchmalerei, 16. Jahrhundert).

Technische Neuerungen für die Seefahrt

Chinesische und arabische Händler kannten den Kompass. Wahrscheinlich gelangte das Wissen über die Funktion dieses Instruments über venezianische Kaufleute nach Europa. Der erste Kompass bestand aus einer einfachen Nadel, die magnetisiert wurde und in einem Strohhalm in einer kleinen Wasserschale schwamm. Die Nadel drehte sich immer so, dass sie sich mit der einen Spitze auf den Nord- und mit der anderen auf den Südpol einpendelte. Später unterlegten die Seeleute eine Windrose, welche die Himmelsrichtungen anzeigte, und sie montierten den Kompass so, dass er von den Bewegungen des Schiffes unabhängig war. Der Jakobsstab und der Kompass ermöglichten eine sichere Navigation auf dem Meer. Um die Geschwindigkeit des Schiffes zu berechnen, warfen die Seefahrer ein Stück Holz am Bug ins Wasser und maßen die Zeit, bis es das Heck erreichte.

Nun wurden auch neue, größere und hochseetüchtige Schiffe gebaut – die Karavellen. Ihre höhere Bordwand hielt einem stärkeren Wellengang stand. Sie hatten einen hohen Hauptmast mit einem großen Vierecksegel, das bei Rückenwind für eine gute Geschwindigkeit sorgte. Die kleineren Dreiecksegel an den vorderen und hinteren Masten erlaubten auch ein Segeln schräg gegen den Wind. Das gab den Seeleuten das Vertrauen, auch von weiten Reisen wieder wohlbehalten zurückkehren zu können.

M5 Kompass aus dem 16. Jahrhundert

ARBEITSAUFTRÄGE

- › **1.** Nenne wichtige Weiterentwicklungen und Erfindungen.
- › **2.** Beschreibe die Veränderungen in der Kriegstechnik.
- ›› **3.** Erläutere die Vorteile der genauen Zeitbestimmung.
- ›› **4.** Erkläre die Funktionsweise eines Kompasses.
- ››› **5.** Bewerte die Bedeutung der Entwicklungen und Erfindungen des 15. und 16. Jahrhunderts.

zu 3.
Denke dabei an bestimmte Berufsgruppen.

zu 4.
Nutze dazu auch M5.

Die Kopernikanische Wende

M1 Der mittelalterliche Mensch durchbricht das alte Weltbild (Holzschnitt, Camille Flammarion, 1888).

Neugierige und mutige Naturwissenschaftler lösten sich von den mittelalterlichen Lehren der Kirche. Sie wollten nicht mehr einfach glauben, sondern begreifen, wie die Welt beschaffen ist. Sie vertrauten auf die Erkenntnisse, die sie durch eigene Naturbeobachtungen, Berechnungen und Versuche gewannen.

Q1 Der holländische Gelehrte Agricola (1494–1555) schrieb diese Worte an einen Freund:

Lass dir alles verdächtig sein, was du bisher gelernt hast. Verurteile alles und verwirf es, wenn du nicht stichhaltige Beweise findest.
Auf dem Glauben ruht die Frömmigkeit; die wissenschaftliche Bildung aber sucht stets nach Beweisen.

Wissenschaft und Religion

M2 Nikolaus Kopernikus (1473–1543) Kupferstich von Rene Boyvin, 1580

Im Mittelalter war das geozentrische Weltbild des griechischen Astronomen Ptolemäus, der im 2. Jahrhundert lehrte, weit verbreitet. Er behauptete, dass sich die Sonne und die anderen Planeten um die Erde als unbewegten Mittelunkt drehten. Auch nach der biblischen Lehre stand der Mensch im Zentrum der Schöpfung.

Es war eine Sensation, als der Astronom Nikolaus Kopernikus mit einer für die damalige Zeit ungeheuerlichen Behauptung an die Öffentlichkeit trat. Nicht die Erde bilde den Mittelpunkt des Universums, sondern die Sonne. Mit diesem neuen Weltbild stellte sich Kopernikus nicht nur gegen eine über viele Jahrhunderte hinweg vertretene Auffassung. Der Astronom widersprach damit auch der Lehre der Kirche und verhalf damit dem bis heute gültigen heliozentrischen Weltbild zum Durchbruch. Dieser Übergang vom geo- zum heliozentrischen Weltbild wird als Kopernikanische Wende bezeichnet.

Der italienische Physiker, Mathematiker und Philosoph Galileo Galilei benutzte bei der Erforschung des Himmels als erster ein Fernrohr. Er bestätigte mit seinen Forschungen die Theorie von Kopernikus. Als er seine Erkenntnisse veröffentlichte, verbot sie der Papst als glaubensfeindlich. Galilei wurde unter Androhung der Folter gezwungen, seine Aussagen zu widerrufen und mit lebenslangem Hausarrest bestraft. Erst 1992 hob die katholische Kirche das damalige Urteil gegen Galilei auf.

M3 Galileo Galilei (1564–1642) Porträtzeichnung, 1624

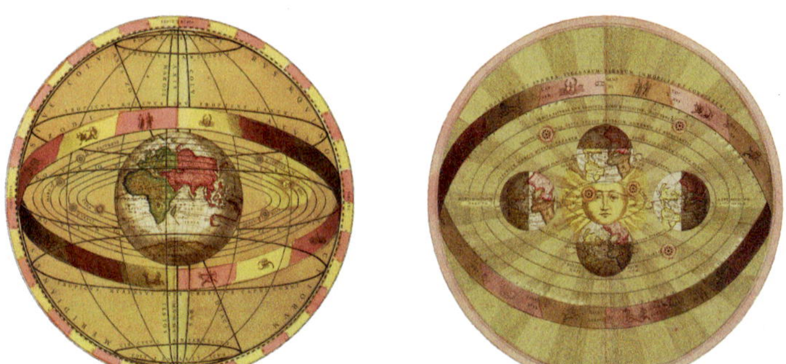

M4 Darstellung des geozentrische (links) und des heliozentrische (rechts) Weltbildes (Andreas Cellarius, frühes 17. Jahrhundert)

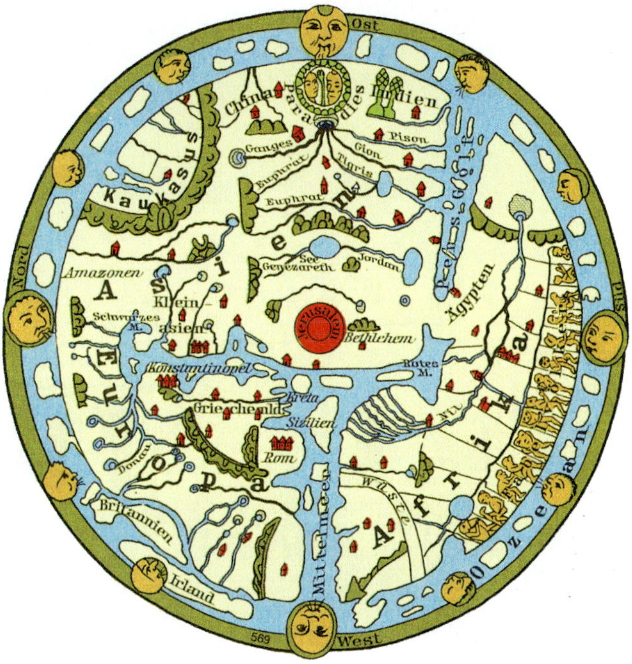

M5 Christliche Weltkarte aus dem Mittelalter, 13. Jh.

M6 Globus des Martin Behaim, 1492

Die Erde – eine Kugel

Die meisten Menschen im Mittelalter hatten nur eine ungenaue Vorstellung von der Gestalt der Erde. Es gab Menschen, die glaubten, dass die Erde eine flache Scheibe sei und die Meere würden die Grenze bilden. Für die Christen war Jerusalem der Mittelpunkt der Welt.

In Reiseberichten hatten Griechen, Römer und Nordafrikaner bereits in der Antike ihre Vorstellungen von den Ländern aufgezeichnet. Relativ gut waren die Kenntnisse über Mitteleuropa sowie rings um das Mittelmeer und das Schwarze Meer. Über die Randbereiche im Norden Europas, im Süden Afrikas und im Osten Asiens gab es die verschiedensten Vermutungen.

Der Italiener Toscanelli veröffentlichte im Jahr 1474 Karten, die von der Kugelgestalt der Erde ausgingen. Der Nürnberger Martin Behaim stellte nach diesen Karten einen Globus her. Er fasste dabei alle damals bekannten Erkenntnisse zusammen und berücksichtigte sogar die schräge Erdachse.

M7 Denkmal Martin Behaims (1459-1507) in Nürnberg

ARBEITSAUFTRÄGE

› **1.** Beschreibe die mittelalterlichen Vorstellungen von der Erde in M5.

›› **2.** Vergleiche das geo- und das heliozentrische Weltbild mithilfe von M4.

›› **3.** Arbeite die Haltung heraus, die in M1 und Q1 wiedergegeben wird.

›› **4.** Analysiere die Darstellung der Erde in M6.

››› **5.** Bewerte die Haltung der Kirche gegenüber den neuen wissenschaftlichen Erkenntnissen.

››› **6.** Gestalte ein Schreiben an den Papst, indem du dich für die Freilassung von Galileo Galilei einsetzt.

››› **7.** Wissenschaftler sprechen von einer Kopernikanischen Wende. Überprüfe, ob diese Aussage gerechtfertigt ist.

zu 3.
Ein Mensch durchbricht das Himmelsgewölbe und sieht …
Agricola fordert seinen Freund dazu auf …

M1 Der Petersdom mit Petersplatz im Vatikan – ein Gebäude der Renaissance. Die Säulen erinnern an antike Tempelbauten.

Renaissance – die Antike als Vorbild

M2 David, 1504 (Skulptur von Michelangelo Buonarroti, 1475–1564)

Q1 Der Geschichtsschreiber Gianozzo Manetti schrieb 1452:

Die Welt ist wohl von Gott geschaffen, aber der Mensch hat sie verwandelt und verbessert. Denn alles, was uns umgibt, ist unser eigenes Werk …

Gebildete Menschen erkannten die Zeichen des Umbruchs. Sie nahmen den Epochenwechsel vom Mittelalter in ein neues Zeitalter wahr. Eine Aufbruchsstimmung und Begeisterung erfasste wissbegierige Gelehrte und Künstler. Bei der Suche nach Erkenntnissen fiel der Blick zurück auf die große kulturelle Blütezeit der griechisch-römischen Antike. Überall in Italien fanden sich noch Bauwerke, Statuen und alte Schriften, die von den großartigen Leistungen zeugten. Diese vergangene große Epoche sollte wieder belebt werden.

Das nun beginnende Zeitalter nannten die Gelehrten Renaissance. Das Wort stammt aus dem Französischen und bedeutet Wiedergeburt, in Erinnerung an die Größe der Antike.

Heute bezeichnet der Begriff Renaissance einen längeren historischen Prozess, mit dem viele politische und kulturelle Veränderungen verbunden waren. Dieser begann im 14. Jahrhundert und reichte bis ins 16. Jahrhundert.

Zentren des kulturellen Austausches

Italien war nach dem Untergang des Römischen Reiches das Land mit dem dichtesten Städtenetz. Über den Seehandel mit den Ländern rund um das Mittelmeer und das Schwarze Meer gelangten neue Kenntnisse in die Handelszentren. Die oberitalienischen Städte waren so wohlhabend, dass Künste und Wissenschaften gefördert wurden. Wertvolle Schriften wurden nun nicht mehr ausschließlich in Klöstern aufbewahrt. Bibliotheken entstanden an Fürstenhöfen, an Universitäten und in den reichen Städten. Auf diese Weise erhielten immer mehr Menschen Zugang zum Wissen. Ausgehend von Italien erfasste die Renaissance seit Ende des 15. Jahrhunderts die Städte ganz Europas.

M3 Mona Lisa, 1506. Gemälde von Leonardo da Vinci (1452–1519).

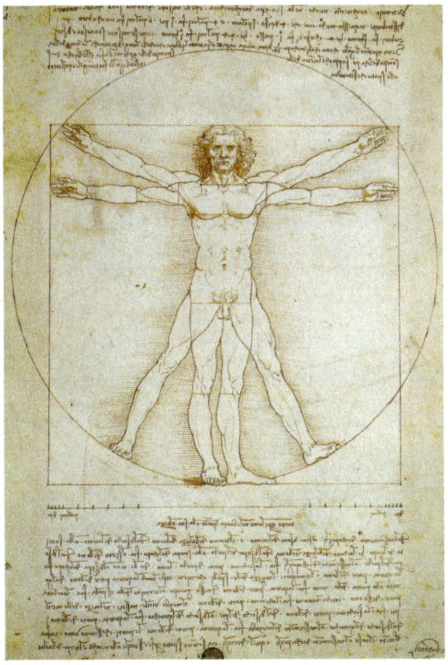

M4 Proportionsschema der menschlichen Gestalt von da Vinci (1492)

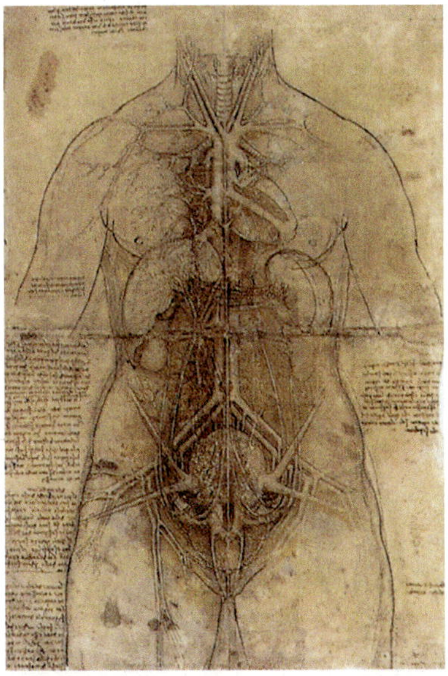

M5 Anatomischer Querschnitt einer Frau. Skizze von Leonardo da Vinci.

Der Mensch als Individuum

Das neue Menschenbild lässt sich gut in der Kunst erkennen. Im Auftrag der Stadt Florenz schuf der Bildhauer Michelangelo die über vier Meter hohe Figur des David aus einem Marmorblock. Die biblische Figur des David war ein Symbol für Freiheitsliebe, Klugheit, Mut, Selbstbewusstsein, Kraft und Schönheit.

Auf mittelalterlichen Darstellungen zeigten Menschen selten persönliche Gesichtszüge. Nun aber wurde die Natur realistisch abgebildet und das Individuum betont. Eines der bekanntesten Bilder malte Leonardo da Vinci. Er porträtierte die Frau eines Florentiner Kaufmanns mit persönlichen Gesichtszügen, die wir heute als Mona Lisa kennen.

Leonardo da Vinci galt als Universalgelehrter. Er arbeitete als Architekt, Baumeister, Bildhauer, Ingenieur, Kartograf, Maler, Naturforscher und Erfinder. Oft beschäftigte er sich mit mehreren Projekten gleichzeitig. Um den Aufbau und die Funktionen des menschlichen Körpers zu ergründen, betrieb er genaue Studien. Dazu untersuchte er auch tote Tiere und menschliche Leichen. Ebenso beobachtete er den Flug der Vögel und entwickelte verschiedene Flugapparate. Er entwarf Mühlen und Ölpressen, aber auch militärische Apparate wie transportable Kanonen, Panzerwagen und eine Art U-Boot. Viele seiner Erfindungen waren ihrer Zeit weit voraus und konnten nicht in die Praxis umgesetzt werden.

M6 Entwurf eines Fallschirms von Leonardo da Vinci

ARBEITSAUFTRÄGE

› 1. Nenne Gründe dafür, dass die Renaissance von Italien ausging.

› 2. Beschreibe die Ansichten und Ziele der gelehrten Menschen im Zeitalter der Renaissance.

›› 3. Erkläre den Begriff Renaissance.

›› 4. Erläutere die Bedeutung des Individuums in der Kunst.

››› 5. Gestalte einen Steckbrief zu Leonardo da Vinci.

››› 6. Leonardo da Vinci, „Schüler des Experiments“ – so unterzeichnete Leonardo seine Studien. Erörtere diese Selbstaussage.

→ zu 2.
Nutze dazu Q1 und betrachte die Abbildungen.

→ zu 4.
Betrachte dazu M2 und M3.

Moderne Wirtschaftsformen

Die Fugger – Aufstieg einer Kaufmannsfamilie

M 1 Jakob Fugger mit seinem Buchhalter in der Augsburger Geschäftsniederlassung. An der Wand Kästen für den Schriftverkehr mit wichtigen Handelsniederlassungen (Ofen = Budapest, Antorff = Antwerpen), Miniatur von 1520.

Der Webermeister Hans Fugger zog 1367 in die Freie Reichsstadt Augsburg. Er handelte als Verleger mit Tuchen, das heißt, seine Familie lieferte den Webern die Rohstoffe für ihre Produktion und erwarb das fertige Tuch zu einem Festpreis. Über ein Netz von Niederlassungen, das ständig erweitert wurde, verkaufte er seine Waren in ganz Europa.

Zum Tuchhandel kamen weitere Geschäftszweige dazu, die noch mehr Gewinn abwarfen. Bergwerke, in denen Blei, Kupfer und Silber abgebaut wurden, bildeten die Grundlage für größere Gewinne und Reichtum. Zur Vermögensverwaltung gründeten die Fugger ein Bankwesen, das noch einträglichere Geldgeschäfte ermöglichte. Die ganze Familie wurde in die Unternehmung eingespannt. Mit Geschick und dem nötigen Maß an Geheimhaltung gelang es den Fuggern, immer dort Kredite zu geben, wo es am gewinnbringendsten war. Auch der Kaiser gehörte zu den Schuldnern und verpfändete Silber- und Kupferminen in Tirol und Ungarn. Inzwischen verwaltete die Familie Fugger so große Geldsummen, die sie wieder als Kredite einsetzte. Damit arbeitete das Geld für die Firma.

Jakob Fugger, ein Enkel von Hans, starb 1525 als einer der vermögendsten Männer Europas. Er hatte 1519 dem Habsburger Karl bei der Wahl zum Kaiser finanziell geholfen.

Q1 Selbstbewusstsein und Stellung des Hauses Fugger sprechen aus einem Mahnschreiben, das Jakob Fugger (1459 - 1525) an Kaiser Karl V. richtete:

Es ist auch wissentlich und liegt am Tag, dass Eure Majestät die römische Krone ohne mich nicht hätte erlangen mögen, wie ich dann solches mit aller Eurer Kaiserlichen Majestät Kommissarien Handschriften anzeigen kann. So hab ich auch hierin meinen eigenen Nutzen nicht angesehen. Dann wo ich von dem Hause Österreich abstehen und Frankreich fördern hätte wollen, würde ich groß Gut und Geld, wie mir angeboten worden, erlangt haben. Was aber Eurer Kaiserlichen Majestät und aus dem Hause Österreich für Nachteil daraus entstanden wäre, das haben Eure Majestät aus hohem Verstande wohl zu erwägen.

Webcode:
Dokumentarfilm zu den Fuggern
WES-110781-202

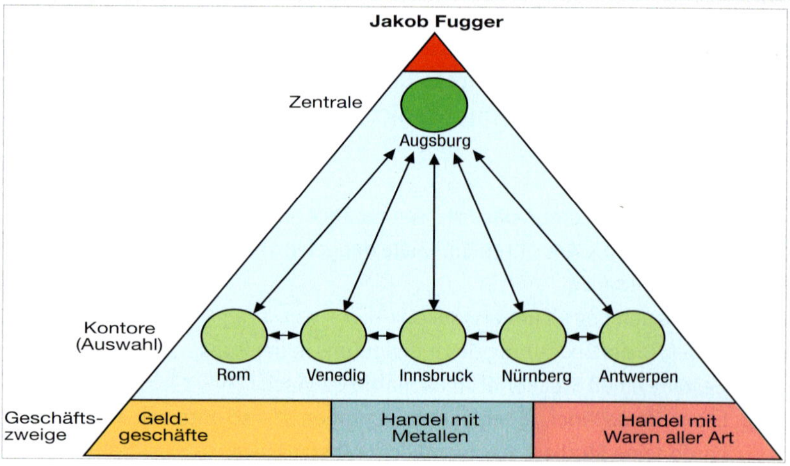

M 2 Organisation des Fernhandels der Fugger

M3 Das Bank- und Handelshaus der Fugger zu Beginn des 16. Jahrhunderts

Die Macht der Handelshäuser

Der Aufstieg der Fugger ist ein Beispiel für die Entwicklung großer Handels- und Bankhäuser. Ein halbes Jahrhundert früher hatte die bürgerliche Familie der Medici in Florenz ebenfalls ein Vermögen angehäuft. Aus ihr gingen später Fürsten und Päpste hervor.

Das Streben nach maximalem Gewinn, der auch wieder ins Geschäft investiert wurde, um zu expandieren, war das Ziel dieser Familienunternehmen. Mit der wirtschaftlichen Kraft wuchsen auch der Einfluss und die politische Macht.

Die Geschichtswissenschaft prägte für diese Wirtschaftsweise den Begriff Frühkapitalismus. Die Fernhandelshäuser umgingen die Einschränkungen der Zünfte und sprengten damit die mittelalterlichen Vorstellungen. Dadurch entstanden freie Märkte, die auf Angebot und Nachfrage reagierten.

ARBEITSAUFTRÄGE

› **1.** Nenne die Handelsniederlassungen der Fugger, die auf M1 zu erkennen sind, und suche die bezeichneten Städte auf der Karte M3.

› **2.** Fasse den Aufstieg der Familie Fugger zusammen.

›› **3.** Stelle das Bankwesen der Fugger dar.

›› **4.** Erläutere die Organisation des Fernhandels der Fugger.

›› **5.** Analysiere die Karte M3.

››› **6.** Überprüfe folgende Aussage: Die Fugger konnten auf mächtige Herrscher Einfluss ausüben.

››› **7.** Bewerte den gesellschaftlichen Aufstieg der Fugger.

zu 3.
Nutze neben dem Text auch das Schaubild M2.

zu 5.
Wende die Schritte zur Auswertung einer Geschichtskarte von Seite 289 an.

zu 6.
Nutze auch Q1.

M1 Der Aufstieg des Osmanischen Reiches

Ein neues Reich

Über die Entstehung des Osmanischen Reiches liegen wenige schriftliche Quellen vor. Der Ursprung der Herrschaft geht auf ein kleines Fürstentum zurück, dessen Herrscher Osman I. 1299 den Titel Sultan annahm. Dies gilt als Gründungsjahr des Osmanischen Reiches, das seinen Namen trägt.

Eine schlagkräftige Armee

Ihre erste siegreiche Schlacht gegen eine byzantinische Armee führten die Osmanen 1302. Sie gewannen auch die Oberhand über die benachbarten türkischen Stämme. Osmans Sohn Orhan erbte 1326 das kleine Fürstentum und legte den Grundstein für die militärische Stärke, indem er die Janitscharen, türkisch Yeniçeri, was neue Truppe bedeutet, gründete. Diese Elitetruppe bestand aus Kindern der unterworfenen christlichen Bevölkerung. Sie wurden ihren Familien weggenommen, zum Islam bekehrt und unter religiöser Anleitung zu fanatischen Kriegern ausgebildet. Dazu kam die schwer bewaffnete Reiterei, deren Krieger nicht vererbbare Militärlehen als Lohn erhielten. Weitere Truppeneinheiten bildeten Soldaten, die an der Beute beteiligt wurden und Sklaven handeln durften. Mit dieser militärischen Kraft stiegen die Osmanen zu einer Macht in Kleinasien auf.

M2 Ein Krieger der Janitscharen (zeitgenössische Buchmalerei)

Der Aufstieg der Osmanen

Noch zu Orhans Lebzeiten eroberten die Osmanen Gebiete in Europa. In der Schlacht auf dem Amselfeld gelang Murad I. 1389 ein Sieg über die christlichen Fürsten aus Serbien und Bosnien. Parallel zu diesen Kriegen begann die Eroberung Kleinasiens. Auch alle nachfolgenden Herrscher setzten diese Eroberungspolitik fort.

M3 Konstantinopel im 15. Jahrhundert. In der türkischen Sprache bildete sich mit der Zeit der Name Istanbul für die Stadt heraus. Diese Bezeichnung wurde 1930 offiziell übernommen (Kupferstich, Ende 15. Jahrhundert).

M4 Ausschnitt aus dem Panoramabild „Istanbul 1453". Mit den hier dargestellten Kanonen gelang es den Osmanen, die Stadttore zu zerstören.

Die Eroberung Konstantinopels

Sultan Mehmed II. belagerte mit über 150 000 Soldaten und 400 Schiffen die Stadt, deren Bevölkerung nicht einmal mehr 40 000 Menschen zählte. Nur etwa 7000 Mann schützten die Mauern, die als uneinnehmbar galten. Dagegen setzte Mehmed II. seine Wunderwaffe ein, Kanonen mit mehr als 8 Meter Länge, die über 500 kg schwere Kugeln abschießen konnten. Diese Waffe entwickelte der ungarische Kanonengießer Urban, der seine Erfindung zuerst dem byzantinischen Kaiser anbot. Doch der hatte nicht die nötigen Mittel, ihn zu bezahlen. Mehmed II. war überzeugt, dass seine Soldaten mit diesen Kanonen die Mauern durchbrechen könnten, die bislang dem täglichen Beschuss standhielten. Damit sollte das verlustreiche Anrennen ein Ende finden.

Am 29. Mai 1453 war es soweit. Drei Tage lang dauerte die Eroberung der Stadt, dabei wurden viele Kunstschätze und Schriften zerstört.

M5 Landmauer Konstantinopels, heute Istanbul, im 5. Jh. erbaut

Ein Symbol des Epochenwechsels

Die Osmanen erklärten Konstantinopel zur neuen Hauptstadt ihres Reiches. Dieses Ereignis verstehen viele Geschichtswissenschaftler als eine Zäsur und verbinden mit dem Ende des Byzantinischen Reiches auch das Ende des Mittelalters. Für Europa war Konstantinopel von großer Bedeutung gewesen, da es die Kultur der antiken Welt bewahrt und freie Schifffahrtswege in den Schwarzmeerraum garantiert hatte. Die Osmanen beherrschten nun die Meerenge und kontrollierten den Fernhandel mit dem Orient. In der Folge verloren die italienischen Handelszentren an Bedeutung. Mit Konstantinopel brach ein Schutzschild des Christentums gegen den Islam weg. Die Menschen im christlichen Abendland fühlten sich nun bedroht.

ARBEITSAUFTRÄGE

- ›› **1.** Analysiere die Karten in M1.
- › **2.** Beschreibe die osmanische Armee.
- ›› **3.** Konstantinopel galt als uneinnehmbar. Erläutere den Sieg der Osmanen.
- › **4.** Nenne Folgen der Eroberung Konstantinopels.
- ››› **5.** Bewerte die historische Bedeutung der Eroberung Konstantinopels.
- ››› **6.** Überprüfe die Aussage, die Eroberung Konstantinopels stelle eine Zäsur dar.

zu 3.
Lies den Text und betrachte dazu auch M3 bis M5.

M2 Der Aufstieg des Osmanischen Reiches

M1 Zeitgenössisches Flugblatt, das Gräueltaten während der Belagerung Wiens 1529 zeigt.

Türkenkrieg und Türkenfurcht

Unter Selim setzten die Osmanen ihre Eroberungsfeldzüge gegen Persien, Syrien und Ägypten fort. Nun standen die heiligen Stätten des Islam unter ihrem Schutz und der Sultan erhielt den Titel Kalif. Damit nahm er die höchste Stellung im islamischen Kulturkreis ein.

Mit dem Zugewinn Konstantinopels wuchs in den christlichen Ländern Europas die Angst vor weiteren türkischen Eroberungen.

Die Türken vor Wien

Die Herrschaft von Süleyman I. gilt als Höhepunkt des Osmanischen Reiches. Er reformierte die Gesetzgebung und eroberte weitere Gebiete. Seine Truppen besiegten 1526 das Königreich Ungarn und 1529 stand sein Heer vor Wien. Die Verteidiger hatten Glück, denn der frühe Wintereinbruch zwang den Sultan zum Rückzug. Österreich musste lange Jahre Abgaben zahlen, um den Frieden zu erhalten.

Um Unterstützung im Kampf gegen die Osmanen zu erhalten, schilderte der habsburgische Erzherzog Ferdinand 1529 auf einem Reichstag die Gräuel, welche die Türken angeblich im besetzten Ungarn verübt hätten. Die Wirkung blieb nicht aus. Der Erzherzog erhielt Geld und Truppen. In sogenannten Türkenpredigten und Flugblättern wurden die Andersgläubigen als grausame Feinde dargestellt.

Der türkische Großwesir Kara Mustapha belagerte 1683 erneut Wien mit weit mehr als 200 000 Mann. Die Stadt an der Donau erschien den Osmanen als geeignetes Einfallstor nach Westeuropa, außerdem war sie Regierungssitz von Kaiser Leopold I. Diesem standen nur etwa 16 000 Mann und die Bürgerwehr zur Verfügung. Die Lage schien aussichtslos. Rettung erfolgte in Form einer deutsch-polnischen Armee unter dem Oberbefehl des Königs von Polen. Mit der Flucht der osmanischen Truppen vor Wien begann die Befreiung Ungarns. Deutsche Siedler wurden in die zum Teil menschenleeren Gebiete gerufen.

Q1 Aus einer zeitgenössischen Predigt des Bischofs von Wien:

Es gibt unter dem Himmel keine schimpflicheren, grausameren und frecheren Bösewichter als die Türken, welche kein Alter und Geschlecht schonen und ohne Barmherzigkeit Jünglinge und Greise niedermetzeln und die aus dem Schoß der Mütter noch unreife Frucht herausreißen.

Der Verlust der Überlegenheit

Schon zum Ende der Regierungszeit Süleymans I. gab es erste Anzeichen eines langsamen Niedergangs des großen Reiches. Die Finanzierung der Armee war nicht mehr vollständig möglich und das neue Steuersystem brachte Ungerechtigkeiten mit sich. Ämter wurden gekauft und die Bezahlung von Schmiergeldern bürgerte sich ein. Das Geld verlor an Wert und die Bevölkerung litt.

Im Kulturkonflikt mit dem christlichen Europa geriet das osmanischen Reich zunehmend ins Hintertreffen, da immer weniger in Forschung und Entwicklungen investiert wurde. Einige Sultane begeisterten sich nicht für den Fortschritt. So verbot Bayezid II. bei Todesstrafe den Buchdruck mit beweglichen Lettern. Die europäischen Staaten überholten das Osmanische Reich auf technischem Gebiet.

M3 Das Türkische Zimmer in der Wiener Hofburg

Ein neues Türkenbild

Bei ihrem fluchtartigen Rückzug vor Wien ließen die Osmanen Tiere, Ausrüstungsgegenstände und Lebensmittel zurück. Darunter befanden sich hunderte Säcke mit gerösteten Kaffeebohnen. Das Getränk Kaffee war in Europa schon seit längerem bekannt, aber nicht verbreitet. Die reiche Beute bildete den Grundstock für das erste Kaffeehaus in Wien. Die Neugierde der Europäer, Kaffee zu trinken, war schnell geweckt. In größeren Städten entstanden Kaffeehäuser, die dazu beitrugen, das neue Modegetränk zu verbreiten.

Nachdem die christlichen Armeen die osmanischen Truppen besiegten und zurückdrängten, verblasste allmählich die Türkenfurcht in Mitteleuropa. Gefangene Türken wurden als Attraktionen an zahlreiche Fürstenhöfe verschleppt. Zeitgleich begann ein Kulturtransfer, der Kunsthandwerk, Architektur und Mode beeinflusste. Märchen aus dem Orient sowie Scherenschnitte begeisterten gebildete Menschen.

Erst Mitte des 18. Jahrhunderts entstand aus der Faszination für das Osmanischen Reiches eine differenzierte Darstellung der Türken in der Literatur und Kunst. Türken wurden nicht mehr als gewalttätig und dumm dargestellt. Der Komponist Wolfgang Amadeus Mozart erzielte große Erfolge in Wien mit einer Oper, deren Handlung im Serail, dem Palast des Sultans, spielt.

Der Kulturtransfer wirkte auch umgekehrt auf das Osmanische Reich. Westeuropäische Mode für die Herren und technische Erfindungen breiteten sich in der gebildeten türkischen Oberschicht aus.

M4 Dieses Gemälde von Liotard aus dem Jahr 1753 zeigt den türkischen Einfluss auf die Mode der Oberschicht in Paris.

M5 Türkischer Krieger, Scherenschnitt

ARBEITSAUFTRÄGE

- » **1.** Arbeite mithilfe der Karte M2 die Namen der heutigen Länder heraus, die zurzeit des Osmanischen Reiches in dessen Herrschaftsgebiet lagen.
- › **2.** Beschreibe Reaktionen der Menschen in Mitteleuropa, die aus der Angst vor den Osmanen entstanden.
- › **3.** Nenne erste Anzeichen für den Niedergang des Osmanischen Reiches.
- » **4.** Stelle Kulturkonflikt und Kulturtransfer zwischen dem Osmanischen Reich und Westeuropa dar.
- » **5.** Erkläre die Bedeutung des Titels Kalif für den Sultan des Osmanischen Reiches.
- »› **6.** Erörtere Gründe für die allmähliche Änderung der Einstellung gegenüber dem Osmanischen Reich.

→ **zu 1.**
Arbeite mit einem Atlas.

→ **zu 3.**
Beachte gesellschaftliche, wirtschaftliche und technische Gesichtspunkte.

→ **zu 4.**
Nutze auch M 3 bis M5.

→ **zu 5.**
Vergleiche den Titel Kalif mit dem Titel Kaiser.

Ostwärts nach Indien

M1 Heinrich der Seefahrer (1394–1460), Ausschnitt aus einem Altarbild von Nuno Goncalves, 1467

Mit der Eroberung Konstantinopels hatten die Osmanen den Seehandel mit dem Orient fest in der Hand. Sie erhoben hohe Zölle auf Handelswaren. Damit wurden die in Europa begehrten Luxuswaren wie Gewürze, Parfüme, Seide, Teppiche und Edelsteine extrem teuer. Die europäischen Kaufleute suchten deshalb nach anderen Wegen, um an die begehrten Waren aus Indien zu gelangen. Für die Menschen damals war Indien der Sammelbegriff für die fernen Länder im Osten, aus denen die Luxuswaren kamen.

Bereits zu Beginn des 15. Jahrhunderts wagten sich portugiesische Seefahrer auf die gefährliche Fahrt entlang der afrikanischen Küste. Der Sohn des portugiesischen Königs, Prinz Heinrich, war Mathematiker und Astronom. Er gründete die erste Seefahrerschule in Europa und erhielt den Beinamen Heinrich der Seefahrer. Die portugiesischen Seefahrer lernten, wie sie mit Kompass, Jakobsstab, Tabellenbüchern und Seekarten arbeiten mussten, um zu navigieren. Heinrich ließ auch neue hochseetüchtige Karavellen bauen.

M2 Die Boa Esperanza, ein portugiesischer Nachbau einer Karavelle aus dem 15. Jahrhundert, bei einer Regatta im Hafen von Lissabon im Jahr 2000. Dieses Schiff überquerte mehrmals den Atlantik.

Die lange Küste Afrikas

Heinrich wollte, dass seine Kapitäne einen Seeweg nach Indien finden, um dort direkt die begehrten Waren zu kaufen und damit die osmanischen Händler zu umgehen. Dieser Weg konnte nach seinen Erkenntnissen nur um Afrika herumführen. Immer weiter fuhren Schiffe in seinem Auftrag um den Kontinent Afrika. Portugiesische Seefahrer erreichten 1419 Madeira und entdeckten 1427 die Azoren. Dem Seefahrer Gil Eanes gelang 1434 die Fahrt um das Kap Bojador südöstlich der Kanarischen Inseln an der Küste der heutigen Westsahara. Der afrikanische Kontinent erwies sich allerdings als wesentlich größer als vermutet. Daher errichteten sie eine Reihe von Versorgungsstützpunkten an der Küste. Nun mussten die Karavellen nicht mehr zum Heimathafen zurücksegeln, sondern konnten dort ihre Vorräte auffüllen und Reparaturen durchführen. Die Kaufleute erzielten mit dem Handel von afrikanischen Gewürzen und Hölzern große Gewinne. Bis zum Tode Heinrichs im Jahr 1460 stießen portugiesische Entdecker nach Guinea vor und erschlossen damit eine Strecke von etwa 2000 Seemeilen.

Die Afrikaner lernten die Entdecker schnell von einer anderen Seite kennen. Der Portugiese Antao Goncalves verschleppte 1441 erstmals zehn Eingeborene als Sklaven nach Europa.

M3 Entdeckungsfahrten portugiesischer Seefahrer

Das Kap der Guten Hoffnung

Auch nach dem Tode Heinrichs wurden die ehrgeizigen Pläne weiterverfolgt. Bartolomeu Diaz erhielt 1486 vom portugiesischen König Johann II. den geheimen Auftrag, die Südspitze Afrikas zu umsegeln, um endlich nach Indien zu gelangen. Im Sommer 1487 legte Diaz in Lissabon ab und segelte mit drei Karavellen im Februar 1488 um den südlichsten Punkt des afrikanischen Kontinents. Doch die Mannschaften meuterten und erzwangen die Rückkehr. Dennoch triumphierte König Johann II. und taufte diesen Ort in Kap der Guten Hoffnung.

Indien sah Diaz als Offizier unter dem Kommando Vasco da Gamas. Dieser erreichte als erster europäischer Kapitän mit seiner aus mehreren Schiffen bestehenden Flotte einen indischen Hafen. Er landete 1498 in Kalikut (heute Kozhikode), wo er kostbare und begehrte Waren erwarb. Von dieser Entdeckung profitierte der Handel enorm.

Während der folgenden Jahre eroberten die Portugiesen in Indien Handelsstädte und verdrängten die arabischen Händler, die bislang den Gewürzhandel kontrollierten.

ARBEITSAUFTRÄGE

- › **1.** Nenne Gründe für die Suche eines Seeweges nach Indien.
- › **2.** Beschreibe den Nachbau einer Karavelle in M2.
- ›› **3.** Erkläre den Beinamen des Prinzen Heinrich von Portugal.
- ›› **4.** Erstelle eine Tabelle mit den Erfolgen der portugiesischen Seefahrer.
- ›› **5.** Erläutere die Bedeutung der Umsegelung Afrikas Ende des 15. Jahrhunderts.
- ››› **6.** Gestalte einen Lexikoneintrag zur Vorgehensweise, den Seeweg nach Indien zu finden.

zu 4.

Jahr	Entdeckung
1419	Madeira
↓	

Geschichtskarten und historische Karten auswerten

Karten sind in der Geschichtswissenschaft wichtige Informationsquellen. Sie liefern kundigen Kartenlesern viele Informationen.

Die Begriffe Geschichtskarte und historische Karte werden oft gleich verwendet, aber sie bezeichnen unterschiedliche Karten. Historische Karten stammen aus vergangenen Zeiten und geben die damalige Sichtweise wieder. Geschichtskarten sind heutige Darstellungen der Verhältnisse in vergangener Zeit, stellen also Geschichte aus unserer Sicht rückblickend dar.

Geschichtskarten oder historische Karten können statisch oder dynamisch sein. Statische Karten geben einen Zustand wieder, dynamische zeigen Entwicklungen auf.

Typische Themen von Geschichtskarten sind beispielsweise:
- Schlachten und Kriegsverläufe,
- Routen von Entdeckungsreisen,
- Ausbreitung von Kulturen,
- Darstellung von Bevölkerungsentwicklungen und Besitzverhältnissen, z. B. Grenzverläufe.

Schritte zur Auswertung von Karten:

1. ***Orientierung:***
   - ➔ *Arbeite das Thema heraus: Welcher Sachverhalt wird auf der Karte für welche Zeit und welchen Raum dargestellt?*
   - ➔ *Analysiere die Legende: Welche Zeichen werden verwendet, was bedeuten sie?*
2. ***Analyse:***
   - ➔ *Arbeite den geografischen Raum heraus.*
   - ➔ *Erfasse den dargestellten Zeitraum:*
     Handelt es sich um einen Zeitpunkt oder eine Entwicklung?
   - ➔ *Arbeite Einzelheiten heraus:*
     z. B. Kriegszüge, Völkerwanderungen, Schlachten, Städtegründungen, Bodenschätze, Eroberungen …
   - ➔ *Erläutere Veränderungen.*
3. ***Interpretation:***
   - ➔ *Handelt es sich um eine historische Karte oder eine Geschichtskarte?*
   - ➔ *Überprüfe die Karte auf die dargestellten Zustände bzw. Entwicklungen.*
   - ➔ *Bewerte die Aussagen der Karte.*
   - ➔ *Arbeite heraus, was auf der Karte nicht dargestellt wird.*

Stichwortartige Musterlösung zur Auswertung der Karte M1:

Schritt 1:
- dargestellt wird der Küstenabschnitt des Golfs von Guinea um 1565
- Liniennetz, das zur Bestimmung des Kurses mit dem Kompass dient

Schritt 2:
- an der Küstenlinie Guineas sind Siedlungen mit Namen eingetragen; Buchten und Flussmündungen sind zu erkennen
- statische Darstellung, die Besiedlung zum Zeitpunkt um 1565 ist dargestellt
- viele, eng aufeinanderfolgende Siedlungen entlang der Küstenlinie werden genannt
- Veränderungen sind nicht dargestellt

Schritt 3:
- historische Karte mit Informationen für Seefahrer
- Küstenlinie des Golfs von Guinea mit Siedlungen um 1565
- die Karte diente Kapitänen, um die Handelsniederlassungen anzulaufen
- nicht dargestellt ist das Landesinnere

M1 Portolankarte der Küste Westafrikas von 1565

In Portolankarten sind die Küstenlinien und Häfen verzeichnet. Auf der Karte eingezeichnete Hilfslinien halfen den Kapitänen, den Kurs zu bestimmen.

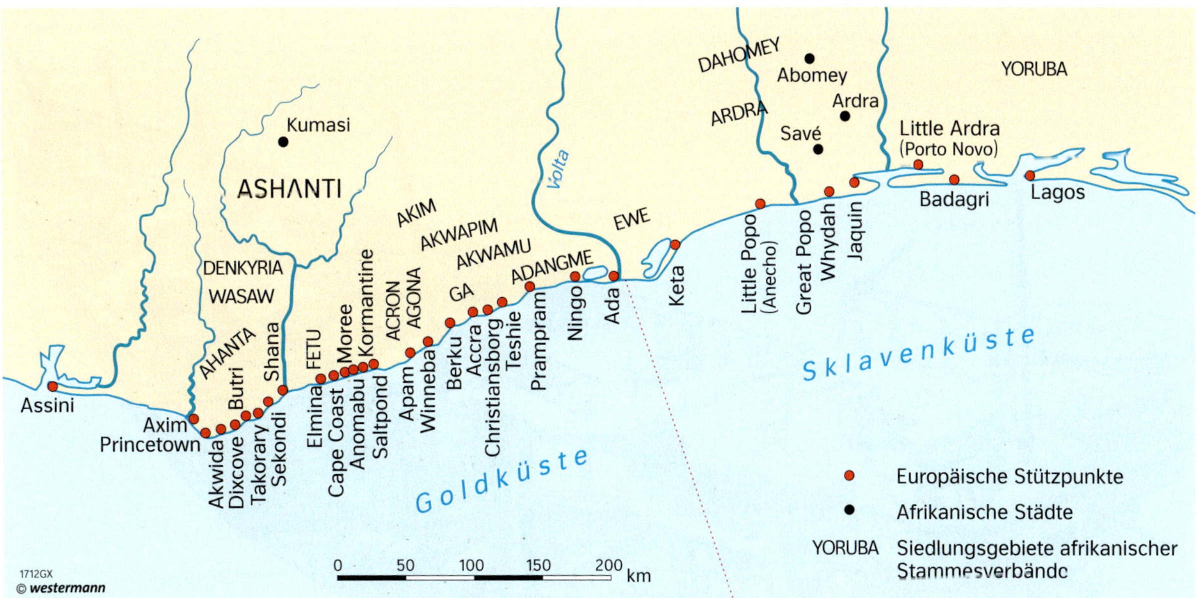

M2 Europäische Handelsniederlassungen in Westafrika im 17. Jahrhundert

ARBEITSAUFTRÄGE

› **1.** Beschreibe einer anderen Person deine Vorgehensweise bei der Auswertung einer historischen Karte unter Verwendung der Musterlösung zu M1.

›› **2.** Analysiere die Karte M2 mit Hilfe der Schritte zur Auswertung von Geschichtskarten und historischen Karten.

››› **3.** Bewerte die Bedeutung von Seekarten für Entdeckungsreisen.

Westwärts nach Indien

Die Idee des Kolumbus

Wenn die Erde rund ist, dann muss es möglich sein, westwärts nach Indien zu segeln. Diese Idee ließ Christoph Kolumbus nicht mehr los. Der 1451 geborene genuesische Kaufmann galt als erfahrener Kapitän. Bestärkt wurde er in seiner Überzeugung durch den Mathematiker und Astronom Paolo Toscanelli aus Florenz. Dieser hatte 1474 die damals bekannteste Weltkarte entworfen.

Auf der Suche nach Sponsoren

Kolumbus reiste 1484 an den Hof des portugiesischen Königs und unterbreitete seinen Plan mit der Bitte, ihm die nötigen Schiffe für diese Entdeckungsfahrt zur Verfügung zu stellen. Doch König Johann II. lehnte ab und vertraute seinen Seefahrern, die den Weg nach Indien um Afrika suchten.

Auch bei anderen europäischen Königshäusern sprach Kolumbus erfolglos vor. Erst nach der Vertreibung der Mauren im Jahr 1492 zeigte das spanische Königspaar Interesse an der Idee des Kolumbus.

M1 Diese Rekonstruktionszeichnung stellt die Nina dar, eine typische Karavelle. Die Nina war 21 Meter lang und bis zu 7 Metern breit. Ihr fast 3 Meter breiter Laderaum konnte 51 Tonnen Fracht aufnehmen. Auf der Nina kehrte Kolumbus nach Spanien zurück, nachdem die Santa Maria gestrandet war.

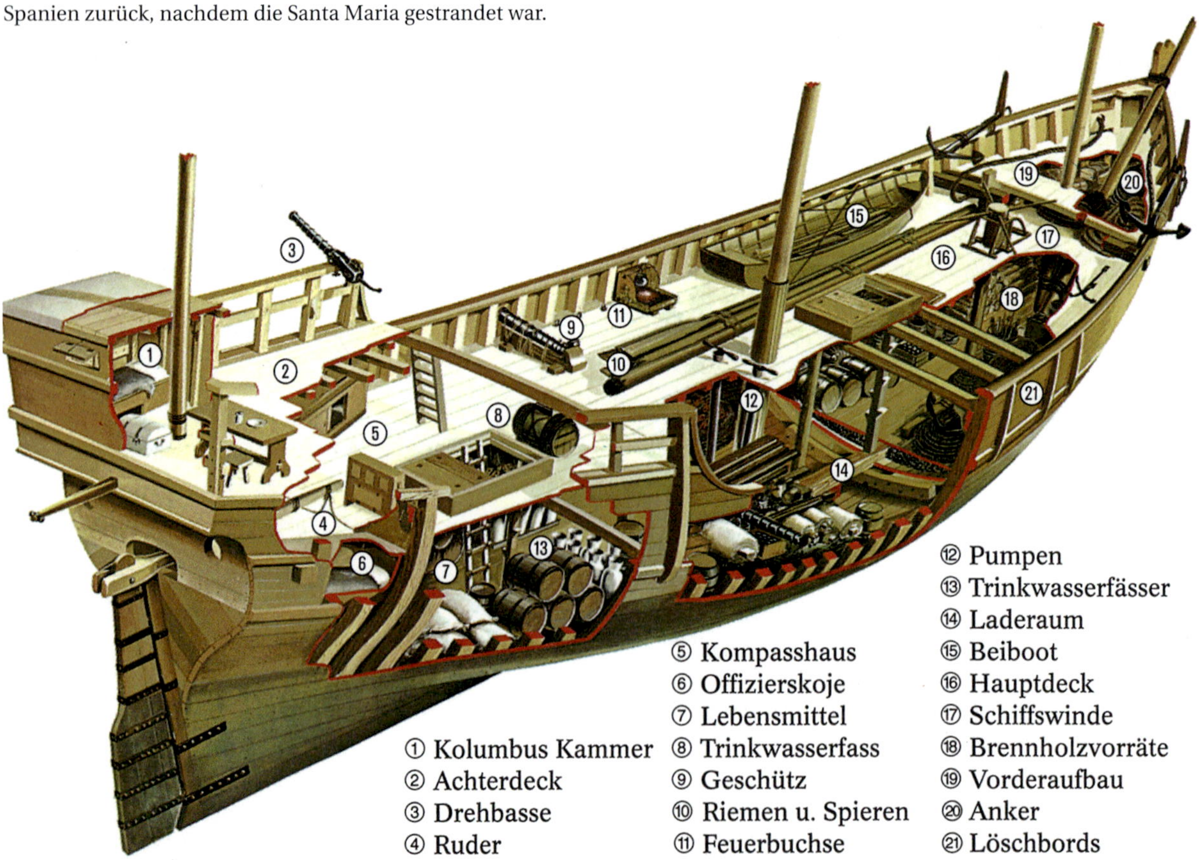

Q1 Vertrag zwischen Christoph Kolumbus und dem spanischen Königspaar Isabella und Ferdinand von 1492:

Die Vergünstigungen, die (Kolumbus) erbeten hat und die Eure Hoheiten ihm … bewilligen … sind folgende: Zum ersten, dass Eure Hoheiten … den genannten (Kolumbus) von jetzt an zu ihrem Admiral über alle die Inseln und Festländer ernennen, die er entdeckt, auf Lebenszeit, und nach seinem Tode seine Erben und Nachfolger … Außerdem, dass Eure Hoheiten den genannten (Kolumbus) zu ihrem Vizekönig und Statthalter in allen oben genannten Inseln und Festländern, die er …entdecken … sollte, ernennen … Desgleichen, dass … der genannte (Kolumbus) von allen Waren für sich den zehnten Teil erhebe und behalte. (…)

M2 Christoph Kolumbus, 1451–1506 (Gemälde, um 1520 nach Beschreibungen)

Der Aufbruch ins Unbekannte

Am 3. August 1492 stach Kolumbus mit etwa 100 Mann Besatzung vom spanischen Hafen Palos de la Frontera in See. Er reiste als Kapitän auf dem Flaggschiff Santa Maria. Die kleineren Schiffe Nina und Pinta wurden von den Brüdern Martin Alonso und Vicente Pinzón kommandiert.

Obwohl Kolumbus zu optimistisch mit einer Fahrtzeit von etwa drei Wochen rechnete, nahm er Verpflegung für mehrere Monate mit. Das war eine lebensrettende Vorsichtsmaßnahme. Am 6. September verließen die Schiffe die Kanarischen Inseln in Richtung Westen. Immer auf geradem Kurs segelten sie 36 Tage der untergehenden Sonne entgegen. Kolumbus schummelte, indem er die gefahrene Entfernung absichtlich zu kurz berechnete, aber die Mannschaft ließ sich nicht beruhigen und bekam es mit der Angst zu tun. Am 12. Oktober, kurz bevor es zu einer Meuterei kam, entdeckte Kolumbus endlich das ersehnte Land. Es war eine kleine, südwestlich von Florida gelegene Insel, die er San Salvador nannte, das heißt heiliger Erlöser.

Kolumbus blieb bis 1493 in der Inselwelt der Karibik, die er für einen Teil Indiens hielt. Die Ureinwohner, die er antraf, nannte er deshalb Indianer. Die Bewohner der Insel empfingen die Seefahrer freundlich und tauschten mit ihnen Geschenke aus. Von den Ureinwohnern erhielten die Seeleute Papageien, Baumwolle und Goldschmuck.

Im Januar 1493 wollte Kolumbus die Rückreise antreten. Doch sein Flaggschiff strandete kurz vor Haiti. Aus dem Wrack ließ er einen Stützpunkt bauen und kehrte auf der Nina nach Spanien zurück. Das spanische Königspaar bereitete ihm einen triumphalen Empfang.

Q2 Tagebucheintrag des Kolumbus vom 12. Oktober 1492:

Ich kniete nieder … und dankte Gott, indem ich die Erde küsste. Dann entfaltete ich das königliche Banner … ich (ergriff) im Namen des Königs von Spanien von der Insel Besitz… Die Eingeborenen, …, sehen mich für einen Gott und die Schiffe für Ungeheuer an. Ich überwand ihre Scheu, indem ich Halsketten und rote Kappen an sie verteilen ließ. Bald wagten sie es, heranzukommen … Sie gehen umher, wie Gott sie geschaffen hat … Ihre einzigen Waffen sind Lanzen mit einer Spitze aus Stein …
Ich glaube, man könnte sie leicht zum Christentum bekehren … Auf der Heimfahrt werde ich sechs dieser Männer mitnehmen, um sie dem König und der Königin zu zeigen.

ARBEITSAUFTRÄGE

- › **1.** Nenne die Idee des Kolumbus.
- › **2.** Beschreibe die Abbildung der Nina in M1.
- › **3.** Fasse die Entdeckungsfahrt des Christoph Kolumbus in Stichworten zusammen.
- ››› **4.** Gestaltet ein Gespräch, in dem Christoph Kolumbus versucht, das spanische Königspaar von seinem Vorhaben zu überzeugen.
- ›› **5.** Analysiere die Beschreibung der Ureinwohner in Q2.
- ››› **6.** Bewerte die Vereinbarung in Q1 im Falle eines Erfolgs von Kolumbus.

zu 6.
Denke dabei an
- *Kolumbus*
- *das spanische Königspaar*
- *die entdeckten Gebiete und deren Menschen.*

Amerika – die Neue Welt

M1 Amerigo Vespucci (1454–1512) Kupferstich, 16. Jahrhundert

Kolumbus unternahm noch drei weitere Reisen. Bis zu seinem Tod glaubte er, dass er den direkten Seeweg nach Indien entdeckt hätte. Die von ihm gebrauchte Bezeichnung Indianer für die Ureinwohner in der Neuen Welt setzte sich in der Folgezeit durch und wird selbst heute noch verwendet.

Das Ansehen des Christoph Kolumbus sank am spanischen Hof, weil die Ausbeute seiner Fahrten zu gering war. Er brachte nicht die indischen Gewürze und die großen Goldschätze, die erwartet wurden. Außerdem verhielten sich die Spanier in Übersee sehr undiszipliniert, wofür Kolumbus als Gerichtsherr die Verantwortung trug. Ausgelaugt und krank starb Kolumbus 1506 mit 51 Jahren.

Die Entdeckung Amerikas

Ab 1499 segelten auch portugiesische Seefahrer auf den Spuren des Kolumbus. An einigen Entdeckungsfahrten nahm der italienische Kaufmann Amerigo Vespucci teil. Er war als erster Europäer der Ansicht, dass es sich bei dem Festland nicht um Indien oder China handelte, sondern um einen eigenen Kontinent. Der deutsche Kartograf Martin Waldseemüller bezeichnete auf seiner Weltkarte von 1507 den neuen Kontinent erstmals als Amerika, in Anlehnung an den Vornamen Vespuccis.

M2 Fernando Magellan (1480–1521) spanischer Druck, 19. Jahrhundert

Segeln – rund um die Erde

Der in spanischen Diensten stehende Portugiese Fernando Magellan brach 1519 mit einer Flotte von fünf Schiffen und etwa 270 Mann Besatzung auf, um auf dem spanischen Weg westwärts nach Indien zu gelangen. Er erreichte die Ostküste Südamerikas, die er südwärts bis zu den schneebedeckten Bergen Feuerlands entlangsegelte. Hier fand der Entdecker die später nach ihm benannte Magellanstraße, die Durchfahrt in das andere große Weltmeer, das er den Pazifischen Ozean nannte.

Nach der Durchquerung des Pazifischen Ozeans wurde Magellan bei einem Kampf auf den Philippinen von Ureinwohnern getötet. Die Weltumseglung glückte, weil der Steuermann Juan Sebastián Elcano das Kommando übernahm und die Fahrt erfolgreich beendete. Nach 1124 Tagen auf See kehrte er mit nur einem Schiff und 17 Überlebenden nach Spanien zurück.

Q1 Die Herrscher von Portugal und Spanien stritten um die Verteilung der „Neuen Welt". Sie riefen den Papst als Vermittler an und vereinbarten im Vertrag von Tordesillas 1494:

Ihre Hoheiten wünschen …, dass auf dem … Ozean eine Grenze oder Linie … vom Nordpol zum Südpol … 370 Meilen westlich der Kapverdischen Inseln gezogen wird …; alles, was bis jetzt und künftig vom König von Portugal und seinen Schiffen … entdeckt wird, die in östlicher Richtung … liegen, … wird dem König von Portugal und seinen Nachfolgern gehören …Und so werden alle Inseln und Kontinente …, die bereits entdeckt sind oder von dem König und der Königin von Kastillien und Aragon … westlich der genannten Linie … noch entdeckt werden, dem genannten König und der Königin von Kastillien … gehören.

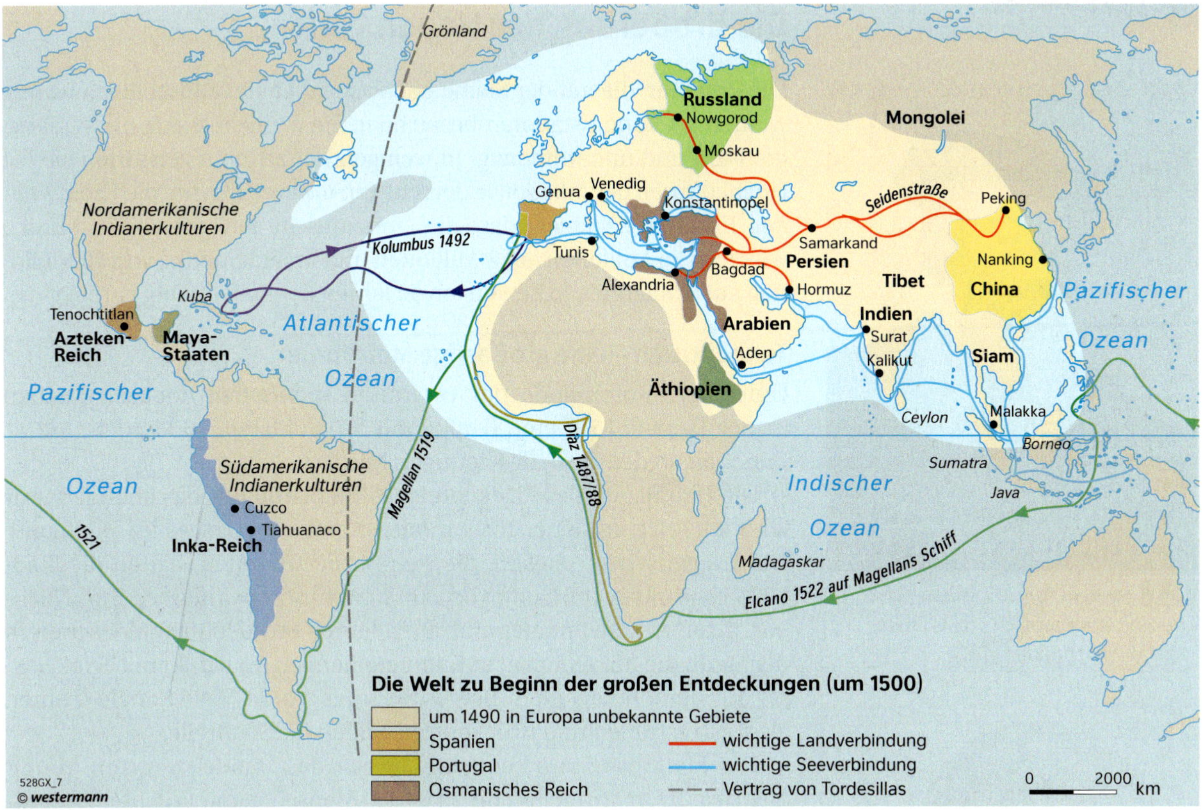

M3 Die Welt zu Beginn der großen Entdeckungen

Eine Frage der Sichtweise

Die Entdeckungsreisen der Spanier und Portugiesen führten in ein neues Zeitalter. Die wichtigsten Handelsrouten verliefen nun um Afrika herum und nach Amerika. Das Mittelmeer verlor an Bedeutung. Neue Handelszentren entwickelten sich in Westeuropa.

Die Europäer wollten die Neue Welt besitzen und die dort vermuteten Reichtümer ausbeuten. Viele moderne Geschichtsforscher vertreten die Auffassung, dass ein Kontinent, auf dem seit Jahrtausenden Völker leben, nicht noch einmal entdeckt werden konnte. Amerika war kein herrenloses Land. Die Europäer eroberten es und verdrängten die Ureinwohner mit Gewalt.

ARBEITSAUFTRÄGE

- 〉 **1.** Fasse die drei wichtigen Entdeckungsfahrten von Kolumbus und Magellan in Stichworten zusammen.
- 〉 **2.** Nenne Auswirkungen der Entdeckungsfahrten auf die Alte Welt.
- 〉〉 **3.** Erkläre die Bezeichnung Indianer für die Ureinwohner.
- 〉〉 **4.** Begründe die Namensgebung Amerikas.
- 〉〉 **5.** Im Vertrag von Tordesillas wurde die Neue Welt aufgeteilt. Erstelle eine Skizze Mittel- und Südamerikas, trage darin die Landessprache ein, die in den heutigen Ländern dort gesprochen wird.
- 〉〉〉 **6.** Bewerte die Leistung des Christoph Kolumbus.
- 〉〉〉 **7.** Überprüfe die Behauptung, dass Amerika nicht nochmals entdeckt werden konnte.

zu 3.
Nutze dazu auch die Seiten 86/87

zu 5.
Arbeite mit einem Atlas.

zu 7.
Betrachte auch die Entdeckung Amerikas aus der Sicht der dort lebenden Ureinwohner.

Die Eroberung der Neuen Welt

M1 Hernan Cortez (1485–1547) kolorierter Kuperstich von William Holl, 19. Jahrhundert

Die Eroberer, die auf der Suche nach sagenhaften Goldschätzen waren, werden als Konquistadoren bezeichnet. Sie verhielten sich meist gierig, grausam und unbarmherzig. In wenigen Jahrzehnten zerstörten sie die Hochkulturen der Inka sowie der Azteken und versklavten die Ureinwohner. Experten schätzen, dass die einheimische Bevölkerung in Mexiko von etwa 25 Millionen auf 3 Millionen und in Südamerika von 50 Millionen auf 5 Millionen in den ersten 50 Jahren der Ausbeutung zurückging.

Tenochtitlán – eine großartige Metropole

Unter dem Kommando des verarmten spanischen Adeligen Hernan Cortez landete 1519 eine Truppe mit 500 Soldaten, 16 Pferden und 11 Kanonen an der Küste des heutigen Mexiko.

Die Hauptstadt des Aztekenreiches Tenochtitlán – das heutige Mexiko-Stadt – lag auf einer Insel inmitten eines Kratersees im Hochland. Die kriegerischen Azteken, die sich Mexica nannten, hatten die Stadt 1325 gegründet. Im Laufe von 200 Jahren unterwarfen sie ihre Nachbarvölker. Als die Spanier eintrafen, lebten etwa 200 000 Menschen in der Stadt, die mit einem acht Kilometer langen Aquädukt mit Trinkwasser aus den umliegenden Bergen versorgt wurde. Viele Kanäle dienten als Wasserstraßen und Brücken verbanden die Stadtteile.

Der Marktplatz von Tenochtitlán war das Handelszentrum Mittelamerikas. Dort handelten bis zu 60 000 Menschen mit Früchten, Gemüse, Stoffen, Schmuck, Tieren, Waffen, Edelsteinen und Gold. Da die Azteken kein Geld kannten, tauschten sie oder bezahlten mit Kakaobohnen und Federkielen, die mit Goldstaub gefüllt waren.

M2 Dieser Helmtyp war unter den Konquistadoren weit verbreitet und wurde so zu einem Symbol der Eroberung Mittel- und Südamerikas.

Q1 Der spanische Hauptmann Bernal Diaz beschrieb 1519 Tenochtitlán:

Wir sahen die große Wasserleitung … und die langen hölzernen Brücken … Auf dem See wimmelte es von Fahrzeugen, die Waren und Lebensmittel aller Art geladen hatten … Aus allen Orten ragten die weißen Opfertempel wie Burgen über die Häuser … und über die Befestigungstürme hinaus. Es war ein einmaliger Blick … Dann besahen wir uns … den Marktplatz mit seinem Gewimmel von Menschen, die einen Lärm machten, den man über eine Stunde weit hören konnte. Leute, die Konstantinopel und Rom gesehen hatten, erzählten, dass sie noch nirgendwo einen so großen und volkreichen Marktplatz gefunden hätten.

M3 Rekonstruktionszeichnung von Tenochtitlán

Die Kultur der Azteken

Im Zentrum Tenochtitláns lagen der Tempelbezirk und der Palast des Königs. Moctezuma war sehr reich, in seinem Hofstaat lebten etwa 3000 Menschen.

Auf dem pyramidenförmigen Stufentempel wurden Menschenopfer für den Sonnengott Huitzilopochtli dargebracht, da die Azteken glaubten nur so ginge die Sonne wieder von Neuem auf. Die Opfer waren meist Kriegsgefangene. Ihnen wurde das Herz aus der Brust herausgerissen, das die Priester der Sonne entgegenstreckten.

M4 Aztekische Darstellung eines Menschenopfers (16. Jahrhundert)

Das Aufeinandertreffen der Kulturen

Aufregung brach aus, als Boten Moctezuma meldeten, dass hellhäutige Fremde mit Bärten von großen Schiffen an der Küste an Land gingen. Sie trugen Rüstungen aus Metall und verschmolzen mit Tieren, die vier Beine hatten und schnell laufen konnten. Außerdem benutzten sie furchtbare Waffen, die laut wie der Donner waren.

Die Azteken kannten weder Pferde noch Feuerwaffen. Die ersten erfolgreichen Kämpfe der Spanier mit den Ureinwohnern ließen das Gerücht entstehen, die Eroberer seien unbesiegbar. Auf dem Vormarsch nach Tenochtitlán verbündete sich Cortez mit den unterworfenen Stämmen, die sich an den Azteken rächen wollten.

Moctezuma verhielt sich wie gelähmt. Menschenopfer sollten ihm göttliche Ratschläge offenbaren, doch nichts geschah. Schließlich reifte in ihm die Überzeugung, dass der Anführer der Fremden eine Gottheit sein musste.

M5 Moctezuma (ca. 1465-1520) Farbdruck, 19. Jahrhundert

Verbrechen aus der Gier nach Reichtum

Moctezuma empfing Cortez und seine rund 500 Soldaten mit wertvollen Geschenken aus Gold und Edelsteinen. Diese Gaben steigerten nochmals die Gier der Konquistadoren auf große Reichtümer. Die Spanier und über tausend Verbündete durchsuchten die Häuser und Tempel in der Stadt nach Schätzen und raubten, was ihnen gefiel. Cortez Männer nahmen Moctezuma im eigenen Palast gefangen. Die Einwohner erkannten das Unheil und wehrten sich. Um das Volk zu beruhigen, schleppten die spanischen Soldaten den König auf die Palastmauer, um ihn zu zeigen. Doch die Menschen warfen Steine und Speere. Aus Zorn töteten sie ihren König. Die Spanier mussten fliehen, dabei verloren sie viele Soldaten und den größten Teil der Beute.

Cortez kehrte 1521 mit Verstärkung zurück und nahm nach heftigen Kämpfen die Stadt ein. Tausende Menschen verloren ihr Leben und Häuser wurden niedergebrannt. Auf den Trümmern ließ er eine neue Siedlung errichten: Mexiko-Stadt.

Webcode:
3D-Rekonstruktion eines Aztekentempels
WES-110781-203

ARBEITSAUFTRÄGE

› **1.** Nenne die Hochkulturen, die zerstört wurden.
› **2.** Beschreibe die Stadt Tenochtitlán.
›› **3.** Erkläre die militärische Überlegenheit der Spanier gegenüber den Azteken.
›› **4.** Arbeite Gründe heraus, die es Cortez leicht machten, Verbündete unter einheimischen Stämmen zu finden.
››› **5.** Bewerte das Verhalten der spanischen Konquistadoren.
››› **6.** Gestalte einen Sachtext über die Folgen der Eroberung für die Azteken.

zu 2.
Nutze dazu M3, Q1 und den Text.

zu 3.
Betrachte dazu auch M2 und M5.

zu 6.
Wende die Schritte zur Erstellung eines Sachtextes von Seite 288 an.

M1 Goldschmiedearbeit der Inkas, 16. Jahrhundert

M3 Die Eroberung von Cuzco durch die Spanier (Kupferstich, Theodor de Bry, 1596)

Unterwerfung eines Kontinents

Der Spanier Francisco Pizarro (1478–1541) drang 1531 mit nicht einmal 200 Mann in das Reich der Inkas ein. Deren König Atahualpa herrschte über Gebiete der heutigen Staaten Ecuador, Peru, Bolivien, Nordchile und Nordargentinien, mit mehr als 10 Millionen Menschen. Atahualpa lebte in großem Luxus und seine Untertanen verehrten ihn als Gott. In seinem Reich ließ er Vorratshäuser für Notzeiten anlegen und zwei von Norden nach Süden verlaufende Straßen erschlossen mit vielen Brücken das Land.

Die Gier nach Gold

Obwohl die Inkas über Festungen und ein Heer verfügten, gelang es Pizarro, den König Atahualpa gefangen zu nehmen, indem er ihn unbewaffnet zu einer Unterredung einlud. Für seine Freilassung sollte ein Raum mit der Größe 7 m x 15 m x 2 m mit Gold gefüllt werden. Fast 8 Tonnen Gold schleppten die Inkas herbei, das die Spanier sofort einschmolzen. Pizarro hielt aber nicht sein Wort, sondern ließ den Inkakönig erdrosseln. Fast widerstandslos eroberte er nun das Inkareich.

Im Jahr 1541 wurde Pizarro von einem Rivalen ermordet. In der Kathedrale von Lima, die er als neue Hauptstadt gründen ließ, liegt noch heute seine Leiche in einem Glassarg.

Die Spanier kolonialisierten rücksichtslos die Inkas und selbst die mit ihnen verbündeten Völker. Das fruchtbare Land und die Bodenschätze nahmen sie in Besitz. Die Ureinwohner mussten in ihren eigenen Minen und Bergwerken sowie auf Plantagen als Sklaven bis zum Tod durch Erschöpfung arbeiten. Die Eroberer brachten aus der Alten Welt ihr Rechtssystem und ihre Verwaltung mit. Amtssprache wurde selbstverständlich spanisch. Brutal unterdrückten sie die vorgefundene Kultur der Ureinwohner.

M2 Indianer beim Abbau von Silber im Bergwerk von Potosí im heutigen Bolivien (Ausschnitt aus einem zeitgenössischen Stich)

Deutsche Handelshäuser in der neuen Welt

Schon bei den Entdeckungsfahrten um die Küste Afrikas waren Vertreter der Fugger und Welser dabei. Kaiser Karl V. überließ 1528 die Nutzung Venezuelas dem Augsburger Handelshaus der Welser als Pfand für Kredite. Der Ulmer Bürgersohn Nikolaus Federmann brachte als Agent der Welser im Jahr 1529 deutsche Siedler und Bergleute von Sevilla nach Coro, der damaligen Hauptstadt Venezuelas. Etwa 4000 Sklaven aus Guinea verschifften die Welser in die Zuckerrohrplantagen ihrer Kolonie.

Auf der Suche nach El Dorado

Federmann unternahm einen Entdeckungszug mit 110 Fußsoldaten, 16 Reitern und 100 Indianern, um einen Handelsweg zum Pazifischen Ozean zu erschließen, was ihm nicht gelang. Mit etwas Gold kehrte er nach Europa zurück. Dort schrieb er einen Reisebericht, der so erfolgreich war, dass ihn die Welser erneut nach Venezuela schickten. Er unternahm 1536 eine zweite Expedition auf der Suche nach dem sagenhaften El Dorado, wo große Reichtümer liegen sollten. Bei dieser Erkundung gründete er die Stadt Riohacha in Kolumbien und gemeinsam mit dem Spanier Sebastián de Belalcázar die Stadt Bogotá.

M4 Denkmal Nikolaus Federmanns (1506–1542) in Riohacha, Kolumbien

Q1 Aus dem Reisebericht „Indianische Historia" von Nicolaus Federmann von Ulm aus dem Jahr 1532:

... Da viele krank waren, hatte ich nicht genug Männer, um den Ort zu überfallen. Außerdem lag der Ort am Gebirge, wo wir die Pferde nicht einsetzen konnten ... deshalb waren wir nicht in der Lage, den Ort ohne die Hilfe der Pferde zu überfallen. Denn bei den Indianern richtet einer zu Pferde an Orten, da sie zu gebrauchen sind, mehr aus, wird auch mehr gefürchtet denn fünfzig Mann zu Fuß.

M5 Federmannweg in Ulm

Ein glückloser Konquistador

Federmann kehrte 1539 nach Europa zurück. Agenten der Welser fingen ihn ab und beschuldigten ihn des Vertragsbruchs sowie der Unterschlagung von Geld. Der Untreue als Kaufmann bezichtig, starb er 1542 im Gefängnis von Valladolid in Spanien.

Für die Kaufmannsfamilie der Welser entwickelte sich das Geschäft in der Neuen Welt verlustreich. Mit der Ermordung ihres Statthalters durch spanische Befehlshaber endete ihre Herrschaft. Die spanische Krone entzog ihnen 1556 alle Rechte für Venezuela.

ARBEITSAUFTRÄGE

› **1.** Nenne heutige Staaten, deren Staatsgebiet früher zum Inkareich gehörte.
› **2.** Beschreibe den Umgang der Konquistadoren mit der Urbevölkerung.
›› **3.** Arbeite die Folgen für die Kultur der Ureinwohner heraus, die durch die Kolonialisierung entstanden.
›› **4.** Erläutere das Engagement deutscher Handelshäuser in der neuen Welt.
››› **5.** In der Stadt Ulm wurde eine Straße nach Nikolaus Federmann benannt. Erörtere diese Tatsache.
››› **6.** Bewerte das Vorgehen der Eroberer bei der Kolonialisierung der Neuen Welt.

zu 2.
Nutze dazu M2, M3, Q1 und Q2.

Menschen als Handelsware

Versklavung, harte Zwangsarbeit und vor allem aus Europa eingeschleppte Krankheiten wie Pocken, Typhus, Masern und Grippe, gegen die die Ureinwohner keine Abwehrkräfte besaßen, führten zu einem ungeheuren Bevölkerungsrückgang. In den Bergwerken und auf den Plantagen fehlten in der Neuen Welt bald die Arbeiter.

M1 Bartholomé de las Casas (ca. 1484–1566), Denkmal in der Dominikanischen Republik

Q1 Ein Matrose berichtet über die Zustände auf einem Sklavenschiff:

Binnen kurzem war es unmöglich, sich auch nur auf zehn Schritte der Ladeluke des Sklavenbehälters zu nähern, ein solch fürchterlicher Gestank drang daraus hervor. ... Ein Korb mit halbverfaulten Fischen täglich für alle war die einzige Nahrung. Das Stöhnen der Kranken und Sterbenden drang Tag und Nacht aus dem Behälter. Gegen Ende unserer Reise war beinahe die Hälfte unserer schwarzen Ware tot. Mit der anderen Hälfte war die Reise reichlich bezahlt. Für uns Matrosen gab es einen schönen Anteil an der Beute.

Q2 Der Bischof Bartholomé de las Casas (1474–1566) beschrieb das Leid der Indios und die spanische Kolonialverwaltung:

Die Spanier schleppten die verheirateten Männer 60 bis 400 km zum Goldgraben fort, und die Frauen blieben ... auf den Farmen zurück, um dort die Feldarbeit zu verrichten ... So kam es, dass die Geburten fast aufhörten. Die neugeborenen Kinder konnten sich nicht entwickeln, weil die Mütter, von Anstrengungen und Hunger erschöpft, keine Nahrung für sie hatten. Aus diesem Grunde starben z. B. auf der Insel Kuba, als ich dort war, 7000 Kinder im Laufe von drei Monaten; einige Mütter erdrosselten vor Verzweiflung ihre Kinder. So starben die Männer in den Goldminen, die Frauen auf den Farmen vor Erschöpfung. ...
Bei der fortgesetzten unmenschlichen Behandlung flohen einzelne in die Berge. Darauf setzte man Häscher ein, die sie wieder herbeibrachten. Anschließend wurden sie ... halbtot gepeitscht ... Weite Gebiete, einst von Menschen mit hoher Kultur bewohnt, sind heute entvölkert.

Neue Arbeitskräfte für Amerika

Las Casas sah anfangs eine Chance für die Urbevölkerung im neuen Gesetz des spanischen Königspaares. Ab 1501 erhielten die Siedler in der Neuen Welt die Erlaubnis, Sklaven aus Afrika als Arbeitskräfte einzuführen. Die Afrikaner waren in den Augen der Europäer kräftiger und für schwere Arbeit geeigneter.

Doch schon bald plagte Las Casas sein Gewissen und er bereute seinen Ratschlag zum Schutz der Indianer. Er sah, dass die Versklavung der Schwarzen ebenso ein Verbrechen war und fühlte sich schuldig.

Bis zu einem Drittel der Sklaven überlebte die Überfahrt von Afrika in die Neue Welt nicht. Für die Sklavenhändler spielte das keine große Rolle – sie glichen die Verluste mit einer größeren Anzahl an Sklaven aus und erzielten hohe Gewinne.

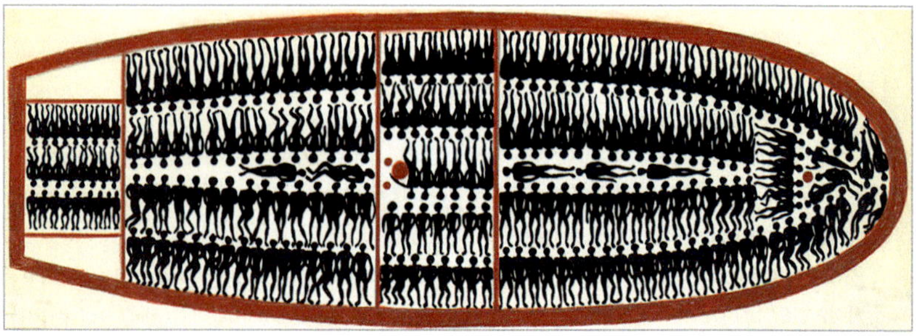

M2 Schnitt durch das Deck eines Sklavenschiffes mit einem Liegeplan zur größtmöglichen Ausnutzung des Schiffsraumes (Lithographie, Anfang 19. Jahrhundert)

M3 Ein Europäer kauft bei einem afrikanischen Häuptling Sklaven (Gemälde, um 1820)

Der Dreieckshandel

Aus Europa segelten Schiffe mit Waren nach Afrika, um sie gegen Sklaven einzutauschen. An der sogenannten Sklavenküste in Westafrika wurden hunderte Sklaven an Bord eines Schiffes eingepfercht und nach Amerika transportiert. Dort luden die Schiffe wieder Waren für Europa.

Der Handel mit Sklaven und Waren aus der Neuen Welt war ein enorm gewinnbringendes Geschäft. Etwa 11 Millionen Menschen wurden aus Afrika nach Amerika verschleppt. Erst 1807, mit dem Verbot des englischen Sklavenhandels, ging der sogenannte Dreieckshandel zurück. In Brasilien wurde als letztem Land 1888 die Sklaverei verboten.

Webcode:
Weitere Informationen zum Dreieckshandel im Internet
WES-110780-204

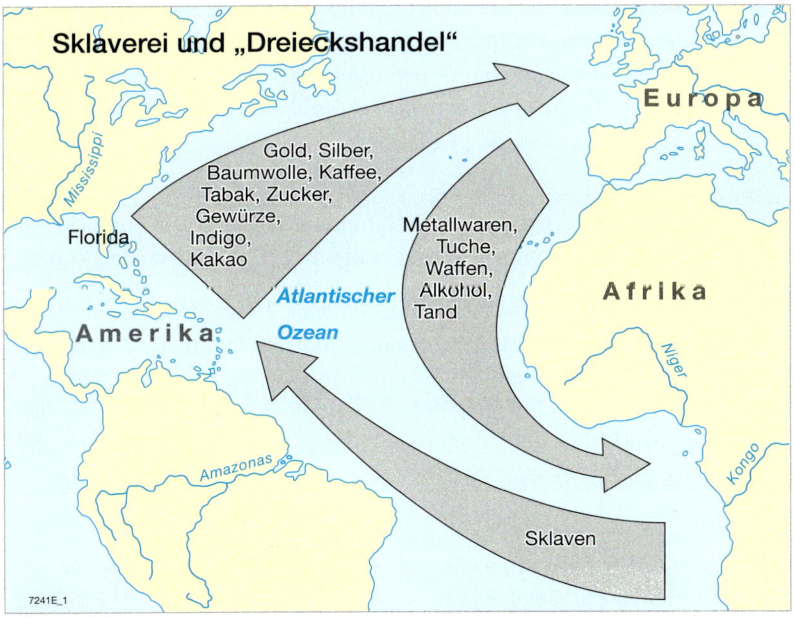

M4 Schematische Darstellung des Dreieckshandels

ARBEITSAUFTRÄGE

- 1. Erkläre den Bevölkerungsrückgang unter der Urbevölkerung.
- 2. Nenne Gründe für die Einfuhr afrikanischer Sklaven nach Amerika.
- 3. Beschreibe den Leidensweg afrikanischer Sklaven.
- 4. Erläutere den Dreieckshandel.
- 5. Bewerte den Ratschlag Las Casas zum Schutz der Urbevölkerung.
- 6. Gestalte ein Plakat zur Sklaverei in der heutigen Zeit.

zu 4.
Nutze dazu die Abbildungen M2, M3, M4 und Q1.

Missionierung und Sklaverei

M 1 Papst Alexander VI. (1431–1503) zeitgenössischer Stich

Die Suche nach Reichtum und Abenteuerlust waren Gründe für den Aufbruch der Europäer in die Neue Welt. Doch welche Rechtfertigung gab es für die Sklaverei, Ausbeutung und Missionierung der Ureinwohner?

Q 1 Papst Alexander VI. schrieb 1493 an den König von Spanien:

Auf den entdeckten Inseln finden sich Gold, Gewürze und andere wertvolle Naturprodukte. ... (Ihr habt) Euch vorgenommen, die genannten Inseln samt ihrer Bewohner Euch zu unterwerfen und zum katholischen Glauben zu führen. Wir begrüßen (dies und) ermahnen Euch, das Unternehmen fortzusetzen, damit Ihr die Völker zur Annahme des Christentums veranlasst. Durch Unsere apostolische Gnade beschenkt, übergeben Wir Euch als Stellvertreter Christi auf Erden die näher bezeichneten Inseln und Festländer.

M 2 Idealisierte Darstellung der Mission in Südamerika (Buchillustration, 17. Jahrhundert)

Q 2 Königin Isabella erließ 1503 eine Bestimmung, die das Zusammenleben mit den Indianern regeln sollte:

Ich habe erfahren, dass die Indianer die Christen fliehen, Gespräch und Umgang mit ihnen meiden, auch gegen Lohn nicht arbeiten wollen und sich nicht zu unserem heiligen katholischen Glauben bekehren lassen. ... Deshalb befehle ich Euch als unserem Gouverneur: Ihr sollt die Indianer dazu anhalten, mit den Christen Umgang zu pflegen, in Ihren Häusern zu arbeiten, Gold zu schürfen und Landarbeit ... zu leisten. Doch sollt ihr jedem Indianer einen angemessenen Lohn geben. An Festtagen sollen sie sich zusammenfinden, um im christlichen Glauben unterrichtet zu werden.

Q 3 Der Mönch Las Casas, der mit Kolumbus die Neue Welt entdeckt hatte, wurde später Bischof von Mexiko und schrieb um 1540 an den König:

... die Erziehung und Bekehrung der Indianer, so wurde ihr nicht mehr Mühe zugewendet, als wenn die Indianer Klötze oder Steine ... gewesen wären ... Der Gouverneur übergab jedem Spanier, der den Wunsch äußerte, 50, 100 oder mehr Indianer. Er ließ es geschehen, dass die Spanier die verheirateten Männer zum Goldgraben fortschleppten. ... So starben die Männer in den Goldminen, die Frauen auf den Farmen vor Erschöpfung.

M 3 Gräueltaten der spanischen Eroberer nach Berichten von Bartholomé de Las Casas (Kupferstich, 1552)

Q 4 Der spanische Gelehrte Juan Ginés de Sepúlveda nahm 1545 Stellung zur Situation in Mittel- und Südamerika:

Alles folgt aus den Gesetzen Gottes und der Natur. Beide fordern, dass das Perfekte und Starke über das weniger Perfekte und Schwache regiert. (...) Und so ist es auch mit den barbarischen und unmenschlichen Völkern, die kein geordnetes Staatswesen und keine Friedensordnung kennen. Deshalb ist es gerecht und mit den Naturgesetzen im Einklang, dass sich solche Völker den Regeln kultivierter und menschlicher Fürsten und Nationen unterwerfen.

Q5 In einem Streitgespräch rechtfertigt Juan Ginés de Sepúlveda, ein spanischer Gelehrter im Dienste Kaiser Karls V., die Eroberung der Neuen Welt (1544/45):

... Wenn ich ein kurzes Resümee des vorangegangenen Streitgespräches gebe, hast du vier Gründe dargelegt, deren jeder die Gerechtigkeit des Krieges beweist, den die Spanier gegen die barbarischen Indianer führen. Da, so lautet das erste ***Argument****, die Indianer ihrer Natur nach Sklaven, Barbaren, rohe und grausame Gestalten sind, lehnen sie die Herrschaft der Klugen, Mächtigen und Vortrefflichen ab, anstatt sie zu ihrem eigenen Besten zuzulassen, wie es einer natürlichen Gerechtigkeit entspringt, wonach die Materie der Gestalt, der Körper der Seele, die Begierde der Vernunft, die rohen Tiere dem Menschen, das heißt also das Unvollkommene dem Vollkommenen, das Schlechtere dem Besseren unterworfen sein müssen. ... Als* ***zweiten Grund*** *hast du angeführt die Ausrottung des entsetzlichen Verbrechens, Menschenfleisch zu verzehren, was ganz besonders der Natur zuwider ist, und weiter die Vermeidung, dass anstelle Gottes Dämonen angebetet werden, was insbesondere den göttlichen Zorn hervorruft, vor allem in Verbindung mit jenem ungeheuerlichen Ritus, Menschen als Opfer darzubringen.* ***(Drittens)*** *nahmst du auf etwas Bezug, was nach meiner Meinung sehr viel Überzeugungskraft und Gewicht hat, um die Gerechtigkeit dieses Krieges zu behaupten, nämlich die vielen unschuldigen Sterblichen, die die Barbaren alle Jahre opferten, vor ihrem schmählichen Schicksal zu bewahren, und du hast bewiesen, dass alle Menschen durch göttliches Gesetz verpflichtet sind, wenn es ihnen möglich ist, jede Person vor derartigen Untaten zu schützen. An* ***vierter Stelle*** *hast du auf den Umstand hingewiesen, dass die christliche Religion bestimmt ist, sich überallhin, wo sich Gelegenheit bietet, mittels Predigt des Evangeliums zu verbreiten, nachdem der Weg den Predigern und Lehrern der Moral und Religion eröffnet worden ist, und dass diese Missionare in einer Weise geschützt werden, um mit Sicherheit ihrer Person die Heilslehren verkünden zu können. Zugleich müssen die Barbaren von jeder Furcht vor ihren Fürsten und Priestern befreit werden, damit sie, einmal bekehrt, frei und unbestraft die christliche Religion annehmen können. Kurzum, immer wenn es möglich ist, sollen alle Hindernisse sowie der Götzendienst beseitigt werden ... Aber indem du die Gerechtigkeit einer solchen christlichen Oberherrschaft behauptet hast, verurteilst du entschieden jede Vermessenheit, Grausamkeit und Habgier bei der Eroberung und Herrschaftsausübung und fügtest hinzu, dass die Schuld solcher Verbrechen, die die Soldaten oder Anführer begangen haben, auf die Fürsten zurückfällt, die durch Gottes Richterspruch verurteilt werden sollen ...*

M4 Kaiser Karl V. im Harnisch, gemalt von Tiziano Vecellio (genannt Tizian), Mitte 16. Jahrhundert.

M5 Juan Ginés de Sepúlveda (1490–1573)

ARBEITSAUFTRÄGE

- › **1.** Beschreibe die Erwartungen des Papstes an den spanischen König in Q1.
- ›› **2.** Vergleiche die Vorstellung der Königin Isabella in Q2 mit der von Las Casas in Q3 beschriebenen Realität.
- ›› **3.** Arbeite die vier Argumente heraus, mit denen Juan Ginés de Sepúlveda in Q5 die spanischen Eroberungen in der Neuen Welt rechtfertigt.
- ››› **4.** Bewerte den Machtanspruch des Papstes, der aus Q1 hervorgeht.
- ››› **5.** Überprüfe, inwiefern die Missionierung als Rechtfertigung für den gewalttätigen Umgang mit den Ureinwohnern herangezogen wird.

zu 2.
Im ersten Argument behauptet Juan Ginés de Sepúlveda, dass die Indianer ....

Kolumbus und die Folgen

Heute gehören viele Dinge zu unserem Alltag, die vor der Wiederentdeckung Amerikas in Europa unbekannt waren. Dazu zählen Cola, Kakao, Mais, Kartoffel, Paprika, Vanille, Erdnüsse, Kaffee, Puten, aber auch Poncho, Lama, Tipi, Mokassin, Kanu und Kajak. Aus der Alten Welt wurden umgekehrt Dinge nach Amerika eingeführt: Pferde, Rinder, Schweine, Schafe, Ziegen, Hühner, Enten, Weizen, Birnen, Kirschen, Zuckerrohr und Baumwolle. Beide Aufzählungen sind nicht vollständig.

Als Folge des Handels mit der Neuen Welt verlagerten sich die Handelszentren von den italienischen Städten zu den am Atlantik gelegenen Häfen der Westeuropäer, die zu neuen Kolonialmächten aufstiegen.

M1 Plakat von Gegnern der 500-Jahr-Feier:
1492 – Die Ureinwohner mussten entdecken, dass sie Indios sind, dass sie in Amerika leben, dass sie nackt waren, dass es die Sünde gibt, dass sie Gehorsam schulden, einem König und einer Königin in einer anderen Welt, und einem Gott unter einem anderen Himmel, und dass dieser Gott die Schuld und die Kleider erschaffen hat, und das Recht hat, diejenigen bei lebendigem Leibe zu verbrennen, die die Sonne und den Mond und die Erde und den Regen anbeten.

Nicht für alle ein Grund zu feiern

Im Jahr 1992 fanden in Spanien und in den Ländern Mittel- und Südamerikas große Feiern statt, die an die Entdeckung durch Christoph Kolumbus erinnern sollten. Viele Ureinwohner empfanden die Verherrlichung des Entdeckers völlig unangemessen. Sie protestierten dagegen.

Der kritische Blick auf die Entdeckung der Neuen Welt provoziert selbst heute noch. Zwischen Deutschland und Spanien kam es zu diplomatischen Spannungen, weil deutsche Autoren vom Völkermord der spanischen Eroberer an den Bewohnern der Neuen Welt schrieben.

Q1 Das Wochenmagazin Stern titelte über Kolumbus im Mai 2006 zum 500. Todestag:

Nach einem Leben voller Irrtümer: Er wollte nach Indien – und entdeckte Amerika. Er wähnte sich unter Wilden – und zerstörte eine Hochkultur. (…) Die Geschichte eines Mannes, der Europa in die Neuzeit stieß.

Q2 Der Historiker Wolfgang Reinhard urteilt in seiner „Kleinen Geschichte des Kolonialismus" (1996):

Seit … 1552 ist es üblich, die Entdeckung Amerikas und des Seewegs nach Indien für das wichtigste Ereignis der Menschheitsgeschichte zu erklären. … Die europäische Expansion kann in der Tat den Anspruch erheben, die vielen Welten der Menschen letztendlich zu der einen Welt gemacht zu haben, in der wir heute leben. …

M2 Das Logo von Kritikern der 500-Jahr-Feier der Entdeckung. Nicht alle freuen sich auf die Feier zur Entdeckung Amerikas.

Eine kleine Statistik

Als Kolumbus auf der Insel Hispaniola landete, lebten dort etwa eine Million Menschen. Nur 28 000 Ureinwohner wurden 20 Jahre nach der Entdeckung noch gezählt. Von den 25 Millionen Einwohnern Mexikos lebten 50 Jahre nach dem Einfall der Europäer noch drei Millionen. In ganz Süd- und Mittelamerika starben zwischen den Jahren 1500 und 1600 etwa 70 Millionen Menschen durch eingeschleppte Krankheiten, Massaker und Zwangsarbeit. In der Alten Welt wurde dieses Jahrhundert das goldene Zeitalter genannt. Damit legten die Eroberer den Grundstein für den Aufstieg Europas.

M3 Auch heute noch werden die Ureinwohner Amerikas unterdrückt und müssen für ihre Rechte kämpfen. Demonstration gegen ein Staudammprojekt in Rio de Janeiro, Brasilen, im Jahr 2012 .

Die heutige Situation der Ureinwohner

Inzwischen liegt die Entdeckung der Neuen Welt durch Christoph Kolumbus über 500 Jahre zurück. Schon seit vielen Jahren haben sich die spanischen und portugiesischen Kolonien zu selbständigen Staaten entwickelt und ihre Unabhängigkeit vom ehemaligen Mutterland erlangt. Sklaverei und Zwangsarbeit gibt es nicht mehr und die aus Europa eingeschleppten Krankheiten wie Pocken, Typhus, Masern und Grippe können heute medizinisch gut behandelt werden. Vieles hat sich somit seit dem Zeitalter der Konquistadoren zum Guten entwickelt.

Aber die koloniale Vergangenheit hat diese Länder geprägt. Eine reiche Oberschicht, häufig Nachkommen der europäischen Eroberer, herrscht über die Masse der ehemaligen Ureinwohner und die Nachkommen der eingeschleppten afrikanischen Sklaven, die meist in ärmlichen Verhältnissen leben. Der Unterschied zwischen Arm und Reich ist sehr groß.

gesellschaft für bedrohte völker

M4 Logo der Gesellschaft für bedrohte Völker. Diese Organisation setzt sich für die Rechte der Ureinwohner in Mittel- und Südamerika ein.

ARBEITSAUFTRÄGE

› **1.** Nenne Dinge, die aus der Neuen Welt nach Europa und umgekehrt von der Alten Welt nach Amerika kamen.

› **2.** Beschreibe Folgen des Handels mit der Neuen Welt für die Alte Welt.

›› **3.** Arbeite Vorwürfe heraus, die den spanischen Konquistadoren von den Ureinwohnern gemacht werden könnten.

››› **4.** Bewerte die Folgen der Entdeckung für die Neue und die Alte Welt.

››› **5.** Gestalte ein Plakat zur heutigen Lebenssituation der Ureinwohner in einem Land Mittel- und Südamerikas.

zu 1.

Alte Welt	Neue Welt
Kartoffel	Pferde

M1 Gelage am päpstlichen Hof, Szene aus der Fernsehserie „Die Borgias" (2012)

Missstände in der Kirche

In der Alten Welt sammelten die Vertreter der Kirche über Jahrhunderte Reichtümer an. Noch heute zeugen prächtige Klöster und Kirchen davon. Mönche und Nonnen lebten im Vergleich zum einfachen Volk hinter sicheren Mauern. Die hörigen Bauern sorgten mit ihren Abgaben und Steuern für den nötigen Unterhalt. Bischöfe führten zum Teil ein Leben wie Fürsten und hielten Hof. Besonders die Päpste während der Renaissance lebten ausschweifend wie Könige.

Q1 Über die Hofhaltung von Papst Leo X. (1521–1523) wird berichtet:

(Leos) Hofstaat mit 638 Menschen, vom Erzbischof bis zum Elefantenwärter, vom Musiker bis zum Dichterling und zu den Hofnarren, erforderte Unsummen. Oft war Leo wochenlang auf Jagden, an denen bis zu 2000 Reiter teilnahmen, darunter Kardinäle, Spaßmacher und Hofschauspieler.

Q2 In einem Bericht um 1500 heißt es über die Priester:

… Sie sagen, dass die Priester so unpriesterlich und unordentlich lebten, dass es wider den christlichen Glauben wäre, sie länger zu ertragen. Die Priester, so heißt es, liegen Tag und Nacht in den öffentlichen Wirtshäusern, trinken mit den Laien und lassen sich volllaufen. Sie machen dann Lärm, schlagen sich und raufen miteinander. Oftmals gehen sie nach solchem Trinken und Lärmen, ohne zu schlafen oder ins Bett zu gehen, zum Altar, um die Messe zu lesen …

Demonstration der Macht

Die Päpste wollten ihre Macht und ihren Reichtum auch mit Bauwerken zeigen. Der Grundstein für die Kirche Sankt Peter wurde 1506 in Rom gelegt. Sie sollte größer und prächtiger als alle anderen Gebäude erstrahlen. Das dafür nötige Geld mussten die Gläubigen aufbringen, vor allem Menschen aus Deutschland.

Geschäfte mit der Angst

Viele Menschen hatten Furcht, da Krankheiten, Pest, Seuchen, Hungersnöte und Kriege das Leben bedrohten. Prediger stellten auf Märkten dem Volk Holzschnitte zur Schau, auf denen der Tod zum Tanz bittet und Menschen ins Jenseits holt. Sie erzählten den Umstehenden, dass kein Mensch ohne Sünde sei, deshalb würde das Fegefeuer oder gar die ewige Verdammnis in der Hölle folgen, da Gott streng und strafend sei. Rettung gebe es nur durch den Kauf eines Ablassbriefes, ausgestellt vom Papst. Für schwere Missetaten galt es mehr zu bezahlen, um sich rein zu waschen. Das galt auch rückwirkend für Verstorbene, die so dem Fegefeuer und den Höllenqualen entrissen werden konnten.

Der Orden der Dominikaner erhielt vom Papst das alleinige Recht, Ablassbriefe in Deutschland zu verkaufen. Ungefähr die Hälfte der Einnahmen bekam der Papst, den Rest konnte der Erzbischof von Mainz für sich verwenden, um seine hohen Schulden zu bezahlen und einen weltlichen Lebensstil zu finanzieren. Besonders geschäftstüchtig und erfolgreich war der Mönch Johann Tetzel von den Dominikanern.

M3 Der Tod und der Kaufmann (Holzschnitt, 15. Jahrhundert)

M2 Spottbild gegen Johann Tetzel (Holzschnitt von 1546)

Der Text auf dem Holzschnitt M2 lautet: „Oh, ihr Deutschen merket mich recht / Des heiligen Vaters Papstes Knecht / Bin ich und bring euch itzt allein / Zehn tausentundneunhundert carein* / Gnad und Ablass von einer Sünd / Vor euch / eure Eltern / Weib und Kind / Soll ein jeder gewehret sein / so viel ihr legt ins Kästlein / Sobald der Gulden im Becken klingt / Im huy die Seel´im Himel springt."
*Verkürzung oder Erlass der Buße

ARBEITSAUFTRÄGE

- › **1.** Beschreibe den ausschwelfenden Lebenswandel der Päpste.
- ›› **2.** Charakterisiere das Verhalten von einigen Priestern.
- ›› **3.** Arbeite die Aussage des Spottbildes M2 heraus.
- ›› **4.** Erläutere die Beweggründe, die Menschen veranlassten, Ablassbriefe zu kaufen.
- ››› **5.** Gestalte ein Flugblatt, das die Missstände in der damaligen Kirche thematisiert.

→ **zu 1.**
Nutze dazu Q1 und M1.

→ **zu 2.**
Beachte dabei auch Q2.

→ **zu 3.**
Das Spottbild macht den Mönch Johann Tezel lächerlich, weil er auf einem … damit sollen auch seine Behauptungen …

Martin Luther – ein aufrechter Christ

Die herausragende Gestalt der Reformation war Martin Luther, der 1483 in Eisleben geboren wurde. Er hatte acht Geschwister, sein Vater besaß eine kleine Kupfermine und sorgte für ein frommes Leben der Familie. Mit fünf Jahren besuchte Luther die Lateinschule und begann 1505 auf Wunsch des Vaters ein Jurastudium. Nachdem er bei einem schweren Gewitter in Todesangst schwor Priester zu werden, trat er in das Augustinerkloster der Stadt Erfurt ein und studierte Theologie. Die Priesterweihe erhielt Luther 1507. Ab 1508 lehrte er Philosophie an der neu gegründeten Universität in Wittenberg und erlangte 1512 den Doktortitel für Theologie. Neben der Professur übernahm er das Amt des Pfarrers in der Stadtkirche.

M1 Martin Luther als Mönch, Universitätslehrer und Junker Jörg (Altarbild von Veit Thim von 1572)

Keine Vergebung ohne Reue

In Wittenberg geriet Martin Luther immer häufiger in Konflikte mit Gläubigen. Bei der Beichte sollten die Christen eigentlich dem Pfarrer ihre Sünden gestehen und Besserung geloben. Stattdessen legten sie Luther Ablassbriefe vor und zeigten keine Reue. Reue bedeutet, dass ein Mensch seine Sünden aufrichtig bedauert und den Entschluss fasst, in Zukunft ein besseres Leben zu führen. Die Käufer von Ablassbriefen aber glaubten, ihre Sünden seien vergeben und Reue sei nicht mehr nötig. Immer weniger gingen zur Beichte.

Auf der Suche nach dem richtigen Glauben

Nach umfangreichem Studium der Bibel war Luther überzeugt, dass der sündige Mensch nur durch seinen Glauben und Reue die Vergebung Gottes erhalten kann. Er beschwerte sich beim Erzbischof von Mainz über den Ablasshandel.

Q1 Aus einem Brief Luthers im Oktober 1517 an den Erzbischof von Mainz:

Es wird im Land umhergeführt der päpstliche Ablass unter euer Gnaden Namen zum Bau von Sankt Peter …Ich beklage die falsche Auffassung, die das arme, einfältige, grobe Volk daraus entnimmt … Denn die unglücklichen Seelen glauben infolgedessen, wenn sie nur Ablassbriefe lösen, seien sie ihrer Seligkeit sicher.

95 Thesen gegen den Ablasshandel

Da die Dominikanermönche weiterhin Ablassbriefe verkauften, verfasste Luther eine Streitschrift in lateinischer Sprache, die er als Grundlage für ein wissenschaftliches Streitgespräch an andere Gelehrte verschickte. Der Legende nach hat Luther diese 95 Thesen am 31. Oktober 1517 an der Kirchentüre in Wittenberg plakatiert. Seine Streitschrift wurde in die deutsche Sprache übersetzt und auf Flugblättern weit verbreitet. Nun waren die Gedanken nicht mehr aufzuhalten.

M2 Der Thesenanschlag im Spielfilm „Luther" (2003)

Q2 Aus Luthers 95 Thesen:

21. Deshalb irren jene Ablassprediger, die sagen, dass durch die Ablässe des Papstes der Mensch von jeder Strafe frei und los werde.
27. Menschenlehre predigen die, die sagen, dass sobald der Groschen im Kasten klingt, die Seele aus dem Fegefeuer auffahre.
36. Jeder Christ, der wirklich bereut, hat Anspruch auf völligen Erlass von Strafe und Schuld, auch ohne Ablassbrief.
37. Jeder wahrhaftige Christ, er sei lebendig oder tot, ist durch Gottes Geschenk aller Güter ‚Christi und der Kirche teilhaftig, auch ohne Ablassbriefe.
43. Man soll die Christen lehren: Dem Armen zu geben oder dem Bedürftigen zu leihen ist besser als Ablass zu kaufen.
50. Man soll die Christen lehren: Wenn der Papst die Erpressungsmethoden der Ablassprediger wüsste, sähe er lieber die Peterskirche in Asche sinken, als dass sie mit Haut, Fleisch und Knochen seiner Schafe erbaut würde.

ARBEITSAUFTRÄGE

› **1.** Fasse die wichtigsten Lebensdaten Martin Luthers zusammen.
› **2.** Beschreibe die Entwicklung Luthers anhand der Bilder in M1.
›› **3.** Erkläre die Tatsache, dass weniger Menschen zur Beichte kamen.
›› **4.** Analysiere Q1 hinsichtlich Luthers Kritik am Ablasshandel.
›› **5.** Erläutere die nach Luther mit dem Ablasshandel verbundenen falschen Glaubensaussagen.
›› **6.** Arbeite die Hauptaussage aus Luthers 95 Thesen heraus (Q2).
››› **7.** Beurteile die 43. These.

zu 1.
Bis zum Jahr des Thesenanschlags.

zu 2.
Beginne mit dem linken Bild, dann mit dem rechten und danach mit dem mittleren Bild.

M3 Luther verbrennt die Bannandrohung des Papstes und Kirchengesetze (zeitgenössischer Holzschnitt).

M1 Luther vor dem Reichstag in Worms (Buchtitel von 1521)

M2 Auf dem Konzil zu Konstanz wurde 1415 Jan Hus als Ketzer verbrannt, obwohl ihm freies Geleit zugesichert wurde. Hus forderte eine Reform der Kirche (Buchmalerei, 16. Jahrhundert).

Ein neuer Glaube

Mit seinen 95 Thesen wollte Luther eine Auseinandersetzung über den Missstand des Ablasshandels in Gang setzen und keine neue Glaubenslehre entwickeln.

Die große Wirkung seiner Kritik kam auch dem Papst zu Ohren. In einem Brief forderte er Luther auf, seine Kritik zurückzunehmen.

Bruch mit der Kirche

Luther blieb fest bei seiner Meinung und schrieb 1520 in drei Schriften die Grundsätze seiner Kritik an der Kirche in deutscher Sprache nieder. Darin rief er die Adligen als Beschützer auf, die Kirche zu reformieren und vom Papst in Rom zu lösen. Flugblätter machten Luthers Aussagen schnell im ganzen Reich bekannt.

Der Papst drohte nun Luther den Kirchenbann an, wenn er nicht öffentlich seine Schriften verbrennen und widerrufen würde. Doch dazu war Luther nicht bereit, im Gegenteil, er verbrannte vor den Stadttoren das päpstliche Schreiben und kirchliche Gesetzesbücher. Diese Tat besiegelte unwiderruflich Luthers Bruch mit dem römischen Papst. Im Januar 1521 erteilte der Papst den Kirchenbann. Damit wurde Luther aus der christlichen Gesellschaft ausgestoßen.

Luther vor dem Kaiser

Der Kaiser war nun verpflichtet, die Reichsacht über den Ketzer zu verhängen. Doch dieses Verfahren zog sich hin, bis der nächste Reichstag im April in Worms stattfand. Luther reiste unter kaiserlichem Geleitschutz und mit viel Zuspruch aus der Bevölkerung nach Worms. Dort sollte er sich vor dem Kaiser und allen Reichsständen verantworten. Er hatte die Wahl, entweder zu widerrufen oder aus der christlichen Gesellschaft ausgeschlossen zu werden und den Tod zu finden, wie 100 Jahre zuvor Jan Hus auf dem Konzil zu Konstanz.

Q1 Aus Luthers Antwort an den Kaiser auf den Reichtag von Worms 1521:

Weil denn Eure allergnädigste Majestät und fürstliche Gnaden eine einfache Antwort verlangen, will ich sie ohne Spitzfindigkeit und unverfänglich erteilen, nämlich so: Wenn ich nicht mit Zeugnissen der Schrift oder mit offenbaren Vernunftsgründen besiegt werde, so bleibe ich von den Schriftstellern besiegt, die ich angeführt habe, und mein Gewissen bleibt gefangen in Gottes Wort, denn ich glaube weder dem Papst noch den Konzilien allein, weil es offenkundig ist, dass sie öfters geirrt und sich selbst widersprochen haben. Widerrufen kann und will ich nicht, weil es weder sicher noch geraten ist, etwas gegen sein Gewissen zu tun. Gott helfe mir, Amen.

M4 Die Wartburg bei Eisenach (Foto, 2012)

Auf der Wartburg als Junker Jörg

Kaiser Karl V. verhängte die Reichsacht, stand aber zu seinem Wort und gewährte Luther freies Geleit für die Heimreise. Die Kutsche, mit der Luther fuhr, überfielen Raubritter und er wurde entführt. Diese Nachricht verbreitete sich schnell. Der Überfall war eine List von Luthers Landesherrn, Friedrich dem Weisen. Er ließ Luther mehrere Monate auf der Wartburg bei Eisenach verstecken.

In dieser Zeit übersetzte Luther die Bibel ins Deutsche. Besonders wichtig war es ihm, dass die Heilige Schrift der Christen jeder verstehen konnte. Er verglich die griechischen und hebräischen Texte mit der lateinischen Übersetzung und drückte sich so aus, wie das Volk redete. Luthers Text wurde in den meisten Teilen Deutschlands verstanden. Mit der Bibel lernten viele Menschen lesen und schreiben. Luther schuf damit die Grundlage für unsere deutsche Schriftsprache, wie wir sie noch heute verwenden.

Webcode:
Weitere Informationen zum Leben Martin Luthers
WES-110780-205

Das Erst Buch Mose. I.

I.

Jm anfang schuff Gott himel vnd erden/Vnd die erde war wüst vnd leer/vnd es war finster auff der tieffe/vnd der Geist Gottes schwebet auff dem wasser.

Vnd Gott sprach/Es werde liecht/Vnd es ward liecht/vnd Gott sahe das liecht fur gut an/Da scheidet Gott das liecht vom finsternis/ vnd nennet das liecht/Tag/vnd die finsternis/Nacht/Da ward aus abend vnd morgen der erste tag.

Vnd Gott sprach/Es werde eine feste zwisschen den wassern/vnd

M5 Erste Seite von Luthers deutscher Übersetzung des Alten Testaments. Bis zu Luthers Tod wurden etwa 600 000 Bibeln gedruckt.

ARBEITSAUFTRÄGE

› **1.** Beschreibe stichwortartig den Ablauf der Ereignisse von der Banndrohung des Papstes bis zur Bibelübersetzung.

› **2.** Fasse die Aussage Luthers vor dem Kaiser in einem Satz zusammen.

›› **3.** Erläutere das Risiko, das Luther beim Besuch des Reichstags auf sich nahm.

›› **4.** Erkläre die Bedeutung der Bibelübersetzung für die deutsche Sprache.

››› **5.** Beurteile die Haltung Luthers vor dem Reichstag in Worms.

zu 4.
Bedenke, dass in allen deutschsprachigen Gebieten die Heilige Schrift verstanden werden sollte.

Spottbilder analysieren

Symbol	Bedeutung
Papstkrone	Papst
Schultertuch/ Hut	Kardinal
Bischofsmütze	Bischof
Tonsur/Kutte	Mönch
Schleier	Nonne
Krone	König
Pelzkragen	Hoher Adel
Waffen/ Rüstung	Ritter
Werkzeug	Handwerker
einfache Kleidung	Bauern
dunkles Gewand	Gelehrter
Feuer	Hölle
Esel	Dummheit
Drache/Teufel	Böses/Gefahr
Wolken/ Unwetter	Gefahr
Anker	Göttliche Hilfe
Fuß mit Huf	Teufel
Baum	Lebenskraft
Segel	Antrieb
Schiff	Gemeinschaft
weiße Taube	Heiliger Geist
schwarzer Vogel	Tier des Teufels
Hirtenstab	Bischof/Papst
Kreuz	Kirche

M1 Symbole und ihre Bedeutung

Um möglichst viele Menschen zu erreichen, wurden Ideen und Gedanken in Bildern unter das Volk gebracht. Verkäufer lasen die Beschriftungen auf Märkten öffentlich vor. Spottbilder waren ein beliebtes Mittel, politische Gegner anzugreifen.

Mit der Erfindung des Buchdrucks konnten Schriften schnell und günstig verbreitet werden. Die Nachfrage nach reformatorischem Gedankengut war groß. Die Anhänger und Gegner Luthers lieferten sich einen Schlagabtausch mit Flugblättern.

Spottbilder aus dieser Zeit beinhalten eine Vielzahl von Symbolen. Diese bildhaften Darstellungen müssen heute entschlüsselt werden. Oft lassen sich Gemeinsamkeiten beim Aufbau der Spottbilder erkennen. Die Anhänger der Papstkirche und die Anhänger Luthers stellten sich selbst als gut und die Gegner als böse dar. Der Zeichner bezieht dabei eindeutig Stellung, was sich an symbolischen Darstellungen oder an Mimik und Gestik ableiten lässt. Die Personen der verspotteten Seite werden als Teufelswesen oder als Tiere dargestellt, die Charaktereigenschaften tragen. In Spottbildern, die gegen die katholische Kirche gerichtet sind, wird der Papst als Antichrist, als Gegner des Christentums, dargestellt.

Schritte zur Analyse von Spottbildern:

1. ***Beschreibung:***
   - ➔ *Welche Informationen sind in der Bildunterschrift enthalten?*
   - ➔ *Welche Personen, Tiere und Gegenstände sind dargestellt?*
   - ➔ *Was machen die Personen/Tiere?*
2. ***Analyse:***
   - ➔ *Wie ist das Spottbild aufgebaut? Welche Bildelemente befinden sich im Vordergrund, welche im Hintergrund?*
   - ➔ *Wie sind die Personen dargestellt?*
   - ➔ *Welche Bedeutung haben auffällige Gegenstände, die abgebildet sind?*
   - ➔ *Welche Beschriftungen oder Begleittexte sind zum Spottbild enthalten?*
   - ➔ *Wann wurde das Bild gezeichnet?*
   - ➔ *Auf welches Ereignis bezieht sich das Spottbild?*
3. ***Interpretation:***
   - ➔ *Was wird verspottet?*
   - ➔ *Was ist die Kernaussage des Spottbildes?*
   - ➔ *Wer soll durch das Spottbild angesprochen werden?*

M2 „Das Schiff der Kirche geht unter“, Holzschnitt, Nürnberg 1508

M3 „Luthers und Luzifers einträchtige Vereinigung“, Leipzig 1535. Luzifer ist ein anderer Name für den Teufel.

Stichwortartige Musterlösung zur Analyse des Spottbildes M2:

Schritt 1:
- Das Schiff der Kirche geht unter, Holzschnitt aus Nürnberg um 1508.
- Vertreter der Kirche und weltliche Herrscher.
- Vertreter der Kirche jammern, weltliche Herrscher schauen unbeteiligt zu.

Schritt 2:
- Im Vordergrund sinkt ein Schiff, in dem die Vertreter der Kirche, Papst, Kardinal, Bischof und Mönch jammernd die Hände heben.
- Im Hintergrund schauen die weltlichen Herrscher zu.
- Personen sind an ihrer Kleidung zu erkennen.
- Auf dem Segel ist Christus am Kreuz abgebildet, das Symbol der Kirche.
- Das Bild wurde 1508 vor der Reformation gezeichnet.
- Kritisiert werden die Missstände der Kirche, die das Schiff zum Sinken bringen.

Schritt 3:
- Der Zeichner greift die Vertreter der Kirche und die weltlichen Herrscher an.
- Die Missstände der Kirche führen zum Untergang und weltliche Herrscher schauen tatenlos zu.
- Alle Gläubigen.

ARBEITSAUFTRÄGE

- 〉 **1.** Beschreibe einer Mitschülerin oder einem Mitschüler M2 unter Verwendung der Musterlösung.
- 〉〉 **2.** Erkläre einer anderen Person die in M2 abgebildeten Symbole.
- 〉〉 **3.** Analysiere das Flugblatt in M3 mithilfe der Schritte zur Analyse von Spottbildern.
- 〉〉〉 **4.** Bewerte die Bedeutung von Spottbildern in der Zeit der Reformation.

M1 Von der Freiheit eines Christenmenschen – Titelblatt einer Schrift Marin Luthers (Wittenberg, 1520)

Aufstand der Bauern

Die Bauern setzten große Hoffnungen auf Luther. Den Titel seiner Schrift verstanden sie wörtlich und nicht sinnbildlich auf den Glauben bezogen. Sie erwarteten, dass Luther fest hinter ihren Forderungen stehen würde.

Ende des Jahres 1524 trafen sich Bauern in Baltringen, einem Dorf südlich von Ulm. Sie waren mit ihrer Lebenssituation unzufrieden und strebten nach mehr Freiheiten. In den folgenden Wochen kamen immer mehr Bauern aus weiter entfernten Dörfern dazu. Schließlich rotteten sich etwa 2000 Bauern zusammen. Dieses Treiben blieb den Herrschenden nicht verborgen. Im Februar kam es zu einem ersten Gespräch mit Abgesandten der Landesherren.

Die Forderungen der Bauern

Mitte Februar standen den Vertretern der Landesherren weit mehr als 10 000 aufständische Bauern gegenüber. Sie übergaben der Obrigkeit über 300 Beschwerdeschriften.

Anfang März verbündeten sich die Bauernhaufen aus Baltringen, dem Allgäu, Bodensee und Leipheim in Memmingen. Sie nannten sich nun Christliche Vereinigung. Ihre Forderungen hielten sie in den Zwölf Artikeln fest, die auf Flugblättern rasch verbreitet wurden.

Q1 Bericht des Johannes Keßler aus dem Jahr 1525, Schreiber der Herren aus Ulm:

Während sich nun die genannten Baltringer Bauern zusammen zu rotten begannen, schickten die … zu Ulm … den Bürgermeister und andere der Vornehmsten der Stadt, hinaus zu den versammelten Bauern, um Erkundigungen … einzuziehen. Da hat der Bürgermeister … den Bauern … gesagt: „Mit euch Bauern ist´s wie mit den Fröschen im Frühling. Dann kommen sie zusammen, schreien und quaken: Quak! Quak! Dann kommt der Storch und verschlingt sie. Gleicherweise schreit ihr: Wau! Wau! Dann kommen die Herren und schlagen euch tot.“ Darauf antwortete der Sprecher der Bauern, Ulrich Schmid: „Die hier versammelten Leute planen weder Gewalttätigkeit noch Aufruhr. Ihr Anliegen ist nur dieses: Sie sind übermäßig von euch, ihren Herren, … beschwert...“

Q2 Die Zwölf Artikel der Bauern von 1525:

1. *Jede Gemeinde soll ihren Pfarrer wählen und … absetzen können.*
2. *Den Kornzehnten geben wir, da er im Alten Testament begründet ist. Weitere Abgaben dagegen nicht mehr…*
3. *Man hat uns als Leibeigene gehalten … da Christus alle Menschen mit seinem Blut erlöst hat … sind wir frei.*
4. *Niemand außer den Herren darf wilde Tiere fangen. Das ist falsch…*
5. *… die Wälder sollen wieder wie früher der Gemeinde gehören …*
6. *Die Frondienste sind … erhöht worden. Wir bitten, sie wieder auf das alte Maß zu beschränken.*
7. *Wir wollen den Herren nur das geben, wozu wir verpflichtet sind …*
8. *Die Pacht für Land soll … gerecht festgelegt werden.*
9. *… wünschen wir, dass man nach altem Recht straft...*
10. *… Äcker und Wiesen, die der Gemeinde gehören ... sollen zurückgegeben werden.*
11. *Die Abgaben bei einem Todesfall sollen abgeschafft werden.*
12. *Sollte eine Forderung dem Wort Gottes nicht gemäß sein, dann werden wir sie fallenlassen...*

Q3 Aus der Schrift Luthers zu den Zwölf Artikeln der Bauern (Mai 1525):

… Die Zwölf Artikel handeln alle von weltlichen … Dingen. Ihr sagt, dass ihr nicht länger Unrecht leiden wollt. Das Evangelium handelt nicht von diesen weltlichen Dingen. Ihr Bauern habt gegen euch die Heilige Schrift und die Erfahrung, dass ein Aufruhr noch nie ein gutes Ende genommen hat. Denkt an das Wort der Bibel: Wer das Schwert nimmt, soll durch das Schwert umkommen …

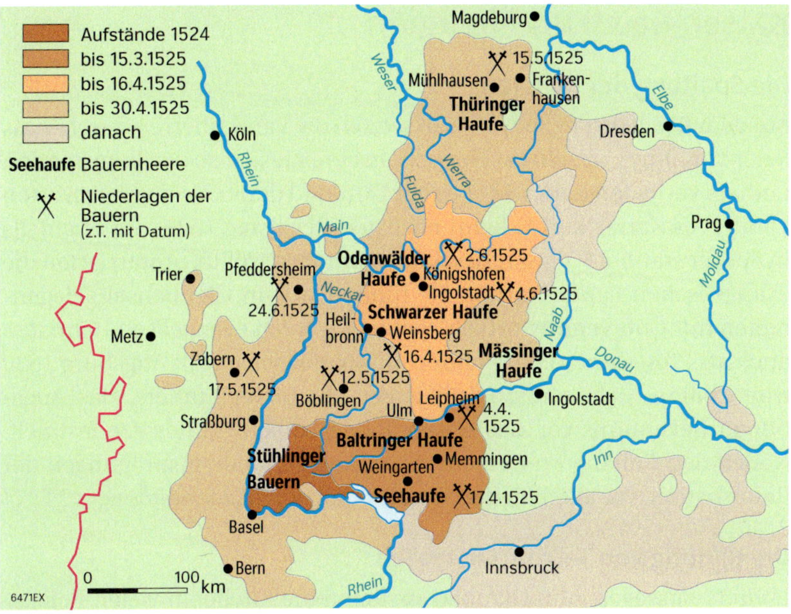

M2 Die vom Bauernkrieg betroffenen Gebiete

M3 Georg Truchsess von Waldburg, Holzschnitt von 1526

Reaktion der Obrigkeit

Unter den Bauern setzen sich einige Hitzköpfe durch. Die ersten Klöster und Burgen wurden geplündert und angezündet. Es kam zu Kämpfen in Oberschwaben. Einige Städte verbündeten sich mit den Bauern, wie Leipheim, wo sich über 5000 Bauern versammelten und Adelssitze in der Umgebung plünderten.

Ende März traf Georg Truchsess von Waldburg mit Truppen in Ulm ein. Er griff die Bauern an und schlug sie vernichtend. Tausende starben auf dem Schlachtfeld oder bei der Flucht. Die Anführer wurden hingerichtet und die Stadt Leipheim musste eine Strafsumme zahlen.

Scheitern des Bauernkrieges

In mehreren Landschaften im Reich rotteten sich Bauernhaufen zusammen. Sie stellten ähnliche Forderungen, plünderten und brandschatzten Herrensitze und Klöster. Die Fürsten und Grundherren schienen anfangs nachgiebig, schlugen dann aber in verschiedenen Schlachten die Bauernhaufen. Etwa 100 000 Menschen kamen im Bauernkrieg um, die Überlebenden wurden oft grausam bestraft.

Die Herren reagierten unterschiedlich. In einigen Gebieten kamen sie teilweise den Forderungen der Bauern entgegen, in anderen weniger. Die Leibeigenschaft blieb allgemein bestehen. Politisch spielten die Bauern in den folgenden 300 Jahren keine Rolle mehr.

ARBEITSAUFTRÄGE

- ›› **1.** Arbeite heraus, warum die Bauern auf Luther hofften.
- ›› **2.** Charakterisiere die Haltung der Obrigkeit im Umgang mit den Bauern.
- › **3.** Nenne stichwortartig Forderungen der Bauern aus den Zwölf Artikeln.
- ›› **4.** Begründe Luthers Haltung gegenüber den Forderungen der Bauern.
- ›› **5.** Analysiere die Darstellung des Georg Truchsess von Waldburg in M3.
- ››› **6.** Beurteile die Folgen des Bauernkrieges.
- ››› **7.** Erörtere, ob der Bauernkrieg auf einen Umsturz der Verhältnisse zielte.

→ zu 1.
Betrachte M1.

→ zu 2.
Benutze dazu auch Q1.

Kaiser, Reich und Religion

M 1 Kaiser Karl V. im Alter von 48 Jahren, Gemälde von Tizian, 1548

Die Spaltung der Religion

Auf dem Reichstag in Speyer 1526 setzten die Landesherren durch, dass jeder von ihnen in seinem Herrschaftsbereich sich so zur Reformation Luthers verhalten darf, wie er es vor Gott und dem Kaiser verantworten könne. Als Kaiser Karl V. beim nächsten Reichstag 1529, der ebenfalls in Speyer stattfand, diesen Beschluss aufheben wollte, protestierten die evangelischen Landesherren. Sie fühlten sich in Glaubensangelegenheiten nur Gott verantwortlich. Seitdem werden evangelische Christen auch als Protestanten bezeichnet. Auf dem Reichstag in Augsburg 1530 trug Philipp Melanchthon, ein enger Mitstreiter Luthers, das Augsburger Bekenntnis vor, das wesentliche Glaubensgrundsätze festhielt. Neben den Anhängern Luthers gab es auch andere Ausprägungen der Reformation, vor allem in der Schweiz und den Niederlanden.

Die Bildung von Territorialstaaten

Luthers Aussagen zum Glauben spalteten die Kirche. In vielen Reichsstädten stimmte die Bevölkerung darüber ab, nach welcher Lehre der Gottesdienst ablaufen sollte. In Ulm entschieden sich neun Zehntel der Bürger für die evangelische Lehre.

Immer mehr Städte und Landesherren bekannten sich zur Reformation. Sie sahen auch Vorteile für sich, denn nach Luthers Vorstellung sollte der weltliche Herrscher auch oberster Kirchenherr sein. Den Landesfürsten fiel damit der Besitz der Kirche zu. Die Klöster und Pfarreien mit ihrem Grundbesitz und ihren Gebäuden und die daraus erzielten Einnahmen gehörten nun ihnen. Das half, ein zusammenhängendes Herrschaftsgebiet zu bilden. Hohe Geistliche unterstanden den Landesherren als Beamte, um die Landeskirche zu verwalten. Sie zahlten die Gehälter, richteten Schulen und Krankenhäuser ein, legten aber auch die Lehrinhalte fest und bestimmten, dass die Gottesdienste nach Luthers Lehre in deutscher Sprache gefeiert werden sollten.

Mit diesem Zuwachs an Vermögen und Einfluss steigerte sich die Macht der Landesherren, die damit selbstständige Territorialstaaten schufen. Selbstbewusst traten nun die mächtigen Fürsten gegenüber dem Kaiser auf.

Q 1 Luther schrieb 1526 an den sächsischen Kurfürsten:

Es ist … die Pflicht … der Obrigkeit, die Jugend in der Furcht Gottes zu erziehen; deshalb muss man Schulen … und Pfarrer haben … Nun ist in Eurem Kurfürstentum die alte, päpstliche Ordnung abgeschafft; Klöster und Stifte sind Euch als dem obersten Herrn zugefallen. Damit habt Ihr aber auch die Pflicht; diese zu ordnen und neu zu verwenden … Deshalb ist es notwendig, dass Ihr alle kirchlichen Einrichtungen im ganzen Land von vier Personen begutachten lasst. Zwei Personen sollen auf die kirchlichen Einkünfte, zwei auf die Geistlichen und deren Lehre achten … Reichen die Mittel jedoch nicht aus, dann soll man die Klostergüter dafür verwenden … Was von den Klostergütern dann noch übrig bleibt, könnt Ihr zum Nutzen des Landes oder für arme Leute verwenden.

Machtprobe zwischen Kaiser und Landesherren

Kaiser Karl V. wollte diesen Machtkampf gewinnen und befahl allen, zum alten Glauben zurückzukehren. Als Reaktion schlossen sich die Protestanten zu einem Bund zusammen, um sich zu schützen. Im Jahr 1547 kam es zu einem kurzen Krieg, aus dem der Kaiser militärisch als Sieger hervorging. Karl V. versuchte daraufhin, die Reformation mit allen Mitteln rückgängig zu machen. In Ulm setzte er den Rat der Stadt ab, ließ vier der sechs Prediger gefangen fortführen und bestrafte die beiden anderen.

Die Besiegten gaben aber nicht nach und suchten Unterstützung im Ausland. Damit ging die Auseinandersetzung weiter. Resigniert übergab Karl V. 1556 seinem Bruder als Nachfolger die Kaiserkrone und zog sich in ein Kloster in Spanien zurück. Dort starb er zwei Jahre später.

Der Augsburger Religionsfrieden

Auf dem Reichstag in Augsburg 1555 ließ sich der Kaiser auf einen Ausgleich mit den Landesherren ein. Das evangelische Bekenntnis wurde als gleichberechtigt anerkannt. Jeder Landesherr durfte seine Religion frei wählen. Seine Untertanen waren aber daran gebunden. Dies besagte die Formel, wessen Gebiet, dessen Religion. Wer das nicht akzeptieren wollte, konnte auswandern.

In einigen Reichsstädten durften Angehörige beider Glaubensrichtungen nebeneinander leben. Relativ entspannt gingen die Bürger in der Reichsstadt Biberach mit diesem Thema um. Die schöne Stadtkirche teilen sich bis heute beide Religionsgemeinschaften, indem sie abwechselnd Gottesdienste und kirchliche Feste feiern.

Der Augsburger Religionsfrieden besiegelte die Glaubensspaltung dauerhaft. Die evangelische und die katholische Konfession setzten sich gleichberechtigt durch. Andere Religionsgemeinschaften hatten es weiterhin schwer, sie wurden benachteiligt und unterdrückt.

Die Entstehung der zwei Glaubensrichtungen und von Herrschaftsgebieten mit einheitlicher religiöser Ausrichtung bezeichnen Historiker als Konfessionalisierung. Die Landesherren versuchten, einen zentral regierten, modernen Staat zu schaffen. Um dieses Ziel zu erreichen, setzten sie auch ihren Einfluss über die Ausübung der Religion ein.

M2 In der Mitte Kurfürst Johann Friedrich von Sachsen, links Martin Luther, rechts mit erhobenem Zeigefinger Philipp Melanchthon (Ausschnitt aus einem Gemälde von Lucas Cranach d. Ä., 1539)

M3 Verteilung der Konfessionen um 1555

ARBEITSAUFTRÄGE

- 〉 **1.** Beschreibe die Entstehung der Bezeichnung Protestanten für evangelische Gläubige.
- 〉 **2.** Nenne Aufgaben, aber auch Vorteile, die der Landesherr als oberster Kirchenherr übernimmt.
- 〉〉 **3.** Begründe die Aufforderung Luthers an die Landesherren, sich um den Glauben in ihrem Gebiet zu kümmern.
- 〉〉 **4.** Analysiere die Karte in M3.
- 〉〉 **5.** Erkläre die Entstehung von Territorialstaaten.
- 〉〉 **6.** Erläutere den historischen Fachbegriff Konfessionalisierung.
- 〉〉〉 **7.** Bewerte den Augsburger Religionsfrieden in seiner Bedeutung für gläubige Untertanen.

zu 3.
Nutze dazu Q1.

zu 4.
Wende dazu die Schritte zur Auswertung von Karten von Seite 84 an.

zu 7.
Beachte dabei die Stellung der Landesherren. Für wen gilt die Freiheit eines Christenmenschen?

M1 Johann von Tilly (1559–1632), zeitgenössisches Gemälde

M2 Albrecht Wenzel Eusebius von Wallenstein (1583–1634)

M3 Gustav Adolf, König von Schweden (1594–1632), Gemälde, 1632

Dreißig Jahre Krieg

Mit Misstrauen betrachteten sich katholische und evangelische Christen. Beide Seiten schlossen sich in Bündnissen zusammen. Der evangelischen Union stand die katholische Liga gegenüber.

Als der Kaiser 1618 die freie Religionswahl in Böhmen einschränken wollte, stürmten verärgerte einheimische Adlige die Burg in Prag. Dort trafen sie auf die Gesandten des Kaisers, die sie nach einem Handgemenge aus dem Fenster warfen.

Ein Fenstersturz mit Folgen

Der Kaiser und die katholischen Landesherren nutzten den Prager Fenstersturz. General Tilly besiegte mit dem Heer der Liga die Streitkräfte der evangelischen Union. Der böhmische Adel wurde hart bestraft. Die Protestanten mussten sich wieder zum katholischen Glauben bekennen. Etwa 150 000 Menschen verließen das Land.

Mit diesem Sieg wollte Kaiser Ferdinand II. seine Macht gegenüber den selbstbewussten evangelischen Landesherren ausbauen. Die Verschiebung der Machtverhältnisse im Reich zugunsten des Kaisers wollten aber die Nachbarländer nicht hinnehmen. Ihre Motive waren unterschiedlich. Sie wollten die evangelischen Glaubensbrüder unterstützen, aber auch ihren Einfluss erweitern und Land gewinnen.

Eingreifen der Nachbarländer

Als der kaiserliche Feldherr Wallenstein mit seinem Heer weiter ins Reich zog, griff der dänische König 1625 mit Truppen auf der Seite der Protestanten ein. Doch die Soldaten der Liga und Wallenstein blieben siegreich. Um eine Niederlage der Protestanten zu verhindern, landete der schwedische König mit einer starken Armee im Sommer 1630 an der deutschen Ostseeküste.

Die Schweden drangen rasch vor und zogen quer durch das Reich. Auch nach dem Tod ihres Königs Gustav Adolfs in einer Schlacht im Jahr 1632 führten sie den Krieg weiter.

Ein endloser Krieg

Beide Seiten erlahmten und 1635 verständigte sich der Kaiser mit der protestantischen Seite. Ein Ende der Kämpfe schien in Sicht. Nun schickte der katholische König von Frankreich Soldaten, nachdem er schon jahrelang die Schweden mit Geld unterstützte. Das Gemetzel endete nicht.

Mit der Zeit bestanden die Truppen der Kriegsgegner überwiegend aus Soldaten, die Lohn erhielten und aus den verschiedensten Ländern Europas kamen. Herkunft und Religion spielte keine Rolle. Diese Söldner kämpften und töteten für jeden, der sie bezahlte. In Wallensteins kaiserlichem Heer waren viele Offiziere Protestanten. Im Jahr 1632 zählte es etwa 100 000 Mann. Dazu kam ein Tross mit Wundärzten, Händlern, Wirten und Prostituierten, um die Soldaten zu versorgen. Mordend und plündernd zogen die Truppen durch die Landstriche. Das Heer musste mit dem ernährt werden, was die Gegend bot. Nach der Eroberung einer Stadt plünderten die Sieger und verwüsteten ganze Landschaften.

M 4 Soldaten plündern ein wohlhabendes Haus (Zeichnung von J. Callot, 1633).

Folgen des Krieges

Etwa ein Drittel der Häuser im Reich wurden zerstört. Über 5 Millionen Menschen kamen im Dreißigjährigen Krieg durch Waffengewalt, Hunger oder Krankheiten um, das entsprach mehr als einem Viertel der Einwohner. Erst nach hundert Jahren wurde dieser Bevölkerungsverlust wieder ausgeglichen.

Q1 Der Dichter Grimmelshausen beschrieb in seinem Roman „Der abenteuerliche Simplicissimus" (1668) , wie er als Kind einen Überfall erlebte:

...die Reiter ... durchstürmten das Haus ... machten von Tuch, Kleidern und allerlei Hausrat große Packen ...Andere schlugen Ofen und Fenster ein ... Unsere Magd ward im Stall dermaßen misshandelt, dass sie kaum noch gehen konnte. Den Knecht legten sie gebunden auf die Erde, steckten ihm ein Querholz in den Mund und schütteten ihm einen Melkkübel voll garstiger Mistjauche in den Leib, - das nannten sie einen schwedischen Trunk. Dadurch zwangen sie ihn, eine Abteilung dahin zu führen, wo die übrigen Bewohner des Hofes sich versteckt hatten. ... Nun fing man an, die Feuersteine von den Pistolen loszuschrauben und dafür meiner Mutter und Schwester die Daumen festzuschrauben und die armen ... so zu foltern ... wobei ich zu unserer Magd in den Stall kam. Ich erkannte sie nicht gleich, so sehr war sie misshandelt worden. Sie aber sprach zu mir mit schwacher Stimme: „O Bub, lauf weg ..."

M 5 Reiter überfallen ein Dorf (Zeichnung von Hans Ulrich Franck, 1643).

i

In Laichingen, einem kleinen Ort auf der Schwäbischen Alb, lebten von 1200 Einwohnern um 1650 noch 270, von 110 Familien waren 81 ausgelöscht, von 241 Gebäuden standen noch 85. Die Kirche war ohne Dach, das Pfarrhaus zerstört und die Felder zum großen Teil verwüstet. Die Überlebenden konnten den Neuaufbau nicht mehr aus eigener Kraft bewältigen. Siedler aus der Schweiz zogen zu, auch schwedische Soldaten blieben und wurden Bauern.

ARBEITSAUFTRÄGE

- › **1.** Fasse stichwortartig den Verlauf des Dreißigjährigen Krieges zusammen.
- ›› **2.** Erläutere den Unterschied zwischen der Ursache und dem Anlass des Dreißigjährigen Krieges.
- › **3.** Beschreibe eines der Portraits der Feldherren.
- ›› **4.** Erkläre die Aussage, „Der Krieg erhält sich selbst."
- ›› **5.** Stelle die Leiden der Bevölkerung und die Folgen des Krieges dar.
- ››› **6.** Erörtere, ob der Dreißigjährige Krieg ein Glaubenskrieg war.
- ››› **7.** Bewerte die Einmischung ausländischer Mächte.

→ **zu 1.**
Teile dazu den Kriegsverlauf in vier Phasen ein.

→ **zu 7.**
Beachte die Motive der kriegführenden Seiten.

M1 Das Rathaus in Münster

M4 Freud- und Frieden bringender Postreiter, Flugblatt zum Friedensschluss 1648

M2 Das Rathaus in Osnabrück

M3 Urkunden des Friedensvertrages von Münster 1648

Die Sehnsucht nach Frieden

In den letzten Kriegsjahren wurden viele Truppenbewegungen vorgenommen, weil die Nahrungsmittel zur Neige gingen und die Heere aus den verwüsteten Landstrichen abziehen mussten. Eine große Kriegsmüdigkeit machte sich breit. Die Herrscher der kriegführenden Seiten erkannten, dass ihre Soldaten noch einzelne Schlachten gewinnen konnten, aber nicht mehr den Krieg.

Bereits Ende 1641 verabredete der Kaiser Verhandlungen zu Friedengensprächen. Doch das wechselnde Kriegsglück ließ die Herrscher bis zuletzt hoffen, bessere Ausgangspositionen zu erzielen.

Der steinige Weg zum Frieden

Im Jahr 1643 trafen sich endlich die Delegationen in Münster und Osnabrück. Als erster Schritt wurden die beiden Verhandlungsorte sowie die Verbindungsstraße für neutral erklärt. Münster lag im katholischen, Osnabrück im evangelischen Teil Westfalens. In Osnabrück verhandelten die Abgesandten des Kaisers mit den Schweden und Franzosen. In Münster mussten zwischen der katholischen und der evangelischen Seite Vermittler eingesetzt werden. Die Rolle von Vermittlern übernahmen Diplomaten aus Venedig und der Papst.

Die Verhandlungen erwiesen sich als extrem schwierig und die Friedensgespräche zogen sich immer mehr in die Länge. Die Religionsstreitigkeiten und die Auseinandersetzungen zwischen den Landesherren und dem Kaiser im Deutschen Reich mussten geregelt werden. Außerdem sollten auch die großen Konflikte und langjährigen Kriege zwischen den Habsburgern in Spanien mit Frankreich, den Niederlanden und Schweden beigelegt werden. Der politische Name für das große Ziel lautete pax universalis, was allgemeiner Friede bedeutet.

Der Westfälische Friede stellte einen Kompromiss dar, denn jede Seite erhielt einen Teil ihrer Forderungen, musste aber auch Zugeständnisse machen. Möglich wurde das nur, weil alle Kriegsparteien völlig erschöpft und zum Nachgeben gezwungen waren.

Im Oktober 1648 wurden die Friedensverträge unterzeichnet. Friedensreiter verbreiteten Flugblätter mit der guten Nachricht.

Der allgemeine Frieden

Durch den Westfälischen Frieden gewann Frankreich Gebiete von Lothringen, vom Elsass und die Stadt Breisach. Schweden erhielt Geldleistungen und bekam Vorpommern, die Bistümer Bremen und Verden. Die Niederlande und die Schweiz schieden aus dem Reich aus und wurden unabhängig.

Die Landesherren und Reichsstädte erstritten ihre Selbständigkeit. Damit entstanden mehr als 300 Herrschaftsgebiete im Reich, die Machtverhältnisse verschoben sich deutlich zugunsten der Landesherren. Der Kaiser blieb das Reichsoberhaupt, aber seine Macht wurde beschränkt. Er brauchte fortan für Gesetze und neue Steuern die Zustimmung der Landesherren und Reichsstädte. Die protestantische und die katholische Konfession wurden als gleichberechtigt anerkannt. Die Landesherren bestimmten immer noch die Religion in ihren Gebieten, aber die Untertanen erhielten das Recht, in eine Herrschaft mit dem gewünschten Glauben auszuwandern. Damit endeten kriegerische Auseinandersetzungen unter Christen im Reich. In der Folge bot die Religion nie wieder Anlass für Bündnisse zwischen Staaten oder für einen Krieg.

Der Westfälische Friede schuf eine europäische Friedensordnung zwischen gleichberechtigten Staaten. Von den Menschen damals wurde der Frieden heiß ersehnt und freudig begrüßt.

M6 Die spanischen und niederländischen Gesandten beschwören 1648 im Rathaussaal von Münster den Frieden (Gemälde von Gerhard ter Borch, 1648).

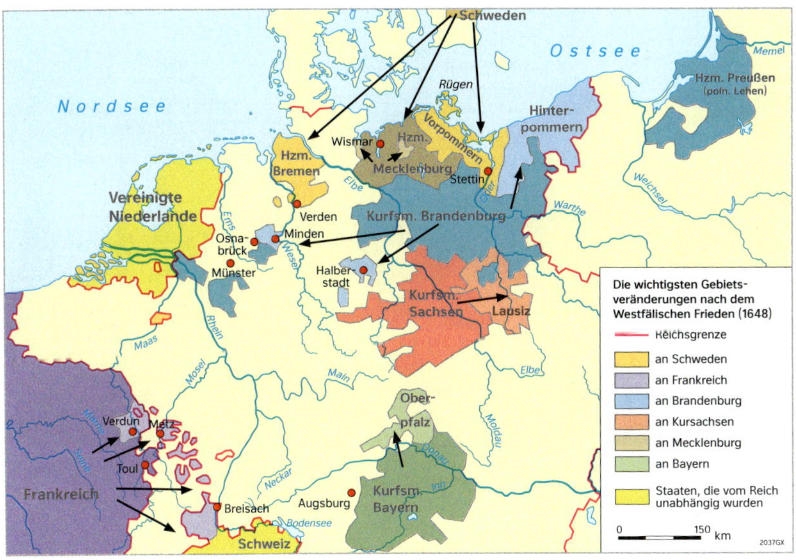

M5 Das Reich nach dem Westfälischen Frieden

ARBEITSAUFTRÄGE

- › **1.** Nenne Gründe, die dazu führten, dass die kriegführenden Parteien zu Friedensverhandlungen bereit waren.
- ›› **2.** Erläutere das große Ziel der Friedensverhandlungen sowie die Art und Weise, es zu erreichen.
- ›› **3.** Analysiere das Flugblatt M4.
- ›› **4.** Stelle die im Friedensvertrag vereinbarten Gewinne für die kriegführenden Mächte dar.
- ››› **5.** Beurteile die Stellung des Kaisers nach dem Friedensschluss.
- ››› **6.** Bewerte den Friedensschluss aus der Sicht einfacher Menschen.

→ **zu 3.**
Beachte dabei die vielen symbolischen Darstellungen im Bild.

→ **zu 4.**
Nutze dazu eine Tabelle

Lander	Preis des Friedens
Schweden	Geldleistungen und Gebiete: Vorpommern, Bistümer Bremen u. Verden.
…	…

Kirchen vergleichen

M1 Innenraum der Wallfahrtskirche Steinhausen

Das benötigt ihr:
- eine Digitalkamera oder ein Smartphone
- 2 Plakatbögen A2
- den Farbkopierer der Schule

M2 Innenraum der Franziska-Kirche in Stuttgart-Birkach

So geht ihr vor:

1. **Planung**
   Ihr erkundigt euch, wann das jeweilige Gebäude geöffnet ist. Pfarrer freuen sich, wenn Besuchergruppen über ihre Kirche mehr wissen möchten.
2. **Typische Merkmale fotografieren**
   Das Kirchengebäude fotografiert ihr als erstes von außen in einer Aufnahme, die das gesamte Gebäude zeigt. Innen haltet ihr die Dinge fest, die typisch für die jeweilige Konfession sind.
3. **Eine Präsentation gestalten**
   Mithilfe eurer Fotos könnt ihr auf jeweils einem Plakat die typischen Merkmale einer katholischen und einer evangelischen Kirche zeigen.

Die Glaubensunterschiede zwischen evangelischen und katholischen Christen spiegeln sich in den Kirchenbauten wider.

Eine katholische Kirche möchte die Gläubigen durch eine prunkvolle Ausstattung in eine religiöse Stimmung versetzen. Meist ist sie einem Heiligen oder der Mutter Gottes geweiht, was an den Heiligenfiguren zu erkennen ist.

Eine evangelische Kirche soll dazu beitragen, dass sich die Gläubigen auf das Wort Gottes konzentrieren. Deshalb ist die Kanzel des Pfarrers gut sichtbar und es gibt keine Figuren oder Bilder, die von der Predigt ablenken könnten.

In beiden Kirchen gibt es in der Regel eine Orgel, mit der die Gesänge der Gemeinde begleitet werden. Die Sitzgelegenheiten unterscheiden sich, da die Katholiken im Gottesdienst auch knien.

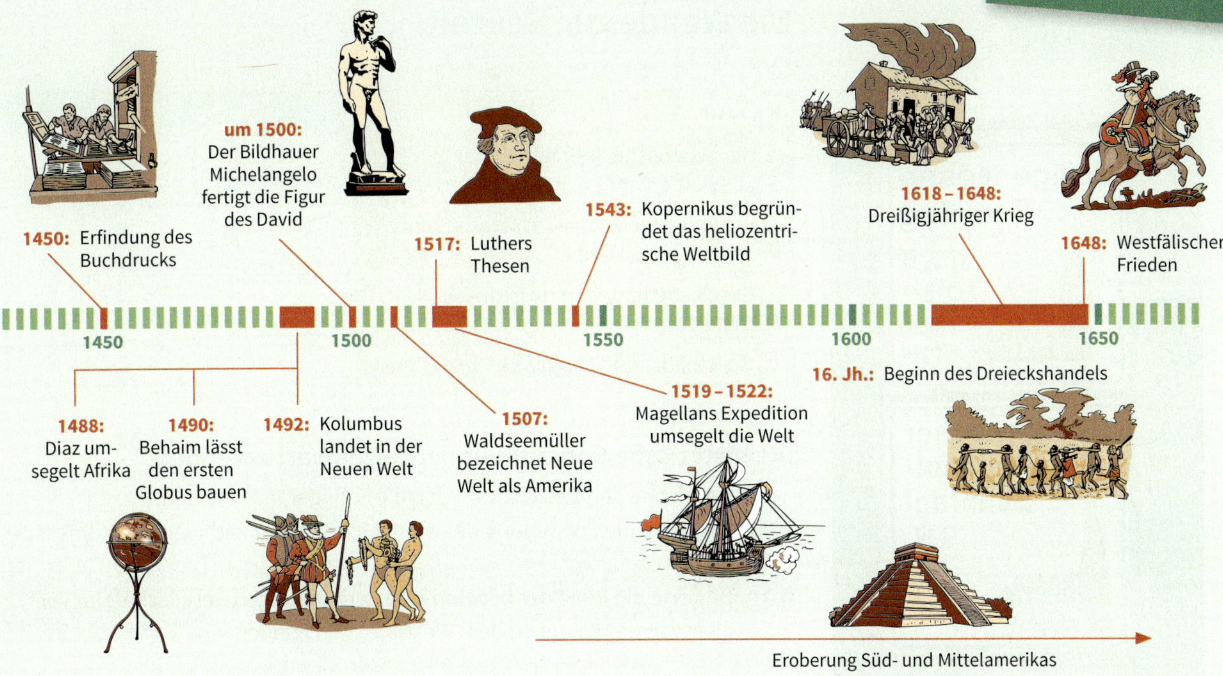

Die Wende zur Neuzeit

Wichtige Erfindungen wie der Buchdruck prägten den Übergang vom Mittelalter zur Neuzeit. Wissbegierige Menschen erinnerten sich in dieser Zeit an die berühmten Denker der Antike. Sie brachen die Gesetze der Kirche und forschten mit praktischen Experimenten.

Das Osmanische Reich erwuchs aus türkischen Stämmen zu einer bedeutenden Macht, die den Handel mit dem Orient kontrollierte. Dadurch wurden viele Luxuswaren, die reiche Menschen in Westeuropa schätzten, zu teuer. Deshalb suchten europäische Händler neue Wege, um den Handel mit Waren aus China und Indien ohne Zwischenhandel selbst durchzuführen.

Auf der Suche nach Handelswegen in die entfernten Gewürzländer entdeckten wagemutige Seefahrer neue Welten. Den Entdeckern folgten rasch Eroberer, die Reichtum suchten, alte Kulturen zerstörten und Menschen versklavten. Die betroffenen Völker kämpfen bis heute mit den Folgen.

Jahrhunderte lang prägte die katholische Kirche das Leben in Europa. Mit der Zeit schlichen sich Missstände ein. Martin Luther löste mit seinen 95 Thesen eine Reformation des Glaubens aus, die zur Spaltung der Kirche führte.

Das Misstrauen zwischen Protestanten und Katholiken führte zum Dreißigjährigen Krieg, der durch den Westfälischen Frieden von 1648 beendet wurde.

Arbeitstechniken

In diesem Kapitel hast du gelernt, wie du
- Geschichtskarten und historische Karten auswertest und
- Spottbilder analysierst.

WICHTIGE BEGRIFFE

Kopernikanische Wende
Buchdruck
Osmanisches Reich
Seeweg nach Indien
Aztekenreich
Dreieckshandel
Reformation

Naturbeobachtung
Kolonialisierung
Territorialstaat
Konfessionalisierung

Renaissance
Individuum
Neue Wissenschaft
Bankwesen
Fernhandel
Kulturtransfer
Kulturkonflikt
Luxuswaren
Bauernkrieg
pax universalis

Die Wende zur Neuzeit

M1 Schilder an einem Ortseingang

Ich kann …	☆	☆☆	☆☆☆
… die historische Bedingtheit der Gegenwart erkennen und bewerten.			
… die Rolle der Medien in historischen Prozessen analysieren.			
… Geschichtskarten und historische Karten auswerten.			
… Spottbilder und Flugblätter analysieren.			

Die historische Bedingtheit der Gegenwart erkennen

☆ Bezeichne den Sachverhalt, den die Schilder in M1 zeigen.

☆☆ Erläutere die Entstehung der evangelischen und katholischen Konfessionen.

☆☆☆ Bewerte die Rolle der Religion in unserer heutigen Gesellschaft im Vergleich zu der Zeit nach dem Westfälischen Frieden.

M2 Ein Flugblatt aus dem 16. Jahrhundert

Die Rolle der Medien in historischen Prozessen analysieren

☆ Beschreibe die Abbildung M2.

☆☆ Arbeite heraus, welche Tätigkeit dargestellt ist.

☆☆☆ Bewerte die Bedeutung von Medien für die Ausbreitung neuer Gedanken.

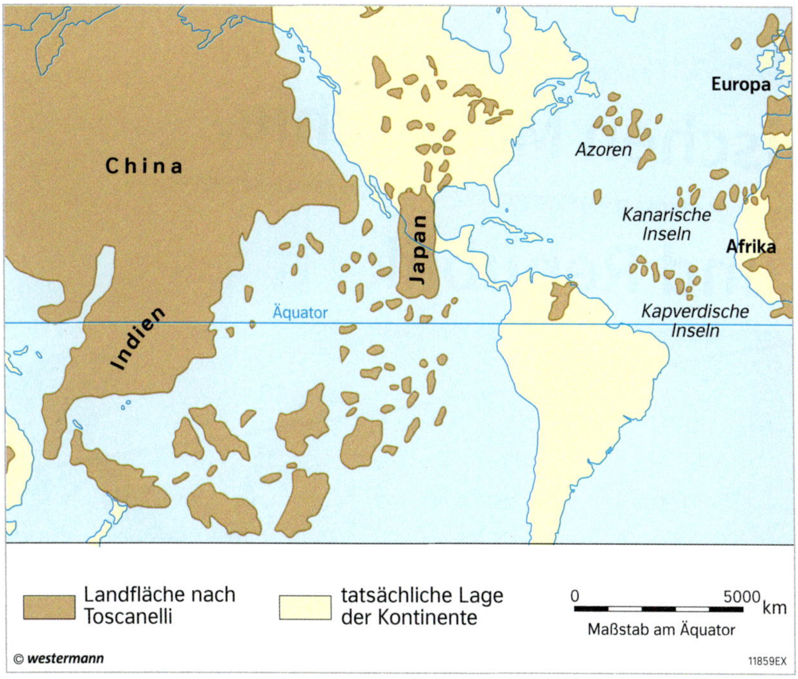

M3 Europa und die Lage der Länder des Fernen Ostens, wie sie sich die Zeitgenossen vorstellten (Rekonstruktion einer Toscanelli-Karte von 1474).

Geschichtskarten und historische Karten auswerten

☆ Nenne das Thema der Karte.

☆☆ Analysiere die Karte.

☆☆☆ Überprüfe, ob sich die Idee des Kolumbus in dieser Karte widerspiegelt.

M4 „Zweierlei Predigten", Flugblatt von 1529

Spottbilder analysieren

☆ Nenne die beiden Konfessionen, die sich in der Zeit der Reformation mit Spottbildern bekämpften.

☆☆ Analysiere das Spottbild.

☆☆☆ Bewerte die Funktion von Flugblättern für die Ausbreitung der Reformation.

Webcode Lösungen: WES-110781-211

Frankreich zwischen Monarchie, Revolution und Republik

Freiheit – Gleichheit – Brüderlichkeit – das forderte die Mehrheit der französischen Bevölkerung Ende des 18. Jahrhunderts. Das absolutistische System sollte abgeschafft und die Gesellschaftsordnung verändert werden. Wie kam es zu diesen Forderungen und was wurde erreicht? In diesem Kapitel erarbeitet ihr Wissen zur Herrschaft und zum Leben im Absolutismus sowie zum Denken auf neue Weise im Zeitalter der Aufklärung. Ihr könnt Ursachen und Ergebnisse der Französischen Revolution analysieren und ihre weltgeschichtliche Bedeutung erklären und bewerten.

Ihr lernt , Herrscherporträts zu analysieren und ein Rollenspiel zu gestalten.

Revolutionäre und Bauarbeiter zerstören die Bastille. Zeitgenössische Zeichnung.

Ludwig XIV. und sein Hof

M1 Sonnensymbol am Gitter vor dem Hof des Schlosses von Versailles

Ludwig XIV. wurde bereits im Alter von vier Jahren französischer König. Da er noch viel zu jung war, um die Macht zu übernehmen, stand er unter Vormundschaft seiner Mutter. Die Amtsgeschäfte führte Kardinal Mazarin. Als Ludwig im Jahre 1661 die Regierung antrat, verbot er seinen Ministern, irgendein Schriftstück ohne seinen Befehl zu unterschreiben. Er allein erließ die Gesetze, niemand konnte Einfluss auf ihn nehmen. Ludwig rief auch die Generalstände nicht mehr zusammen, die früher neue Steuern bewilligen mussten: die Vertreter der Stände, Geistlichkeit, Adel und Bürgertum. Mit diesen und anderen Maßnahmen schaffte es der König, alle Macht im Staate an sich zu reißen. Er regierte fortan absolut.

Der Sonnenkönig

„Der Staat – das bin ich!" Das soll Ludwig einmal gesagt haben. Dieser Ausspruch charakterisiert seine Regierungsweise: die Staatsform des Absolutismus. Als Autorität erkannte Ludwig XIV. nur Gott an. Ihm verdankte er die Macht und als sein Stellvertreter auf Erden herrschte er über die Menschen. Um dem Volk das zu verdeutlichen, wählte er als Symbol seiner Herrschaft die Sonne.

Q1 König Ludwig schrieb in seinen Lebenserinnerungen:

Als Sinnbild wählte ich die Sonne. Sie ist ohne Zweifel das lebendigste und schönste Sinnbild eines großen Fürsten, sowohl deshalb, weil sie einzig in ihrer Art ist, als auch durch den Glanz, der sie umgibt, durch das Licht, das sie den anderen Gestirnen spendet, die gleichsam ihren Hofstaat bilden, durch die gerechte Verteilung des Lichtes über die verschiedenen Himmelsgegenden der Welt, durch die Wohltaten, die sie überall spendet, durch ihre unaufhörliche Bewegung, bei der sie trotzdem stets in ständiger Ruhe zu schweben scheint, durch ihren unveränderlichen Lauf, von dem sie niemals abweicht.

M2 Ludwig XIV. im Krönungsmantel mit seinen Herrschaftszeichen. Gemälde von Hyacinthe Rigaud, 1701. Das Bild hat eine Höhe von 2,80 Metern.

Das Aufstehen als Staatsakt

Wenn der König sich am Morgen aus dem Bett begab, war das ein feierlicher Staatsakt.

Jeden Morgen erschienen Prinzen und Adlige in seinem Schlafzimmer, das im Mittelpunkt des Schlosses Versailles lag. Der König sollte sie als Erste sehen, wenn er die Augen aufschlug. Sie erhofften sich so, das Ansehen des Königs zu gewinnen. In genau vorgeschriebener Reihenfolge reichten sie ihm Hemd, Unterhose, Strümpfe, Hose, Schuhe, Weste und Rock. Sie hielten ihm Waschbecken und Handtuch, damit er sich Gesicht und Hände benetzte. Danach wurden ihm Parfümflasche und Puderdose, die große Lockenperücke, die Spitzenkrawatte, die seidene Gürtelschärpe, der Degen gereicht. In großer Zahl folgten die Adligen dann dem König, wenn er die Schlosskapelle zum Gottesdienst aufsuchte.

Gärten als Kunstwerke

Selbst die Natur wollte Ludwig XIV. seinem Willen unterwerfen. Im 815 Hektar großen Park vom Schloss Versailles, das entspricht ca. 1140 Fußballfeldern, war das besonders gut zu sehen. Die Alleen und Wasserstraßen verliefen gerade oder strahlenförmig zwischen den gleichförmig angelegten Beeten, beschnittene Hecken und Bäume standen an den Wegen. Unzählige Brunnen und Wasserspiele, die von einem eigens entwickelten Wasserpumpwerk versorgt wurden, luden zum Verweilen ein. Sogar ein Schiff lag in einem der Brunnen, obwohl es keine Wasserverbindung zu einem Fluss oder zum Meer gab.

M3 Ein Spaziergang in den Gärten von Versailles. Gemälde von Jean-Baptiste Martin, 1690. Der Ausschnitt zeigt die Galerie der Wasserspiele (la galérie des eaux).

ARBEITSAUFTRÄGE

› **1.** Beschreibe die Zeremonie des morgendlichen Aufstehens von Ludwig XIV.

›› **2.** Begründe die Wahl der Sonne als Symbol der Herrschaft des französischen Königs.

›› **3.** Erläutere den Ausspruch: „Der Staat bin ich!“

››› **4.** Überprüfe, ob sich in dem Gemälde M2 das Herrschaftsverständnis des Königs zeigt.

→ zu 1.
Nutze den Abschnitt „Das Aufstehen als Staatsakt“.

→ zu 3.
Ein Staat im eigentlichen Sinne …

→ zu 4.
Beachte z. B. die Körperhaltung und Kleidung.

Ein Herrscherporträt analysieren

Herrscherporträts sind historische Bilder, die im Auftrag der Herrscher von Künstlern geschaffen wurden.

Diese besondere Form der Darstellung ihrer Persönlichkeit, Macht und Bedeutung nutzten u. a. Herrscher in der Zeit des Absolutismus. Die Künstler nahmen die Krone, das Zepter, das Schwert, die Kleidung und oftmals auch die Rüstung als Symbole zur Demonstration der Herrschaft und Macht in ihren Gemälden auf.

M1 Ludwig XIV., König von Frankreich, Gemälde von René Antoine Houasse, 1679. Größe 2 × 2,55 m (Versailles, Musée du Château)

Schritte zur Analyse von Herrscherporträts:

1. ➔ ***Erster Eindruck des Betrachters***
   - *Wie wirkt das Bild auf dich?*
2. ➔ ***Beschreibung des Herrscherporträts***
   - *Wer wurde auf dem Bild dargestellt?*
   - *Wann entstand das Bild?*
   - *Wie groß ist das Bild?*
   - *Wie wurde der Herrscher dargestellt? Achte auf dessen Haartracht, Kleidung und Haltung.*
   - *Welche Symbole der Macht findest du auf dem Porträt?*
   - *Welche Farben setzte der Maler ein?*
3. ➔ ***Wertung des Herrscherporträts***
   - *Was sagt das Bild über die Persönlichkeit des Herrschers, dessen Regierungsweise und Macht aus?*

Musterlösung zur Auswertung des Schaubildes M1:

Schritt 1:
- einschüchternd

Schritt 2:
- Ludwig XIV., König von Frankreich
- 1679
- 2 × 2,55m
- Ludwig XIV. auf einem Pferd sitzend, im Hintergrund Kampfszenen
- prunkvolle Kleidung aus Seide, hohe Reiterstiefel aus Leder, Hut mit Feder und übliche Frisur
- kunstvoll verziertes Schwert
- Gold, Rot, Weiß und Schwarz als Farben des Adels

Schritt 3:
- Ludwig XIV. als erfahrener Reiter
- herrschsüchtig, arrogant, kämpferisch, stolz und mächtig
- Bild vermittelt Macht und Reichtum

M2 Herzog Carl Eugen von Württemberg (1728 - 1793), Gemälde von Pompeo Batoni, 1753, Größe 2,73 × 1,72 m (Württembergische Landesbibliothek, Stuttgart)

ARBEITSAUFTRÄGE

» **1.** Ordne die Informationen der Musterlösung dem Porträt in M1 zu.

» **2.** Analysiere das Porträt in M2 entsprechend der Schritte zur Analyse von Herrscherporträts.

» **3.** Vergleiche moderne Porträts aktueller Monarchen mit den Porträts dieser Seite. Formuliere ein abschließendes Fazit.

Leben unter der Herrschaft Ludwigs XIV.

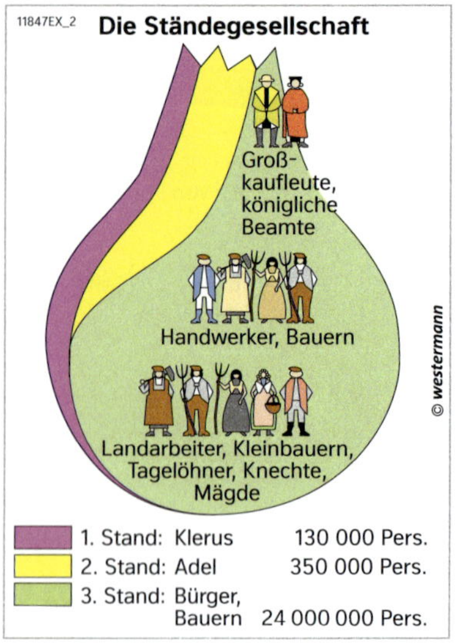

M1 Die französische Ständegesellschaft im Absolutismus

Seit dem Mittelalter war die französische Gesellschaft in Stände eingeteilt. Die allermeisten Franzosen zählten zum dritten Stand. Sie mussten die Steuern aufbringen, von denen Ludwig XIV. unter anderem seine prächtige Hofhaltung finanzierte. Die Adligen, die den zweiten Stand bildeten, brauchten keine direkten Steuern zu zahlen. Ebenso waren die Mitglieder des ersten Standes, die Geistlichen, von Steuern befreit.

Der erste Stand – Klerus

Der sogenannte erste Stand umfasste alle Gruppen von Geistlichen, das heißt von Angehörigen der hohen Geistlichkeit bis zum niederen Klerus. Dazu zählten Bischöfe, Pfarrer, Mönche und Äbte. Ihr Oberhaupt war der Papst in Rom. Dieser Stand hatte sich um das sogenannte Seelenheil des Menschen zu kümmern und um die Einhaltung von kirchlichen Regeln. Der Klerus war oft gebildet und konnte lesen und schreiben. Der erste Stand hatte Rechte, z.B. den Zehnt, aber auch Pflichten, z. B. das Zölibat. Gegenüber dem dritten Stand besaß der erste Stand viele Vorrechte.

Der zweite Stand – Adlige

Zum zweiten Stand gehörten Adlige aus dem Hochadel, dem niederen oder auch verarmten Landadel. Angehörige des Adels wurden in ihren Stand hineingeboren.

Die Adligen führten ein luxuriöses Leben mit hohen Ausgaben für Kleidung, Kutschen und Bälle. Diejenigen, die sich in der Nähe von Ludwig XIV. aufhalten oder ihn in seiner Kutsche begleiten wollten, mussten ihre adlige Herkunft bis in das 14. Jahrhundert nachweisen. Der König entschied, wem er die Ehre gewährte, in seiner Nähe sein zu dürfen, und wen er davon ausschloss.

Q1 Die Folgen der Verschwendungssucht für den Adel aus der Sicht eines Zeitgenossen, 1715:

In allem liebte der König Glanz, Verschwendung, Fülle. Es war wohl berechnet, dass er die Sucht, ihm hierin nachzueifern, in jeder Weise begünstigte … Wer alles draufgehen ließ für Küche, Kleidung, Wagen, Haushalt und Spiel, der gewann sein Wohlwollen …
Indem er so den Luxus gewissermaßen zur Ehrensache machte, richtete er nacheinander alle zugrunde, bis sie schließlich einzig und allein von seiner Gnade abhingen …
Vom Hofe aus hat die Verschwendungssucht Paris, die Provinzen, das Heer ergriffen. Man schätzt jeden, der eine gewisse Stellung einnimmt, nur noch nach seinem Aufwand in Küche und Haus ein … Alle Stände sind in heillosem Durcheinander.

M2 Adlige beim Essen im 18. Jahrhundert (Farbdruck von Jean-Michel Moreau le Jeune, 1781)

Der dritte Stand – Bauern, Bürger und Bettler

Der dritte Stand, 98 % der französischen Bevölkerung, setzte sich aus all den Menschen zusammen, die nicht Geistliche oder Adlige waren. Um 1780 lebten in Frankreich etwa 25 Millionen Menschen. Davon waren 21 Millionen Bauern. Der Boden, den sie bewirtschafteten, gehörte den Adligen, der Kirche oder reichen Bürgern. Ein Drittel der Erträge nahmen diese von den Bauern als Bezahlung. Wenn Trockenheit, Kälte oder Krieg die Ernte vernichtete, drohte der Landbevölkerung der Hungertod.

Wie die Bauern gehörte auch die Bevölkerung in den Städten zum dritten Stand. Ärzte, Rechtskundige und Kaufleute konnten es immerhin zu bescheidenem Wohlstand bringen. Allerdings zahlten sie hohe Steuern und hatten kaum eine Möglichkeit, innerhalb der Ständegesellschaft aufzusteigen. Der große Teil der Stadtbevölkerung war arm, sodass die Kinder zum Unterhalt der Familie beitragen mussten. Schon mit elf Jahren arbeiteten sie bis zu 14 Stunden am Tag als Hirten, Mägde, in Bergwerken oder Spinnstuben. Besonders schlecht ging es den vielen Tagelöhnern, Vagabunden und Bettlern in den Städten.

M3 Mahlzeit einer Bauernfamilie (Gemälde von Louis le Nain, 1642)

Q2 Minister Vauban schrieb 1689 über die Lage des dritten Standes:

Nun ist es aber die unterste Schicht des Volkes, die durch ihre Arbeit, ihren Handel, ihre Abgaben den König und sein ganzes Reich emporbringt. Sie stellt Soldaten, Arbeiter, Weingärtner, Tagelöhner. Es ist nichts Ungewöhnliches, wenn man bei einer Steuereintreibung nach Verkauf der Hauseinrichtung auch noch die Türen aushängt und die Balken abmontiert. Deshalb lebt der Bauer mit seiner Familie in größter Armut und geht nackt umher. Er lässt aber auch das bisschen Land, das er hat, verwahrlosen, aus Angst, bei guten Erträgen werde seine Taille [Steuer] verdoppelt.

Gottgewollte Ordnung

Das ständische System galt den Menschen des Mittelalters und der frühen Neuzeit als feste, von Gott gegebene Ordnung, in der jeder seinen unveränderlichen Platz hatte.

ARBEITSAUFTRÄGE

» **1.** Erkläre den Begriff „Ständegesellschaft".

» **2.** Vergleiche Aussehen und Kleidung der Menschen des zweiten und dritten Standes in M2 und M3.

› **3.** Beschreibe
a) die Rolle der Adligen im Frankreich Ludwigs XIV.
b) die Probleme des dritten Standes unter Ludwig XIV.

»» **4.** Gestalte zum Schaubild M1 eine Schautafel für eine Ausstellung.

zu 2.
Beachte Frisur, Kleidung, Schuhwerk und Gesichtsausdruck der abgebildeten Personen.

zu 3.
Nutze auch die Informationen der Quellen Q1 und Q2.

Staat und Wirtschaft unter Ludwig XIV.

Die Machtstützen des Absolutismus

Obwohl er der absolute Herrscher war, brauchte Ludwig XIV. verlässliche Säulen, auf die er sich stützen konnte.

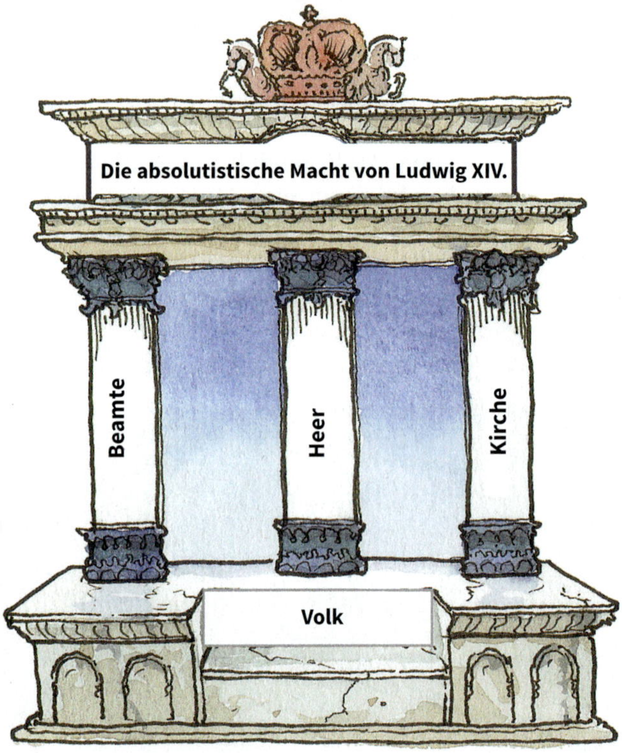

Beamte
- leiten die Staatsverwaltung
- setzen den Willen des Königs durch
- treiben die Steuern ein

Heer
- stehendes Heer
- auf den König vereidigt
- Ausrüstung vom Staat
- hohe Kampfkraft durch gute Ausbildung

Kirche
- stärkt die Position Ludwigs als gottgewollten König
- Ludwig unterstützt die Kirche

M1 Die Stützen der Macht des Absolutismus

Die Staatseinnahmen

Die Einnahmen zur Finanzierung des Absolutismus kamen vor allem aus den Steuern. Es gab die direkte Steuer, die je nach Besitz und Einkommen gezahlt werden musste. Der erste und zweite Stand waren von ihr befreit. Die indirekte Steuer musste zahlen, wer bestimmte Waren und Verbrauchsgüter kaufte, zum Beispiel Salz, Tabak und Seife.

Verantwortlich für die Verwaltung der Einnahmen war der Finanzminister. Er musste dafür sorgen, dass Ausgaben und Einnahmen übereinstimmten. Zur Führung des Finanzhaushalts stellte er einen Haushaltsplan auf. Erster und wichtigster Posten bei den Ausgaben waren die Gelder, die der König für seinen Hof benötigte. Ein Drittel der gesamten Einnahmen des Staates wurde dafür verwendet.

Finanzprobleme

Ludwig XIV. benötigte für die zahlreichen Feste sowie für das Heer und die Beamten viel Geld. Seine Ausgaben stiegen von Jahr zu Jahr. Die Untertanen konnten jedoch nicht immer mehr Steuern zahlen.

Jean Baptiste Colbert, Finanzminister Ludwigs XIV., fand eine Lösung für das Problem: Der Staat musste versuchen, möglichst viel Geld ins Land zu ziehen und möglichst wenig Geld hinauszulassen. „In demselben Maße, wie wir das Bargeld im Lande vermehren, erhöhen wir auch die Macht und die Größe des Staates", sagte Colbert zum König. Er entwickelte aus dieser Idee das System des Merkantilismus.

Jahr	Einnahmen	Ausgaben
1726	181	182
1751	259	256
1775	377	411
1788	472	633
Ausgaben 1788 insgesamt:		633
davon:		
Hof		42
Armee		107
Marine		52
Zinsen		261
Sonstiges		171

M2 Französischer Staatshaushalt (in Mio. Livres)

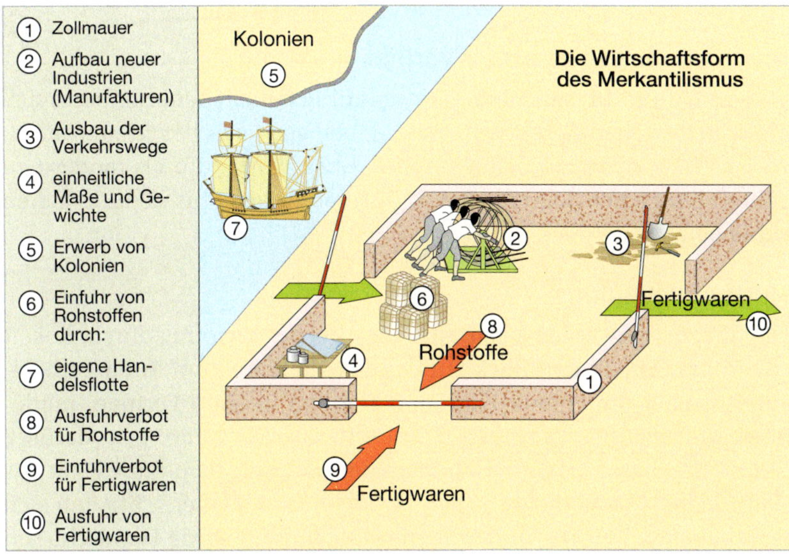

M3 Das System des Merkantilismus

Entstehung von Manufakturen

Colbert hatte sich zum Ziel gesetzt, die Produktion von Fertigwaren im Inland zu steigern. Das gelang am besten durch die Errichtung von großen Betrieben, in denen mehr Waren hergestellt werden konnten als in kleinen Werkstätten. Solche handwerklichen Großbetriebe heißen Manufakturen. Die Arbeit fand allerdings im Gegensatz zum traditionellen Handwerksbetrieb in großen Produktionsräumen mit vielen Arbeitern statt. Zur Steigerung der Produktion wurde die Herstellung z. B. eines Gewehrs oder einer Kutsche durch Arbeitsteilung in Einzelschritte aufgeteilt.

Colbert richtete staatliche Manufakturen ein, förderte aber auch private Kaufleute, die Manufakturen errichten wollten. Die Manufakturen fertigten vor allem Luxuswaren wie Kutschen, Wandteppiche, Spitzen, Seidenstoffe und Uhren. Einige stellten aber auch Massenprodukte wie Stoffe, Waffen und Werkzeuge her.

ARBEITSAUFTRÄGE

- › **1.** Nenne die Machtstützen absoluter Herrschaft.
- ›› **2.** Erläutere die Rolle der einzelnen Machtstützen.
- ›› **3.** Erstelle ein Säulendiagramm aus den Angaben in M2
- ›› **4.** Erkläre das System des Merkantilismus.
- ››› **5.** Gestaltet ein szenisches Spiel, in dem der Finanzminister Colbert die Ziele seiner merkantilistischen Politik gegenüber Ludwig XIV. begründet.
- ›› **6.** Erläutere den Vorteil von Manufakturen gegenüber Handwerksbetrieben.

zu 1/2.
Nutze das Schaubild M1.

zu 4.
Verwende das Schaubild M3.

zu 5.
Überlegt, welche Rollen zu besetzen sind. Erarbeitet die Positionen und Argumente der Beteiligten. Bedenkt die Verhaltensweisen der einzelnen Rollen. Eine Anleitung zur Durchführung eines Rollenspiels findet ihr auch auf S. 143.

Die Sonnenkönige in Deutschland

Ludwig XIV. regierte Frankreich seit 1661 als Alleinherrscher. Er erkannte nur Gott als höhere Autorität an. Viele Herrscher Europas bewunderten den französischen König. Seine Macht und vor allem seine glanzvolle Hofhaltung betrachteten sie als nachahmenswert. Anders als in Frankreich gab es jedoch in den zersplitterten deutschen Herrschaftsgebieten viele unterschiedliche Ausprägungen des Absolutismus. Die deutschen Fürsten ahmten nicht nur die Regierungsform nach, sondern waren auch bemüht, ihre Herrschaftssitze nach dem Vorbild Versailles zu gestalten.

i

Aus dem Französischen übernommene Begriffe: adrett, apart, Attaché, Diplomat, Kavalier, Café, Parade, Mode, Taille, Korsett, Kompliment, Kabinett, Noblesse, Parfüm, Perücke, Friseur, Etikette, Puder, Rendezvous, Schärpe, Teint, Toilette, Menuett, Marschall, Kuvert, galant, Garde, brillant, charmant, Klosett, Frisur, Serviette, Dekolleté.

Französische Lebensart als Vorbild

Wer im 17. und 18. Jahrhundert etwas auf sich hielt, der orientierte sich am französischen Lebensstil. Viele damalige Herrscher lernten Französisch bzw. benutzten einige französische Worte, um als modern zu gelten. Einige der Begriffe sind in unserer Sprache bis heute erhalten geblieben.

M1 Ein vornehmes deutsches Paar, gekleidet nach französischem Vorbild. Der französische Steiß, ein unter den Rock gebundenes Kissen, galt als „neuester modischer Schrei" (kolorierter Stich, um 1780).

Mode und Kleidung

Die französische Mode setzte sich auch bei der Kleidung durch. Kokett gaben die Damen den Blick auf das Dekolleté frei. Auf ihren Turmfrisuren trugen die Frauen Hüte und Hauben in allen Formen, modebewusste Männer hingegen Perücken. Als vornehm galt darüber hinaus die Blässe im Gesicht und an den Händen, da braune Haut das Kennzeichen körperlicher Arbeit im Freien war. Daher schützten sich wohlhabende Männer und Frauen mit Schirmen sowie Handschuhen vor der Sonne und gaben sich mit Puder einen weißen Teint. Das Spottgedicht zeigt, dass die französische Lebensweise überall im deutschen Herrschaftsgebiet Einzug hielt.

Q1 Zeitgenössisches Spottgedicht von Johann Christoph Gottsched:

Was immer zu Paris die edle Schneiderszunft
hat neulich aufgebracht, auch wider die Vernunft,
das macht ein Deutscher nach. Sollt ein Franzos es wagen
die Sporen auf dem Hut, Schuh an der Hand zu tragen,
die Stiefel auf dem Kopf, ja Schellen vor dem Bauch
anstatt des Nestelwerks, der Deutsche tät es auch.

Feiern wie die Franzosen

Die höfischen Feste wurden auch nach dem Vorbild der Feste in Versailles gestaltet. Überall war ausschweifender Luxus angesagt. Es gab üppige Bankette, Maskeraden, Turniere, Ballettaufführungen, Schiffsfahrten und Feuerwerke. Die Jagd betrieben Frauen wie Männer als Zeitvertreib.

Um das höfische Leben finanzieren zu können, förderten die Landesherren den Handel, den Bau von Manufakturen und die Ansiedlung ausländischer Fachkräfte. Trotzdem musste das Volk unter den ständig wachsenden Steuerzahlungen leiden.

Absolutismus in Südwestdeutschland

Im Pfälzischen Erbfolgekrieg verwüsteten französische Truppen unter der Führung von General Melac den nordwestlichen Teil des heutigen Baden-Württembergs. Zwischen 1689 und 1693 ließ Melac flächendeckend nahezu alle Dörfer und Städte niederbrennen, darunter die Residenzstädte Heidelberg mitsamt dem Schloss, Durlach und Baden sowie Mannheim, Bretten, Pforzheim und Marbach.

In der Folge zogen mehrere der Landes- und Kirchenfürsten aus den alten Residenzstädten aus und errichteten neue Residenzen nach dem Vorbild von Versailles. So entstanden barocke Planstädte mit großen Schlössern in Karlsruhe, Ludwigsburg und Rastatt, die kurpfälzische Residenz Schloss Mannheim und Sommerresidenz Schloss Schwetzingen sowie Schloss Bruchsal als Sitz des Fürstbistums Speyer.
Wie in Frankreich liebten die Fürsten prächtige Ausstattungen, Hofhaltungen mit viel Personal und ließen große Jagden und Feste veranstalten, für die sie viel Geld benötigten.

M3 Markgraf Karl III. von Baden-Durlach regierte die Markgrafschaft Baden-Durlach von 1709 bis 1738 als absoluter Herrscher. Er gründete die Stadt Karlsruhe.

M2 Stadt, Schloss und Schlossgarten Schwetzingen

Webcode
Weitere Informationen zu Schloss und Schlossgarten Schwetzingen
WES-110781-301

ARBEITSAUFTRÄGE

- › **1.** Nenne die deutschen Erklärungen für die Begriffe in der Randspalte Seite 130.
- ›› **2.** Erläutere die Rolle der französischen Kunst und Kultur für das Europa des 17. und 18. Jahrhunderts.
- ›› **3.** Erkläre die Entstehung von Residenzen in Baden-Württemberg.
- ››› **4.** Gestaltet eine Ausstellung zu historischen Beispielen für sogenannte kleine Sonnenkönige in eurer Umgebung.

→ zu 1.
Nutze den Duden, Fremdwörterbücher oder andere Nachschlagewerke.

→ zu 2.
Orientiere dich an Q1, M1 und M2.

→ zu 4.
Wendet die Schritte zur Internetrecherche von Seite 34 an.

Denken auf neue Weise

M1 Immanuel Kant (1724-1804)
Gemälde, um 1768

In Europa lebten die Menschen als Untertanen der absolutistischen Herrscher, die allein von Gottes Gnaden herrschten. Die strenge Gläubigkeit der Menschen erleichterte den Fürsten, uneingeschränkt zu regieren.

Vor allem gebildete und erfolgreiche Menschen, darunter Kaufleute, Wissenschaftler und Schriftsteller, kritisierten jedoch zunehmend die Zustände in der Gesellschaft. Sie vertraten die Gedanken der Aufklärung und zweifelten an der gottgewollten Herrschaft von Kaisern, Königen und Fürsten. Aufklärer wie zum Beispiel Immanuel Kant und Jean-Jacques Rousseau forderten die Menschen auf, sich ihres Verstandes zu bedienen.

Q1 Der Philosoph Immanuel Kant beschrieb 1784 den Begriff der Aufklärung:

Aufklärung ist der Ausgang des Menschen aus seiner selbst verschuldeten Unmündigkeit. Unmündigkeit ist das Unvermögen, sich seines Verstandes ohne Leitung eines anderen zu bedienen. Selbst verschuldet ist diese Unmündigkeit, wenn die Ursache derselben nicht am Mangel des Verstandes, sondern der Entschließung und des Mutes liegt, sich seiner ohne Leitung eines anderen zu bedienen. ... Habe Mut, dich deines eigenen Verstandes zu bedienen! ist also der Wahlspruch der Aufklärung.

Zentrale Anliegen der Aufklärer

Die bis dahin selbstverständlichen Ansichten über Religion, Staat und Gesellschaft wurden nun allgemein kritisiert. Die Aufklärung ging davon aus, dass der Mensch vernünftig sei und seine Schwierigkeiten nach den Regeln des Verstandes lösen könne. Die zumeist bürgerlichen Vertreter der Aufklärung hielten alle Menschen für vernunftbegabt und dazu befähigt, ihr Leben eigenständig, selbstbestimmt zu gestalten. Sie forderten Freiheit und Selbstbestimmung für jeden Einzelnen. Toleranz, Rechtsgleichheit und Humanität sollten die Grundlage einer modernen Gesellschaft darstellen. Durch Bildung und Erziehung ebenso wie durch Wissenschaft und Technik sollte Fortschritt ermöglicht werden.

Aufgeklärter Absolutismus

Einige Herrscher suchten Gedanken der Aufklärung mit dem absolutistischen Regierungssystem zu verbinden. Unter Beibehaltung seiner unumschränkten Macht sah sich der Fürst dem Wohle des Volkes verpflichtet und als sogenannter erster Diener des Staates. Zu den Vertretern dieses aufgeklärten Absolutismus zählen der preußische König Friedrich II. und der Kaiser Joseph II. von Österreich.

Friedrich II. war ein genialer Feldherr, ein toleranter Fürst und Philosoph. Er betrachtete das Herrscheramt nicht als ein von Gott verliehenes Amt. Reformen durch die die Bauern aus der Leibeigenschaft und Erbuntertänigkeit befreit wurden, die Zurückdrängung des kirchlichen Einflusses sowie weitreichende Justizreformen sind kennzeichnend für seine Regierungsweise.

Neue Ideen vom Staatswesen

Die Aufklärer waren der Meinung, dass das Zusammenleben der Menschen durch den Verstand zu ordnen sei. Nach ihrer Auffassung würde ein vernünftiges Verhalten aller Mitglieder der Gesellschaft zu einem geregelten Zusammenleben führen.

Für die Aufklärer waren die Menschen von Natur aus frei und hatten die gleichen Rechte. Ein Staat konnte daher nur auf einem freiwilligen und vernünftigen Zusammenschluss der Menschen beruhen.

M3 Baron Charles de Montesquieu (1689–1755), Verfasser der Lehre der Gewaltenteilung

Q2 Charles de Montesquieu 1748 über die Gewaltenteilung:

Damit die Gewalt (Macht) nicht missbraucht werden kann, müssen die Dinge so geordnet sein, dass eine Gewalt (Macht) die andere im Zaume hält ... Wenn die gesetzgebende Gewalt (Volksvertretung) mit der ausführenden Gewalt (Monarch) in derselben Person ... vereinigt ist, gibt es keine Freiheit. Denn es ist zu befürchten, dass der Monarch ... tyrannische Gesetze macht, um sie dann tyrannisch auszuführen.

M4 Jean-Jacques Rousseau (1712–1778) Gemälde, 1753

Q3 Jean-Jacques Rousseau schrieb 1762:

Solange ein Volk gezwungen wird zu gehorchen und gehorcht, so tut es wohl; sobald es aber das Joch (Fessel) abwerfen kann und es abwirft, so tut es besser. Rechtmäßige Gewalt kann nur auf einer Übereinkunft der Menschen gründen. Auf Freiheit verzichten heißt, auf seine Menschheit, die Menschenrechte, zu verzichten. Eine solche Entsagung ist mit der Natur des Menschen unvereinbar.

		Gesetzgebung	Ausführung	Rechtsprechung	
Absolutismus		König	König	König	= absolutistische Monarchie
		Gewaltenteilung			
Aufklärung	Montesquieu	Volksvertretung	König	Gerichte	= konstitutionelle Monarchie
	Rousseau	Volksvertretung	Regierung	Gerichte	= Republik

 1240GX

M2 Staatsauffassungen im Absolutismus und in der Aufklärung

Webcode
Informationen zur Gewaltenteilung
WES-110781-302

ARBEITSAUFTRÄGE

› **1.** Nenne die Ideen der Aufklärer.
›› **2.** Analysiere die Aussagen von Immanuel Kant in Q1.
›› **3.** Erkläre die Staatsideen von Rousseau und Montesquieu in Q2 und Q3.
›› **4.** Charakterisiere die Gewaltenteilung mithilfe der Grafik M2.
›› **5.** Vergleiche M1, M3 und M4 mit den Herrscherporträts auf S. 122/123/125.
››› **6.** Gestalte aus der Sicht eines Aufklärers einen Brief an einen absolutistischen Fürsten.

→ zu 2.
Kläre den Begriff Unmündigkeit. Stelle den Zusammenhang zwischen aufgeklärtem Denken und Mut her.

→ zu 5.
Suche zunächst nach Vergleichskriterien, z. B. Farbgestaltung und Darstellungsweise.

→ zu 6.
Bringe zunächst deine Zweifel an der bestehenden Ordnung zum Ausdruck und formuliere begründete Änderungsvorschläge.

Lesegesellschaften – Historische Lesezirkel

Die Aufklärer wünschten sich denkende Bürger. Deshalb forderten sie die Einführung der allgemeinen Volksbildung. Zu dieser Zeit konnte nur ein geringer Teil der Menschen in Europa, etwa 15%, lesen und schreiben. Auf dem Lande waren dies meist die Pfarrer oder Gutsverwalter. In den Städten dagegen besuchten die Söhne von reichen Kaufleuten, Anwälten, Ärzten und hohen Beamten Schulen und Universitäten. Mädchen aus armen Familien hatten keinen Zugang zur Bildung.

Das Wirken der Aufklärer führte dazu, dass immer mehr Menschen Lesen und Schreiben lernten. Der Besitz von Büchern nahm in Europa zwischen 1680 und 1780 um das Zehnfache zu. Da Bücher nicht jedem zugänglich waren, wurden Lesegesellschaften gegründet.

Q 1 Zur Gründung der Lesegesellschaft Langenburg findet sich im Landesarchiv Baden-Württemberg folgender Eintrag:

Die Lesegesellschaft Langenburg wurde am 1. September 1776 von einem Kreis von Bücherliebhabern und Literaturinteressierten in Langenburg gegründet. Gründungsmitglieder waren Honoratioren aus Langenburg und Nachbarorten Langenburgs und Mitglieder der fürstlichen Familie zu Langenburg. Über zwanzig Unterschriften weist die Gründungsschrift auf, die den Zweck und die Statuten der neuen Gesellschaft beschreibt und die ihren Ursprung hat in der Wissbegierde und dem Wunsch nach einer bis dahin fehlenden Bibliothek in Langenburg und Umgebung: „Einige unten benannte Freunde der schönen Wissenschaften haben sich über ein Mittel beratschlaget, wie dem sonderbaren Mangel der Gelegenheit, die besten und neuesten Schriften des Witzes und Verstandes zu lesen zu bekommen, wenigstens einigermaßen abzuhelfen sein möchte.“

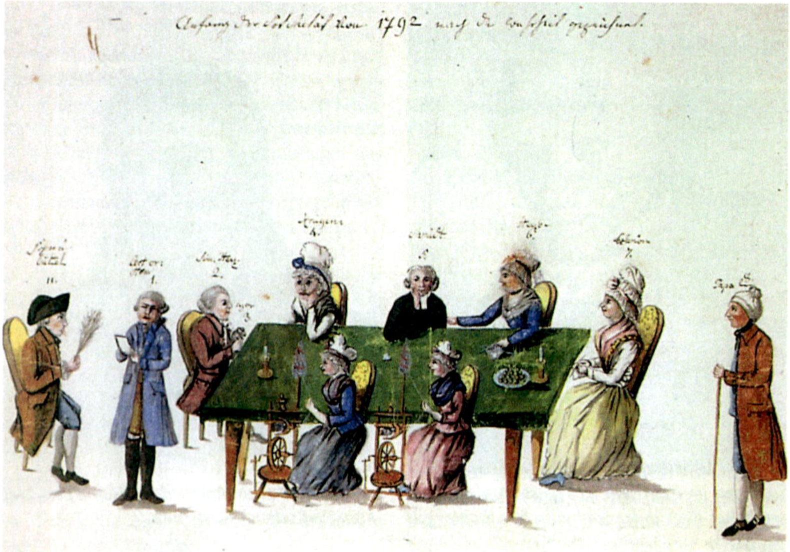

M 1 Schon seit 1784 bestanden in Karlsruhe Lesegesellschaften. Hier die „Gesellschaft zum Haarenen Ring“, der auch Frauen angehörten. Die literarisch Interessierten trugen bei ihren wöchentlichen Sitzungen jeweils einen aus Haaren der Mitglieder gefertigten Ring (Zeichnung, 1792)

Bücher als Allgemeingut

Es gab zwar im 18. Jahrhundert immer mehr Bücher, aber trotzdem waren Bücher noch sehr teuer. Die Lesegesellschaften schafften gemeinsam Bücher an.

Doch nicht nur Bücher wurden gelesen, sondern vor allem auch Zeitschriften. Hier konnten sich dann alle informieren. Um 1800 gab es dann schon mehrere Tausend Lesegesellschaften in Deutschland

Q2 Plan einer Lesegesellschaft in der Stadt Koblenz, 1783:

Lehrreicher gesellschaftlicher Umgang und das stete Lesen jener Schriften, welche der Welt die Veränderungen, Abwechslungen und Merkwürdigkeiten aller Reiche und Staaten und das Fortrücken der menschlichen Kenntnisse in allen Gattungen von Wissenschaften vor Augen legen, sind die Mittel, wodurch Aufklärung und Licht verbreitet und jedem zugleich die Gelegenheit geboten wird, die von seinen Berufsarbeiten erübrigten Erholungsstunden mit reinem Vergnügen zu benutzen. Dieses erwünschte Ziel wird unmöglich anders erreicht als durch eine Verbindung mehrerer Personen, welche mittels eines gemeinsamen Beitrags sich die besten politischen und gelehrten Zeitungen, Journale, periodische Schriften und andere gemeinnützige Werke, womit die literarische Welt nach und nach bereichert wird, anschaffen, an einem schicklichen Ort niederlegen, solche daselbst zu jeder beliebigen Stunde des Tages lesen und sich das Gelesene durch Unterhaltung und wechselseitige Mitteilung ihrer Begriffe und Kenntnisse nützlich und angenehm zu machen suchen.

M2 Lesegesellschaft Müllheim von 1789 e.V.
Exlibris: Ein Zettel oder ein Stempel im Buch weist den Eigentümer des Buches aus.
Heute ist die Lesegesellschaft eine literarische Vereinigung, die regelmäßig Lesungen, Vorträge und andere Veranstaltungsformen zu früherer und neuer Literatur anbietet.

Q3 Internetpräsentation eines modernen „Lesezirkels“ (2016):

Der Lesezirkel-Abonnent mietet ein von ihm bestelltes Zeitschriften-Sortiment, das ihm wöchentlich angeliefert wird.
Das Prinzip des Lesezirkels ist die Mehrfachvermietung von Zeitschriften und Magazinen. Diese bezieht der Lesezirkel druckfrisch von den Verlagen und versieht sie dann mit einem Schutzumschlag, der gleichzeitig als Werbeträger dient.
Fünf bis etwa zwölf Zeitschriften werden zu einem Sortiment, der sogenannten „Lesemappe“ zusammengestellt. Wöchentlich neu wird der Abonnent mit der von ihm bestellten „Lesemappe“ beliefert. ...Der Lesezirkel ist sowohl für den privaten Haushalt als auch für öffentliche Auslagestellen, wie zum Beispiel Cafés, Restaurants, Friseure, Hotels, Fitnessstudios, Rechtsanwaltskanzleien und Arztpraxen, erhältlich.

ARBEITSAUFTRÄGE

- »» **1.** Erläutere unter Nutzung von Q1 Gründe für die Entstehung der Lesegesellschaft in Langenburg.
- » **2.** Beschreibe das Bild in M1.
- »» **3.** Arbeite aus Q2 die Ziele der Lesegesellschaft der Stadt Koblenz heraus.
- »» **4.** Vergleiche die historischen Lesegesellschaften mit dem Lesezirkel aus der heutigen Zeit.
- »»» **5.** Entwickelt für eure Klasse einen Plan für einen Lesezirkel.

→ zu 1.
lehrreicher gesellschaftlicher Umgang, Aufklärung und Licht verbreiten ...

→ zu 4.
Nutze Q1 bis Q3.

Kampf um die Vormacht in Nordamerika

M1 Die englischen Kolonien in Nordamerika

Für ihre Manufakturen benötigten die europäischen Länder Rohstoffe. Sie erhielten diese auch aus den Kolonien, denen im 18. Jahrhundert eine immer größere Bedeutung zukam. Besonders für England und Frankreich war Nordamerika wichtig. Aus Amerika erhielten sie z. B. Baumwolle, Holz und Felle, aber auch Tabak, Kaffee und Getreide.

Engländer in Nordamerika

Mit der Gründung von Jamestown im heutigen Staat Virginia im Jahr 1607 begann England, in Nordamerika dauerhafte Siedlungen zu gründen. Nach 1620 setzte eine Auswanderungswelle von Europa ein, in der Menschen nicht nur aus England, sondern aus vielen europäischen Ländern nach Amerika kamen. Innerhalb von 150 Jahren entstanden 13 Kolonien mit insgesamt über eine Million Europäern. Sie lebten an der Ostküste Nordamerikas und verdrängten die Ureinwohner Amerikas rücksichtslos aus ihren Siedlungsgebieten.

Vor allem mit dem Mutterland England entwickelte sich ein intensiver und gewinnbringender Handel. Für den Schutz dieses Handels galten zwei Regeln: Waren durften nur auf englischen Schiffen transportiert werden und für Waren aus anderen Ländern mussten die Kolonisten hohe Zölle bezahlen. So hielten sie ausländische Konkurrenz fern.

Die Verwaltung der 13 Kolonien

Die Kolonien waren Teil des englischen Reiches. Obwohl die Siedler weit weg von der englischen Krone lebten, gehörten sie zu ihren Untertanen. Das englische Recht hatte in allen nordamerikanischen Kolonien Gültigkeit. Obwohl der König Beamte für die Verwaltung einsetzte, waren die Engländer in den Kolonien selbstständiger als die im Mutterland.

Q1 Ein Zeitgenosse berichtete über die Kolonie New York (1670):

New York ist vorwiegend aus Stein erbaut ... Die Bewohner sind größtenteils Engländer oder Holländer und unterhalten einen beträchtlichen Handel mit Biber-, Otter- und Waschbären- sowie anderen Pelzen; ebenso Bären-, Hirsch- und Elchfellen; ferner werden sie im Winter von den Indianern mit Wild und Geflügel, im Sommer mit Fischen versorgt, was alles günstig zu bekommen ist. Aus der umliegenden Landschaft wird ständig alles geliefert, was der Mensch zum Leben braucht.

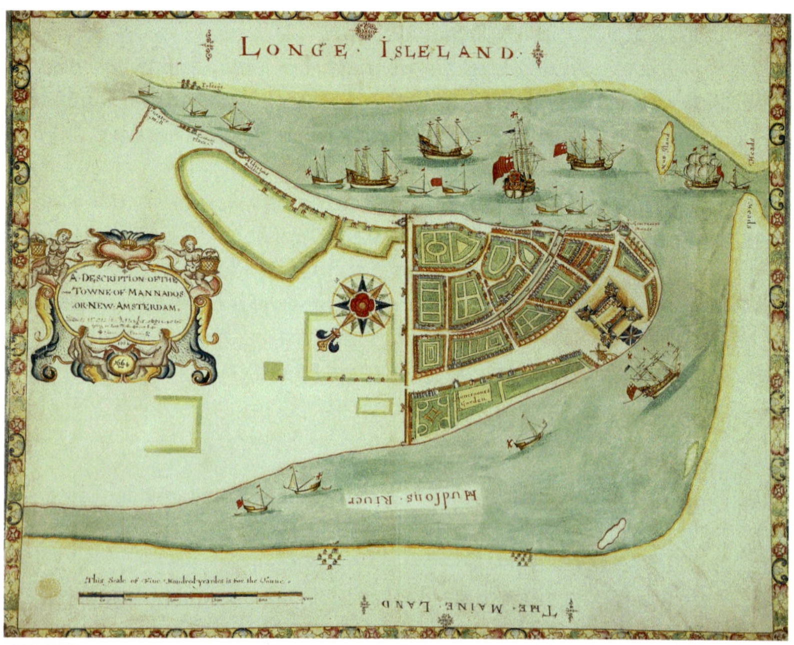

M2 New York im Jahre 1661 (1612 von den Holländern gegründet, hieß es zuerst „New Amsterdam“. 1664 nahmen es die Engländer ein.)

Machtausweitung Englands

Auf dem amerikanischen Kontinent prallten im 18. Jahrhundert die Interessen der Großmächte England und Frankreich aufeinander. Im Norden der Ostküste Nordamerikas erstreckte sich das französische Kolonialgebiet Neufrankreich, im Westen die französische Kolonie Louisiana. Diese Gebiete waren keine Siedlungskolonien, sondern Handelsstützpunkte französischer Kaufleute. Militärische Anlagen sicherten sie gegen die englischen Siedler, die immer weiter nach Westen drängten.

Immer wieder gab es zwischen Engländern und Franzosen Kämpfe um die Verteilung und Ausbeutung des Landes. Die Auseinandersetzung fand ihren Höhepunkt im Siebenjährigen Krieg von 1756 bis 1763. Frankreich war zeitgleich auf dem europäischen Festland in Kämpfe eingebunden, deshalb konnte es seine Stützpunkte in Nordamerika nicht behaupten. England drängte Frankreich zurück. Im Frieden von Paris musste Frankreich seine Kolonie Neufrankreich im heutigen Kanada und das linke Mississippi-Ufer an England abtreten. England war um 1800 somit zu einer bedeutenden Weltmacht geworden.

M3 Nordamerika um 1750

M4 Nordamerika um 1763

Die Finanzierung des Krieges

Der Krieg mit Frankreich hatte das englische Königreich viel Geld gekostet. Um sein neu gegründetes Weltreich zu verwalten und zu sichern, wurden das Heer und die Flotte, Häfen und Stützpunkte sowie Festungen ausgebaut. Auch dafür benötigte England viel Geld. Das Parlament in London beschloss daher, von den 13 englischen Kolonien in Nordamerika Steuern einzutreiben.

ARBEITSAUFTRÄGE

› **1.** Nenne die 13 englischen Kolonien.

›› **2.** Beschreibe unter Nutzung von Q1 und M2 das Leben in New York um 1660.

›› **3.** Begründe die Auseinandersetzungen zwischen England und Frankreich.

›› **4.** Vergleiche die Karten in M3 und M4.

››› **5.** Gestalte ein Schreiben, in dem das englische Parlament gegenüber den Kolonien begründet, Steuern in Nordamerika einzuführen.

→ zu 1.
Nutze die Karte in M1.

→ zu 4.
Wende zuerst die Schritte zur Auswertung von Karten von Seite 84 an.

Die Amerikanische Revolution

Aufbegehren der 13 Kolonien

Um die Kolonien in Übersee zu verteidigen und zu verwalten, forderte das englische Parlament von den 13 Kolonien in Nordamerika hohe Steuern. Darüber entbrannte bei den Bürgern Zorn und Empörung. Vor dem Krieg mit Frankreich konnten die Siedler ihre Angelegenheiten weitgehend selbst bestimmen, jetzt aber wollte die englische Krone über sie verfügen. Die Bürger Neuenglands waren nur bereit, Steuern zu zahlen, über die sie selbst mit abgestimmt hatten. Im englischen Parlament saßen jedoch keine Vertreter von ihnen. Am meisten ärgerten sie sich über die Teesteuer, mit der indischer Tee bei der Einfuhr belegt wurde.

Die Boston Tea Party

Als im Dezember 1773 im Hafen von Boston wieder einmal Teeschiffe ankerten, glitten plötzlich Boote über das Wasser und legten an den Schiffen an. Als Indianer verkleidete Siedler enterten die Schiffe. Sie sperrten die Wachen ein, brachen die Laderäume auf, holten mehr als 300 Teekisten hervor und warfen diese über Bord. Dann verschwanden sie wieder. Ganz Boston lachte über diesen kühnen Streich, der als Boston Tea Party bezeichnet wurde.

Der englische König Georg III. war über die offene Auflehnung empört und verhängte Strafmaßnahmen. Kriegsschiffe besetzten den Bostoner Hafen, und die Selbstverwaltung der Kolonien wurde aufgehoben. Die Bürger sollten die Schuldigen ausliefern und Schadensersatz leisten. Die aufsässigen Untertanen waren dazu jedoch nicht bereit. Bei Zusammenstößen mit den englischen Truppen gab es Tote und Verwundete.

M 1 Boston Tea Party, 1773 (zeitgenössische Darstellung)

Die Unabhängigkeitserklärung

Die Boston Tea Party und die Gegenmaßnahmen des englischen Königs waren das Signal zur offenen Auflehnung der amerikanischen Siedler. Im Januar 1776 wurde eine Flugschrift veröffentlicht, die offen verkündete: „England gehört zu Europa, Amerika jedoch zu sich selbst.“ Es begann ein Kampf um die Unabhängigkeit vom englischen Mutterland.

Auf mehreren Versammlungen kamen Vertreter der 13 Kolonien zusammen. Sie beauftragten den Rechtsanwalt Thomas Jefferson, einen Abgeordneten aus Virginia, eine Unabhängigkeitserklärung auszuarbeiten. Am 4. Juli 1776 wurde die Erklärung angenommen und dem englischen König übersandt. Damit entstand eine neue Nation: die Vereinigten Staaten von Amerika.

Die drei Teile der Unabhängigkeitserklärung

Die Unabhängigkeitserklärung bestand aus drei Teilen, die aufeinander aufbauten. In ihr fanden sich viele Ideen der Aufklärer wieder.

Im ersten Teil ging es um die Menschenrechte, die jeder von Geburt an inne hat. Außerdem wurde argumentiert, dass ein Volk das Recht besitzt, sich gegen seine Regierung aufzulehnen, wenn diese ihm schadet.

Im zweiten Teil stand die Regierungsweise des englischen Königs unter Kritik. Ihm wurde vorgeworfen, den Handel mit dem Rest der Welt zu behindern, Steuern ohne Einwilligung auferlegt zu haben sowie einen Krieg gegen die Bevölkerung in den Kolonien zu führen.

Die eigentliche Unabhängigkeitserklärung ist im dritten Teil enthalten. Hier wird argumentiert, dass die 13 Kolonien als Folge des erlittenen Unrechts das Recht hätten, sich von der englischen Krone loszusagen und als souveräner Staat zu handeln.

M2 Benjamin Franklin, Thomas Jefferson, Robert R. Livingston, John Adams und Roger Sherman beim Entwurf der Unabhängigkeitserklärung (handkolorierte Radierung, undatiert)

Q1 Auszug aus dem dritten Teil der Unabhängigkeitserklärung, 1776:

Wir, die Vertreter der Vereinigten Staaten von Amerika ... geben feierlich bekannt und erklären,
- *dass diese Vereinigten Kolonien ... von Rechts wegen frei sein sollen und unabhängige Staaten,*
- *dass sie von jeder Untertanenpflicht gegen die britische Krone befreit sind und*
- *dass sie als freie und unabhängige Staaten die volle Macht besitzen; Kriege zu führen, Frieden zu schließen, Bündnisse einzugehen, Handelsbeziehungen anzuknüpfen und alle ... Handlungen und Dinge vorzunehmen, die unabhängige Staaten von Rechts wegen tun dürfen.*

Q2 Auszug aus dem ersten Teil der Unabhängigkeitserklärung, 1776:

Wir halten diese Wahrheiten für ausgemacht, dass alle Menschen gleich geschaffen sind; dass sie von ihrem Schöpfer mit gewissen unveräußerlichen Rechten begabt worden, worunter sind Leben, Freiheit und das Streben nach Glückseligkeit ...

ARBEITSAUFTRÄGE

- » **1.** Stelle die Entwicklung von der Boston Tea Party bis zur Unabhängigkeitserklärung in Form einer Zeitleiste dar.
- » **2.** Charakterisiere die drei Teile der Unabhängigkeitserklärung durch jeweils eine passende Überschrift.
- »» **3.** Beurteile, inwiefern der 4. Juli heute zu Recht der Nationalfeiertag der Vereinigten Staaten von Amerika ist.
- »» **4.** Entwickle Überlegungen zu möglichen Auswirkungen der Ideen der Amerikanischen Revolution auf Europa.

→ zu 1.
Nutze folgende Eckdaten: Dezember 1773, Januar 1776, Juli 1776

→ zu 2.
Teil 1: Menschenrechte und Widerstandsrecht
Teil 2: ...

→ zu 4.
Denke an die Situation im absolutistischen Frankreich.

Frankreich in der Krise

M1 König Ludwig XVI. (Gemälde von Joseph-Siffred Duplessis, um 1777)

Frankreich war im 18. Jahrhundert eines der wirtschaftlich stärksten Länder Europas. Als Ludwig XVI. im Jahre 1774 König von Frankreich wurde, befand sich das Land aber bereits in einer schweren Krise. Die Steuereinnahmen reichten nicht aus und der Bankrott des Staates drohte. Die Vorgänger von Ludwig XVI. hatten kein Geld als Reserve angespart, sondern es für Kriege und einen luxuriösen Lebenswandel am königlichen Hofe ausgegeben. Auch Ludwig XVI. und seine Frau Marie-Antoinette lebten verschwenderisch und verbrauchten viel Geld.

Um mehr Steuern einzunehmen, griff Ludwig XVI. den Vorschlag des Premierministers auf, von allen Untertanen Steuern zu verlangen. Er rief eine Versammlung der einflussreichsten Männer des Landes ein und hoffte auf ihre Unterstützung für die Erhöhung der Steuern und die Besteuerung des ersten und zweiten Standes. Der Adel und der Klerus weigerten sich jedoch, Steuern zu zahlen.

Die Missstände führten dazu, dass Philosophen, Gelehrte oder Schriftsteller darüber nachdachten, wie ein Staat aufgebaut sein sollte. Auch die Frage, worauf die Herrschaft und die Macht des Adels beruhen, wurde offen gestellt. Sie vertraten die Auffassung, dass alle Menschen frei und gleich geschaffen seien. Für alle Menschen sollten also gleiche Rechte gelten.

M2 Die französische Gesellschaft vor der Revolution (heutige Zeichnung)

Angst vor dem Hunger

Das Leben der Menschen in Frankreich wurde immer schwieriger. Die Bevölkerung konnte kaum mit den wichtigsten Lebensmitteln versorgt werden. Schlechte Ernten und ansteigende Bevölkerungszahlen hatten Hungersnöte zur Folge.

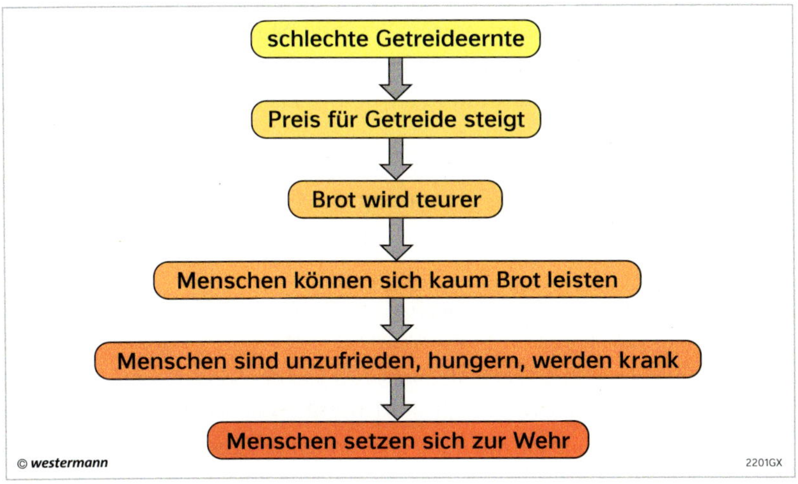

M 3 Folgen von Missernten (Schaubild)

M 4 Karikatur aus dem Jahre 1789. Die Bildunterschrift lautet: „Man muss hoffen, dass dies Spiel bald ein Ende hat."

Beschwerden der Bauern

Um auf ihre Situation aufmerksam zu machen, formulierten die Bauern Beschwerdebriefe. Beim König und seinen Beamten fanden sie damit aber kein Gehör.

Q 1 Aus dem Schreiben eines Bauern vom Januar 1789:

Die ganze Gegend ist mit Abgaben verpestet. Der größte Teil der Ländereien schuldet jährlich den siebten Teil des Weizens ..., andere den Wein; der schuldet den vierten Teil der ... Früchte, jener den fünften, wobei immer der Zehnt vorher erhoben wird ... Was soll man von diesen ganzen Abgaben ... halten: von Körnerfrüchten, Gemüse, Geld, Geflügel, Fronden, Holz, Obst, Kerzen? ... Was soll man ferner von der Tyrannei der bei Kauf und Verkauf fälligen Gebühren halten? Ein Käufer gibt sein Letztes her, um ein Stück Land zu kaufen und obendrein muss er den Vertrag noch seinem Grundherrn vorweisen, der ihn (zusätzlich) zahlen lässt ... ... (U)nd ich kenne sogar welche, die sich den dritten Teil vom Kapital zahlen lassen.

ARBEITSAUFTRÄGE

- »» **1.** Analysiere das Porträt von Ludwig XVI. in M1.
- »» **2.** Begründe die krisenhafte Situation in Frankreich vor Ausbruch der Revolution.
- » **3.** Nenne unter Nutzung von M2 die Angehörigen der drei Stände.
- »» **4.** Charakterisiere die drei Stände.
- »» **5.** Erläutere die Folgen von Missernten für die Bevölkerung.
- » **6.** Fasse die Aussagen des Bauern in Q1 zu den Abgaben zusammen.
- »» **7.** Erkläre in diesem Zusammenhang die Karikatur in M4
- »»» **8.** Erörtere mögliche Folgen der krisenhaften Situation in Frankreich.

zu 1.
Wende die Schritte zur Analyse von Herrscherporträts von Seite 125 an.

zu 2.
Nutze folgende Begriffe und Wortgruppen: reiches Land, Ludwig XIV., Krise, Bankrott, Kriege, luxuriöser Lebenswandel, Einberufung einer Versammlung, Missstände, Macht des Adels infrage gestellt, gleiche Rechte für alle

zu 8.
Denke an die Ideen der Amerikanischen Revolution.

Die Generalstände werden einberufen

M 1 Die Generalstände treten zum ersten Mal in Versailles zusammen (Radierung, 1789).

Die Kassen des französischen Staates waren leer. Klerus und Adel, der erste und zweite Stand, weigerten sich, auf ihre Vorrechte zu verzichten und wie der dritte Stand auch direkte Steuern zu zahlen. Sie forderten vom König, die Generalstände einzuberufen. Die Generalstände waren die Versammlung von Vertretern aller drei Stände. Nur mithilfe der Generalstände konnte Ludwig XVI. höhere Steuern durchsetzen und berief deshalb eine Versammlung am 5. Mai 1789 nach Versailles ein.

Unterschiedliche Erwartungen

Die Erwartungen an die Versammlung der Generalstände waren sehr unterschiedlich.

Q 1 Die Adligen von Amont formulierten ihre Forderungen 1789 so:

Die Garantie der persönlichen Steuerfreiheit und der Sonderrechte, die der Adel zu allen Zeiten genossen hat, sind Eigenschaften, die den Adel besonders hervorheben und die nur dann angegriffen und zerstört werden können, wenn die Auflösung der allgemeinen Ordnung erstrebt wird … Der Adel von Amont fordert also, dass die Ordnung, an der er teilhat, mit allen persönlichen Vorrechten erhalten werde.

Klagen und Forderungen des dritten Standes

Die Vertreter des dritten Standes setzten große Hoffnungen in die Versammlung der Generalstände. In mehr als 40 000 Beschwerdeheften waren die Wünsche, Forderungen und Beschwerden während der Wahl der Ständevertreter gesammelt worden.

Q 1 In einem Beschwerdeheft forderten 1789 die Bauern und Handwerker eines Dorfes in der Nähe von Versailles unter anderem:

1. *dass alle Steuern von den drei Ständen ohne irgendwelche Ausnahmen gezahlt werden, von jedem Stand gemäß seinen Kräften;*
2. *das gleiche Gesetz und Recht im ganzen Königreich;*
3. *die völlige Aufhebung der Sondersteuern und der Salzsteuer; …*
5. *die völlige Beseitigung jeglicher Art von Zehnten; …*
8. *dass das Eigentum geschützt wird;*
9. *dass schneller und gerecht Gerichtsurteile gefällt werden;*
10. *dass alle Frondienste, welcher Art sie auch sein mögen, beseitigt werden;*
11. *dass zum Militärdienst alle Stände ohne Ausnahme und Befreiung eingezogen werden.*

ARBEITSAUFTRÄGE

› **1.** Nenne den Grund für die Einberufung der Generalstände.

›› **2.** Vergleiche die Forderungen der Adligen in Q1 mit den Forderungen des dritten Standes in Q2.

››› **3.** Bewerte die Forderungen des dritten Standes.

zu 2.
Gibt es Gemeinsamkeiten? Welche Unterschiede lassen sich finden?

Ein Rollenspiel gestalten

Manchmal fällt es uns heute schwer, die Menschen aus anderen Zeiten zu verstehen. Was haben die Menschen früher gedacht? Wie haben sie sich gefühlt? Um Situationen und Probleme der Vergangenheit besser nachempfinden zu können, eignen sich Rollenspiele besonders gut. Wie Schauspieler könnt ihr in unterschiedliche Rollen schlüpfen.

Vielleicht helfen euch Requisiten, also Kleidung oder Ausstattungsgegenstände, euch besser in die Rolle einzufühlen. Hilfreich ist es, wenn ihr euer Spiel vorab übt.

So geht ihr vor:

1. → ***Ausgangssituation beschreiben***
   Auf einer Karte wird die Ausgangslage beschrieben:
   - *Was ist das Problem, über das es unterschiedliche Meinungen gibt?*
   - *Wer sind die beteiligten Personen?*
   - *Soll eine gemeinsame Lösung für das Problem gefunden werden?*

2. → ***Rollen beschreiben und besetzen***
   Auf Rollenkarten wird für jede Person notiert:
   - *Wer soll dargestellt werden? (Name, Alter …)*
   - *Welche Bedeutung hat der Konflikt für die Person? Welche Interessen hat sie?*
   - *Hat die Person besondere Merkmale?*

   Überlegt gemeinsam:
   - *Wer soll welche Rolle übernehmen?*
   - *Wer sind die größten Konkurrenten?*
   - *Gibt es einen Erzähler, der in die Handlung einführt?*
   - *Benötigt ihr zusätzliche Materialien oder typische Kleidung?*

3. → ***Rollenspiel üben, aufführen***
   Überprüft noch mal gemeinsam:
   - *Hat jeder seine Rolle richtig verstanden?*
   - *Habt ihr noch Tipps füreinander?*

   Plant für die Aufführung:
   - *Worauf soll das Publikum achten?*

   Führt euer Rollenspiel auf.

4. → ***Rollenspiel auswerten***
   Besprecht nach der Aufführung in der Klasse:
   - *Wie habt ihr euch als Schauspieler in der Rolle gefühlt?*
   - *War alles verständlich und nachvollziehbar? (Interessen der Personen, Konflikt, Lösung …)*
   - *Welche Verbesserungsvorschläge kannst du machen? (Sprache …)*

M1 Schülerinnen und Schüler bereiten ein Rollenspiel vor.

M2 Die Schülerinnen und Schüler führen ihr Rollenspiel auf.

M3 Die Klasse bespricht das Rollenspiel und gibt Tipps.

Wir spielen Menschen im Absolutismus

Auf dieser Doppelseite findet ihr Rollenkarten über Menschen aus der französischen Gesellschaft zur Zeit des Absolutismus.

ARBEITSAUFTRÄGE

1. Klebt eine Kopie dieser Seite auf Pappe und schneidet die Karten aus.
2. Verteilt die Rollenkarten in der Klasse. Ihr könnt die Karten allein oder zu zweit bearbeiten.
3. Ihr könnt selbst weitere Rollenkarten schreiben.
4. Schreibt in euren Rollen einen Brief an den König (Beschwerde, Danksagung, Schmeichelei ...).
5. Führt ein Rollenspiel durch. Trefft euch nach Ständen in den verschiedenen Ecken der Klasse und beratet: Was haltet ihr von den geplanten Steuererhöhungen?

Du bist die Nonne **Véronique Cluny**. Du betreust und erziehst Waisenkinder. Ihre Zahl vergrößert sich aufgrund der Not der Menschen ständig. Du bist fromm und dem Bischof gehorsam, siehst aber auch das Elend der Armen und hast Mitleid mit ihnen.

Du bist **Jean Vagabonde** und arbeitest zur Saat- und Erntezeit bei Großbauern. Früher hattest auch du einen Hof. Doch als du die Abgaben nicht mehr zahlen konntest, fiel er an den Grafen zurück. Jetzt hast du nur zweimal im Jahr Arbeit, den Rest der Zeit ziehst du umher. Der Hunger macht dich oft zum Dieb.

Du bist der wohlhabende **Charles Longue**, dir gehört eine Tuchfabrik und ein großes Wohnhaus in einem feinen Pariser Stadtviertel. Obwohl du Geld genug hast, ärgern dich die Steuern und die Wirtschaftspolitik des Königs: Er hat die Zölle für die Einfuhr englischer Tuche gesenkt, aber England lässt französische Stoffe nicht ins Land. Dich ärgert, dass der König alles allein bestimmt.

Du bist der Anwalt **Hugo Jure**. Deine wirtschaftliche Situation ist gut, denn deine Kundschaft besteht aus wohlhabenden Bürgern. Zufrieden bist du trotzdem nicht. Du meinst, dass Menschen, die viel für die Gesellschaft leisten, auch politisch mitentscheiden sollten. Das dürfen zurzeit aber nur die, die das Glück haben, aus einer adligen Familie zu kommen.

Du bist die Marktfrau **Suzanne Fleuris** und verkaufst Obst und Gemüse auf den Pariser Märkten, um deine vier Kinder am Leben zu erhalten. Dein Mann ist tödlich verunglückt. Die hohen Brotpreise bringen euch an den Rand des Verhungerns. Ihr wohnt alle in einem Zimmer und du hast sogar noch ein Bett vermietet, aber es reicht nicht.

Du bist die **Marquise de Maronne** und gehörst zum Hofadel des Königs. Du bist auf seine Gunst und Zahlungen angewiesen und strebst danach, ihm positiv aufzufallen. Dein Leben ist bestimmt von Festen, Ballkleidern und dem „süßen Leben“ in Versailles.

Du bist der **Fürst Dobbanay** und lebst mit deiner Familie und den Bediensteten auf einem deiner Schlösser. Ihr lebt verschwenderisch von den Erträgen deiner riesigen Ländereien.

Du bist die Wäscherin **Charlotte Ariel**. Du wäschst auf den Pariser Waschkähnen die Wäsche der Reicheren. Dort erfährst du viel Neues, denn Waschfrauen aus ganz Paris treffen sich hier. Du lebst trotz der harten Arbeit ganz gut. Aber durch die letzte Steueranhebung sind auch die Preise für Seife drastisch gestiegen.

Du bist der **Graf von Alsace** und lebst auf deinem Landsitz. Die Abgaben der Bauern sichern dir nicht den Lebensstil, den du gern hättest. Deine weitverzweigte adlige Verwandtschaft soll nicht merken, dass du gar nicht so reich bist, wie du tust. Deswegen hast du deine Tochter mit einem reichen Fabrikanten verheiratet und dir von ihm Geld geborgt.

Du bist **Jérôme Taxis**, ein hoher Steuerbeamter des Königs. Du bist verantwortlich für die Steuereintreibung in einer Provinz. Von den eingezogenen Steuern für den König darfst du einen bestimmten Prozentsatz für dich behalten. Daher hast du viel Geld. Du bist nicht von Adel, dennoch akzeptierst du die bestehende Ordnung, da sie dir viele Vorteile bringt.

Du bist **Françoise Paysanne** mit sieben Kindern. Dein Mann hat einen kleinen Acker, eine Kuh und ein klappriges Pferd. Ihr schuldet eurem Grundherrn 168 Pfund Hafer und vier Hühner. Auch die Steuern drücken sehr. Doch woher sollen alle diese Abgaben kommen?

Du bist **Luc Travailleur** und Arbeiter in einer Fabrik. Dort machst du die Drecksarbeit. Du lebst in einem Elendsviertel und kannst von deinem Lohn gerade Miete und Brot bezahlen. Wenn der Brotpreis steigt, reicht das Geld nicht.

Du bist der **Bischof Pierre Gourmet** und gehörst zur hohen Geistlichkeit. Du besitzt ein Schloss und mehrere Klöster. Deine Bauern zahlen dir den Zehnten. Das meiste behältst du selbst, einen Teil gibst du (freiwillig!) an den Staat ab. Der Erhalt der Kirchen kümmert dich wenig. Du interessierst dich mehr für die Verschönerung deines Schlosses. Für die Armen hast du ein Hospital errichtet. Viel Geld steckst du nicht hinein.

Du bist ein Bauer mit Landbesitz und heißt **Jacques Bonhomme**. Du bist der reichste Bauer des Dorfes und hast dort viel Einfluss. Kleinen Bauern hilfst du mit Pferd und Wagen aus – für Gegenleistungen, versteht sich. Den Kirchenzehnten findest du gut, aber die Steuern des Königs für Getränke, Salz und Schinken ärgern dich sehr. Auch dass dein Grundherr noch über das Markt- und Mühlrecht verfügt, empört dich – du willst dein Getreide selber und teurer verkaufen.

Q1 Der Ballhausschwur (1789):

Die Nationalversammlung beschließt, dass es ihr Auftrag ist, die Verfassung des Königreiches festzulegen, die öffentliche Ordnung wieder herzustellen und die wahren Grundsätze der Monarchie aufrechtzuerhalten, und dass sie nichts hindern kann, ihre Beratungen fortzusetzen, wo auch immer man sie zu tagen zwingt. Ferner beschließt die Nationalversammlung, dass überall dort, wo ihre Mitglieder versammelt sind, die Nationalversammlung ist:

(Sie schwört) Dass alle ihre Mitglieder auf der Stelle einen feierlichen Eid leisten, sich niemals zu trennen und sich überall, wo die Umstände es notwendig machen, zu versammeln, solange bis die Verfassung des Königreiches geschaffen und auf feste Grundlagen gestellt worden ist …

Der Ausbruch der Revolution

Die Revolution der Generalstände

Bisher war in der Generalversammlung nach Ständen abgestimmt worden, wobei jeder Stand nur eine Stimme hatte. Der dritte Stand forderte nun eine gemeinsame Beratung der Stände und eine anschließende Mehrheitsabstimmung über die Reformen. Diese Forderungen lehnten König Ludwig XVI. und die beiden anderen Stände jedoch ab.

Daraufhin erklärten die Abgeordneten des dritten Standes am 17. Juni 1789: „Wir sind die einzigen Vertreter des gesamten französischen Volkes. Wir sind die versammelte Nation, die Nationalversammlung!" Sie forderten die anderen zwei Stände auf, sich ihnen anzuschließen. Einige Adlige folgten ihnen ins Ballhaus, weil der König den Sitzungssaal sperren ließ. Dort leisteten die Anwesenden den sogenannten Ballhausschwur.

Von der Ständeversammlung zur Nationalversammlung

Noch einmal versuchte Ludwig XVI., den Verlauf der Ereignisse aufzuhalten, indem er eine gemeinsame Sitzung aller Stände am 23. Juni 1789 befahl. Dort erklärte er alle Beschlüsse für ungültig, verlangte die Trennung der Stände und die Wiederaufnahme der Sitzungen. Aber nur ein Teil der ersten beiden Stände folgte diesem Befehl. Ein Abgeordneter verkündete: „Wir werden nur der Macht der Bajonette weichen!" Diese Worte bedeuteten die offene Auflehnung gegen den König. Die Entschlossenheit der vielen Vertreter der Stände beeindruckte den König. Er war politisch zu schwach, um sich dagegen zur Wehr zu setzen. Aus der Ständeversammlung bildete sich die Nationalversammlung.

M1 Der Sturm auf die Bastille. Gemälde, um 1789.

Die Revolution der Bürger von Paris

In Paris herrschten schon lange Hunger, Not und Elend. Es gab Gerüchte, dass der Adel Getreidevorräte zurückhielt. Vor der Stadt waren Soldaten zusammengezogen worden. Die Pariser fühlten sich bedroht. Als sie erfuhren, dass ihre Forderungen nicht erfüllt werden sollten, traf sich die aufgeregte Menge. Tausende stürmten die Waffenhäuser der Stadt und bewaffneten sich mit Gewehren und Kanonen. Die aufgebrachte Menge stürmte am 14. Juli 1789 die Bastille, das verhasste Staatsgefängnis. Es war das Sinnbild der königlichen Herrschaft und Unterdrückung.

Die Ausweitung der Revolution

Die Bauern schlossen sich in ganz Frankreich zusammen, stürmten Herrschaftssitze, eigneten sich Besitzpapiere für Grund und Boden an, verjagten die Steuerbeamten und stellten ihre Zahlungen an den Adel ein. Viele Adlige flohen vor dem wütenden Volk ins Ausland.

Währenddessen arbeitete die Nationalversammlung an einer neuen Verfassung. Aufgeklärte Vertreter der beiden ersten Stände beantragten die Aufhebung ihrer Vorrechte. Damit war die Ständegesellschaft endgültig beseitigt. Trotzdem weigerte sich der König, die neue Ordnung anzuerkennen.

M2 Der Zug der Frauen nach Versailles 1789 (zeitgenössische Darstellung)

Der Zug der Frauen nach Versailles

Am Morgen des 5. Oktober zogen 6000 Frauen, darunter Marktfrauen, Arbeiterinnen und Bürgerliche, nach Versailles. Sie stürmten die Nationalversammlung und forderten eine Debatte über ihre Notlage. Vom König verlangten sie Brot, die Unterzeichnung der Beschlüsse und seinen Umzug nach Paris. Nicht nur der König und dessen Familie, sondern auch die Nationalversammlung zogen nach Paris um. Ludwig versprach außerdem die Verbesserung der Versorgungslage.

ARBEITSAUFTRÄGE

- » **1.** Erkläre den Begriff Ballhausschwur.
- › **2.** Fasse den Weg zur Nationalversammlung zusammen.
- » **3.** Stelle den Verlauf der Revolution nach der Bildung der Nationalversammlung in einer Zeitleiste dar.
- » **4.** Begründe die Festlegung des 14. Juli als französischen Nationalfeiertag.
- »» **5.** Eine revolutionäre Situation herrscht immer dann, wenn das Volk nicht mehr so leben will und der Herrscher nicht mehr so regieren kann wie bisher. Überprüfe, ob in Frankreich eine solche Situation vorlag.

→ zu 1.
Nutze auch Q1.

→ zu 4.
Bedenke, welches wichtige Ereignis am 14. Juli 1789 stattfand.

Die Erklärung der Menschenrechte

Nach vielen Diskussionen verabschiedeten am 27. August 1789 die Vertreter der Nationalversammlung eine allgemeine Erklärung der Menschen- und Bürgerrechte. Diese Erklärung wurde die Grundlage der französischen Verfassung.

M1 Die Erklärung der Menschen- und Bürgerrechte von 1789. Gemälde, um 1790.

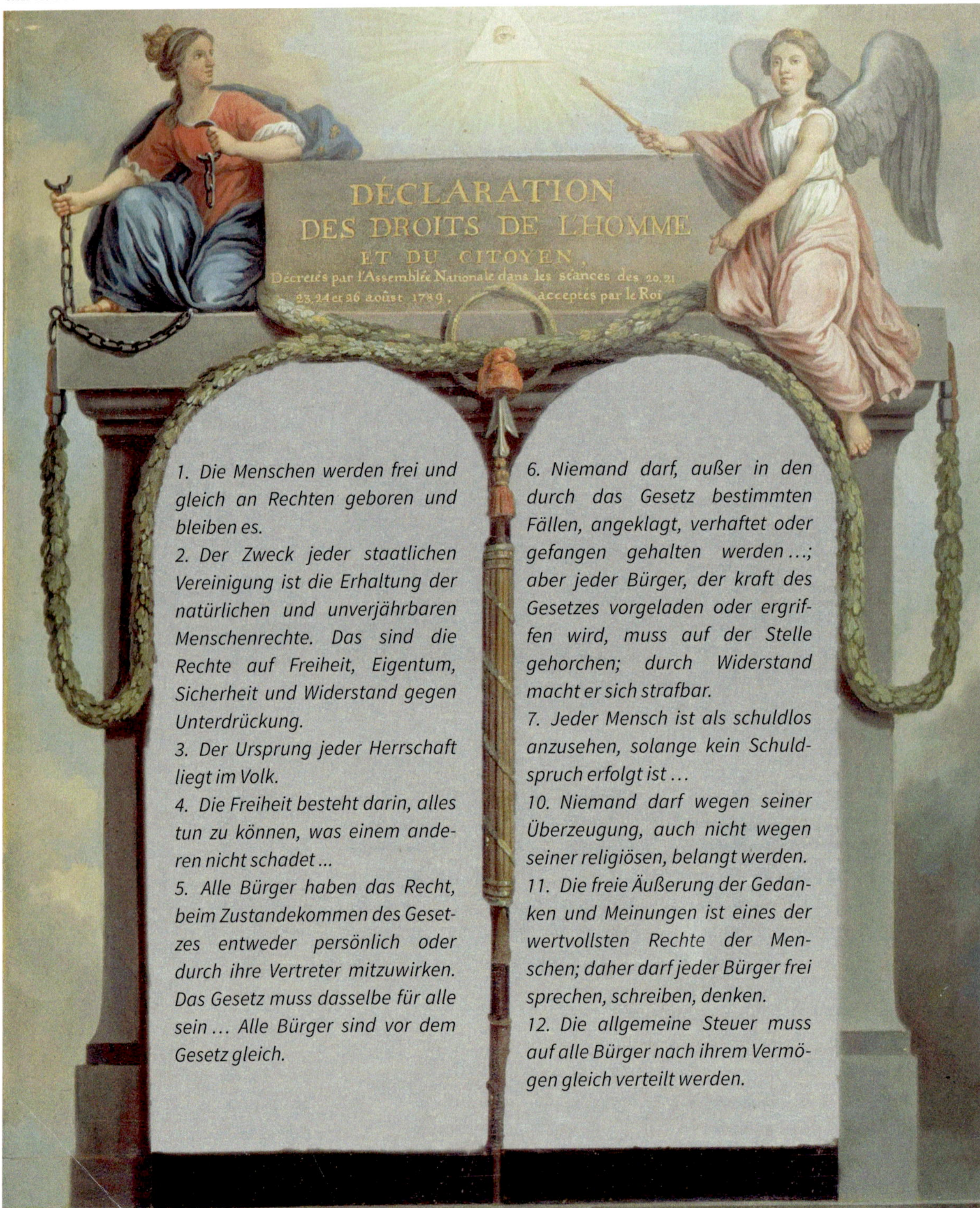

Die Verfassung von 1791

Die 17 Artikel der Menschenrechte leiteten die Verfassung ein, die im September 1791 von der Nationalversammlung verabschiedet wurde. Darin war die Teilung der Gewalten festgelegt, der von nun an auch der König unterworfen war.

Die Exekutive, die ausführende Gewalt, wurde dem König sowie den von ihm ernannten Ministern und Beamten übertragen.

Die Legislative, die gesetzgebende Gewalt, lag allein bei dem Parlament, der Nationalversammlung. Es setzte sich aus Abgeordneten zusammen, die von Wahlmännern bestimmt wurden.

Die Judikative, die richterliche Gewalt, erhielten die Richter der Gerichtshöfe, die ebenfalls durch Wahlmänner gewählt wurden.

Nach der bereits 1789 festgelegten Wahlordnung galt allerdings kein allgemeines Wahlrecht. Wahlberechtigt waren nur circa vier Millionen Aktivbürger, die eine bestimmte Steuersumme entrichteten. Dazu zählten zum Beispiel Bürger mit Grundbesitz und hohen Einkünften. Von der politischen Mitbestimmung ausgeschlossen blieben rund drei Millionen Passivbürger sowie Männer unter 25 Jahren und alle Frauen.

M2 „Der König im Käfig der Verfassung“ (zeitgenössische Karikatur)

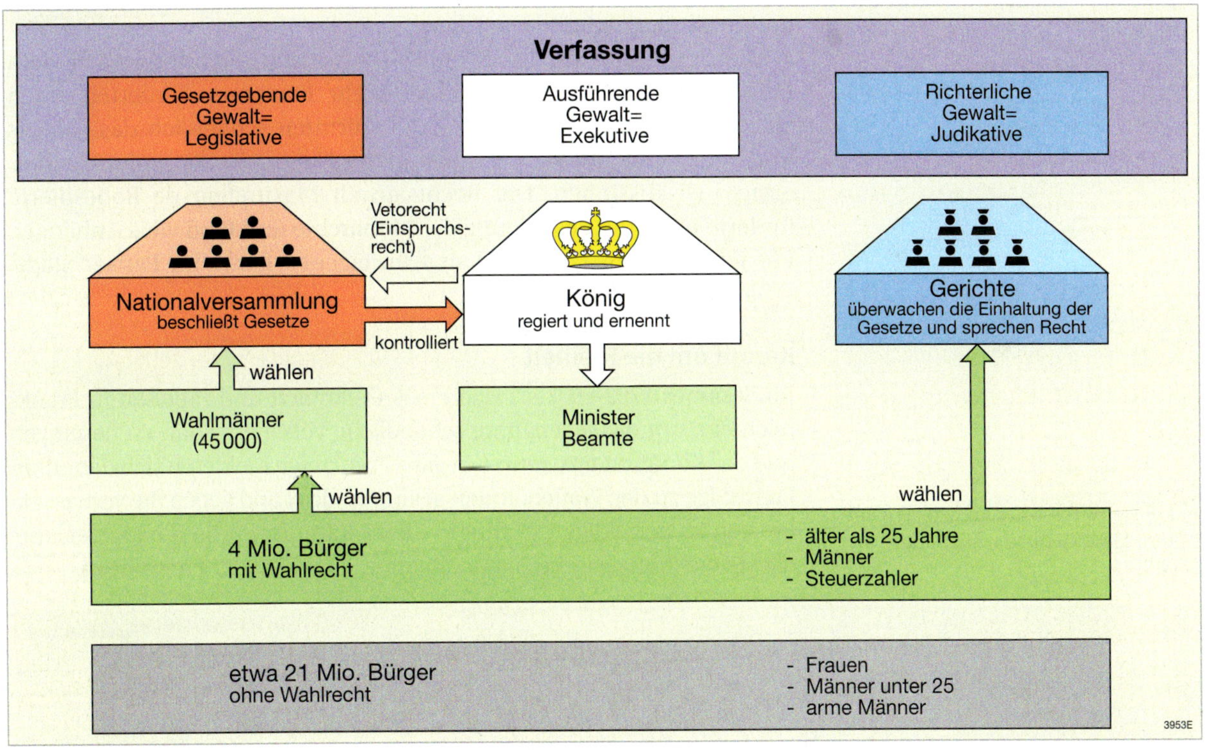

M3 Staatsaufbau Frankreichs von 1791

ARBEITSAUFTRÄGE

› 1. Beschreibe das Gemälde in M1.

› 2. Nenne fünf Menschenrechte aus M1, zu denen du Beispiele aus deinem Alltag finden kannst.

››› 3. Erörtere die Bedeutung der Erklärung der Menschen- und Bürgerrechte.

›› 4. Erkläre das Schaubild in M3.

››› 5. Begründe die Darstellung des Königs in der Karikatur in M2.

››› 6. Überprüfe, ob die Verfassung von 1791 die Idee der Gewalten-teilung widerspiegelt

zu 6.
Informiere dich dazu nochmals auf Seite 133.

Von der Monarchie zur Republik

Der König und die Revolution

Mit der Erklärung der Menschenrechte und der Verabschiedung der Verfassung waren Hunger und Not in Frankreich längst nicht beseitigt. Das Ansehen des Königs sank immer weiter. Obwohl der Monarch jetzt in Paris lebte, hoffte er auf eine Veränderung der Verhältnisse zu seinen Gunsten. Heimlich sandte er Hilferufe an die europäischen Königshöfe, vor allem an den Kaiser in Wien, den Bruder der Königin Marie Antoinette. Im Juni 1791 wagte die Königsfamilie schließlich die Flucht. Aber der König wurde in einem kleinen Dorf in Lothringen erkannt und von der Nationalgarde nach Paris zurückgebracht. Von nun an lebte er in seinem Stadtschloss wie ein Gefangener.

Q1 Die Marseillaise (Lied der Freiwilligen, heute die Nationalhymne Frankreichs):

Auf, Kinder des Vaterlandes, der Tag des Ruhmes ist da!
Gegen uns wurde der Tyrannei blutiges Banner erhoben.
Hört ihr im Land das Brüllen der grausamen Soldaten?
Sie rücken uns auf den Leib, Eure Söhne, Eure Frauen zu erwürgen.
Zu den Waffen, Bürger! Schließt die Reihen!
Lasst uns marschieren, marschieren, damit das unreine (feindliche) Blut die Furchen unserer Äcker tränke!

Abkehr von der konstitutionellen Monarchie

Die Nationalversammlung wollte mit der Verfassung eine ähnliche Staatsform wie in England, eine konstitutionelle Monarchie, einführen. Der König sollte in dieser Staatsform an der Spitze des Staates stehen, seine Macht jedoch durch die Verfassung und die Nationalversammlung stark eingeschränkt werden.

Die Stimmung im Land radikalisierte sich allerdings nach dem Fluchtversuch des Königs. Immer mehr Franzosen forderten einen Staat ohne König. Die Volksmassen stürmten schließlich das Schloss und bedrohten Ludwig XVI. Auch in der Nationalversammlung gab es erregte Diskussionen. Der Rechtsanwalt Maximilien de Robespierre forderte offen die Beseitigung der Monarchie und fand viele Anhänger. Für ihn war klar: Der Feind sitzt im eigenen Land, im Pariser Stadtschloss, den Tuilerien.

Kampf um die Freiheit

Im Sommer 1792 rückten Heere aus Österreich und Preußen in Frankreich ein, um die sogenannte schändliche Volksherrschaft zu beseitigen und das Königspaar zu retten. In ganz Frankreich meldeten sich daraufhin Freiwillige zu den Waffen. Ihnen gelang es, das Land gegen die verhassten Fürsten zu verteidigen. Während dieser Kämpfe wurde die Marseillaise, die spätere französische Nationalhymne, zum Lied der Freiwilligen.

M1 Der Auszug der Freiwilligen am 22. Juni 1792. Gemälde von Eduard de Détaille

Frankreich als Republik

Am 10. August 1792 gelang es den radikalen Jakobinern, die sich nach ihrem ersten Treffpunkt, dem Kloster Sankt Jakob in Paris, benannten, die Oberhand in der Nationalversammlung zu gewinnen. Sie setzten den König ab. Damit wurde Frankreich am 21. September 1792 zur Republik: ein Staat ohne einen König an der Spitze, ein Staat, in dem die Teilung der Gewalten durchgeführt war.

Q2 Der Jakobiner Maximilien de Robespierre in seiner Anklagerede (1792):

Hier ist kein Prozess zu führen. Ludwig ist kein Angeklagter, Ihr seid keine Richter. Ihr seid nun Staatsmänner und Vertreter der Nation. Ihr habt kein Urteil für oder gegen einen Menschen zu fällen, sondern eine Maßnahme der öffentlichen Wohlfahrt zu treffen, einen Akt nationaler Vorsehung zu vollziehen. Was schreibt eine gesunde Politik vor, um die werdende Republik zu stärken? Den Herzen einen tiefen Abscheu vor dem Königtum einzuflößen …

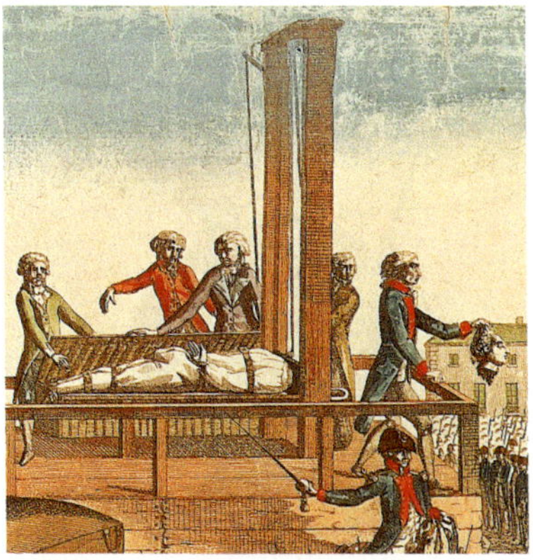

M2 Hinrichtung des Königs am 21. Januar 1793 (zeitgenössischer Stich)

Die Hinrichtung des Königs

Die Vertreter der Nationalversammlung berieten im Dezember 1792 über das Schicksal Ludwigs XVI. und seiner Familie. Die Meinungen über den Umgang mit dem König waren sehr unterschiedlich. Schließlich wurde er wegen Staatsverrat angeklagt und mit knapper Mehrheit zum Tode verurteilt.

Am 21. Januar 1793 wurde König Ludwig XVI. mit dem Fallbeil, der Guillotine, vor den Augen der Pariser Bevölkerung hingerichtet. Damit schien die Gefahr einer Gegenrevolution durch die Anhänger des Königs gebannt.

M3 Königin Marie Antoinette auf dem Weg zur Hinrichtung am 16. Oktober 1793. Ihre verschwenderische Hofhaltung, selbst in Zeiten, als die Bevölkerung Hunger litt, machte sie beim Volk extrem unbeliebt (Zeichnung von Jacques Louis David, 1793).

Q3 Ein Augenzeuge über die Hinrichtung Ludwigs XVI. (1793):

Die Stufen zum Schafott waren äußerst steil. Dem König bereitete das Steigen Mühe. Oben angekommen, brachte er mit einem einzigen Blick die zwanzig Trommler, die ihm gegenüberstanden, zum Schweigen und sprach: „Ich bin unschuldig an den Verbrechen, die man mir vorwirft. Ich bitte Gott, das Blut, das Sie vergießen werden, möge niemals über Frankreich kommen."

ARBEITSAUFTRÄGE

- › **1.** Fasse den Fortgang der Revolution zusammen.
- ›› **2.** Erkläre den Begriff konstitutionelle Monarchie.
- ›› **3.** Charakterisiere die Stimmung im Gemälde M1.
- ›› **4.** a) Analysiere die Marseillaise in Q1.
  b) Begründe deren Nutzung als französische Nationalhymne.
- ››› **5.** Beurteile die Äußerung des Königs vor seiner Hinrichtung in Q3.
- ››› **6.** Bewerte die Hinrichtung des Königspaares.

→ zu 1.
Nach der gescheiterten Flucht des Königs …

→ zu 2.
Formuliere den Text mit eigenen Worten. Stelle einen Bezug zum Verlauf der Revolution her.

Die Schreckensherrschaft der Jakobiner

M1 Bewaffneter Revolutionär mit typischer Kleidung und Kopfbedeckung mit Kokarde in den Farben der Revolution (kolorierte Radierung, 1789)

Machtübernahme der Jakobiner

Das französische Volk war sich über die politische Führung nicht einig. Neben den Königstreuen gab es die Anhänger der Republik. Diese zerfielen in unterschiedliche Gruppen, die untereinander zerstritten waren. Als mächtigste Gruppe setzten sich die Jakobiner unter der Führung von Robespierre durch.

Die Lage der Menschen in Frankreich war bestimmt durch große Not. Durch Kriege und schlechte Getreideernten verschlechterte sich die Versorgung der Bevölkerung mit Lebensmitteln. Deshalb richteten die Jakobiner 1793 den Wohlfahrtsausschuss ein, der für die Versorgung der Bevölkerung, aber auch für die Organisation von Militär und Polizei zuständig war.

Q1 Der Bürger Célestin Guittard schrieb in seinem Tagebucheintrag vom 30. April 1795 über die Situation in Paris und Reims:

Wir bekommen nur noch ein Viertelpfund Brot am Tag für jede Person. Noch niemals hat Paris eine solche Hungersnot und ein solches Elend erlebt. Man weiß nicht, was werden wird. … Aus der ganzen Gegend um Reims sieht man Menschen kommen; sie kommen, um Korn zu kaufen, zu welchem Preis auch immer, und was alle anderen Lebensmittel angeht, so übersteigt es die Vorstellungskraft; es gibt keine Grenzen mehr; heute ein Preis, morgen ein anderer. Man tut alles, um Brot zu bekommen, und muss auf alle anderen lebensnotwendigen Dinge verzichten.

M2 Die Kokarde, das Abzeichen der Revolutionäre

M3 Straßenküche in Paris (Zeichnung, 1794)

M4 Verhör eines Bürgers vor einem Revolutionsgericht (Gemälde, 1792)

Revolutionsgerichte werden eingerichtet

Der Wohlfahrtsausschuss, der von den Jakobinern ursprünglich zum Wohle der Bevölkerung eingerichtet worden war, gewann immer mehr an Macht. Im Sommer 1793 erließ der Ausschuss ein Gesetz gegen die Verdächtigen, um die Feinde der Republik bekämpfen zu können. Es entstanden Revolutionsgerichte, die Beschuldigte verurteilten, ohne dass ein Widerspruch gegen das Urteil möglich war. Zeugen oder Verteidiger erhielten keine Stimme. Immer häufiger kam es zu Anschuldigungen und Verdächtigungen. Keiner traute mehr dem anderen, Menschen wurden bespitzelt und beschuldigt, ein Feind der Revolution zu sein. In dieser Zeit fanden aus den genannten Gründen ca. 500 000 Verhaftungen statt. 40 000 der verhafteten Menschen wurden verurteilt und durch die Guillotine hingerichtet Auch Anhänger der Revolution und selbst Robespierre blieben nicht verschont. Ein Zeitgenosse sagte damals: Die Revolution frisst ihre Kinder. Die Herrschaft der Jakobiner wurde eine Zeit des Schreckens.

Frankreich nach dem Tod von Robespierre

Ein Jahr nach dem Tod von Robespierre übernahm ein Direktorium aus fünf Männern die Regierung. Kurzfristig beruhigte sich die Lage in Frankreich. Langfristig konnten sie die Krise nicht lösen. Es kam zu Unruhen. 1799 stürzte das Militär das Direktorium, und Napoleon Bonaparte, einer der Generäle, setzte sich an die Spitze des französischen Staates.

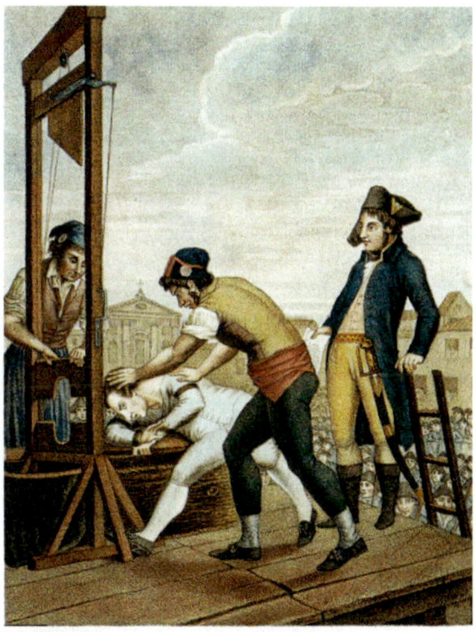

M5 Hinrichtung Robespierres (Kupferstich, 1794)

ARBEITSAUFTRÄGE

› **1.** Beschreibe das Aussehen der Jakobiner (M1).

›› **2.** Arbeite heraus, inwiefern der Tagebucheintrag in Q1 und das Bild in M3 die Lage der Menschen in Frankreich widerspiegelt.

›› **3.** a) Erkläre die Funktion der Revolutionsgerichte.
b) Charakterisiere die Darstellung des Revolutionsgerichtes in M4.

›› **4.** Beurteile die Chancen des Angeklagten in M4 auf ein gerechtes Verfahren.

››› **5.** Überprüfe die Richtigkeit der folgenden Aussage eines damaligen Zeitgenossen: „Die Revolution frisst ihre Kinder."

→ zu 1.
Achte auf Kleidung und Farben.

→ zu 2.
Lies die Quelle gründlich und fasse sie mit eigenen Worten zusammen. Beschreibe das Bild in M3. Formuliere die Probleme.

Frankreich nach der Revolution

M1 Napoleon Bonaparte (1769–1821), Gemälde, 1796

Die Menschen in Frankreich sehnten sich nach Ruhe und Ordnung, doch das Gegenteil war der Fall. Deshalb zogen sich die Menschen immer mehr ins Privatleben zurück. Ihr Interesse an Politik sank. Fast unbemerkt begann das Direktorium, diktatorisch zu herrschen. Die einzige Kraft, die eingreifen konnte, war das Militär, dessen Macht und Ansehen in der Bevölkerung während der Revolution kontinuierlich stieg. Im Jahr 1799 gelang ein Staatsstreich von Generälen, der die Regierungszeit des Direktoriums beendete. Einer dieser Generäle war Napoleon.

Vom General zum Kaiser der Franzosen

Napoleon lebte während der Revolution in Paris. Er verfolgte die politischen Ereignisse genau und begeisterte sich für die Revolution. Als Mitglied der Jakobiner kämpfte er für die Revolution.

Mit knapp 24 Jahren wurde er zum General und Führer der Italien-Armee ernannt. Es gelang ihm, seine Soldaten zu motivieren und erfolgreich schnelle Feldzüge zu führen. Er besiegte Österreich in Italien. Danach zog er in Ägypten gegen die Engländer, um deren Vormachtstellung im Mittelmeer zu brechen. Dies misslang jedoch im Jahre 1798. Noch in Ägypten erfuhr Napoleon von den Machtbestrebungen des Direktoriums. Er eilte zurück nach Paris.

Aufgrund seiner militärischen Erfolge vertrauten die Franzosen Napoleon. Sie hofften, mit ihm werde Ruhe und Stabilität eintreten. Napoleon selbst hatte sein Ziel erreicht, als er als Herrscher an der Spitze des französischen Staates stand. Als eine seiner ersten Amtshandlungen verkündete Napoleon eine neue Verfassung, die keine Menschen- und Bürgerrechte mehr enthielt. Es gelang Napoleon, die Ordnung im Staat wiederherzustellen. Im Jahr 1804 krönte er sich in einer feierlichen Zeremonie selbst zum Kaiser.

M2 Kaiserkrönung von Napoleon, 1804. Das Gemälde war eine Auftragsarbeit von 1806 und ist 9,30 m breit und 6,10 m hoch.

Der Code civil

Im Jahr 1804 schuf Napoleon ein neues Gesetzbuch, den Code civil. Er wurde die Grundlage für viele europäische Gesetzeswerke, die noch heute Gültigkeit haben.

Der Code civil garantierte den Bürgern ihr Privateigentum. Darüber hinaus schrieb er die Gleichheit aller Menschen vor dem Gesetz fest und sicherte die Freiheit des Einzelnen. Neu war die Trennung von Staat und Kirche. So durften künftig nur Bürgermeister die Eheschließung vornehmen. In einem neuen staatlichen Geburts- und Sterberegister, das die Kirchenbücher ersetzte, wurden alle Geburten und Todesfälle vermerkt.

M3 Trauung vor dem Bürgermeister (zeitgenössische Darstellung)

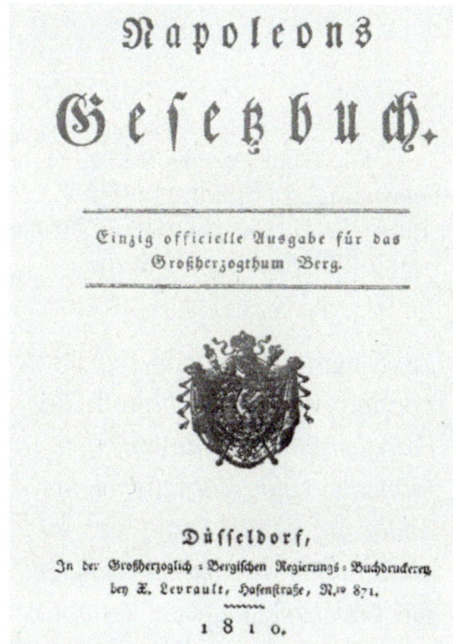

Napoleons
Gesetzbuch.

Einzig officielle Ausgabe für das
Großherzogthum Berg.

Düsseldorf,
In der Großherzoglich = Bergischen Regierungs = Buchdruckerey
bey L. Levrault, Hofenstraße, N.ro 871.

1810.

M4 Code civil, Titelblatt der deutschen Ausgabe von 1810

Organisation von Staat, Verwaltung und Wirtschaft

Napoleon organisierte den Staat straff. Er unterstützte Wirtschaft und Handel dadurch, dass er eine neue Währung einführte und die Bank von Frankreich gründete. Napoleon förderte die Wirtschaft, vergab große Aufträge für die Ausrüstung des Militärs und baute das Straßennetz aus. Zudem wurde die französische Wirtschaft geschützt, indem er ausländische Waren mit hohen Zöllen belegte.

Die Steuern wurden auf alle Franzosen gleichmäßig verteilt. Die Bauern blieben Besitzer des Landes, das sie während der Revolution aus dem enteigneten Besitz der Adligen erhalten hatten.

ARBEITSAUFTRÄGE

- › **1.** Nenne Gründe für den raschen Aufstieg Napoleons.
- ›› **2.** Analysiere das Gemälde in M1.
- ›› **3.** Erarbeite Bestimmungen aus dem Code civil, die für uns heute noch Gültigkeit haben.
- ›› **4.** Erstelle eine Mind Map zum Thema „Frankreich unter Napoleon“.
- ››› **5.** Beurteile, inwiefern sich Napoleon den Ideen der Französischen Revolution verpflichtet fühlte.

zu 1.
Die Franzosen sehnten sich … das Militär … Die Franzosen vertrauten Napoleon aufgrund …

zu 2.
Wende die Schritte zur Analyse von Herrscherporträts von Seite 125 an.

Revolution in Frankreich – was bleibt?

Eine Revolution ist ein gewaltsamer Umsturz der bestehenden Ordnung, der zu einem tiefgreifenden politischen und gesellschaftlichen Wandel führt. Diese Umwälzungen haben Auswirkungen auf die Zeit nach einer Revolution.
Welche Errungenschaften der Französischen Revolution prägen bis heute unser Zusammenleben?

Q1 Die Wochenzeitschrift ZEIT befragte 2008 Etienne François, Professor für Geschichte am Frankreich-Zentrum der FU Berlin:

ZEIT: Worin sehen Sie die bleibenden Errungenschaften der Französischen Revolution?
François: Die Menschenrechtserklärung ist das Erste, was mir einfällt. Für Frankreich speziell die Gleichsetzung von Republik und Demokratie. Drittens, die Vorstellung, dass es Maßstäbe und Ziele gibt in der Politik, die einen allgemeinen Wert haben über das Land bzw. die Nation hinaus.
ZEIT: Und was wären das zum Beispiel für allgemeine, universelle Werte?
François: Es fängt an mit der Demokratie, mit den Menschenrechten, mit der Gewissensfreiheit, mit der Gleichstellung von Mann und Frau, auch wenn das nicht explizit formuliert war in der Erklärung der Menschenrechte, also all die Werte, die für uns als zwingend betrachtet werden mit einem Absolutheitsanspruch. Das sind Sachen, die von der Französischen Revolution herkommen. …

Mit den Jakobinern und den Girondisten entstanden erste Parteien.

Die Gewaltenteilung wurde nach den Ideen der Aufklärer umgesetzt und hat bis heute Bestand.

Die Französische Revolution war der Auslöser anderer Revolutionen.

Die Schlagwörter der Revolution „Freiheit, Gleichheit, Brüderlichkeit“ sind heute immer noch aktuell.

Teile des aufklärerischen Menschenbildes wurden bis heute dauerhaft umgesetzt.

ARBEITSAUFTRÄGE

1. Gestaltet eine Ausstellung zum Thema: „Die langfristigen Auswirkungen der Französischen Revolution bis heute“.
a) Analysiert das Interview in Q1.
b) Setzt euch mit den Inhalten der Sprechblasen auseinander.
c) Befragt Lehrer, Eltern und Bekannte zu den Auswirkungen der Revolution bis in die Gegenwart.
d) Gestaltet eure Ergebnisse in einer Mind Map
e) Präsentiert das erarbeitete Wissen in einer Ausstellung.

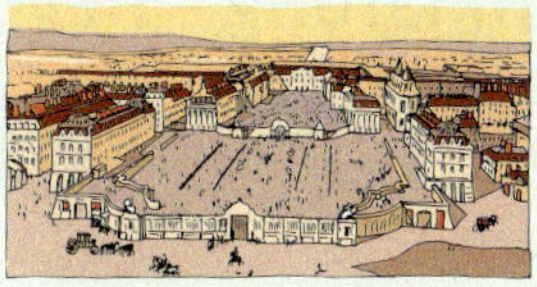

ab 1661: Versailles wird zur absolutistischen Residenz ausgebaut

ca. 1730 – 1790: Epoche der Aufklärung in Europa

1789 – 1799: Französische Revolution

1804: Kaiserkrönung Napoleons

1643 – 1715: Regierungszeit Ludwigs XIV.

1640 | 1680 | 1720 | 1760 | 1800

Frankreich zwischen Monarchie, Revolution und Republik

In Frankreich regierte Ludwig XIV. von 1661 bis 1715 als absoluter Herrscher. Er erließ alle Gesetze, seine Beamten sorgten dafür, dass sie auch durchgesetzt wurden. Ihm gelang es weitestgehend, die politische Mitbestimmung des einst mächtigen Adels und der Stände auszuschalten. Ludwig XIV. entwickelte Frankreich dadurch zu einem Musterbeispiel modernen Staatswesens, dessen Machtstützen das stehende Heer, die katholische Kirche und die Beamten waren.

Die Regierungsform des Absolutismus prägte die ganze Epoche. Viele Fürsten in Europa strebten danach, absolute Herrscher zu werden und ahmten das französische Vorbild nach.

Die Vertreter der Aufklärung kritisierten diese durch nichts beschränkte Herrschaft und forderten Gewaltenteilung. Sie wünschten sich denkende Bürger und verlangten die Einführung der Volksbildung. In Nordamerika entstand eine neue Nation, die sich nach Auseinandersetzungen mit dem Mutterland England eine eigene Verfassung gab. Die Vereinigten Staaten von Amerika wiesen mit ihrer Unabhängigkeitserklärung vielen Ländern einen neuen Weg.

In Frankreich herrschte 1789 Ludwig XVI. Das Land geriet zunehmend in eine Krise. Die Lebenssituation der Menschen war schlecht und der König benötigte viel Geld für seinen absolutistischen Lebensstil.

Dafür mussten die Generalstände, eine Versammlung aller drei Stände, einberufen werden. Der dritte Stand wollte die Steuerlast, die er bislang trug, nicht länger übernehmen und bildete die Nationalversammlung. Das war der Ausgangspunkt für eine Revolution nie gekannten Ausmaßes, die alle Bereiche des französischen Lebens betraf und ihre Wirkung bis in die heutige Zeit aufweist. Freiheit, Gleichheit und Brüderlichkeit sind Forderungen, die bis heute mit dieser Revolution verbunden bleiben.

Arbeitstechniken

In diesem Kapitel hast du gelernt, wie du
- ein Herrscherporträt analysierst und
- ein Rollenspiel gestaltest.

WICHTIGE BEGRIFFE

Sonnenkönig
Dritter Stand
Revolution
Menschen- und Bürgerrechte
Verfassung
Freiheit
Amerikanische Unabhängigkeitserklärung

Ständegesellschaft
Aufklärung
Republik
Gleichheit

Lesegesellschaft
Zensuswahlrecht
allgemeines Wahlrecht
konstitutionelle Monarchie
Nation
Schreckensherrschaft
Ideentransfer

Absolutismus – Aufklärung – Revolution

Ich kann ...	☆	☆☆	☆☆☆
... Herrscherporträts analysieren.			
... ein Rollenspiel gestalten.			
... Einschnitte und Kontinuitäten benennen und ihre Bedeutung beurteilen.			
... die Übertragbarkeit historischer Erkenntnisse auf aktuelle Probleme erörtern.			

Herrscherporträts analysieren

☆ Beschreibe den Gesichtsausdruck von Markgraf Karl Friedrich von Baden.

☆☆ Analysiere das Herrscherporträt.

☆☆☆ Überprüfe, ob Markgraf Karl Friedrich von Baden ein absolutistischer Herrscher war.

M1 Markgraf Karl Friedrich von Baden (1728-1811) um 1746, Bild von Philipp Heinrich Kißling, Öl auf Leinwand, 140 x 97 cm (staatliche Kunsthalle Karlsruhe)

Ein Rollenspiel gestalten

Situation: Aufklärer treffen sich zu einer fiktiven Diskussionsrunde, um ihre Ideen auszutauschen.

☆ Nennt bekannte Vertreter des aufgeklärten Denkens.

☆☆ Gestaltet ein Rollenspiel.

☆☆☆ Beurteilt, inwiefern Rollenspiele geeignet sind, um historische Sachverhalte zu verstehen.

Du bist Jean-Jacques Rousseau, ...

Du bist der Baron Charles de Montesquieu ....

Du bist Immanuel Kant ...

Einschnitte und Kontinuitäten benennen und ihre Bedeutung beurteilen

☆ Nenne die unterschiedlichen Staats- und Regierungsformen in Frankreich zwischen den Regierungszeiten Ludwigs XIV. und Napoleon Bonapartes.

☆☆ Stelle den Verlauf der Französischen Revolution in einer Zeitleiste dar.

☆☆☆ Erörtere die Bedeutung der Französischen Revolution für die Gegenwart.

Historische Erkenntnisse auf aktuelle Probleme übertragen

Q1 Die „Kinderzeitmaschine“ erklärt Gewaltenteilung für Kinder:

Wer bei Rot über die Ampel fährt, wird bestraft.
Damit du das besser verstehst, nehmen wir am besten mal ein Beispiel: Die Legislative – bei uns in der Bundesrepublik geschieht dies durch Bundestag und Bundesrat bzw. die Länderregierungen – hat ein Gesetz erlassen, nach dem man nicht bei Rot über die Ampel fahren darf. Die Polizei überwacht das, dies wäre dann die Exekutive. Und falls sie einen Verkehrssünder entdeckt, muss dieser sich auf eine Bestrafung gefasst machen. Über die Höhe der Strafe entscheidet dann der Richter, der dem Raser eine Geldstrafe aufbrummt, also die Judikative. Im schlimmsten Fall gibt das Punkte in Flensburg und Führerscheinentzug. So einfach ist das Prinzip der Gewaltenteilung.

☆ Nenne die drei Gewalten.

☆☆ Erstelle zu den Inhalten von Q1 eine Grafik.

☆☆☆ Bewerte die Idee der Redakteure der „Kinderzeitmaschine“, die Gewaltenteilung in dieser Form zu erklären.

Webcode Lösungen: WES-110781-310

Streben nach Freiheit und Einheit

Ausgehend von den revolutionären Ereignissen in Frankreich begann in vielen Teilen Europas ein Kampf um Freiheit, nationale Unabhängigkeit und Einheit. Dieser Kampf zwischen rückwärtsgewandten und freiheitlichen Kräften mündete in die europäischen Revolutionen von 1848/49. In diesem Kapitel setzt ihr euch mit der Gründung von Nationalstaaten auseinander und bewertet diesen Prozess. Ihr lernt, historische Lieder als Quelle sowie Verfassungsschaubilder zu analysieren.

Diese Lithografie von Frederic Sorrieu trägt den Titel: „1848: Der Traum von der universellen, demokratischen und sozialen Republik“.

Neuordnung in Europa

Veränderungen in Deutschland

Q1 Napoleon formulierte seine Ziele so:

Europa wird nicht zur Ruhe kommen, bevor es nicht unter einem einzigen Oberhaupt steht, unter einem Kaiser, der Könige als seine Beamten hat und der seinen Generälen Königreiche gibt. Wir brauchen ein europäisches Gesetz, einen europäischen Gerichtshof, eine einheitliche Münze, die gleichen Maße und Gewichte …
Aus allen Völkern muss ich ein Volk machen und aus Paris die Hauptstadt der Welt.

Napoleons Ziele in Europa

Die Herrschaft Napoleons hatte Frankreich zum bedeutendsten und militärisch mächtigsten Staat in Europa gemacht. Aber die Ziele des französischen Kaisers waren noch ehrgeiziger. Er plante eine Herrschaft über Europa.

Umgestaltung Deutschlands

Aus diesem Grund zog Napoleon mit seinen Soldaten gegen viele europäische Staaten. Er war erfolgreich und siegte selbst gegen die Großmächte Preußen und Österreich. Um die Ostgrenze Frankreichs besser zu sichern, verlangte er 1797 den Abzug aller fremden Truppen vom linken Rheinufer. Alle deutschen Fürsten, die dadurch ihre Gebiete an Frankreich verloren, entschädigte er mit anderen Ländern, die rechts vom Rhein lagen.

Dies führte zu einer völligen Umgestaltung des Deutschen Reiches, zu der sogenannten napoleonischen Flurbereinigung. Die Landkarte, die vorher an einen bunten Flickenteppich erinnerte, zeigte nach der Neuordnung nun größere und zusammenhängende Herrschaftsgebiete.

Ungefähr 160 Zwergstaaten verschwanden buchstäblich von der Landkarte. Die Königreiche Bayern und Württemberg und auch das Großherzogtum Baden konnten ihre Gebiete dagegen erheblich vergrößern, indem sie sich viele dieser kleinen Herrschaften einverleibten. Nach dem Willen Napoleons sollten die Länder Österreich und Preußen dadurch ihre besondere Stellung unter den deutschen Staaten verlieren.

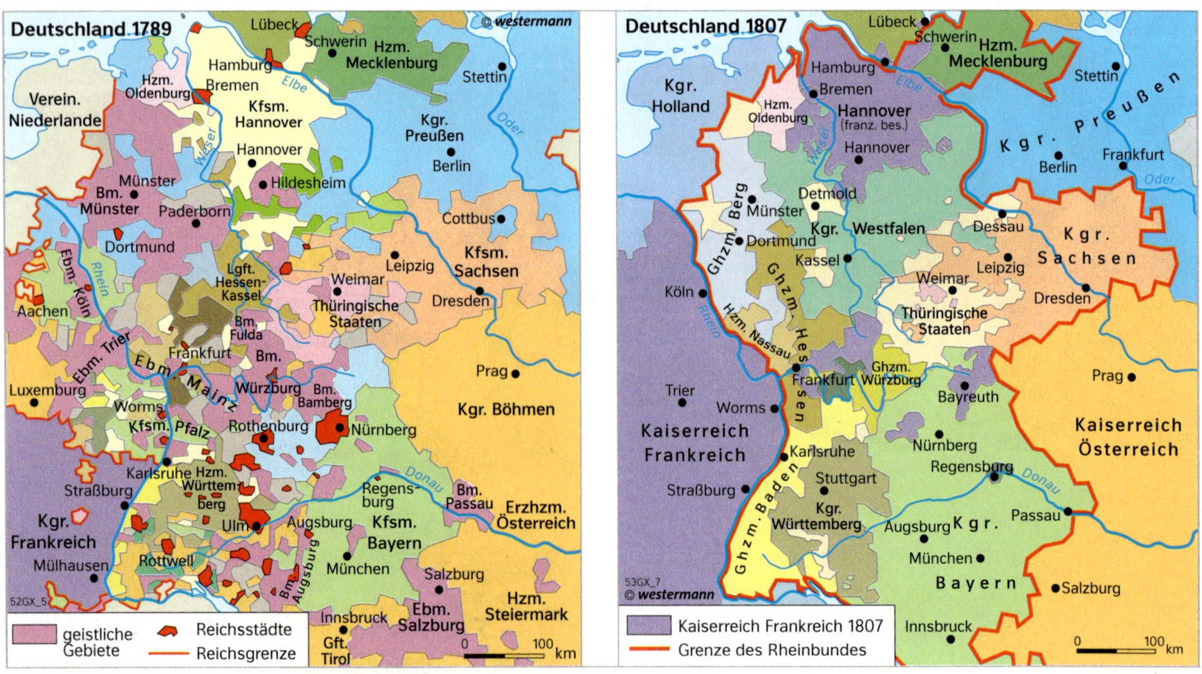

M1 Die Neuordnung Deutschlands

Der Rheinbund

Auf den Druck des französischen Kaisers schlossen sich 16 Fürsten in Süd- und Westdeutschland im Jahr 1806 mit Frankreich zum Rheinbund zusammen. Sie erklärten zudem ihren Austritt aus dem Reichsverband.

Daraufhin legte der österreichische Kaiser Franz II. die deutsche Kaiserkrone nieder und erklärte das Ende des Heiligen Römischen Reiches deutscher Nation. Er nannte sich künftig Franz I., Kaiser von Österreich.

M2 Kaiser Franz I. von Österreich (1768-1835, zeitgenössisches Gemälde)

Q2 Der Historiker Hans-Christof Kraus formulierte 2006:

Noch etwas anderes darf nicht vergessen werden, das in der heutigen Betrachtung häufig unterschlagen wird: der Überdruss vieler Deutscher - darunter nicht zuletzt der meisten Vertreter des in jener Zeit neu aufblühenden Kultur- und Geisteslebens - an der Enge des bisherigen deutschen Daseins... (D)och vielen damals lebenden Deutschen von Geist, Bildung und politischem Bewusstsein war jene Welt längst unerträglich geworden ... Sie weinten ... dem Alten Reich keine Träne nach, sondern empfanden sein Ende und die damit verbundene Chance zum verfassungspolitischen Neubeginn, als Erlösung.

Modernisierung durch die französische Besatzung

Die französische Besatzungsmacht führte in den Rheinbundstaaten eine Rechtsprechung und Verwaltungsstruktur nach dem Vorbild des französischen Code civil ein. Durch die Abschaffung vieler Vorrechte des Adels, des Zunftzwangs sowie der Leibeigenschaft der Bauern wurde eine grundlegende Modernisierung durchgesetzt. Viele Deutsche waren deshalb begeistert von den Ideen der Französischen Revolution.

Mit dem Andauern der Besatzungszeit wollten immer mehr Menschen keine Steuern mehr an Frankreich bezahlen und empfanden den Zwang zum Militärdienst als Belastung. Erste militärische Niederlagen Napoleons ermutigten auch die Menschen in den deutschen Ländern, sich gegen die französische Fremdherrschaft zu wehren.

Langsam entwickelte besonders das Bürgertum in Preußen, Sachsen, Baden und den anderen Teilstaaten ein nationales Bewusstsein. Immer mehr Menschen sehnten sich nach einem deutschen Nationalstaat nach französischem Vorbild. Besonders die Studenten und Intellektuellen waren von der Idee eines deutschen Vaterlandes begeistert.

ARBEITSAUFTRÄGE

› **1.** Fasse die politischen Ziele Napoleons zusammen.
›› **2.** Vergleiche die Karten in M1.
›› **3.** Erläutere die Einschätzung des Historikers in Q2.
› **4.** Nenne die Folgen der Gründung des Rheinbunds.
››› **5.** Beurteile die Folgen der napoleonischen Herrschaft für die Bevölkerung in den deutschen Gebieten.

zu 1.
Nutze auch Q1.

zu 2.
Wende zuerst die Schritte zur Auswertung von Karten von Seite 84 an. Suche dann nach Gemeinsamkeiten und Unterschieden und formuliere ein abschließendes Fazit.

zu 5.
Wäge Vor- und Nachteile der französischen Besatzung ab.

Mediatisierung und Säkularisation

Die rechtliche Grundlage für die Umgestaltung Deutschlands bildete der sogenannte Reichsdeputationshauptschluss von 1803. Dieser unter Druck von Napoleon entstandenen Beschluss leitete das Ende des Heiligen Römischen Reiches deutscher Nation ein. Gleichzeitig wurde die deutsche Kleinstaaterei beendet.

Mediatisierung

Durch die Gebietsreform entstanden größere Herrschaftsbereiche, die sich durch eine zentrale Verwaltung leichter organisieren ließen. Dieser Vorgang heißt Mediatisierung. Enteignet wurden in der Regel sehr kleine Herrschaftsgebiete, sogenannte Zwergherrschaften, die zuvor selbstständig waren. Zu den Gewinnern zählten besonders die süddeutschen Herrscher von Baden und Württemberg. Ihre Gebiete vergrößerten sich deutlich, die Herrscher gewannen dadurch an Ansehen und Einfluss.

M1 Der Thron des württembergischen Königs ist ein Beispiel für die Säkularisation von Kirchenbesitz. Sitz- und Rückenpolster sind aus ehemaligen Gewändern von Priestern gefertigt worden.

Säkularisation

Napoleon trennte weltliche Herrschaft von kirchlicher Seelsorge. Diese Trennung zwischen Staat und Kirche hatte er auch schon in Frankreich durchgeführt und damit den Einfluss der Kirche verkleinert. Durch die Säkularisation verlor die Kirche Landbesitz, Gebäude, Geldvermögen und Wertgegenstände. Nach der Enteignung gingen diese Werte in staatliches Eigentum über. Viele Klöster wurden zu Krankenhäusern umfunktioniert, zu Gefängnissen, Fabriken, Schulen, Armenhäusern oder Kasernen. Staatliche Bibliotheken erhielten die Bücher und Schriftrollen aus dem Klosterbesitz. Kirchliche Gefäße aus Edelmetallen wie Silber und Gold wurden eingeschmolzen und das Material weiterverwendet.

Napoleon sicherte sich mit diesen Maßnahmen seine Macht und seinen Herrschaftsanspruch im besetzten Gebiet. Mit dem enteigneten Besitz belohnte er Fürsten, die mit ihm zusammenarbeiteten.

ⓘ Napoleon ist als Pfefferkuchenbäcker dargestellt. Er zieht die frisch gebackenen Monarchen aus Bayern, Württemberg und Baden aus dem mit Kanonenkugeln befeuerten Ofen. Die zertrümmerten alten Herrschaftsgebiete werden zusammengekehrt und landen im Ascheloch. Im Hintergrund knetet der als Bischof gewandete französische Außenminister Talleyrand neue Staaten. Vorne links steht ein Korb mit Napoleons Verwandten, die als fertig gebackene „echte korsische Königlein für den Eigenverbrauch und Export“ dargestellt sind.

M2 Napoleon als Königsbäcker in einer Karikatur des britischen Zeichners James Gillray von 1806

Auf dem Weg zu modernen Staaten in Süddeutschland

Durch die Gebietsreformen vervierfachte Baden seine Fläche und die Anzahl der Untertanen, das etwas größere Württemberg verdoppelte sich. Für beide Herrscher und ihre Regierungen stellte sich die Aufgabe, die neuen Gebiete mit deren Bewohnern in ihre Verwaltung zu integrieren. Sie führten Veränderungen in der Verwaltung durch, Reformen. Zur besseren Übersicht wurden die Länder in Verwaltungsbezirke eingeteilt und von einem zentralen Ort aus organisiert. Durch die Reformen entstand ein großer Bedarf an Staatsdienern, die über eine gute Ausbildung verfügen mussten.

Seit dem Mittelalter hatten in der Regel Adlige die Herrscher bei ihren Regierungsaufgaben unterstützt. Nun öffnete sich der Staatsdienst auch für andere Stände. Interessierte konnten Aufnahmeprüfungen ablegen und eine berufliche Laufbahn beim Staat anstreben. Damit schufen die süddeutschen Herrscher die Grundlage für ein modernes Berufsbeamtentum. Auch die Rechtsprechung wurde vereinheitlicht und modernisiert. Sie lag nun ausschließlich in den Händen des Staates. Weiterhin veränderten Bildungs-, Landwirtschafts-, Gewerbe- und Militärreformen die süddeutschen Staaten.

Q1 In der Fachzeitschrift „Praxis Geschichte" charakterisiert Walter Demel 2010 den „modernen Staat":

Nach klassischer Definition: 1. Ein einheitliches, zusammenhängendes Staatsgebiet, in dem in allen seinen Teilen die Staatsmacht gleichmäßig zur Geltung kommt. 2. Eine Menge an Staatsbürgern auf eben diesem Gebiet, ausgestattet mit gleichen Rechten und Pflichten gegenüber ihrer Regierung. 3. Ein Gewaltmonopol dieser Regierung über „ihr" Staatsgebiet und „ihre" Staatsbürger.

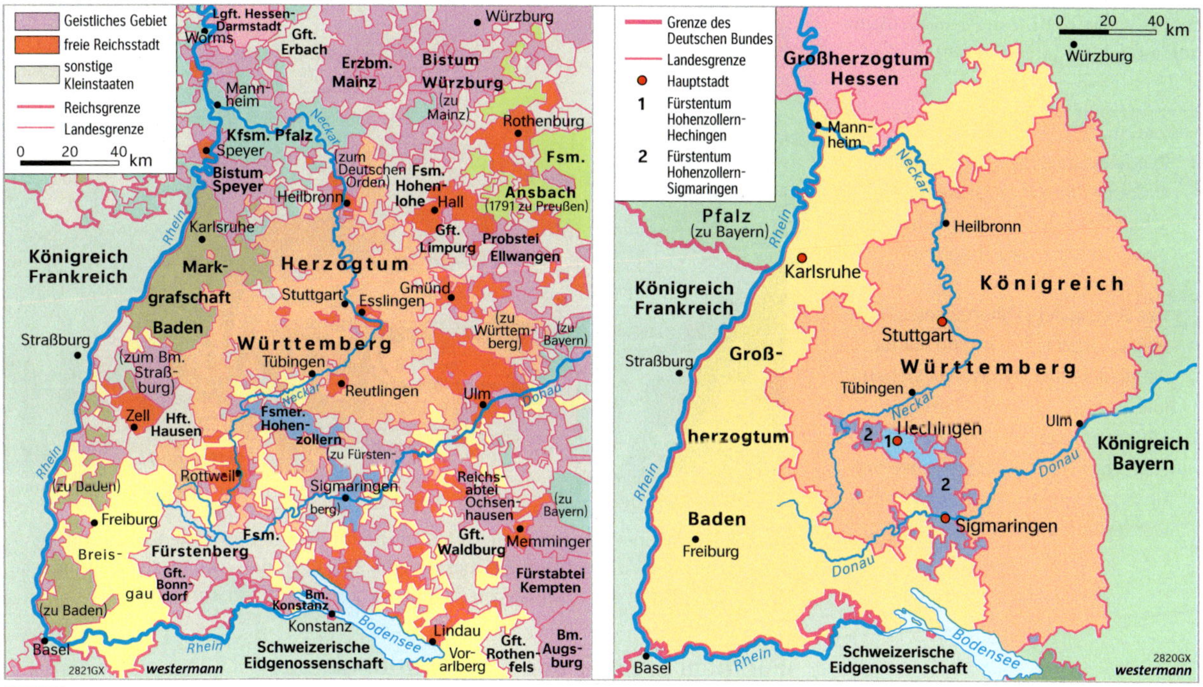

M3 Südwestdeutschland 1789 (links) und 1816 (rechts)

ARBEITSAUFTRÄGE

- › **1.** Nenne die Grundlage für die Umgestaltung Deutschlands in napoleonischer Zeit.
- ›› **2.** Erläutere die Begriffe Mediatisierung und Säkularisation.
- ›› **3.** Arbeite die Aussageabsicht der Karikatur in M1 heraus.
- ›› **4.** Charakterisiere die Entwicklung Badens und Württembergs zu einem modernen Staat.
- ››› **5.** Gestalte einen Kurzvortrag zum Thema: „Die Umgestaltung des Südwestens durch die napoleonische Flurbereinigung."

→ **zu 3.**
Nutze die Erläuterungen in der Randspalte.

→ **zu 4.**
Nutze die Definitionskriterien in Q1.

→ **zu 5.**
Erarbeite Informationen zu folgenden Teilbereichen: napoleonische Flurbereinigung, Säkularisation, Mediatisierung, Folgen

Rückkehr zur alten Ordnung

M1 Zar Alexander I. von Russland, Kaiser Franz I. von Österreich und König Wilhelm III. von Preußen (Aquarell auf Feder; 13,5 × 9,4 cm)

Restauration
Wiederherstellung der politischen Ordnung von vor 1792: Die Herrschaftsform der Volksherrschaft in einer Republik wird abgelehnt.

Legitimität
Das Prinzip der Erbherrschaft: Ein Herrschaftsanspruch kann nur für Mitglieder einer Dynastie bestehen.

Solidarität
Für Krisenzeiten sichern sich die Herrscher Europas ihre gegenseitige Unterstützung zu: Aus Konkurrenten werden Verbündete.

Der Wiener Kongress

Die Kriege gegen Frankreich hatten die europäischen Herrscher geeint. Sie lehnten die Französische Revolution von 1789 ab, die zum Aufstieg Napoleons geführt hatte. Im Jahr 1814 trafen sich die wichtigsten Fürsten und ihre Minister in Wien zu einem Kongress. Nach den Kriegen der vergangenen Jahre und der Bedrohung durch Napoleon wollten sie eine stabile Neuordnung Europas beschließen.

Zu diesem Zweck wurde in Wien eine Heilige Allianz der drei christlichen Monarchen gegründet: des katholischen Kaisers von Österreich, des orthodoxen Zaren von Russland und des protestantischen Königs von Preußen. Diese Allianz verpflichtete sich zur Erbmonarchie und dem Prinzip der gegenseitigen Solidarität.

M2 Der Wiener Kongress setzte Maßstäbe für eine neue Friedensordnung im 19. Jahrhundert, die zumindest über längere Zeit Bestand hatte (fiktive zeitgenössische Darstellung des Kongressgeschehens, kolorierter Stich, um 1815).

Für mehr Freiheit und einen Nationalstaat

Nach dem Wiener Kongress waren die Menschen in vielen Ländern Europas enttäuscht. Sie hatten in den Kriegen gegen Napoleon ihr Leben riskiert und gehofft, dass der Adel ihnen mehr Rechte einräumen würde. Nun erlebten sie, dass die europäischen Herrscher die Zeit zurückdrehen wollten. Wie vor der Französischen Revolution sollte der Adel herrschen. In vielen Völkern war durch die Befreiungskriege ein Zusammengehörigkeitsgefühl gewachsen und der Wunsch nach Einheit und Freiheit entstanden. Der Wiener Kongress wollte von diesen Bestrebungen nichts wissen. Alle Forderungen nach individueller Freiheit, nach nationaler Einheit und nach politischer Mitbeteiligung versuchten die Fürsten zu unterdrücken.

Der Deutsche Bund

Auch die deutschen Landesfürsten waren nicht bereit, ihre politische Macht einzuschränken oder zu teilen. Sie gründeten einen Staatenbund, den sie Deutscher Bund nannten. Dieser diente zur besseren Verteidigung und Festigung der Restauration. Zu dieser losen Vereinigung gehörten das Kaiserreich Österreich, die Königreiche Preußen, Bayern, Württemberg, Sachsen, Hannover und die übrigen 29 deutschen Staaten. Mitglieder waren auch die unabhängigen Städte Frankfurt am Main, Hamburg, Lübeck und Bremen. Die einzelnen Staaten blieben politisch selbstständig, trafen sich unter dem Vorsitz Österreichs aber regelmäßig zu Beratungen in Frankfurt am Main.

M3 Zentraleuropa um 1815

Forderungen nach Einheit und Freiheit

Die Politik der Restauration führte zu heftigem Protest. Professoren, Journalisten und besonders Studenten äußerten ihren Unmut. Wegen ihres Strebens nach Freiheit wurden sie Liberale und die entstehende politische Bewegung Liberalismus genannt. Für sie war wichtig, dass die Rechte jeder einzelnen Person vor der Macht des Staates geschützt werden. Dazu gehörten besonders das Recht auf Meinungs- und das auf Versammlungsfreiheit.

Neben dem Liberalismus gab es eine weitere politische Bewegung, die besonders die Menschen in Polen, Italien und den deutschen Kleinstaaten betraf. Sie wünschten sich einen gemeinsamen Staat, einen Nationalstaat nach dem Vorbild Frankreichs oder Englands. Darunter verstanden sie einen Staat, in dem die Menschen durch eine Sprache, Traditionen, Kultur und eine gemeinsame Geschichte miteinander verbunden sind. Diese politische Bewegung wird Nationalismus genannt.

ARBEITSAUFTRÄGE

- › **1.** Fasse die Ziele der Fürsten im Wiener Kongress zusammen.
- › **2.** Beschreibe die Abbildung M1.
- ›› **3.** Erkläre die Begriffe Restauration, Liberalismus und Nationalismus.
- ›› **4.** Analysiere die Karte M3.
- ››› **5.** Bewerte die Ergebnisse und Folgen des Wiener Kongresses.

zu 2.
Versuche, auch den Text zu lesen.

zu 4.
Wende die Schritte zur Auswertung von Karten von Seite 84 an.

Recht auf eigene Meinung

Q1 Politische Ziele der Jenaer Studenten von 1817:

Wir wünschen unter den einzelnen Staaten Deutschlands einen größeren Gemeinsinn, größere Einheit in ihrer Politik, keine eigene Politik der einzelnen Staaten, sondern das engste Bundesverhältnis; überhaupt, wir wünschen, dass Deutschland als ein Land und das deutsche Volk als ein Volk angesehen werden könne.

Das Wartburgfest

Die Beschlüsse des Wiener Kongresses sorgten vor allem unter den Teilnehmern der Freiheitskriege für heftigen Protest. Dichter, Journalisten, Professoren und Studenten äußerten ihren Unmut. Im Oktober 1817 trafen sich rund 500 Studenten aus ganz Deutschland auf der Wartburg bei Eisenach. Bei den Feiern am 18. Oktober forderten sie die Einheit Deutschlands, eine Verfassung und politische Rechte für alle Bürger. Am Abend wurde ein großes Feuer entzündet. Darin verbrannten Studenten typische Symbole der Adelsherrschaft, wie preußische Uniformen oder Perückenzöpfe.

Die Karlsbader Beschlüsse

Im März erstach ein Teilnehmer des Wartburgfestes in Mannheim den Dichter und russischen Staatsrat August von Kotzebue. Dieser stand im Verdacht, Spitzelberichte über die deutschen Universitäten geschrieben zu haben. Nun konnten die Herrscher mit einem konkreten Anlass gegen die Protestbewegung vorgehen.

Die Fürsten des Deutschen Bundes setzten 1819 die Karlsbader Beschlüsse mit einer strengen Zensur durch. Öffentliche Kritik an der Obrigkeit sollte hart bestraft werden. Die Zensur engte das Leben der Menschen in Deutschland sehr ein. Überall gab es Überwachung und Kontrolle. Polizeispitzel belauschten Gespräche, öffneten private Briefe oder suchten in Buchhandlungen nach verbotenen Büchern. Der Staat überwachte genau, welche Meinung veröffentlicht wurde. Viele Menschen gerieten wegen ihrer politischen Überzeugung in Verdacht und riskierten ihre Verhaftung. Oft reichte schon ein Anhaltspunkt aus, um im Gefängnis zu landen. Sogar das Rauchen in der Öffentlichkeit war verboten. Die Obrigkeit befürchtete, dass sich in Raucherecken Verschwörergruppen bilden könnten.

M1 Der Denker-Club, anonyme Karikatur 1825

Meinungs- und Pressefreiheit heute

Das Recht auf freie Meinungsäußerung in der Öffentlichkeit ist heute in Deutschland selbstverständlich. Das war nicht immer so. Nicht nur im 19. Jahrhundert, auch im 20. Jahrhundert gab es Zeiten, in denen keine Kritik an den Regierenden in Deutschland geäußert werden durfte. Das betraf den einzelnen Bürger genauso wie Journalisten oder Autoren und Schriftsteller. Auch heute riskieren Menschen in vielen Ländern der Erde ihr Leben, wenn sie Missstände öffentlich anprangern.

Meinungsvielfalt in der Demokratie

Nach der Gründung der Bundesrepublik Deutschland im Jahr 1949 wurde die Pressefreiheit als Artikel 5 in das Grundgesetz aufgenommen. Die Pressefreiheit ist ein Grundrecht, geschützt durch die Verfassung. In einem demokratischen Land hat die Presse eine besondere Bedeutung. Damit sich jeder Bürger eine eigene Meinung bilden kann, muss er sich vorher informieren können. Journalisten berichten in Zeitungen, im Fernsehen, im Radio oder im Internet unter anderem über das politische Geschehen.

In ihrer Arbeit sollen die Journalisten frei sein. Sie können in Deutschland über brisante Vorgänge berichten und müssen nicht sagen, von wem sie die Informationen haben. Das gilt auch dann, wenn sie über Unrecht oder Machtmissbrauch in Politik oder Wirtschaft berichten. Sie arbeiten ohne Angst, verhaftet zu werden.

Doch es gibt auch Grenzen. Journalisten dürfen niemanden beleidigen, keine unwahren Behauptungen aufstellen und keine privaten Dinge über Personen berichten, die nicht von öffentlichem Interesse sind.

Durch die Verbreitung der neuen sozialen Netzwerke, wie zum Beispiel Facebook oder Twitter, wird die Einhaltung solcher Regeln erschwert.

M2 Die Göttinger Sieben waren Professoren der Universität in Göttingen. Sie protestierten 1837 öffentlich gegen die Aufhebung der liberalen Verfassung im Königreich Hannover. Daraufhin wurden sie entlassen.
Göttinger Sieben waren: Wilhelm und Jacob Grimm (Jurist, Germanist), Wilhelm Eduard Albrecht (Staatsrechtler), Friedrich Christoph Dahlmann (Historiker), Georg Gottfried Gervinus (Literaturhistoriker), Wilhelm Eduard Weber, (Physiker), Heinrich Georg August Ewald (Orientalist)

Q2 Artikel 5 des Grundgesetzes der Bundesrepublik Deutschland:

(1) Jeder hat das Recht, seine Meinung in Wort, Schrift und Bild frei zu äußern und zu verbreiten und sich aus allgemein zugänglichen Quellen ungehindert zu unterrichten. Die Pressefreiheit und die Freiheit der Berichterstattung durch Rundfunk und Film werden gewährleistet. Eine Zensur findet nicht statt.
(2) Diese Rechte finden ihre Schranken in den Vorschriften der allgemeinen Gesetze, den gesetzlichen Bestimmungen zum Schutze der Jugend und in dem Recht der persönlichen Ehre.
(3) Kunst und Wissenschaft, Forschung und Lehre sind frei. Die Freiheit der Lehre entbindet nicht von der Treue zur Verfassung.

ARBEITSAUFTRÄGE

› **1.** Fasse die Forderungen der Burschenschaften zusammen.
›› **2.** Charakterisiere das Leben in Deutschland zur Zeit der Karlsbader Beschlüsse.
›› **3.** Analysiere die Abbildung M1.
››› **4.** Gestalte eine Internetrecherche zum Thema Pressefreiheit heute.

zu 1.
Nutze Q1.

zu 4.
Informiere dich z. B. unter www.reporter-ohne-grenzen.de/deutschland/

Bürgertum zwischen Anpassung und Auflehnung

Leben unter der Zensur

Das Bürgertum – wohlhabende Bürger, Ärzte, Rechtsanwälte, Fabrikanten und Kaufleute usw. – waren von den politischen Verhältnissen im Deutschen Bund enttäuscht. Die Forderungen nach Bürgerrechten, Pressefreiheit und politischer Mitbestimmung hatten sich nicht erfüllt. Auch der Wunsch nach Einheit, einem geeinten Deutschland blieb ein Traum. Die meisten Menschen lebten weiterhin in einem der vielen deutschen Kleinstaaten des Deutschen Bundes. Als Reaktion auf die Situation entschieden sich manche Menschen dafür, sich ganz aus der Politik herauszuhalten und ein sehr privates Leben in der Familie zu führen. Andere suchten ganz bewusst Gleichgesinnte und tauschten sich mit ihnen über politische Ideen aus.

Das Biedermeier

M1 Familienidylle der Biedermeierzeit (Gemälde, 1821)

Bei vielen Bürgerinnen und Bürgern stellte sich das Gefühl ein, machtlos gegen die Herrschenden zu sein. Sie zogen sich ins Privatleben zurück und beschränkten ihr Leben auf Haus und Familie. Dieser Rückzug in das private Leben hat dieser Zeit ihren Namen gegeben: das Biedermeier. Bieder bedeutet brauchbar, nützlich. Der Biedermann war ein nützlicher Bürger für den Staat, weil er kein Interesse an Politik hatte. Er gab sich mit allem zufrieden, hörte stets auf die Obrigkeit und folgte den Gesetzen.

Sehr viel Wert legte das Bürgertum auf ein geselliges Leben im Familienkreis. Das spielte sich vor allem im gemütlich eingerichteten Wohnzimmer ab. Die Aufgabenverteilung in der Familie war klar festgelegt. Der Mann als Familienvorstand verdiente mit seiner Arbeit das Geld. Die Erziehung der Kinder und die Organisation des Haushalts waren Aufgaben der Frau. Die Kinder wurden mit viel Liebe, aber auch mit Strenge erzogen. In der Zeit des Biedermeiers gestaltete die Familie ihre Freizeit mit gemeinsamen Unternehmungen wie Hausmusik oder Spaziergänge in der freien Natur. Der jährliche Höhepunkt des Familienlebens bildete das Weihnachtsfest unter dem Tannenbaum.

Die Querdenker

Nicht alle Menschen wollten sich ins Private zurückziehen. Öffentlich seine eigene Meinung zu äußern, war in diesen Zeiten jedoch äußerst schwierig. Aufgrund der Zensur konnten viele Schriftsteller ihren Beruf kaum noch ausüben. Im Bundesbeschluss vom 10. Dezember 1835 wurden kritische Autoren beschuldigt, „die bestehenden sozialen Verhältnisse herabzuwürdigen und alle Zucht und Sittlichkeit zu zerstören". Viele flohen vor Zensur und Überwachung ins Exil, wie Georg Büchner oder Heinrich Heine.

Wer nicht ins Exil gehen und sich dennoch zu Wort melden wollte, musst äußerst Vorsichtig vorgehen. Schriftstellerinnen und Schriftsteller versuchten, die Kritik an den politischen Verhältnissen in Gedichten oder Romanen zu verstecken.

Doch auch darauf reagierte die Obrigkeit und weitete die Zensur aus. Autoren, deren Werke verboten wurden, hatten keine Einkünfte mehr und waren von Armut bedroht.

Das Vereinswesen

Andere Bürger suchten die Gemeinschaft mit Menschen, die gleiche Interessen hatten. Sie trafen sich regelmäßig in Gesellschaften oder Vereinen. Dieses Vereinswesen förderte das Interesse der Bürger an der Politik. Auf den ersten Blick waren die Sport-, Schützen- oder Gesangsvereine ein Ort, an dem die Mitglieder turnten, ein Wettschießen veranstalteten oder gemeinsam sangen. Auf den zweiten Blick aber konnten sich die Menschen dort über politische Ideen austauschen. Dabei entwickelte sich ein Gemeinschaftsgefühl und Solidarität. Viele Menschen erkannten, dass sie mit ihren Träumen und dem Wunsch nach einem Nationalstaat nicht alleine waren. Sie trafen in den Vereinen Gleichgesinnte, die sich ebenfalls für Grundrechte und die Möglichkeit zur politischen Teilhabe einsetzten.

M3 Friedrich Ludwig Jahn (1778–1852); 1811 gründete der Pädagoge Jahn den ersten Turnplatz in Berlin. Nach diesem Vorbild entstanden in Deutschland zahlreiche Turnvereine. Mit Leibesübungen und Geräteturnen wurden Körper und Geist gepflegt. Die Turner waren eine der großen Nationalbewegungen, die ein vereintes Deutschland forderten (Druck, 1852).

M2 Einladung zum Württembergischen Turnfest in Reutlingen, 1845

Unter polizeilicher Beobachtung

Im Verlauf des 19. Jahrhunderts gewannen die Vereine stetig an Mitgliedern und dadurch auch an gesellschaftlichem Einfluss. Deswegen wurden ihre Aktivitäten von staatlichen Behörden sorgfältig überwacht. Die Polizeibehörden vor Ort konnten zur Kontrolle und Aufsicht eingesetzt werden. Mitglieder der Vereine wurden auch durch eingeschleuste Spitzel beobachtet.

ARBEITSAUFTRÄGE

› **1.** Nenne Beispiele für die Vertreter des Bürgertums.
› **2.** Beschreibe den unterschiedlichen Umgang der Menschen mit den politischen Verhältnissen.
›› **3.** Charakterisiere die historische Epoche des Biedermeiers.
›› **4.** Erläutere die Schwierigkeiten, mit denen Personen kämpfen mussten, die ihre Meinung zu den politischen Verhältnissen äußerten.
››› **5.** Bewerte die Bedeutung der Vereine der damaligen Zeit.

zu 3.
Nutze dazu auch die Darstellung des Familienlebens in M1.

Historische Lieder als Quelle analysieren

M1 Der Dichter der Nationalhymne, Hoffmann von Fallersleben (1798–1874) Druck, 1874

Liedtexte können Auskunft geben, wie Menschen in bestimmten Situationen lebten, fühlten und dachten. Deshalb sind Lieder wichtige Quellen für unser Wissen von Geschichte.

Im 19. Jahrhundert verwendeten die Menschen oft Lieder, um ihre politischen Vorstellungen und Gedanken auszudrücken. Besonders in der Zeit nach dem Wiener Kongress verbreiteten Studenten und Handwerker ihre politischen Ideen in Freiheitsliedern. Das gemeinsame Singen und Musizieren weckte ein Zusammengehörigkeitsgefühl und sandte schnell Ideen und neue Informationen aus.

Viele der politischen Lieder des Vormärz wurden zu Melodien bekannter Volkslieder gesungen. Diese einfachen Weisen konnten sich die Zuhörer schnell merken und mitsingen. Meistens gab es eine Melodie und dazu mehrere Strophen. In den Liedtexten stehen mutige Gedanken zu Freiheit und Einheit.

Bei der Analyse eines Liedes ist es wichtig, den Text und die musikalischen Mittel zu untersuchen und beides in die Zeit ihrer Entstehung einzuordnen.

Nationalhymne: Nach 1848 wurde das „Lied der Deutschen" als Hymne gesungen. Von 1918 bis 1933 war das Lied die alleinige Nationalhymne Deutschlands. Ab 1952 wird die dritte Strophe zur Nationalhymne der Bundesrepublik.
Die erste Strophe mit den Zeilen „Deutschland, Deutschland über alles, über alles in der Welt" wird heute nicht mehr bei offiziellen Anlässen gesungen, weil sie falsch verstanden werden kann. Fallersleben grenzte mit den Gewässern Maas, Memel, Etsch und Belt das Gebiet ein, in dem die deutsche Sprache gesprochen wurde.
Seit 1991 ist die dritte Strophe des Liedes die Nationalhymne für das wiedervereinigte Deutschland.
Die Melodie stammt von dem österreichischen Musiker Josef Haydn.

Q1 Hoffmann von Fallersleben: Das Lied der Deutschen, 1841

1. *Deutschland, Deutschland über alles*
   Über alles in der Welt,
   Wenn es stets zum Schutz und Trutze
   Brüderlich zusammenhält,
   Von der Maas bis an die Memel,
   Von der Etsch bis an den Belt -
   Deutschland, Deutschland über alles,
   Über alles in der Welt!

2. *Deutsche Frauen, deutsche Treue,*
   Deutscher Wein und deutscher Sang
   Sollen in der Welt behalten
   Ihren alten schönen Klang,
   Uns zu edler Tat begeistern
   Unser ganzes Leben lang -
   Deutsche Frauen, deutsche Treue,
   Deutscher Wein und deutscher Sang!

3. *Einigkeit und Recht und Freiheit*
   Für das deutsche Vaterland!
   Danach lasst uns alle streben
   Brüderlich mit Herz und Hand!
   Einigkeit und Recht und Freiheit
   Sind des Glückes Unterpfand -
   Blüh im Glanze dieses Glückes,
   Blühe, deutsches Vaterland!

Schritte zur Analyse eines historischen Liedes

1. ***Höre dir das Lied an.***
   - *Wie ist dein erster Eindruck?*
   - *Welche musikalischen Elemente fallen besonders auf? (Refrain, lauter und leiser werden, gleichmäßiger Rhythmus …)*
   - *Worum geht es in dem Text?*
2. ***Analysiere Text und Melodie.***
   - *Wann ist das Lied entstanden?*
   - *Wer ist Texter, wer ist Komponist?*
   - *Um welche Liedart handelt es sich? (Kirchenlied, Marschlied, Hymne, Volkslied, Arbeiterlied …)*
   - *Wie ist der Text formuliert? (sachlich, gefühlvoll, feierlich, humorvoll, ernst …)*
   - *Wie unterstützt die Melodie den Text?*
   - *Welche Intention (Absicht) verfolgt das Lied?*
3. ***Deute das Lied.***
   - *Welche Wirkung könnte das Lied bei den Menschen in der Zeit seiner Entstehung hervorgerufen haben?*
   - *Wie wirkt das Lied heute auf uns?*

Q2 „Die Gedanken sind frei“ ist ein deutsches Volkslied, das zunächst nur mündlich überliefert wird. Der Text erschien zum ersten Mal auf Flugblättern gegen Ende des 18. Jahrhunderts. Zwischen 1810 und 1820 wurde die Melodie dazu komponiert.
Typisch für ein Volkslied ist, dass es mehrere Fassungen des Textes gibt, die sich in den Worten und Schriftweisen etwas unterscheiden. Letztendlich sind Komponist und Dichter unbekannt.

1. *Die Gedanken sind frei, wer kann sie erraten? Sie fliehen vorbei wie nächtliche Schatten.*
   Kein Mensch kann sie wissen, kein Jäger erschießen, es bleibet dabei: Die Gedanken sind frei.
2. *Ich denke, was ich will, und was mich beglücket, doch alles in der Still, und wie es sich schicket.*
   Mein Wunsch und Begehren kann niemand verwehren, es bleibet dabei: Die Gedanken sind frei.
3. *Und sperrt man mich ein im finsteren Kerker, das alles sind rein vergebliche Werke; denn meine Gedanken zerreißen die Schranken und Mauern entzwei: Die Gedanken sind frei.*

Stichwortartige Musterlösung zur Bearbeitung von M1

Schritt 1:
- Wiedererkennen: Melodie und dritte Strophe sind die Nationalhymne von Deutschland
- langsam, feierlich, Refrain, der in jeder Strophe wiederholt wird
- Sehnsucht nach einem vereinten, gemeinsamen Deutschland

Schritt 2:
- 1841 , komponiert 1797 von
- Texter: Hoffmann von Fallersleben, Komponist: Joseph Haydn
- Hymne
- gefühlvoll, begeistert, teilweise gereimt
- Musik trägt den Text; Wünsche im Text werden durch hohe Töne begleitet
- zustimmende Sehnsucht nach einem deutschen Nationalstaat

Schritt 3:
- vermittelt Mut und Hoffnung, dass die Menschen mit ihren Wünschen nicht alleine sind, Zuversicht, dass der gemeinsame Staat entstehen könnte
- Bewusstsein eines außergewöhnlichen Anlasses, wenn Hymne gespielt wird (staatliche Anlässe, Sportereignisse, an denen deutsche Nationalmannschaften beteiligt sind), interessant, dass nur 3. Strophe als Nationalhymne Deutschlands gesungen wird.

ARBEITSAUFTRÄGE

» **1.** Erkläre die Besonderheit der Quellenart historische Lieder.
› **2.** Nenne Anlässe, zu denen die deutsche Nationalhymne gesungen wird.
» **3.** Ordne die Informationen der Musterlösung dem Liedtext Q1 zu.
» **4.** Analysiere den Liedtext Q2 mit Hilfe der Schritte zur Analyse von historischen Liedern.
»› **5.** Beurteile die Wahl der dritten Strophe des Deutschlandliedes zur Verwendung als Nationalhymne.

Europa in Aufruhr

M1 Gedächtnistafel: Die denkwürdigsten Tage des Jahres 1830 (Bilderbogen, Nürnberg 1830)

„Frühlingserwachen“

Mit der Julirevolution 1830 in Frankreich, in der sich die Empörung gegen die restaurative Politik des französischen Königs Karl X. entlud, begann in vielen europäischen Ländern der Kampf um Freiheit, nationale Unabhängigkeit und Einheit. In Ländern wie Deutschland, Polen, Griechenland, Italien oder auch Böhmen herrschte eine revolutionäre Stimmung.

Der Schriftsteller und Journalist Ludwig Börne prägte den Begriff Völkerfrühling, der die Forderungen nach nationaler Einheit, politischer Freiheit und internationaler Verbundenheit symbolisierte.

Die griechische Revolution

In Griechenland kämpften Bürger zwischen 1821 und 1832 im sogenannten griechischen Unabhängigkeitskrieg gegen die Herrschaft der türkischen Osmanen und für eine eigenständige griechische Republik.

In diesem Konflikt spielten die Interessen unterschiedlicher europäischer Großmächte eine entscheidende Rolle. Auf Druck dieser entstand kein moderner, fortschrittlicher, liberaler griechischer Staat, sondern eine Monarchie unter Herrschaft eines Königs aus Bayern.

Der Aufstand in Polen

Das Königreich Polen, das seit dem Wiener Kongress existierte, wurde vom russischen Zaren Nikolaus I. regiert. Gegen diese russische Herrschaft, in der Pressefreiheit eingeschränkt und das Parlament nicht einberufen wurde, wandten sich fortschrittliche Bürger Polens, als Karl X. in Frankreich abdankte.

Ersten spontanen Versammlungen folgten revolutionäre Planungen im Herbst 1830, die im Dezember und Januar in einen Aufstand mündeten, der von der polnischen Armee unterstützt wurde. Nikolaus I. ließ im Februar 1831 den Aufstand militärisch niederschlagen. Damit scheiterte die Revolution in Polen, in deren Folge viele Polen ihre Heimat verließen.

Italien

Auch Italien war, ähnlich wie Deutschland, in viele kleinere Staaten zersplittert. In Reaktion auf die Julirevolution in Frankreich entstand eine Bewegung, die einen einheitlichen, unabhängigen Nationalstaat forderte. Österreich, Spanien und Frankreich besaßen jedoch viele der kleinen italienischen Gebiete. Gegen diese Fremdherrschaft richtete sich die Unabhängigkeitsbewegung.

Nach drei aufeinanderfolgenden italienischen Unabhängigkeitskriegen zwischen 1848 und 1870 konnte ein einheitlicher italienischer Nationalstaat geschaffen werden.

M2 Ludwig Börne (1786-1837), Gemälde von 1827

Q1 Ludwig Börne formulierte 1818 in seiner Wochenzeitschrift:

Wie weit entfernt von der heiligen Zone des Wissens ist noch jetzt die europäische Menschheit und wie lau und sanft ist all ihr Wollen und Tun. Darum sei man unbesorgt, froh des heranbrechenden Völkerfrühlings, und fürchte nicht die Bewegung im Freien.

Q2 Alessandro Manzoni forderte in der „Ode an den März“ 1821:

O Fremde, Italien besinnt sich auf sich selbst,
Es fordert seinen Boden zurück.
O Fremde, brecht eure Zelte ab,
in einem Land, das nicht das eure ist!

ARBEITSAUFTRÄGE

› **1.** Nenne Orte, die 1830 Schauplatz von Unruhen und Protesten waren.
» **2.** Vergleiche die einzelnen Darstellungen der Gedächtnistafel.
» **3.** Erkläre den Begriff „Völkerfrühling“.
» **4.** Arbeite die Entwicklungen in Griechenland, Polen und Italien heraus.
»» **5.** Überprüfe, ob die Bezeichnung europäischer Völkerfrühling für diese Zeit angebracht ist.

zu 1.
Nutze M1.

zu 2.
Untersuche bei den Bildern jeweils, inwiefern es Gemeinsamkeiten gibt und finde anschließend Unterschiede heraus. Formuliere ein abschließendes Fazit hinsichtlich der Ereignisse 1830.

zu 3.
Nutze Q1.

Die Revolution von 1848/49

M1 Paris, 24. Februar 1848, Sturm auf den königlichen Stadtpalast (Zeichnung aus der Leipziger Zeitung)

Q1 Der Freiheitskämpfer Carl Schurz erinnert sich an den 18. März 1848 in Berlin:

Bald waren in allen Richtungen die Straßen mit Barrikaden gesperrt, ... auf denen dann schwarz-rot-goldene Fahnen flatterten – und hinter ihnen Bürger aller Klassen ... hastig bewaffnet mit dem, was eben zur Hand war – Kugelbüchsen, Jagdflinten, Pistolen, Spießen, Säbeln, Äxten, Hämmern usw. Es war ein Aufstand ohne Vorbereitung, ohne Planung, ohne System. Jeder schien nur dem allgemeinen Instinkt zu folgen ... Hinter den Barrikaden waren die Frauen geschäftig, den Verwundeten beizustehen und die Kämpfenden mit Speis und Trank zu stärken, während kleine Knaben eifrig dabei waren, Kugeln zu gießen oder Gewehre zu laden ...

Die Revolution von 1848/49 war ein epochales europäisches Ereignis. Ausgehend von Paris erfassten revolutionäre Erschütterungen fast alle europäischen Staaten. Eine soziale Krise, die reformbedürftige Herrschafts- und Gesellschaftsordnung sowie aufbrechende Nationalitätenkonflikte waren Zündstoff dieser europäischen Revolution.

Schauplatz Paris

In Paris protestierten im Februar 1848 Arbeiter, Bürger und die Nationalgarde gegen den König. Er hatte weder die Hungersnot noch das Elend im Land beseitigen können. Außerdem forderten die Menschen ein gerechtes Wahlrecht. Bislang durften nur die wohlhabenden Franzosen wählen, die ein bestimmtes Einkommen hatten.

Als der König im Februar 1848 politische Großveranstaltungen zum Thema Wahlrecht verbot, kam es zu Aufständen. Innerhalb von Stunden verbarrikadierten Bürger, Handwerker und Arbeiter etwa 1500 Straßen. In Paris tobte ein Krieg der Bürger gegen die königlichen Truppen. Nach wenigen Tagen floh der König nach England. In Frankreich wurde zum zweiten Mal nach 1792 die Republik ausgerufen.

Schauplatz Europa

Die Ereignisse in Frankreich gaben in vielen europäischen Ländern das Signal zu öffentlichen Protesten und Demonstrationen. Über die Ländergrenzen hinweg hatten die Protestierenden nationale, liberale und demokratische Forderungen. Für die einen ging es um den Wunsch nach einem eigenen Nationalstaat. Andere forderten politische Mitbestimmung und Verfassungen mit Grundrechten. Für wieder andere ging es um ein Leben ohne Armut und Abhängigkeit von den adligen Grundherren.

Schauplatz Deutscher Bund

Im März 1848 griff die Revolution von Paris auf die Staaten des Deutschen Bundes über. Auf Demonstrationen und Versammlungen forderten die Menschen liberale Politik und nationale Einheit. In vielen Staaten leistete der Adel keinen Widerstand gegen die Revolutionäre. Einige Fürsten beteiligten Bürger mit nationalen und liberalen Ansichten an der Regierung des Landes. Mit diesem Kompromiss versuchten sie, Straßenkämpfe und weitere Verletzte oder Tote zu vermeiden, aber auch ihre Herrschaft zu sichern. Das gelang nicht überall.

Schauplatz Wien

In Wien spitzte sich die Situation zu, weil der Staatskanzler, Fürst von Metternich, sich weigerte, den liberalen Forderungen der Bürger nachzugeben. Als am 13. März aus Protest blutige Straßenschlachten begannen, musste er ins Ausland, nach London, fliehen. Der österreichische Kaiser versprach die Ausarbeitung einer Verfassung.

Aber auch in anderen Städten in Österreich-Ungarn wie Budapest, Prag und Mailand kam es zu Aufständen. Dort forderten national gesinnte Gruppen die Unabhängigkeit von Österreich und einen eigenen Nationalstaat.

M2 Aufstände in Europa von 1815-1849

Schauplatz Berlin

Auch in Berlin fanden viele politische Versammlungen statt. Die Situation wurde dramatisch, als sich am 18. März eine große Menschenmenge vor dem Schloss versammelte und friedlich ihre Forderungen vorbrachte: Pressefreiheit und einen deutschen Einheitsstaat. Als aus Versehen zwei Schüsse fielen, geriet die Situation außer Kontrolle. Es kam zu schweren Straßenkämpfen, die bis zum nächsten Morgen dauerten und bei denen 254 Aufständische getötet wurden. Da der preußische König die Ausdehnung der Revolution auf das ganze Land fürchtete, zog er am 19. Mai die Truppen zurück. Die Toten wurden im Schlosshof aufgebahrt.

M3 Berlins 19. März 1848, Barrikaden in der neuen Königsstraße (Bilderbogen, Berlin 1848)

Q2 Der Zeitzeuge Karl August Varnhagen von Ense erinnert sich:

Zuerst wurden sechs bis sieben Leichen von der breiten Straße her nach dem Schloss angefahren, die blutigen Wunden aufgedeckt, bekränzt mit Blumen und Laub. Die begleitende Volksmenge sang Lieder ... der König solle die Leichen sehen, hieß es. Auf den gebieterischen Ruf hin erschien der König auf dem [Balkon] ... Alles hatte den Kopf entblößt, nur der König die Mütze auf; da hieß es gebieterisch: „Die Mütze herab!", und er nahm sie ab. Die Leichen wurden dann durch das Schloss durch nach dem Dom gefahren ... diese machten auf dem inneren Schlosshof halt, und hier musste der König ebenfalls wiederholt auf der Galerie erscheinen, die Leichen grüßen und vieles anhören.

ARBEITSAUFTRÄGE

› **1.** Fasse die Schauplätze der Aufstände von 1848 zusammen.

›› **2.** Erläutere den Begriff Barrikadenkämpfe in Q1.

›› **3.** Analysiere die Karte M2.

››› **4.** Bewerte das Verhalten des Königs in Q2.

››› **5.** Überprüfe, ob es sich bei den hier beschriebenen Aufständen im Jahr 1848 um eine europäische Revolution handelte.

→ **zu 1.**
Arbeite mit einer Tabelle

Zeit	Schauplatz	Forderungen
...	...	...

→ **zu 3.**
Wende die Schritte zur Auswertung von Karten von S. 84 an.

Das erste deutsche Parlament

M1 Einzug der Parlamentarier in die Paulskirche (Druck, um 1848)

Aus Angst vor weiteren Straßenkämpfen und Unruhen erlaubten die deutschen Fürsten Wahlen für eine gesamtdeutsche Nationalversammlung. Das allgemeine und gleiche Wahlrecht hatten nur volljährige Männer ab einem Alter von 25 Jahren. Im Mai 1848 versammelten sich die Abgeordneten in der Paulskirche in Frankfurt am Main.

Wahlrecht, Grenzen und Staatsform

Die Nationalversammlung hatte die Aufgabe, eine Verfassung für ein gesamtdeutsches Reich auszuarbeiten. Teil dieser Verfassung sollten auch die Grundrechte für alle Bürger sein.

Darüber hinaus waren schwierige Fragen zu entscheiden:

Die politische Teilhabe: Wer sollte wählen und mitbestimmen dürfen? Alle Bürger oder nur diejenigen, die Steuern zahlen? Männer und Frauen?

Sollte der Vielvölkerstaat Österreich dazu gehören, obwohl es viele Menschen gab, die kein Deutsch sprachen. Sollte es besondere Rechte für die Minderheiten dort geben?

Welche Staatsform sollte ein gesamtdeutsches Reich haben? Sollte es weiterhin eine Monarchie sein mit einem König an der Spitze des Staates? Oder sollte der neue Staat eine Republik sein mit einem gewählten Präsidenten als Staatsoberhaupt?

226	Richter, Staatsanwälte, Anwälte
152	Beamte
94	Professoren
157	Lehrer, Ärzte, Schriftsteller, Geistliche, Akademiker
46	Bauern
36	Kaufleute
18	Offiziere
14	Fabrikanten
4	Handwerksmeister
0	Arbeiter

M2 Berufsgruppen der Abgeordneten (Auswahl)

Gleiche Ideen

In der Nationalversammlung gab es noch keine Parteien. Als Volksvertreter wurden meist Personen mit angesehenen Berufen gewählt. In Frankfurt schlossen sich die Abgeordneten mit ähnlichen politischen Zielen und Ideen zu Gruppen zusammen, um sich gegenseitig zu unterstützen. Die Clubs benannten sich nach ihren Treffpunkten in Gasthäusern: Casino, Augsburger Hof, Württemberger Hof.

Jeder Club wählte einen Vorstand, hatte eine eigene Zeitung und beschloss ein Programm. In der Nationalversammlung bildeten sie Fraktionen und waren damit die Vorläufer unserer modernen Parteien.

Linke und Rechte

Im Parlament saßen die Mitglieder der Fraktionen zusammen. Vom Rednerpult aus gesehen saßen sie links, rechts oder in der Mitte. Bis heute werden mit diesen Bezeichnungen politische Ideen und Programme beschrieben.

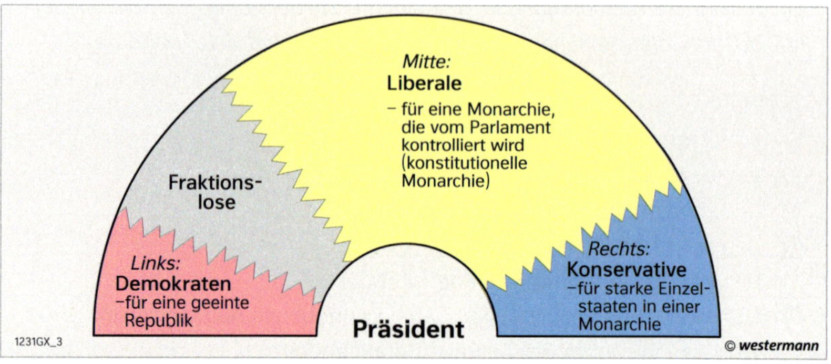

M3 Sitzverteilung in der Paulskirche

(1) Deutschland-Flagge
(2) Parlamentspräsident
(3) Parlamentsdiener
(4) Parlamentsschreiber
(5) Rednerpult
(6) Rechte
(7) Liberale
(8) Fraktionslose
(9) Linke
(10) Zuschauertribüne
(11) Presse

M4 Sitzung der Nationalversammlung im Juni 1848 (Druck, 1848)

Erfolg und Scheitern

Die Abgeordneten berieten intensiv und einigten sich im März 1849 auf eine Verfassung. Das geeinte Deutschland sollte eine Monarchie sein. Ein Kaiser sollte gemeinsam mit den Volksvertretern, dem Parlament, Gesetze erlassen. Außerdem hatte sich die Nationalversammlung für eine kleindeutsche Lösung ohne den Vielvölkerstaat Österreich entschieden. In der Verfassung waren die Grundrechte für das deutsche Volk festgeschrieben. Ein Wahlrecht für die Frauen gab es nicht.

Noch im gleichen Monat wählte die Nationalversammlung den preußischen König Friedrich Wilhelm IV. zum Kaiser der Deutschen. Eine Gruppe von 32 Abgeordneten reiste nach Berlin, um ihm die Kaiserkrone anzutragen. Doch Friedrich Wilhelm IV. lehnte ab. Nach seinem Verständnis habe das Volk kein Recht, ihm die Herrschaft anzubieten. Weder den Menschen, die 1848 auf der Straße protestiert hatten noch denjenigen, die in Frankfurt die Verfassung erarbeiteten, gestand er dieses Recht zu.

Q1 Grundrechte in der Verfassung von 1849:

§ 3 Jeder Deutsche hat das Recht, an jedem Ort des Reichsgebietes seinen Aufenthalt und Wohnsitz zu nehmen, …
§ 7 Vor dem Gesetz gilt kein Unterschied der Stände. Der Adel als Stand ist aufgehoben.
§ 8 Die Freiheit der Person ist unverletzlich.
§ 10 Die Wohnung ist unverletzlich.
§ 13 Jeder Deutsche hat das Recht durch Wort, Schrift und bildliche Darstellung seine Meinung frei zu äußern.
§ 14 Jeder Deutsche hat volle Glaubens- und Gewissensfreiheit.

ARBEITSAUFTRÄGE

› **1.** Nenne die Aufgabe der Nationalversammlung.
› **2.** Beschreibe den Ursprung unserer modernen Parteien.
›› **3.** Analysiere die Abbildung M4.
››› **4.** Gestalte den Bericht eines Journalisten, der Diskussionen in der Paulskirche in Frankfurt mitverfolgte.
››› **5.** Erörtere, inwiefern die Nationalversammlung ein Parlament aller Deutschen war.

zu 3.
Beachte auch M3.

zu 4.
Gehe auf strittige Punkte und Fragen ein.

zu 5.
Untersuche M2. Welche Bevölkerungsgruppen werden hier genannt?

Ein Verfassungsschaubild analysieren

Die Arbeitstechnik Auswertung von Schaubildern hast du bereits kennengelernt. Sie versuchen, komplizierte Themen übersichtlich und anschaulich darzustellen, wie z. B. den Aufbau einer Regierung. In einem solchen Verfassungsschaubild lassen sich die wichtigsten Informationen durch Begriffe, Symbole und Farben schnell erkennen. Das Schaubild nennt die Ämter und politischen Gruppen, die für das politische Leben in einer Gesellschaft verantwortlich sind. Es informiert über die Regierungsform und die wahlberechtigte Bevölkerung. Pfeile und Linien geben die Verantwortungsbereiche und den Handlungsspielraum aller Beteiligten an.

Schritte zur Analyse eines Verfassungsschaubilds

1. ***Ordne das Schaubild ein.***
   - *Welchen Titel trägt das Schaubild?*
   - *Welchen historischen Zusammenhang spiegelt das Schaubild wider?*
   - *Welche Begriffe sind dir unbekannt? Kläre sie.*
2. ***Beschreibe das Schaubild.***
   - *Wer sind die Wahlberechtigten?*
   - *Wie heißen die politischen Organe?*
   - *Wer hat das Recht, Gesetze zu erlassen?*
   - *Wer hat den Oberbefehl über das Militär?*
   - *Wie wird die Regierung (Minister) gebildet?*
   - *In welcher Beziehung stehen Regierung und Gesetzgebung?*
   - *Auf welche Weise kommen die politischen Gruppen in ihr Amt oder verlieren es?*
   - *Wie oft wird gewählt?*
3. ***Charakterisiere die dargestellte Regierungsform.***
   - *Fasse die wichtigsten Aussagen zusammen. Halte dich bei der Beschreibung an den Aufbau des Schaubildes (von oben nach unten, von links nach rechts).*
   - *Benenne die Form der Regierung (Monarchie, Republik, usw.).*
4. ***Bewerte das Schaubild.***
   - *Welche Informationen konntest du dem Schaubild nicht entnehmen?*
   - *Wie wirkt das Schaubild auf dich?*
   - *Welche Fragen lassen sich mithilfe des Schaubildes nicht beantworten?*
   - *Inwieweit lässt sich mithilfe des Schaubildes die Regierungsform charakterisieren?*

Stichwortartige Musterlösung zur Bearbeitung von M1

Schritt 1:
- Die Reichsverfassung von 1849
- Vorschlag der Abgeordneten der Nationalversammlung für ein geeinigtes Deutsches Reich
- Vetorecht = Einspruchsrecht

Schritt 2:
- allgemeines und gleiches Wahlrecht für deutsche Männer ab 25 Jahren
- Reichsminister, Reichstag und Landtage
- Wahlberechtigte wählen Vertreter für die Landtage und das Volkshaus
- Regierungen der Länder bilden das Staatenhaus
- Reichstag (Volkshaus und Staatenhaus) erlässt Gesetze
- Kaiser ernennt die Minister, hat den Oberbefehl über das Heer
- Kaiser kann die Gesetzgebung mit seinem Vetorecht aufhalten
- keine Information darüber, wie oft gewählt wird

Schritt 3:
- Das Schaubild zeigt, dass das geeinte Deutschland durch einen Kaiser regiert werden soll. Dieser ist gleichzeitig der König von Preußen. Die Regierung wird nicht durch Wahl bestimmt, sondern vom Kaiser ernannt. Die Regierungen der Länder haben nur Einfluss auf die Gesetzgebung, sind aber, wie Regierung und Kaiser auch, mit grau hinterlegt. Der Reichstag setzt sich aus zwei Häusern zusammen. Das Volkshaus wird durch Wahl des Volkes bestimmt, das Staatenhaus durch die Regierungen der Länder. Nur Männer über 25 Jahre dürfen wählen. Durch das allgemeine und gleiche Wahlrecht wirkt die Verfassung demokratisch.
- parlamentarische Monarchie mit Kaiser

Schritt 4:
- übersichtliche Anordnung, informierend
- keine Aussage zur Dauer der politischen Ämter
- keine Aussage über den Zeitraum zwischen zwei Wahlen, keine Information zur Rechtsprechung
- Regierungsform der parlamentarischen Monarchie lässt sich gut charakterisieren

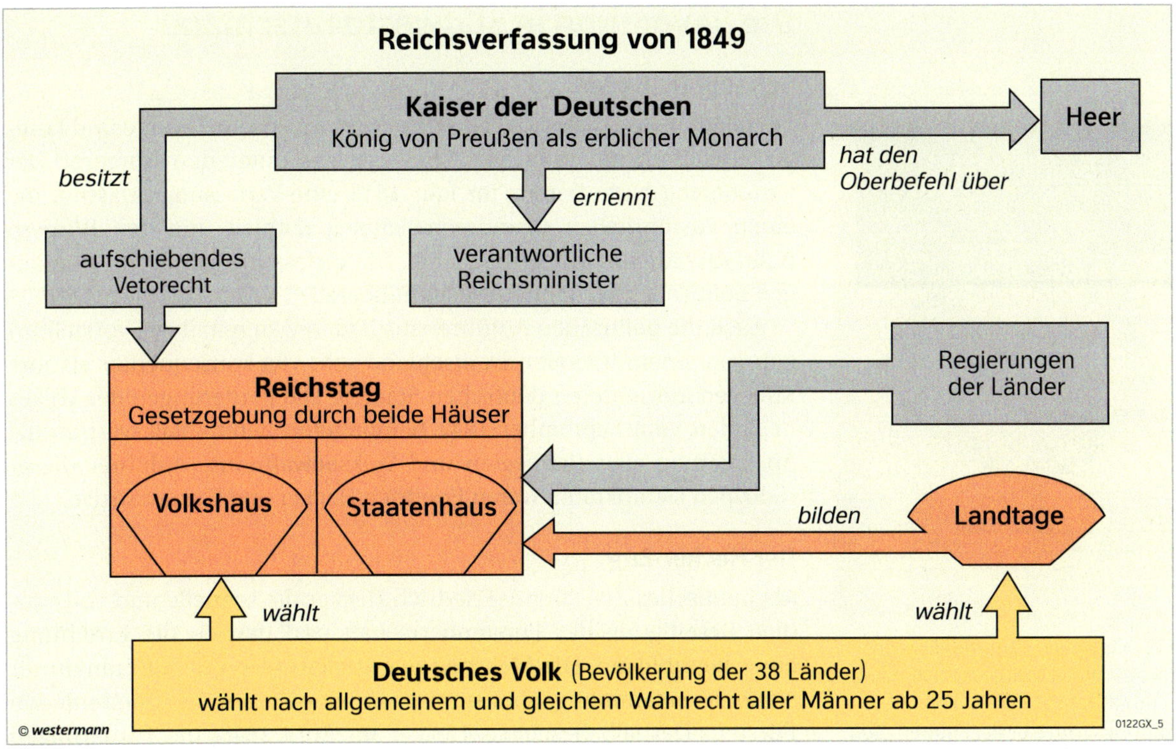

M 1 Die Reichsverfassung von 1849

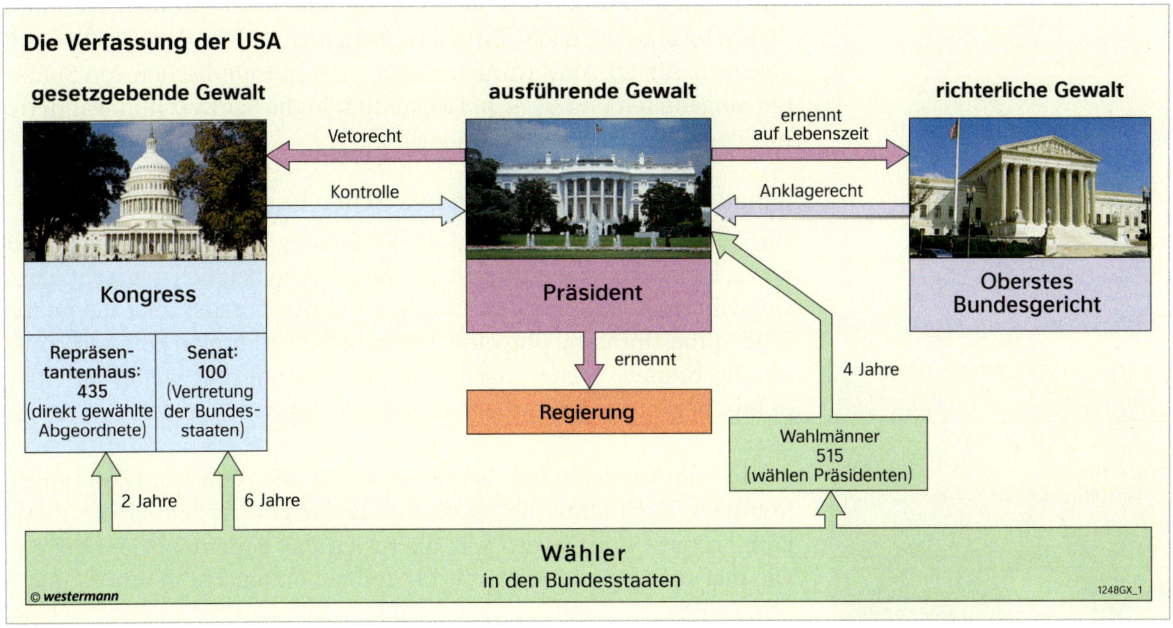

M 2 Die Verfassung der USA

ARBEITSAUFTRÄGE

» **1.** Ordne die Informationen der Musterlösung dem Schaubild M1 zu.

» **2.** Analysiere das Schaubild M2 mithilfe der Schritte zur Analyse von Verfassungsschaubildern.

»» **3.** Überprüfe M1 und M2 hinsichtlich von Gemeinsamkeiten und Unterschieden.

Die Revolution in Südwestdeutschland

Schauplatz Baden

Vor allem in Baden entwickelte sich durch viele neue Vereine und Lesegesellschaften ein politisches Bewusstsein unter den Bürgern. Der Großherzog hatte bereits im Jahr 1818 eine Verfassung erlassen, die einen ausführlichen Grundrechtekatalog enthielt und den Bürgern politische Mitwirkung ermöglichte. Die Verfassung galt für die damaligen politischen Verhältnisse als sehr liberal.

Auch die politischen Anführer aus Baden waren in ihren Vorstellungen von einem liberalen Deutschland sehr viel konsequenter als ihre Kollegen aus anderen deutschen Staaten. Die Forderungen des Volkes in Baden vom September 1847 beinhalteten bereits Volksvertretung, Abschaffung aller Privilegien und Volksbewaffnung. Anführer dieser radikalen Demokraten waren Friedrich Hecker und Gustav Struve.

M1 Fahne der Revolutionäre aus dem badischen Gailingen, 1849. Nachdem preußische Truppen die badische Revolutionsarmee besiegt hatten, floh der Gailinger Salomon Bloch mit der Fahne in die Schweiz.

Der Hecker-Zug

Als politisches Ziel strebte Friedrich Hecker die schnelle und vollständige Beseitigung der Fürstenherrschaft und danach die Errichtung einer Republik an. Die Mehrheit der Abgeordneten in der Frankfurter Nationalversammlung aber stimmte für eine Zusammenarbeit mit den Fürsten. Deshalb beschloss Hecker im April 1848, die Forderungen der radikalen Demokraten nicht parlamentarisch, sondern mit einem Volksaufstand durchzusetzen. Am 12. April 1848 riefen er und seine Mitstreiter in Konstanz die Republik aus. Von da aus wollten sie durch den Schwarzwald nach Karlsruhe ziehen und dort den Großherzog absetzen. Am 20. April wurden die ca. 1200 Aufständischen von Soldaten aufgehalten und besiegt. Hecker floh in die Schweiz und wanderte im September 1848 in die USA aus.

Scheitern der Revolution im Deutschen Bund

Die Ablehnung der Krone und der Verfassung durch den preußischen König hatte den Abgeordneten der Paulskirche deutlich gemacht, dass sie nicht mehr auf eine Vereinbarung mit den Fürsten über die politische Mitbestimmung und eine nationale Einheit hoffen konnten. Einige Abgeordnete wichen nach Stuttgart aus, um dort weiter an einer politischen Lösung zu arbeiten, doch sie wurden vom Militär vertrieben.

Viele der kleineren Bundesstaaten hatten die Verfassung zwar angenommen, doch ohne die Anerkennung der großen Länder wie Preußen, Sachsen und Bayern war die Arbeit des Parlaments gescheitert. Die meisten Abgeordneten reisten deshalb enttäuscht in ihre Heimatorte zurück.

Diese Entwicklung führte kurzfristig wieder zu Unruhen in der Bevölkerung, die das Militär aber schnell beendete. Liberale und Demokraten, die an den Unruhen und Protesten teilgenommen hatten, wurden verhaftet, zu Gefängnisstrafen oder zum Tode verurteilt. Viele flohen in die USA, weil sie in Deutschland keine Zukunft für ihre politischen Ziele sahen.

Der Adel hatte die Herrschaft zurückerobert. 1851 hob der Deutsche Bund die Grundrechte wieder auf.

M2 Friedrich Hecker (1811–1881)

Der zweite Aufstand in Baden

Im Mai 1849 rückte Baden erneut ins Zentrum des revolutionären Geschehens. Nachdem vor einem Monat der preußische König die Kaiserkrone abgelehnt und die meisten deutschen Fürsten die Verfassung zurückgewiesen hatten, gaben die badischen Liberalen das Zeichen zum Aufruhr. Sie luden zu einem Volkskongress nach Offenburg ein, um die Revolution zu retten. Gleichzeitig forderten sie die Soldaten auf, ihren Offizieren den Gehorsam zu verweigern. Es kam zu offenen Meutereien und badische Truppen der Garnison Rastatt verbündeten sich mit den Revolutionären. Daraufhin floh der Großherzog ins Elsass und rief Truppen des Deutschen Bundes um Hilfe.

Die Herrschaft des Volkes in Baden

Für sechs Wochen übernahmen die Demokraten in Baden die Macht. Sie wählten den liberalen Politiker Lorenz Brentano an die Spitze einer provisorischen Regierung. Für den bevorstehenden Kampf gegen die preußische Armee stellten sie eine badische Revolutionsarmee auf.

Aber auch hier scheiterte der Kampf um die Freiheit. Am 23. Juli ergaben sich die letzten Revolutionäre in der Festung Rastatt. Die preußischen Truppen verurteilten viele der Aufständischen zu Freiheitsstrafen, 51 wurden hingerichtet und über 80 000 Badener verließen ihre Heimat und wanderten aus.

Q1 Volksvereine aus allen Landesteilen hatten im Mai 1849 Vertreter nach Offenburg entsandt. Die Teilnehmer verbreiteten die Offenburger Beschlüsse. Sie wurden auf Flugblättern gedruckt und im Land verteilt.

... Die deutschen Fürsten haben sich zur Unterdrückung der Freiheit verschworen ... der Hochverrat an Volk und Vaterland liegt offen zu Tage; ... Die Deutschen befinden sich also im Stande der Notwehr, sie müssen sich verbinden, um die Freiheit zu retten; sie müssen dem Angriff der fürstlichen Rebellen den bewaffneten Widerstand entgegensetzen.

M3 Kapitulation der letzten badischen Revolutionäre vor preußischen Truppen am 23. Juli 1849 in Rastatt (aus einem Bilderbogen, 1849).

ARBEITSAUFTRÄGE

- › **1.** Nenne Gründe für das Scheitern der Revolution im Deutschen Bund.
- ›› **2.** Erstelle eine Zeitleiste zu den Ereignissen in Baden.
- ››› **3.** Beurteile, ob es sich bei Q1 um eine Textquelle oder eine Darstellung handelt.
- ›› **4.** Arbeite die Forderung der Offenburger Beschlüsse aus Q1 heraus.
- ››› **5.** Bewerte das Vorgehen von Hecker und Struve.
- ››› **6.** Gestalte einen Steckbrief zu Friedrich Hecker.

zu 3.
Wende die Schritte zur Unterscheidung zwischen Textquellen und Darstellungen von Seite 289 an.

zu 6.
Informiere dich über das Leben Heckers und fasse die Informationen stichwortartig und übersichtlich zusammen.

Auswanderung in die USA

Q1 Ernährung der Bauern um 1840 (zeitgenössischer Bericht):

Von Martini bis Weihnachten wurden alle Tage zweimal bloß Rüben gegessen, die zu Mittag gekocht und am Abend wieder aufgewärmt wurden … Von Weihnachten bis Ostern wurden in derselben Weise täglich Erbsen gegessen, die mit Rüböl mundgerecht gemacht wurden, und von Ostern, bis die frischen Gemüse herankamen, zweimal Linsen. Fleisch wurde nur an … (F)esten gegessen … Anderes Brot (als aus Kartoffeln gemachtes) kannte man in den meisten Häusern fast nicht; denn die kleinen Bauern, wenn sie auch zwei Pferde hielten, produzierten nicht so viel Korn, als sie dem Gutsherrn als Pacht abliefern mussten.

Q2 Ein in die USA ausgewandertes Ehepaar schreibt an seine Angehörigen in Württemberg:

Liebe Eltern und Geschwister,
Wir hören, dass in Deutschland Krieg und teure Zeiten sind. … ich und mein Mann stellen's in euren Willen, ob ihr Mut habt, nach Amerika zu gehen. Ein jeder Mensch muss einen Willen zu einer so großen Reise haben. … In Amerika ist alles anders als in Deutschland. … Du brauchst nicht denken, ich muss so viel aufs Rathaus zu bezahlen … Bloß einmal im Jahr musst du etwas bezahlen für dein Landgut und dann kommt kein Steuereintreiber mehr an die Tore das ganze Jahr hindurch.

Nach der gescheiterten Revolution im Deutschen Bund verließen viele Deutsche ihre Heimat und wanderten aus, sie emigrierten.

Migration ist auch heute ein aktuelles Thema in der Weltpolitik. Der Begriff stammt aus der lateinischen Sprache und bedeutet wortwörtlich Wanderung. Mit Migration werden die Bewegungen von Menschen bezeichnet, die ihren Lebensmittelpunkt dauerhaft in eine andere Umgebung verlegen.

Push- und pull-Faktoren für die Auswanderung in die USA

Im 19. Jahrhundert waren die USA für Menschen in Deutschland ein sehr beliebtes Auswanderungsland.

Push-Faktoren sind Gründe, die Menschen aus ihrer Heimat vertreiben. Im 19. Jahrhundert befand sich Deutschland im Umbruch von einer Agrargesellschaft zu einer industriellen Gesellschaft und die Menschen erlebten Arbeitslosigkeit und Armut. Missernten in der Landwirtschaft führten zu höheren Preisen für Lebensmittel. Für viele Menschen bedeutete das Not und Elend.

Neben den genannten push-Faktoren existieren pull-Faktoren, die einen Anreiz zur Einwanderung in ein bestimmtes Land setzen. Das Bild, das sich die Einwanderer von den USA machten, war oft durch Briefe bestimmt, die Verwandte oder bekannte Auswanderer aus der neuen Heimat schrieben. Darin wurden die Lebensverhältnisse idealisiert dargestellt. Das Leben in den USA erschien als die Erfüllung aller Träume und Hoffnungen. Solche Versprechen machten dem Auswanderungswilligen die Entscheidung leichter, die Heimat zu verlassen. Diese sogenannten pull-Faktoren lockten ihn auf eine weite, teure und nicht ungefährliche Reise in eine unbekannte Zukunft.

Aber nicht alle Menschen wählten den Weg der Auswanderung aus wirtschaftlichen Gründen. Auch die politischen Zustände in Deutschland gehören zu den push-Faktoren. Immer wieder wurden die Hoffnungen auf eine demokratische Mitbestimmung enttäuscht – 1815 durch die Politik der Restauration und 1849 nach der missglückten Revolution. Viele Liberale und Demokraten wählten aus Angst vor Verfolgung und Gefängnisstrafen den Weg ins Exil, in die USA.

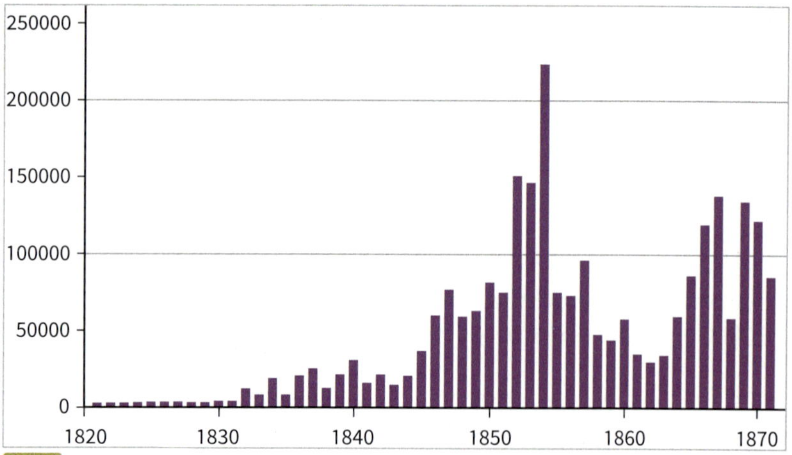

M1 Statistik der deutschen Amerika-Auswanderung 1820–1871

In der neuen Heimat

Auswanderer zogen oft dorthin, wo bereits Bekannte oder Verwandte wohnten. Diese gaben wertvolle Tipps für die Reise und konnten nach der Ankunft unterstützend helfen. So entstanden Wohnviertel, in denen vermehrt die deutsche Sprache gesprochen wurde, manchmal sogar der gleiche Dialekt. Viele Ortsnamen, die die Auswanderer den neuen Siedlungen gaben, erinnern noch heute an die deutsche Heimat.

Neben ihrer Sprache brachten deutsche Migranten auch ihre Gewohnheiten mit. Sie gingen gemeinsam in die Kirche und schickten die Kinder in die gleichen Schulen. Wie in Deutschland gründeten sie Turn-, Schützen- und Gesangsvereine, in denen sie sich in ihrer Freizeit trafen. Viele Auswanderer lebten in einer deutschen Umgebung, die sie sich selbst geschaffen hatten. Sie bemühten sich, die Sprache und Kultur ihres Heimatlandes zu bewahren. Das führte dazu, dass sie sich von anderen Einwanderungsgruppen und der amerikanischen Bevölkerungsmehrheit abgrenzten. Von den Amerikanern wurde diese Abtrennung nicht immer gerne gesehen.

Die Ankunft neuer Auswanderer stellte die bereits Ansässigen vor die große Herausforderung, die neuen in ihrer Gemeinschaft und die zukünftige Heimat zu integrieren.

M2 Deutsche Ortsnamen im Mittleren Westen der USA

> **Q3** Benjamin Franklin, Mitunterzeichner der Unabhängigkeitserklärung und lange Jahre im diplomatischen Dienst für die USA, formulierte 1751:
>
> *Warum sollten wir ertragen, dass die Pfälzischen Bauerntrampel in unsere Siedlungen einfallen und durch ihre Zusammenrottungen uns ihre Sprache und ihre Sitten aufzwingen? Wieso sollte Pennsylvania, das doch von den Engländern gegründet wurde, eine Kolonie der fremden Ausländer werden? Diese Fremden werden in kurzer Zeit so zahlreich sein, dass sie uns germanisieren (eindeutschen), anstatt dass wir sie anglisieren (hier: der Kultur der USA anpassen).*

Friedrich Hecker als einflussreicher deutscher Einwanderer

Nach der gescheiterten Revolution von 1848 verließ Hecker Deutschland und lebte 33 Jahre in Amerika. Er arbeitete als Farmer und Journalist, hielt Vorträge u.a. gegen das Frauenwahlrecht, kämpfte im Amerikanischen Bürgerkrieg gegen die Sklavenhaltung und unterstützte den Wahlkampf von Abraham Lincoln.

Nur noch einmal kehrte Friedrich Hecker nach Deutschland zurück. Er begrüßte zwar die Reichseinigung von 1871, kritisierte aber die Vorherrschaft Preußens.

M3 Mannheimer Revolutionäre in den USA: Friedrich Hecker, Gustav Struve und Lorenz Brentano

ARBEITSAUFTRÄGE

› **1.** Nenne Gründe für Migration.

›› **2.** Ordne die Informationen aus Q1 und Q2 push- und pull-Faktoren zu.

› **3.** Beschreibe die Entwicklung der Amerika-Auswanderung.

›› **4.** Analysiere Q3 hinsichtlich der Einstellung Benjamin Franklins gegenüber den deutschen Einwanderern.

›› **5.** Erläutere die Lebensweise der deutschen Einwanderer in den USA.

››› **6.** Erörtere die Herausforderungen für eine Gesellschaft, die Migranten aufnimmt.

Webcode:
Weitere Informationen zu Auswanderern
WES-110781-401

zu 3.
Nutze die Statistik in M1.

zu 6.
Denke auch an die aktuelle Situation in Deutschland.

Reichsgründung von oben

M1 Otto von Bismarck (1815–1898)

Durch Kriege zur Einheit

Im Gegensatz zu Frankreich und Großbritannien war in Deutschland noch kein einheitlicher Nationalstaat entstanden. Auch wenn Einigkeit und Freiheit in Deutschland 1849 nicht erreicht wurden, so hatte die Revolution aber doch aufgezeigt, dass die Mehrheit der Deutschen einen Nationalstaat wollte. Eine Möglichkeit bestand in der Schaffung des Nationalstaates von unten durch die Bürger oder von oben durch die Fürsten. Das setzte die Fürsten unter Druck. Gleichzeitig verschärfte es die Rivalität zwischen den beiden Großmächten Preußen und Österreich. Dabei ging es um die Frage, wer einen deutschen Nationalstaat anführen würde.

Im Jahr 1866 kam es zum Krieg zwischen Österreich und Preußen, den Österreich verlor. Preußen gründete daraufhin ohne Österreich mit allen Staaten nördlich des Mains den Norddeutschen Bund. Im Jahr 1867 erhielt der Bund eine Verfassung, die Preußen eine Vormachtstellung garantierte.

Vier Jahre später kam es zu einem Krieg zwischen den verbündeten deutschen Staaten gegen Frankreich, den Frankreich verlor. Noch während deutsche Truppen Paris belagerten, versammelten sich die deutschen Landesherren im Spiegelsaal von Versailles. Dort ernannten sie den preußischen König zum deutschen Kaiser. Die 22 Einzelstaaten und freien Städte bildeten das Deutsche Kaiserreich. Damit war ein deutscher Nationalstaat von oben geschaffen worden.

M2 Ernennung des preußischen Königs Wilhelm I. zum Kaiser des Deutschen Reichs am 18. Januar 1871 (Gemälde von A. Werner, 1885)

Ein deutscher Nationalstaat

Mit der Gründung des Kaiserreiches ging für die Mehrheit der Deutschen ein Traum in Erfüllung. Auch viele Freiheitskämpfer und Revolutionäre von 1848 stimmten in den Jubel mit ein.

In die Freude über die nationale Einheit mischten sich aber auch kritische Stimmen. Es war unklar, ob Reichskanzler Bismarck auf die Forderungen der Liberalen und Demokraten eingehen würde. Viele Menschen hofften auf freie und allgemeine Wahlen. Besonders Unternehmer erwarteten die Möglichkeit der politischen Mitbestimmung. Für Arbeiter stellte sich die Frage, ob der junge Nationalstaat sich zu den Grundrechten bekennen und ob sich ihre soziale Situation verbessern würde.

M4 Flagge der Revolutionäre
Die Fahne steht für Republik, Einheit und Freiheit.

M5 Flagge des Deutschen Kaiserreiches (1871–1918)
Die Fahne steht für Monarchie, Obrigkeitsstaat und militärische Werte.

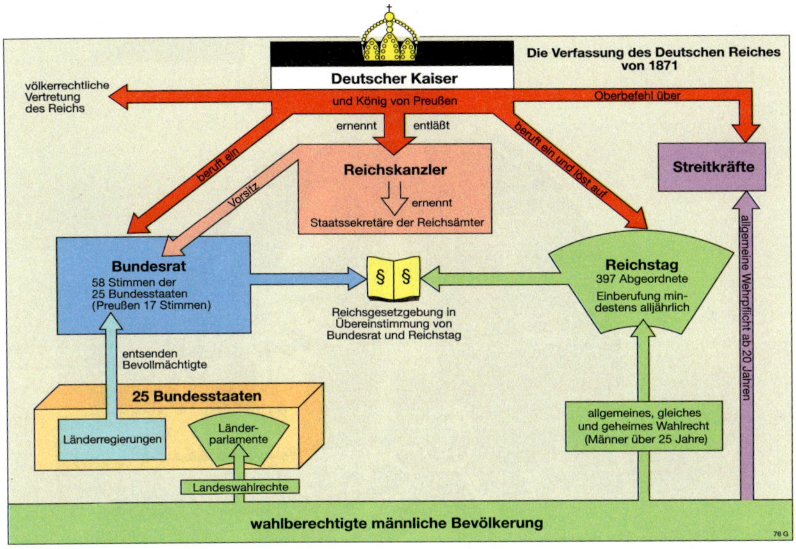

M3 Das Deutsche Kaiserreich

Die Vormachtstellung von Preußen

Die Wünsche derer, die 1848/49 für Einheit und Freiheit gekämpft hatten, blieben bei der Ausrufung des Kaiserreiches außen vor. Dies zeigte sich auch in der Wahl der Flagge. Die Farben Schwarz-Rot-Gold, unter denen viele für ein geeintes und freies Deutschland gekämpft hatten, wurden strikt abgelehnt. Die Farben der neuen Flagge waren Schwarz-Weiß-Rot.

Die neue Verfassung legte fest, dass die oberste Staatsgewalt vom Kaiser und von den Fürsten der Länder ausgehen sollte. Die Kaiserkrone ging in Erbmonarchie an das preußische Königshaus. Vertreter der Länderregierungen bildeten den Bundesrat. Ihm mussten alle Gesetze vorgelegt werden. Daneben gab es den Reichstag. Seine Abgeordneten wurden nach dem allgemeinen, freien, geheimen und direkten Wahlrecht gewählt. Die Außen- und Bündnispolitik bestimmte der Kaiser mit seinen Ministern. Der Einfluss des Reichstags beschränkte sich auf die Innenpolitik.

ARBEITSAUFTRÄGE

- › **1.** Fasse die Entstehung des deutschen Nationalstaates zusammen.
- ›› **2.** Analysiere das Historiengemälde M2.
- ›› **3.** Analysiere das Verfassungsschaubild in M3.
- ›› **4.** Erkläre den Begriff „Reichsgründung von oben“.
- ››› **5.** Beurteile, inwiefern es gerechtfertigt ist, das Deutsche Reich im Vergleich zu Frankreich als jungen Nationalstaat zu bezeichnen.

→ **zu 1.**
Fasse wichtige Stationen in einer Zeitleiste zusammen.

→ **zu 2.**
Wende die Schritte zur Analyse eines Herrscherporträts von S. 124 an

→ **zu 3.**
Wende die Schritte zur Analyse eines Verfassungsschaubildes von S. 180 an.

→ **zu 5.**
Nutze die entsprechenden Lehrbuchseiten (z. B. 150/151) im vorherigen Kapitel.

Reaktionen auf die Reichsgründung von oben

Q1 Georg Herwegh (1817–1875) formulierte 1871 in einem Gedicht:

„Prophezeiung“

Germania, der Sieg ist dein!
Die Fahnen wehn, die Glocken klingen,
Elsass ist dein und Lotharingen;
Du sprichst: „Jetzt muss der Bau gelingen,
Bald holen wir den letzten Stein.“

*Schwarz, weiß und rot! Um ein Rapier**
Vereinigt stehen Süd und Norden;
Du bist im ruhmgekrönten Morden
Das erste Land der Welt geworden:
Germania, mir graut vor dir!

Mir graut vor dir, ich glaube fast,
Dass du, in argen Wahn versunken,
Mit falscher Größe suchst zu prunken
Und dass du, gottesgnadentrunken,
Das Menschenrecht vergessen hast.

*Rapier = Stoßdegen

M1 Deutschlands Zukunft „Kommt es unter einen Hut? – Ich glaube, ’s kommt eher unter eine Pickelhaube!“ (aus der Wiener Zeitschift „Kikeriki“, 22. August 1870)

Q2 Der Historiker Heinrich von Treitschke (1834–1896) urteilt 1871 über die ablehnende Haltung des Auslandes:

Woher nun dieser Hass des Auslandes wider den deutschen Staat? Warum fällt den Fremden so schwer, das Recht der deutschen Einheitsbewegung zu verstehen, während sie doch die minder reine und minder großartige Revolution der Italiener mit Jubel aufnahmen? Die Welt ist gewohnt, unser Vaterland als eine willenlose Ländermasse zu betrachten; seit dies Chaos einen starken Willen zeigt, beschleicht Furcht und Mißtrauen die fremden Völker. In der Seele der kleinen Nachbarn, die uns einst beraubten und verspotteten, klopft ängstlich das böse Gewissen. Aber der letzte Grund der Mißgunst des Auslandes liegt tiefer, er liegt im Wesen des preußisch-deutschen Staates selber.

Q3 Der deutsche Bundespräsident Gustav Heinemann in einer Rede zum 100. Jahrestag der Reichsgründung 1971:

Unsere Geschichte ist in vieler Hinsicht anders verlaufen als die unserer Nachbarn. Man hat uns eine „verspätete Nation" genannt. In der Tat haben wir unsere nationale Einheit 1871 später und unvollkommener erlangt als andere Nationen. Der Ruf nach Einheit erhob sich in den Befreiungskriegen gegen Napoleon, bei den unruhigen Studenten auf dem Wartburgfest 1817, in der großartigen Volksfeier 1832 auf dem Hambacher Schloss und sonderlich im Sturm und Drang der Jahre 1848/49. Aber ein jedes Mal wurde der Ruf von jenen Dutzenden von Fürstenstaaten erstickt, in die Deutschland zerrissen blieb. …

Bismarck als Schöpfer der Einheit aus Blut und Eisen – so wurde es gelehrt und in der Fülle der ihm gewidmeten Denkmäler in den deutschen Landschaften dargestellt.

Wir müssen erkennen, dass dieses eine Vereinfachung ist, bedenklich wie jede Vereinfachung, richtig und falsch zugleich. Bismarck erzwang 1871 den kleindeutschen fürstlichen Bundesstaat unter Ausschluss auch der Deutschen in Österreich – das ist richtig. Aber Bismarck gehört nicht in die schwarz-rot-goldene Ahnenreihe derer, die mit der Einheit des Volkes zugleich demokratische Freiheit wollten. Wer also die Linie von den Befreiungskriegen und der Wartburg über Hambach, Frankfurter Paulskirche und Rastatt als Endstation der Revolution 1848/49 bis nach Sedan und Versailles zieht, verzerrt den Gang der Geschichte.

In unserer Nationalhymne des Demokraten Hoffman von Fallersleben aus dem Jahr 1841 singen wir von Einigkeit und Recht und Freiheit. So aber sang erst die Weimarer Republik. Im Kaiserreich, bis 1918 sang man auch „Heil dir im Siegerkranz".

Als das Deutsche Reich vor 100 Jahren in Versailles ausgerufen wurde, war keiner von den 1848ern zugegen. … Um den Kaiser standen in Versailles allein die Fürsten, die Generäle, die Hofbeamten, aber keine Volksvertreter. Die Reichsgründung hatte die Verbindung von demokratischem und nationalem Wollen zerrissen. Sie hat das deutsche Nationalbewusstsein einseitig an die monarchisch konservativen Kräfte gebunden, die in den Jahrzehnten vorher dem demokratischen Einheitswillen hartnäckig im Wege gestanden hatten ….

Was 1871 erreicht wurde, war eine äußere Einheit ohne volle innere Freiheit der Bürger. Die Staatsgewalt ging nicht vom Volke aus, sie lag bei den Fürsten und den Senaten der Hansestädte. Zwar wählte das Volk den Reichstag. Der Reichstag aber bestellte nicht die Regierung und hatte nur geringen Einfluss auf Außen- und Militärpolitik.

M2 Briefmarke, ausgegeben 1900, aus einer Serie mit demselben Motiv, das an die Reichsgründung erinnert

ARBEITSAUFTRÄGE

- 〉 **1.** Beschreibe die Karikatur in M1.
- 〉〉 **2.** Arbeite die Aussageabsicht der Karikatur heraus.
- 〉〉 **3.** Erläutere die Stellung Georg Herweghs gegenüber dem neu gegründeten Kaiserreich.
- 〉〉 **4.** Begründe die ablehnende Haltung des Auslandes bezüglich der Reichsgründung.
- 〉〉〉 **5.** Überprüfe die Rede Q3 hinsichtlich ihrer historischen Fakten.

zu 1/2.
Auf Seite 204 findest du Hinweise, wie mit Karikaturen gearbeitet werden kann.

zu 3.
Nutze Q1.

zu 4.
Nutze Q2.

zu 5.
Nutze die entsprechenden Seiten diese Kapitels.

Wege zum Nationalstaat

Phasen der Nationalstaatsbildung

Die Entwicklung von Nationalstaaten verlief in Europa nicht einheitlich. Der Historiker Theodor Schieder unterscheidet drei Phasen.

In der ersten Phase entstanden Staaten wie England und Frankreich durch eine innerstaatliche Revolution. Die Bürger dieser Staaten gründeten den bereits bestehenden Nationalstaat durch den Volkswillen faktisch neu.

In der zweiten Etappe entwickelten sich Nationalstaaten aus staatlich getrennten Teilen. Dabei ging es vor allem darum, die innerstaatliche Zerrissenheit zu überwinden. Dabei wurde ein neuer Staat geschaffen. Beispiele dafür sind Italien und Deutschland.

In der dritten Phase entwickelten sich die Staaten in Osteuropa zu Nationalstaaten. Staaten wie beispielsweise Polen entstanden aus einer Ablehnung gegenüber dem bestehenden Staat heraus, der durch imperiale Mächte beherrscht wurde.

Der lange Weg zum polnischen Nationalstaat

Eine wechselvolle Entwicklung, in deren Verlauf Polen für über 120 Jahre von der Landkarte verschwand, bestimmte die Geschichte des Landes.

Seine Blütezeit erlebte Polen vom 13. bis zum 16. Jahrhundert. Aufgrund von innenpolitische Auseinandersetzungen wurde das Land danach zum Spielball der Großmächte Russland, Preußen und Österreich. In der ersten Teilung Polens 1772 büßte das Land fast 30% seines Staatsgebietes ein. Preußen stellte mit den geraubten Gebieten eine Landverbindung zwischen Brandenburg und Ostpreußen her, Österreich gewann Galizien mit der Stadt Lemberg, Russland Teile Ostpolens.

Q1 Die russische Kaiserin Katharina II. formulierte 1774 in einem Brief an den Kaiser des Heiligen Römischen Reiches Joseph II.:

In ihrem gemeinsamen Vorgehen gegen Polen haben sich die drei Höfe weniger von Eroberungslust leiten lassen als von großen und praktischen Gesichtspunkten. Sie wollten Ordnung und Ruhe, wie der Wohlstand und die Sicherheit ihrer Grenzen sie erforderten, in ein Land bringen, das oft genug Wirren... ausgesetzt war.

Als die polnische Regierung in den folgenden Jahren Reformen und eine fortschrittliche Verfassung im Sinne der Aufklärung beschloss, griffen Russland und Preußen erneut ein. Sie fürchteten, dass die Ideen der Französischen Revolution Unruhen hervorrufen würden, und erzwangen 1793 die zweite Teilung.

Zurück blieb ein nicht mehr lebensfähiges Polen, das auch noch von einem Aufstand der polnischen Bevölkerung 1794 erschüttert wurde. Dieser lieferte Österreich, Preußen und Russland Anlass für die 3. Teilung Polens, die den polnischen Staat auslöschte.

Auch während der Fremdherrschaft der Teilungsmächte zwischen 1795 und 1918 existierte jedoch ein polnisches Nationalbewusstsein. Aber erst nach dem Ersten Weltkrieg entstand im Zuge der Neuordnung Europas die Republik Polen.

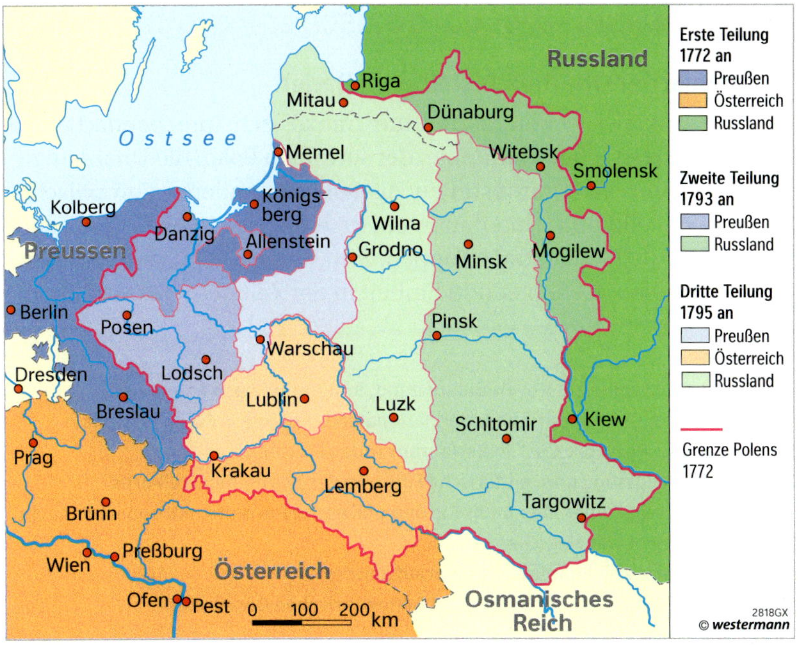

M1 Die Teilungen Polens im 18. Jahrhundert

M2 Polen im 19. Jahrhundert

ARBEITSAUFTRÄGE

1. Nenne die drei Phasen der Nationalstaatsbildung.
2. Erläutere die Besonderheit der Nationalstaatsbildung in Polen.
3. Arbeite aus Q1 die Gründe für das gemeinsame Vorgehen von Österreich, Russland und Preußen heraus.
4. Analysiere die Karten in M1 und M2.
5. Beurteile die Bedeutsamkeit der wechselvollen polnischen Geschichte für die Ausprägung eines polnischen Nationalbewusstseins.

zu 3.
Beginne so: Aus der Sicht der russichen Kaiserin Katharina ...

zu 4.
Wende die Schritte zur Auswertung von Karten von S. 84 an.

Mierosławski – ein europäischer Revolutionär

Ein polnischer Oberbefehlshaber in Baden

Der in Frankreich geborene und nur französisch sprechende Ludwik Mierosławski ist ein Revolutionär, der sowohl in Polen die Unabhängigkeitsbewegung aktiv unterstützte, als auch an anderen europäischen Aufständen teilnahm. Unter anderem befehligte er 1849 die badischen und pfälzischen Revolutionstruppen. Sein Name ist eng verbunden mit dem Streben nach Freiheit und Einheit in der Zeit des Völkerfrühlings.

M1 Ludwik Mierosławski (1814–1878), Stich, um 1840

1830/31	Teilnahme am Novemberaufstand, Emigration nach Frankreich
1845	zum Oberbefehlshaber der nationalen Erhebung in Polen ernannt
1847	im „Polenprozess" in Berlin zum Tode verurteilt
1848	Freilassung und militärische Führung des polnischen Freikorps
1849	Befehlshaber über badische und pfälzische Revolutionstruppen, danach erneut französisches Exil
1863	kurze Zeit Führer des Januaraufstandes
1863	Vorsitzender der Polnischen Demokratischen Gesellschaft

M2 Karriere von Ludwik Mierosławski

Webcode:
Weitere Informationen zu Ludwik Mierosławski
WES-110781-402

Q2 Begleittext zu einer Ausstellung des Museums Europäischer Kunst im Jahr 2006:

Der sich Zeit seines Lebens als Pole fühlende Ludwik Mierosławski, als Sohn einer französischen Mutter und eines polnischen Vaters 1814 in Nemours geboren, wirkte in den 1840er-Jahren an mehreren Orten Europas als Anführer revolutionärer Aufstände. Weit über Polen hinaus gilt der General, Schriftsteller und Publizist Mierosławski als Kopf eines Freiheits- und Unabhängigkeitswillens, nicht zuletzt da er sein Engagement für eine freie polnische Nation mit einer frühen Form von Internationalität verbunden hatte. Zudem stand Ludwik Mierosławski in Kontakt mit herausragenden Persönlichkeiten seiner Zeit, so zum Beispiel mit Bettina von Arnim, die sich während seiner Berliner Inhaftierung für ihn einsetzte, und Alexander von Humboldt.
Das Museum Europäischer Kulturen zeigt in einer Kabinettausstellung in der Alten Nationalgalerie die exponierte Biografie des polnischen Freiheitskämpfers Ludwik Mierosławski, ein prototypischer Europäer, der Fußnoten in den Geschichtsbüchern Polens, Deutschlands, Frankreichs und Italiens hinterlassen hat. …

ARBEITSAUFTRÄGE

Gestaltet eine Ausstellung zu Ludwik Mierosławski.
1. Analysiert die Materialien der Seite.
2. Informiert euch zu seinem Leben und Wirken.
3. Diskutiert über die Gestaltung der Ausstellung (z. B. Informationstafeln).
4. Entwickelt eine Idee zur Eröffnung eurer Ausstellung.

1815: Wiener Kongress

1817: Wartburgfest

1848: Revolutionen in Europa

1871: Reichsgründung

1780 1790 1800 1810 1820 1830 1840 1850 1860 1870 1880 1890 1900 1910 1920

Europäischer Völkerfrühling

Streben nach Freiheit und Einheit

Von Frankreich aus versuchte Napoleon nach seiner Kaiserkrönung, die Vorherrschaft in Europa zu gewinnen. Nach mehreren erfolgreichen Kriegszügen gestaltete Napoleon durch die sogenannte napoleonische Flurbereinigung Deutschland territorial neu.

Nach der Niederlage Napoleons festigte der Wiener Kongress 1814/15 die Herrschaft des Adels in Europa. Die Ideen des Nationalstaates und der Demokratie konnten zu jenem Zeitpunkt noch nicht verwirklicht werden. Stattdessen gründete sich der Deutsche Bund als loser Bund von Einzelstaaten. Die nationalen, demokratischen und liberalen Ziele der Bürger wurden auch im Deutschen Bund nicht verwirklicht. Die Fürsten versuchten, die bürgerlichen Kräfte durch Zensur und Verfolgung zu unterdrücken.

In vielen europäischen Staaten erstarkten Forderungen nach nationaler Einheit, Freiheit und Unabhängigkeit laut, die in ihrer Gesamtheit als europäischer Völkerfrühling bezeichnet werden.

Durch die revolutionären Ereignisse in Frankreich ermutigt, gingen 1848 die Menschen für Freiheit und Demokratie auf die Straße. Es kam zu Aufständen und Kämpfen, sodass der preußische König Wahlen zur Nationalversammlung zustimmte. Aber nicht diese gescheiterte Revolution brachte den ersehnten deutschen Nationalstaat. Erst durch eine Revolution von oben unter Führung Preußens entstand der deutsche Staat als parlamentarische Monarchie. Viele Forderungen der Revolutionäre von 1848/49 wurden nicht umgesetzt.

Eine große Zahl deutscher Intellektueller und Künstler, aber auch enttäuschte Bürger emigrierten aus Deutschland.

Die Entstehung von Nationalstaaten vollzog sich in Europa sehr unterschiedlich, sodass zwischen alten und jungen Nationalstaaten unterschieden werden kann.

Arbeitstechniken

In diesem Kapitel hast du gelernt, wie du
- historische Lieder als Quelle und
- Verfassungsschaubilder analysierst.

WICHTIGE BEGRIFFE

napoleonische Flurbereinigung
Restauration
„Einheit und Freiheit“
Europäischer Völkerfrühling
Bürgertum
Nationalstaat
Menschen- und Bürgerrechte
Migration
Reichsgründung „von oben“
alter Nationalstaat/junger Nationalstaat

Zensur
Verfassung

Säkularisation
Mediatisierung
Nationalismus
Liberalismus
Verein
Freiheitslied
Nationalversammlung
Wahlrecht
Gegenrevolution

Streben nach Freiheit und Einheit

Ich kann …	☆	☆☆	☆☆☆
… ein Verfassungsschema analysieren.			
… wichtige gesellschaftliche Gruppen unterscheiden.			
… ein historisches Lied als Quelle analysieren.			
… regionalgeschichtliche Beispiele in übergeordnete historische Zusammenhänge einordnen.			

Ein Verfassungsschema analysieren

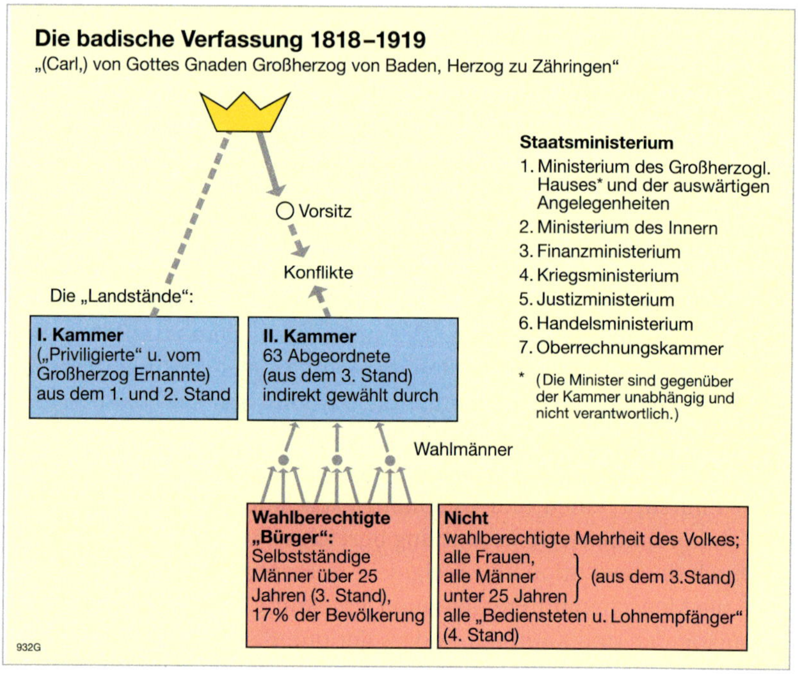

M1 Die badische Verfassung von 1818

☆ Nenne die Verfassungsorgane.
☆☆ Analysiere das Verfassungsschaubild.
☆☆☆ Beurteile, ob es eine demokratische Verfassung war.

Gesellschaftliche Gruppen unterscheiden

☆ Nenne Vertreter für konservative und liberale Ideen im Völkerfrühling.
☆☆ Erkläre deren jeweilige Motive, Interessen und Handlungsmöglichkeiten.
☆☆☆ Gestaltet ein Rollenspiel, in dem sich Vertreter von nationalen und liberalen Ideen im Jahr 1847 über Möglichkeiten der Durchsetzung ihrer Forderungen nach nationalstaatlicher Einheit und demokratischen Rechten austauschen.

Ein historisches Lied als Quelle analysieren

☆ Nenne die historische Situation, in der das Lied in Q1 entstanden ist.

☆☆ Analysiere das Lied in Q1.

☆☆☆ Erläutere, zu welchem politischen Lager der Verfasser gehört.

Q1 Im Juni 1848 veröffentlichte Ferdinand Freiligrath das Gedicht „Trotz alledem", das bald von Heinrich Jädes vertont und mit unterschiedlichen Melodien gesungen wurde.

Das war 'ne heiße Märzenzeit,
Trotz Regen, Schnee und alledem!
Nun aber, da es Blüten schneit,
Nun ist es kalt, trotz alledem!
Trotz alledem und alledem –
Trotz Wien, Berlin und alledem –
Ein schnöder scharfer Winterwind
Durchfröstelt uns trotz alledem!

Das ist der Wind der Reaktion
Mit Meltau, Reif und alledem!
Das ist die Bourgeoisie am Thron -
Der annoch steht, trotz alledem!
Trotz alledem und alledem –
Trotz Blutschuld, Trug und alledem –
Er steht noch, und er hudelt uns
Wie früher fast, trotz alledem!

Regionalgeschichtliche Beispiele einordnen

Q2 Auf der offiziellen Website von Baden-Württemberg findet sich folgender Eintrag:

Einigungskriege und Reichseinheit

Nachdem die Revolution gescheitert war, gewann Preußen immer mehr an Einfluss in den Deutschen Staaten. Preußen verfolgte das Ziel einer festen Union, ohne Österreich, unter preußischer Führung.

Im preußisch-österreichischen Krieg von 1866 kämpften Baden und Württemberg noch auf der Seite Österreichs. Nach der vernichtenden Niederlage der Österreicher, beeilten sich Baden und Württemberg, sich auf die Seite Preußens zu schlagen. In Preußen war inzwischen Otto von Bismarck Ministerpräsident. Sein Ziel war die Reichseinigung unter preußischer Führung.

Die süddeutschen Staaten gerieten immer mehr unter die Hegemonie [Vorherrschaft] Preußens. Geheime Schutz- und Trutzbündnisse zwangen den Staaten die preußische Militärorganisation auf. Im Kriegsfall hatten sie ihre Heere dem preußischen Oberbefehl zu unterstellen.

1870 kam es zum Krieg gegen Frankreich. Unter preußischer Führung besiegten die vereinten Truppen der deutschen Staaten Frankreich. Bismarck nutzte den Moment des Triumphes und überzeugte die süddeutschen Herrscher von der Gründung eines kleindeutschen Reiches ohne Österreich. Am 18. Januar 1871 wurde im Spiegelsaal von Versailles das Deutsche Reich proklamiert. Der preußische König Wilhelm I. wurde zum Deutschen Kaiser ausgerufen. Baden und Württemberg wurden zu Teilen des Deutschen Kaiserreichs. Mit der Reichseinheit dominierte Berlin die Länder auf nahezu allen Ebenen.

☆ Nenne den Zeitraum der Ereignisse der Quelle Q2.

☆☆ Stelle die Ereignisse um die Einigungskriege und die Reichseinheit aus baden-württembergischer Sicht dar.

☆☆☆ Gestaltet eine Rede, in der Bismarck die süddeutschen Herrscher von der Gründung eines kleindeutschen Reiches überzeugt.

Webcode Lösungen: WES-110781-410

Der industrialisierte Nationalstaat

Ende des 18. Jahrhunderts und vor allem im 19. Jahrhundert gab es tiefgreifende Veränderungen in der Arbeitswelt, die bis heute nachwirken.
In diesem Kapitel erfahrt ihr, wie neue Technologien durch Erfindungen, aber auch wissenschaftliche Erkenntnisse zu neuen Produktionsweisen führten. Sie veränderten nicht nur die Arbeitswelt, sondern die gesamten Lebensverhältnisse der Menschen.
Ihr lernt, unterschiedliche Materialien zu analysieren, fiktive Texte zu verfassen, Karikaturen zu interpretieren und Statistiken auszuwerten.

Eine Fabrik verändert die Umwelt (Gemälde von Karl Blechen, 1830).

M 1 Alte mit Wasserkraft betriebene Hammerschmiede am Blautopf in Blaubeuren am Fuße der Schwäbischen Alb

Mit Volldampf in eine neue Zeit

Die Arbeit auf dem Land

Bis zum 19. Jahrhundert lebten die meisten Menschen auf dem Land. Sie bebauten Äcker und hielten Vieh. Auch Handwerker hatten meistens einen kleinen landwirtschaftlichen Betrieb.

Neben der Muskelkraft nutzten die Bauern die Naturkräfte Wind und Wasser, um zum Beispiel Mühlsteine anzutreiben, die Korn zu Mehl mahlten. Durch die Züchtung von widerstandsfähigen Tieren und durch den intensiven Einsatz von Kunstdünger auf den Äckern konnten mehr Menschen mit Nahrungsmitteln versorgt werden.

Neue landwirtschaftliche Maschinen, wie zum Beispiel die Sä- oder die Dreschmaschine, ersetzten im 19. Jahrhundert viele Arbeitskräfte in der Landwirtschaft. So entstand eine hohe Arbeitslosigkeit in den ländlichen Gebieten.

M 2 Vor allem im flachen Norddeutschland wurden Mühlen mit Windkraft betrieben.

Die Arbeit in der Manufaktur

Zahlreiche Menschen suchten daher Arbeit in Manufakturen. Die Arbeit unterschied sich von den bisherigen Handwerksbetrieben. Die Beschäftigten arbeiteten in einem extra für die Herstellung von Gütern errichteten gewerblichen Betrieb.

Die Arbeiter leisteten zwar immer noch Handarbeit, die aber in der Regel durch Maschinen unterstützt wurde. Durch die Teilung des Herstellungsprozesses in verschiedene Arbeitsschritte wurde jeder Beschäftigte für seine Aufgabe zum Spezialisten. So konnten in der gleichen Zeit mehr Produkte in gleichbleibender Qualität hergestellt werden.

M3 Das Modell einer Dampfmaschine

So funktioniert eine Dampfmaschine:
Ein Ofen (a) erhitzt Wasser im Kessel (b). Der entstehende Wasserdampf wird so in den Zylinder (c) geleitet, dass er dort den Kolben (d) auf und ab drückt. Diese Bewegung wird durch das Gestänge (e) auf zwei Zahnräder (f) übertragen, die das große Schwungrad (g) antreiben. Von dort wird die Energie über Treibriemen (h) an die Maschinen weitergeleitet.

Veränderungen durch die Dampfmaschine

Der englische Erfinder James Watt baute 1769 die erste leistungsfähige Dampfmaschine. Sie ließ sich einsetzen, um Wasser aus Bergwerken abzupumpen oder um Spinn- und Webmaschinen sowie andere Maschinen anzutreiben. Diese neue Kraftmaschine war unabhängig von Wetter und Standort und konnte erheblich mehr leisten als Menschen oder Pferde.

Mit dieser Erfindung begann die Industrielle Revolution. Große Fabriken entstanden und verdrängten mit der Zeit die kleinen Manufakturen. Viele Menschen zogen auf der Suche nach einem Arbeitsplatz vom Land in die wachsenden Städte. So wandelte sich die bisherige Agrargesellschaft in eine Industriegesellschaft.

Großbritannien – die erste Industrienation der Welt

Die Industrialisierung begann in Großbritannien. Viele technische Erfindungen, ein leistungsfähiges Fluss- und Kanalsystem und zielstrebige Unternehmer begünstigten diese Entwicklung. Vor allem aber auch günstige Rohstoffe aus den Kolonien und große Kohle- und Eisenerzvorkommen in guter Verkehrslage sorgten für ein rasches industrielles Wachstum. Ferner war die Wirtschaft von einem freien Handel ohne Zollgrenzen geprägt. Die dort produzierten Waren konnten daher problemlos im In- und Ausland verkauft werden. Sie galten als hochwertig und preiswert zugleich.

ARBEITSAUFTRÄGE

› **1.** Nenne Änderungen im Leben auf dem Land im 19. Jahrhundert.
› **2.** Nenne Gründe für die Standortwahl von Mühlen.
› **3.** Beschreibe einem Mitschüler die Funktionsweise einer Dampfmaschine.
›› **4.** Erkläre die Begriffe Manufaktur und Industrielle Revolution.
›› **5.** Erstelle einen Steckbrief zu James Watt.
›› **6.** Erläutere, inwiefern Großbritannien die erste Industrienation war.
››› **7.** Bewerte die Bedeutung der Dampfmaschine für die Industrielle Revolution.

zu 2.
Nutze M1 und M2.

zu 5.
Wende die Schritte zur Internetrecherche von Seite 34 an.

Die Industrialisierung in Deutschland

M1 Zollschranken vor der Gründung des Zollvereins

Im Vergleich zu Großbritannien begann die Industrialisierung in Deutschland erst wesentlich später. Die Gründe hierfür lagen unter anderem in den strengen Zunftordnungen für Handwerker und Kaufleute in Deutschland, welche die Rechte und Pflichten genauestens regelten.

Aber auch die staatliche Zersplitterung spielte eine wesentliche Rolle. Zahlreiche Zollgrenzen behinderten den Warenverkehr zwischen den kleinen deutschen Einzelstaaten.

Q1 Friedrich List über die Zollschranken (1819):

38 Zoll- und Mautlinien in Deutschland lähmen den Verkehr im Innern und bringen ungefähr dieselbe Wirkung hervor, wie wenn jedes Glied des menschlichen Körpers unterbunden wird, damit das Blut ja nicht in ein anderes überfließe …

Erst 1834 einigten sich viele deutsche Staaten darauf, den Deutschen Zollverein zu gründen. An ihren gemeinsamen Grenzen wurden jetzt keine Abgaben mehr verlangt. Das beschleunigte und verbilligte den Handel.

Die Umsetzung des Wirtschaftsliberalismus

Durch die Abschaffung der Zollschranken wurde nun ein freier Wettbewerb ermöglicht. Es entstanden private Unternehmen. Nach dem Prinzip von Angebot und Nachfrage sorgte der Markt für einen effektiven Wettbewerb. Gemäß dem Wirtschaftsliberalismus wurde der Staat selbst nicht unternehmerisch tätig.

	1 Elle (in französische Zentimeter)	1 Pfund (in französischen Gramm)
Baden	60,0	500
Bayern	83,3	560
Frankfurt a. M.	54,7	484
Hamburg	57,3	484
Preußen	66,7	468
Württemberg	61,4	467
Frankreich	100	1000

M2 Die Elle (Länge) und das Pfund (Gewicht) waren in den verschiedenen deutschen Gebieten recht unterschiedlich. Daher wurden bis zum Jahr 1871 Zentimeter und Gramm als einheitliche Maßeinheiten fast überall eingeführt.

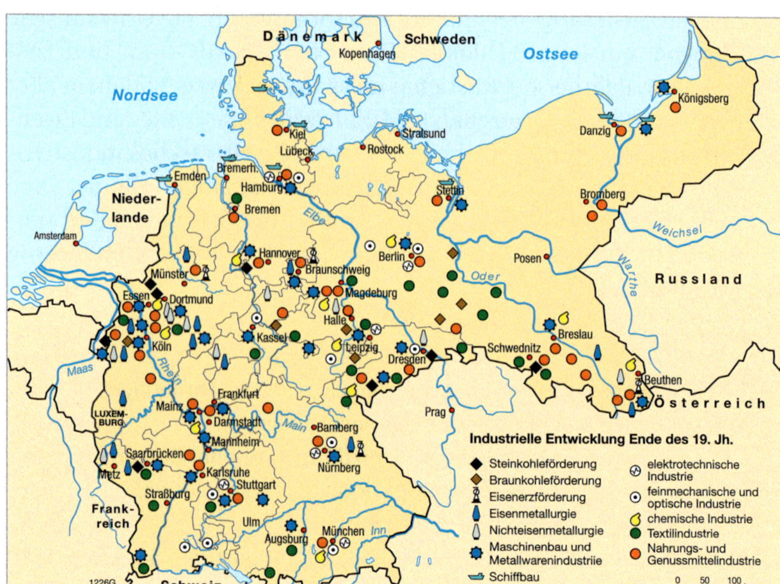

M3 Die industrielle Entwicklung Deutschlands Ende des 19. Jahrhundert

M4 Mit Dampfmaschinen betriebene Webstühle in einer Textilfabrik in Kuchen bei Göppingen (Holzstich, 1840)

Die Industrie auf dem Vormarsch

Die Industrialisierung vollzog sich nicht in allen deutschen Gebieten gleichzeitig und gleichmäßig. Das Ruhrgebiet mit seinem großen Eisen- und Kohlevorkommen war eines der ersten Industriezentren. Einige mutige Unternehmer wie Krupp, Thyssen oder Mannesmann gründeten Betriebe. Viele Menschen fanden einen Arbeitsplatz.

Die Produktion von Kleidung mit Dampf

Auch in der Textilindustrie wurde die Dampfmaschine eingesetzt. So konnten nun mehrere Spinnmaschinen, die bis zu 1000 Spindeln hatten, in Bewegung gesetzt werden. Zwangsläufig folgte auch der Einsatz der Dampfmaschine in der Webindustrie. Dort konnten die jetzt massenweise hergestellten Garne zu Stoffen verarbeitet werden.

Nun konnte durch den Einsatz der Technik schneller und mehr mit wesentlich weniger Arbeitskräften produziert werden. Die Maschinen übernahmen die Hauptarbeit. Die Heimarbeit und die Manufakturen, in der einzelne Familien oder wenige Arbeiter lediglich kleine Mengen an Baumwoll-, Leinen- und Wollstoffen in Handarbeit herstellten, waren nicht mehr konkurrenzfähig. Es kam in der Folge zur Arbeitslosigkeit und zu Hungersnöten.

M5 Ein Weber bedient einen Trittbrettstuhl (Zeichnung, 1618).

ARBEITSAUFTRÄGE

- › 1. Nenne Probleme auf dem Weg zur Industrialisierung in Deutschland.
- ›› 2. Arbeite aus M1 die Zollschranken heraus, die ein Warentransport von Hamburg nach Stuttgart damals passieren musste.
- ›› 3. Erkläre unter Verwendung von M2 die Probleme, die ein Hamburger Kaufmann um 1840 überwinden musste, wenn er Baumwolle nach Stuttgart liefern wollte.
- ›› 4. Erläutere die Absicht von Friedrich List in Q1.
- ›› 5. Charakterisiere den Wirtschaftsliberalismus.
- ›› 6. Beschreibe die industrielle Entwicklung in M3.
- ›› 7. Vergleiche die Arbeit an den Webstühlen M4 und M5.
- ››› 8. Erörtere die Vor- und Nachteile beim Einsatz der Dampfmaschine in der Textilindustrie.

zu 7.
Vergleichspunkte:
Arbeitsplatz, Arbeitsgerät, Antrieb, Arbeitsdauer, Arbeitsmenge, Breite des gewebten Stoffes, …

Revolution im Verkehrswesen

Die Eisenbahn – Fortschritt oder Teufelswerk?

Nur ein Jahr nach der Gründung des Zollvereins wurde die erste Eisenbahnlinie in Deutschland eröffnet. Eine sechs Kilometer lange Strecke verband die Städte Nürnberg und Fürth. Mit dem Bau dieser Linie war der Startschuss für den schnellen Bau weiterer Eisenbahnstrecken gefallen.

Der Ausbau des Schienennetzes trieb die wirtschaftliche Entwicklung an. Für den Bau von Gleisen, Lokomotiven und Waggons wurden jetzt noch mehr Eisen und Kohle gebraucht. Auch ließen sich mit diesem schnellen Verkehrsmittel nun große Mengen Kohle und Erz preiswert transportieren. So war der Eisenbahnbau die Schrittmacherindustrie, die die Industrialisierung in Deutschland antrieb.

Neben dem Güterverkehr spielte bald auch der Personenverkehr eine wichtige Rolle. Reisezeiten verkürzten sich und die Reisenden konnten weitaus bequemer ihre Ziele erreichen. Darüber hinaus entstanden viele neue Arbeitsplätze. Schienen mussten verlegt werden und neue Berufe wie Schaffner, Heizer oder Lokomotivführer entstanden.

Aber es gab auch Gegner der Eisenbahn. Sie glaubten, dass durch das neue Transportmittel Gastwirte, Räderhersteller, Kutschenbauer, Schiffer und Schmiede arbeitslos würden. Auch hatten manche Bauern Angst, dass die dampfende und laute Eisenbahn die Tiere verschreckt und Hühner keine Eier mehr legen würden. Manche befürchteten auch, Reisende würden bei hohen Geschwindigkeiten das Bewusstsein verlieren.

Reisedauer in Std. von Berlin nach	Postkutsche um 1900	Eisenbahn um 1900	mit dem ICE heute
Dresden	23	3	2
Hamburg	36	5	2
Frankfurt am Main	64	9	4
München	81	11	6
Köln	82	10	4

M1 Reisedauer im Vergleich

M2 Ausbau des deutschen Eisenbahnnetzes

M3 Ein Dampfschiff bei Einfahrt in den Hafen von Konstanz am Bodensee (Postkarte, Anfang 20. Jahrhundert)

Schiffe unter Dampf

Auch auf den Flüssen und Meeren nahm der Verkehr zu. So wurde nun die Dampfmaschine auf dem Wasser eingesetzt. Auf Flüssen wie dem Neckar und dem Rhein gewann die Schifffahrt für den Warentransport immer mehr an Bedeutung. So verdrängten auf dem Bodensee die Dampfschiffe die Segelboote.

Aber auch überregional gewann die Schifffahrt für den Reiseverkehr und den Handel immer mehr an Bedeutung. Auf der Nord- und Ostsee verkehrten Postdampfschiffe, der Handel auf den Weltmeeren nahm stark zu und schnellere Schiffe sorgten für immer kürzere Fahrzeiten und ein angenehmeres und wetterunabhängiges Reisen.

M4 Berta Benz fuhr mit ihren Söhnen in der Erfindung ihres Mannes von Mannheim nach Pforzheim. Unterwegs tankte sie das Fahrzeug in einer Apotheke in Wiesloch (zeitgenössische Zeichnung).

Veränderungen durch neue Technologien – das Auto

Mit der Erfindung des Motors begann eine der erfolgreichsten Entwicklungen. Waren die ersten fahrbaren Maschinen noch mit Dampfkraft angetrieben, gelang es Carl Benz im Jahr 1886, das erste mit einem Verbrennungsmotor angetriebene Auto zu entwickeln. Dieses erinnerte in seinem Aussehen jedoch noch viel mehr an eine Kutsche als an das, was wir heute unter einem Auto verstehen.

Anfangs konnten sich dieses Gefährt nur reiche Leute kaufen. Dies änderte sich in Deutschland erst ab den 1950er-Jahren. Zwischen 1955 und 2015 stieg die Zahl der in Deutschland zugelassenen PKW von 1,8 auf 44,4 Millionen.

ARBEITSAUFTRÄGE

- › **1.** Nenne bedeutende Erfindungen im Verkehrswesen.
- › **2.** Beschreibe das Schienennetz in M2.
- ›› **3.** Arbeite die Durchschnittsgeschwindigkeit eines Transports zwischen Berlin und Hamburg (ca. 300 km) für jedes in M1 angegebene Verkehrsmittel heraus.
- ››› **4.** Erörtere die Vor- und befürchteten Nachteile, die die Erfindung der Eisenbahn mit sich brachte.
- › **5.** Nenne Grümde für den Erfolg der Dampfschifffahrt.
- ›› **6.** Vergleiche das erste Automobil mit einem heutigen.

→ **zu 3.**
Geschwindigkeit gleich Strecke geteilt durch Zeit

Eine Karikatur interpretieren

Karikaturen sind Zeichnungen, die Personen, politische oder gesellschaftliche Ereignisse häufig übertrieben darstellen. Sie können dazu dienen, politische Entscheidungen zu kritisieren, gesellschaftliche Probleme aufzuzeigen oder sich über das Handeln verantwortlicher Personen lustig zu machen. Damit die dargestellten Personen erkannt werden können, sind deren Eigenschaften oder körperliche Merkmale besonders deutlich dargestellt. Karikaturen müssen stets erst entschlüsselt werden. Dabei wird die Wahrnehmung der damaligen Menschen deutlich.

Schritte zur Interpretation einer Karikatur

1. ➔ ***Karikatur beschreiben***
   Hat die Karikatur einen Titel oder einen begleitenden Text?
   Welche Personen, Tiere oder Gegenstände sind dargestellt?
   Ist etwas besonders auffällig oder ungewöhnlich? (Gesichtsausdruck, Körperhaltung, Handlung, ...)
   Was stellt der Zeichner übertrieben dar?
   Werden Zeichen, Symbole oder besondere Farben verwendet?
2. ➔ ***Karikatur verstehen***
   Von wann ist die Karikatur, von wem und wo ist sie erschienen?
   Wird ein Ereignis oder ein Problem dargestellt?
   Welches Ereignis oder Problem wird dargestellt?
   Wofür stehen die verwendeten Symbole, Zeichen oder Farben?
   In welchem Zusammenhang stehen Zeichnung und Titel bzw. begleitender Text?
3. ➔ ***Karikatur deuten***
   Was will der Zeichner mit der Karikatur aussagen oder kritisieren?
   Welche Meinung vertritt der Zeichner zu der dargestellten Situation?

M 1 Grenzverlegenheit – „Sie sehen, Herr Grenzwächter, dass ich nichts zu verzollen habe. Denn was hinten auf dem Wagen ist, hat die Grenze von Lippe noch nicht überschritten. In der Mitte ist nichts, und was vorne drauf ist, ist schon wieder über der Grenze von Lippe." (anonyme Karikatur aus der Wochenzeitschrift „Fliegende Blätter" von 1834, sprachlich vereinfacht)

Stichwortartige Musterlösung zur Auswertung der Karikatur M1:

Schritt 1:
- Titel: Grenzverlegenheit
  begleitender Text: „Sie sehen, Herr Grenzwächter, dass ich nichts zu verzollen habe. Denn was hinten auf dem Wagen ist, hat die Grenze von Lippe noch nicht überschritten. In der Mitte ist nichts, und was vorne drauf ist, ist schon wieder über der Grenze von Lippe."
- ein Kutscher, ein Händler, drei Grenzwächter und ein Pferdefuhrwerk
- der Wagen ist sehr lang, zwei Grenzwächter wirken wie Statuen
- der lange Wagen ist nur vorne und hinten beladen, sodass sich keine Ware im Grenzgebiet befindet und Zollgebühren erforderlich machen
- keine besonderen Zeichen, Symbole und Farben

Schritt 2:
- von 1834, anonym, erschienen in der Wochenzeitschrift „Fliegende Blätter"
- Problem wird dargestellt
- die zahlreichen Zollschranken vor Gründung des Zollvereins
- der Titel und der begleitende Text unterstreichen die Problematik der Zollschranken für die Händler und ihre Waren

Schritt 3:
- Der Zeichner kritisiert die Zollschranken. Diese sind seiner Meinung nach unnötig und erschweren daher die Reise der Händler. Die Zollschranken machen auch durch die stets anfallenden Zölle die Ware teurer.

Eisenbahnvermessung.

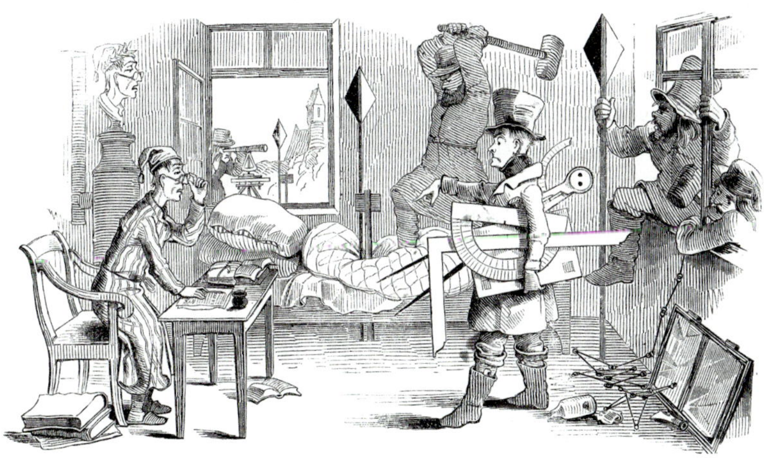

M2 Eisenbahnvermessung – „Aber mein Herr, so schätzenswert mir die Ehre Ihres Besuches ist, so muss ich doch gestehen, dass ich die Absicht hatte, auch heute dort in dem Bette zu schlafen."
Der Vermesser: „Herr, schlafen Sie, wo Sie wollen, aber merken Sie sich diese offizielle Verkündung: Im Namen der Eisenbahn! Wer irgendeinen der zu der Vermessung nötigen Pfähle auch nur kurze Zeit herauszieht, muss die gesamten Vermessungskosten zahlen. Im Namen der Eisenbahn! Guten Abend!"
(anonyme Karikatur aus der Wochenzeitschrift „Fliegende Blätter" von 1845)

ARBEITSAUFTRÄGE

› **1.** Beschreibe einem Mitschüler unter Verwendung der Musterlösung das Vorgehen beim Interpretieren einer Karikatur.

›› **2.** Analysiere die Karikatur M2 unter Berücksichtigung der Schritte zur Interpretation einer Karikatur.

››› **3.** Beurteile das Verhalten des Vermessers in der Karikatur M2.

Erfolgreicher Südwesten

M1 Werbeplakat für den Hochspannungsmagnetzünder (Plakat, 1910)

Baden-Württemberg ist heute ein Bundesland mit vielen weltweit erfolgreichen Unternehmen. Der Ursprung dieser Entwicklung begann im Zeitalter der Industrialisierung und ist mit verschiedenen Familienunternehmen verbunden.

August Robert Bosch

Der in der Nähe von Ulm geborene Robert Bosch eröffnete 1886 in Stuttgart eine Werkstatt für Feinmechanik und Elektrotechnik. Dort gelang es ihm, den Magnetzünder der Maschinenfabrik Deutz erheblich zu verbessern. Mit diesem Gerät konnte ein Verbrennungsmotor gestartet werden. In Jahr 1902 erfand einer seiner Angestellten den Hochspannungsmagnetzünder, der besonders geeignet für die leistungsstärkeren Benzinmotoren war. Diese Weiterentwicklung förderte das Wachstum der jungen Automobilindustrie. August Robert Bosch ließ Fabriken im Ausland errichten. So besaß sein Unternehmen 1910 Niederlassungen weltweit. Auch heute ist die Robert Bosch GmbH bekannt als Automobilzulieferer, als Hersteller von Elektrowerkzeugen und in der Industrie- und Gebäudetechnik.

M2 Ferdinand Adolf Heinrich Graf von Zeppelin (1838–1917)

Ferdinand Graf von Zeppelin

Graf Zeppelin wurde am 8. Juli 1838 in Konstanz am Bodensee geboren. Nach seiner militärischen Ausbildung studierte er Maschinenbau. Dieses Studium musste er wegen verschiedener Kriegseinsätze abbrechen. Vor allem die Erfahrungen, die er bei diesen sammelte, brachten ihn 1874 auf die Idee, ein lenkbares Luftschiff zu bauen, um so die Beobachtung des Feindes zu erleichtern. Im Jahr 1891 verließ Graf von Zeppelin das Militär und begann mit dem Bau eines solchen Fluggeräts. Die Menschen bezeichneten ihn als Narr vom Bodensee und lachten ihn auf der Straße aus. Im Jahr 1900 konnte er sein erstes Luftschiff über dem Bodensee aufsteigen lassen. Dies führte zu wachsender Begeisterung in der Bevölkerung und beim Militär. Der Bau weiterer Zeppeline folgte. Sie wurden sowohl im militärischen Bereich als auch in der zivilen Luftfahrt zum Transport von Reisenden eingesetzt, bis Flugzeuge die Rolle der Zeppeline übernahmen.

M3 Im Jahr 1928 erreichte ein Zeppelin mit 40 Besatzungsmitgliedern und 20 Passagieren nach 111 Stunden und 44 Minuten zum ersten Mal New York. Gestartet war das Luftschiff in Friedrichshafen am Bodensee. Weitere Fernflüge folgten.

Johann Heinrich Franck und seine Söhne

Die Landkaffee-Manufaktur wurde im Jahr 1828 in Vaihingen an der Enz von Johann Heinrich Franck gegründet. Dort wurde kein Kaffee hergestellt, sondern ein Kaffee-Ersatz aus den Wurzeln einer Wildpflanze.

Da im Lauf der Jahre die Anbindung an die Eisenbahn für den Transport der Rohstoffe und der Waren immer wichtiger wurde, zog das Unternehmen nach dem Tod des Firmengründers nach Ludwigsburg um.

Seine Söhne produzierten dort nicht nur Landkaffee, sondern seit 1873 auch Feigenkaffee und mit Beginn der Jahrhundertwende den vor allem bei Arbeiterfamilien beliebten Kornkaffee. Das Unternehmen entwickelte sich zum weltgrößten Hersteller von Ersatzkaffee, der günstiger als der Bohnenkaffee war. Es besaß 27 Werke in elf verschiedenen Ländern, so auch in der Schweiz und in den USA.

Heute gehört dieses Unternehmen zum Nestlé-Konzern und produziert in Ludwigsburg den Caro-Kaffee.

M4 Kaffeewerbung der Firma Franck um 1900

Margarete Steiff

Sie wurde am 24. Juli 1847 in Giengen an der Brenz geboren. Im Alter von 18 Monaten erkrankte sie unheilbar an Kinderlähmung. Sie konnte nicht mehr gehen. Ihr linkes Bein und rechter Arm waren vollständig und ihr rechtes Bein teilweise gelähmt. Trotz ihrer Behinderung und gegen den Willen ihrer Eltern erlernte sie ab 1859 erfolgreich den Beruf der Schneiderin. Im Jahr 1874 richtete ihr Vater ihr eine eigene Schneiderei in den Wohnräumen der Familie ein.

Zunächst wurden Kleidung, Bettwäsche, Kissenbezüge und Servietten mit einer Nähmaschine von ihr und ihren angestellten Näherinnen hergestellt. In einer Modezeitschrift entdeckte Margarete Steiff 1879 schließlich das Schnittmuster für ein Nadelkissen in Form eines Elefanten. Zwei Säcke voll wurden davon produziert. Diese fanden reißenden Absatz als Spieltiere auf dem Heidenheimer Markt. Margarete Steiff entwarf und produzierte daraufhin weitere Tiere wie Hunde, Katzen und Pferde und verkaufte diese erfolgreich.

Bereits 1901 wurden diese Spieltiere nicht nur in Deutschland angeboten, sondern auch in den USA. Eine Weltfirma war entstanden. Seit 1904 erhielten die Kuscheltiere der Firma Steiff einen Knopf im Ohr, so sollten sie vor Nachahmern geschützt werden. Im Alter von 61 Jahren starb die Unternehmensgründerin an einer Lungenentzündung. Steifftiere werden heute in jedem gut sortierten Spielwarengeschäft verkauft. Heute ist vor allem der Teddybär beliebt.

M5 Margarete Steiff (1847–1909)

ARBEITSAUFTRÄGE

› **1.** Nenne Einsatzbereiche der Zeppeline im 20. Jahrhundert.

›› **2.** Erstelle eine Tabelle zu den Unternehmern aus Baden-Württemberg und ihren Produkten.

›› **3.** Erläutere die Bedeutung der Firma Bosch für die Automobilindustrie.

› **4.** Beschreibe die Entwicklung der Firma Franck.

›› **5.** Charakterisiere Margarete Steiff.

››› **6.** Gestaltet arbeitsteilig zu diesen Unternehmerpersönlichkeiten ein Plakat.

→ zu 2.

Name	Produkt
August Robert Bosch	…
…	…

→ zu 3.
Nutze auch M1.

→ zu 6.
Wende die Schritte zur Internetrecherche von Seite 34 an.

Eine Statistik auswerten

Geschichte in Zahlen

M 1 Der Förderturm eines Bergwerks (Zeichnung, 19. Jahrhundert)

Veränderungen in der Gesellschaft, Industrie und Wissenschaft im 19. Jahrhundert führten dazu, dass Zahlen über verschiedene Bereiche des öffentlichen Lebens gesammelt wurden.

Dabei können unterschiedliche Fragen berücksichtigt werden, beispielsweise:

- Wer verdient wie viel?
- Wie lange arbeitet ein Fabrikarbeiter?
- Wie alt werden Menschen?
- Wie viele Kilometer Bahngleise gibt es in Deutschland?

Eine solche Zahlensammlung heißt Statistik. Sie dient zur übersichtlichen Informations- und Wissensvermittlung. Statistiken sind für uns wichtige Quellen, die Auskunft über die Vergangenheit geben. Auch können sie Grundlagen für Entscheidungen sein.

Heute erscheinen diese Datensammlungen in Nachrichtensendungen und in Zeitungen. Oft werden die Zahlen zeichnerisch in Diagrammen dargestellt.

Schritte zur Auswertung einer Statistik

1. → ***Art der Darstellung benennen***
   Tabelle, Säulendiagramm, Kurvendiagramm, Kreisdiagramm, Streifendiagramm, …
2. → ***Thema der Statistik herausfinden***
   zum Beispiel Lebenserwartung, Bevölkerungsentwicklung, Produktionsentwicklung, …
3. → ***Werte, die in den Zeilen und Spalten erfasst werden, aufführen***
   z. B. Datum, Zeitraum, Jahr, Jahrhundert, Maßeinheiten, …
4. → ***Einzeldaten der Statistik herausarbeiten***
   z. B. Wie ist ein Merkmal zu verschiedenen Zeitpunkten ausgeprägt?
5. → ***Dargestellte Entwicklung verdeutlichen***
   z. B. Steigen die Zahlen?
   Ist ein Rückgang zu verzeichnen?
   Gibt es Brüche in der Kurve oder eine andere auffällige Entwicklung?
6. → ***Aussage der Statistik zusammenfassen***
   Formuliere ein Fazit.
7. → ***Die Statistik bewerten***
   z. B. Ist die Darstellungsform geeignet?

Die Entwicklung der deutschen Schwerindustrie

Die Industrie benötigte vor allem für den Eisenbahnbau viel Eisen. Dieses gewannen sie aus Eisenerz, das in Bergwerken zumeist Untertage abgebaut wurde. In großen Hochöfen erfolgte schließlich die Trennung von Erz und Eisen. Die Öfen wurden mit Koks geheizt. Dies ist ein Brennstoff, der in einem speziellen Verfahren aus Kohle gewonnen wird.

Die Eisen- und Stahlindustrie, auch Schwerindustrie genannt, benötigte große Mengen an Kohle, daher siedelte sie sich bevorzugt in der Nähe der Kohlebergwerke an. Im Bergbau wurden Förderanlagen zum Abbau und Transport von Kohle und Eisenerz benötigt. Das führte zum Auf- und Ausbau der Maschinenbauindustrie. Der Maschinenbau stieg zum größten Industriezweig in Deutschland auf.

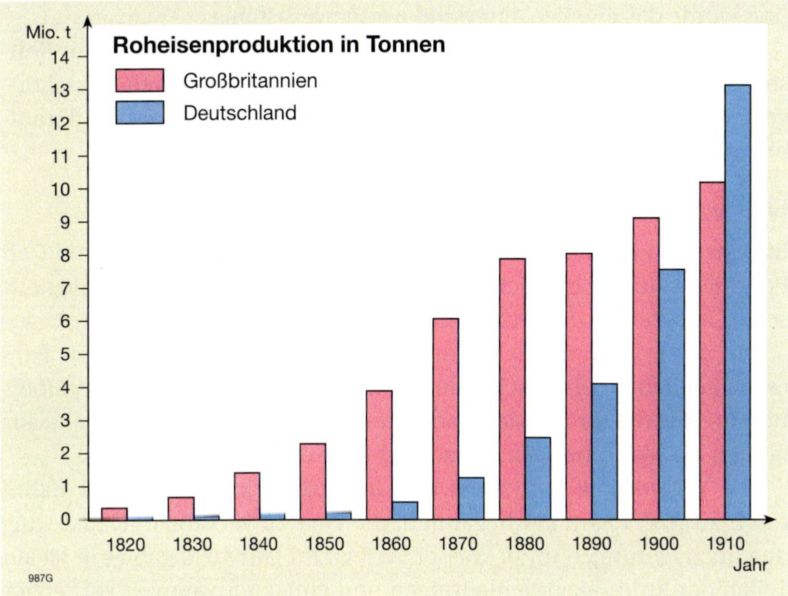

M2 Die Roheisenproduktion

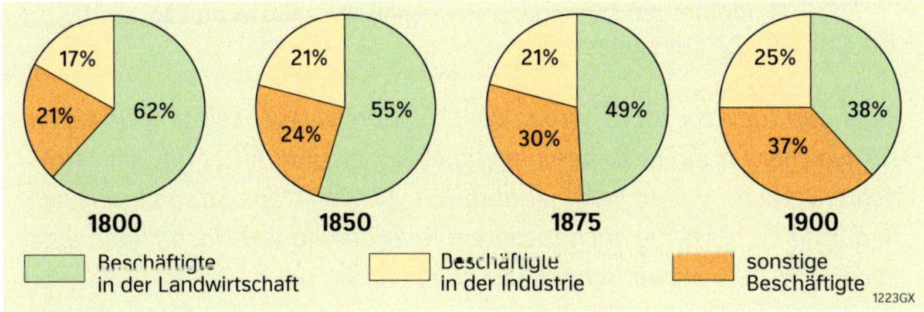

M3 Beschäftigungsverteilung

Stichwortartige Musterlösung zur Auswertung der Statistik M2:

Schritt 1:
Säulendiagramm

Schritt 2:
die Entwicklung der Roheisenproduktion in D und GB im Vergleich

Schritt 3:
x-Achse: Jahre
y-Achse: Tonnen in Millionen

Schritt 4:
1820 und 1830: Eisenproduktion in GB und D weniger als eine Million Tonnen
1840: Eisenproduktion in GB ca. 1,5 Millionen Tonnen, in D unter 1 Million Tonnen
1850: ….

Schritt 5:
Die Roheisenproduktion in D und GB nahm immer mehr zu, in GB stärker als in D. 1910 wurde in D mehr Eisen produziert als in GB.

Schritt 6:
Der Herausgeber der Statistik will veranschaulichen, dass deutsche Roheisenproduktion die britische überholt hat.

Schritt 7:
Das Säulendiagramm stellt übersichtlich die Entwicklung der Roheisenproduktion dar.

ARBEITSAUFTRÄGE

› **1.** Beschreibe einem Mitschüler unter Verwendung der Musterlösung das Vorgehen beim Auswerten einer Statistik.

›› **2.** Analysiere die Statistik M3 unter Berücksichtigung der Schritte zur Auswertung einer Statistik.

Die vernetzte Welt

Zu Beginn des 20. Jahrhunderts waren internationale Wirtschaftsbeziehungen und eine weltweite Kommunikation alltäglich. Durch die verschiedenen technischen Erfindungen wie Telegrafen, Dampfschiffen, Eisenbahnen und Wirtschaftsausstellungen ist die Welt vernetzter geworden. Die Reisezeiten zwischen Ländern und Kontinenten sanken und Informationen verbreiteten sich deutlich schneller. Diese Fortschritte führten zur einer Vernetzung der Welt.

M 1 Eine schriftliche Botschaft wird problemlos mit einem Telegrafen an ein anderes Gerät verschickt (Darstellung von 1905).

Weltweiter Handel

Zwischen 1870 und 1913 gehörte Deutschland neben Großbritannien und den USA zu den führenden Wirtschaftsnationen der Welt. Durch den rasanten Produktionsanstieg im Rahmen der Industriellen Revolution wurde das einstige Agrarland wettbewerbsfähig.

Eisenbahnen und Dampfschiffe wurden als Transportmittel für Rohstoffe und Waren eingesetzt. Auf Messen wie etwa den Weltausstellungen wurden neue Erfindungen öffentlich gemacht und fanden daraufhin erfolgreich weltweiten Absatz.

Weltweite Kommunikation

Im Jahr 1833 gelang es den Wissenschaftlern Wilhelm Weber und Carl Friedrich Gauß, schriftliche Botschaften mittels eines elektromagnetischen Telegrafen zu verschicken.

Mit der Erfindung des Schreibtelegrafen durch Samuel Morse kam es schließlich zu einer schnellen und zuverlässigen Nachrichtenübertragung. Da die Kosten sich nach der Anzahl der Wörter richteten, verfassten die Menschen kurze Nachrichten im Telegrammstil.

Die Versendung von Nachrichten mittels eines Telegrafen nahm rasch zu. Die Techniker begannen, die Welt zu verkabeln. Dabei wurden auch Leitungen unter Wasser verlegt. Im Jahr 1870 gab es in vielen Teilen der Erde Telegrafenleitungen und ein erster weltweit vernetzter Kommunikationsraum wurde geschaffen.

Q 1 Der Heidelberger Wirtschaftswissenschaftler Karl Knies lobte 1857 die Schnelligkeit der Telegrafie:

Es ist nun Tatsache, dass gerade der Eisenbahnverkehr selbst es gewesen sei, welcher für ein noch beschleunigteres Transportmittel für den Nachrichtenverkehr … den Weg gebahnt hat. Er weckt das Streben und das Bedürfnis …, dass die noch rasantere Beförderung von Nachrichten eine Sache von großer praktischer Bedeutung sei.
Das Ziel wurde erreicht durch die Erfindung der elektrischen Telegrafie. Sie erwies sich geeignet zur Beförderung der Nachrichten mit einer Schnelligkeit, welche die Leistungsfähigkeit der Lokomotive … weit hinter sich lässt. …
Man ließ den Telegrafen die Buchstaben zeigen, schreiben und drucken. … Es ist freilich ein eigenes, aus Punkten und Strichen zusammengesetztes Alphabet, in dem er schreibt, aber doch eben auch nichts Geringeres als ein einfaches, rasch genug zu handhabendes Alphabet.

M2 Bedeutende technische Erfindungen im 19. Jahrhundert (Postkarte, 1900)

Weltweites Reisen

Mit der Erfindung der Eisenbahn, des Dampfschiffs und des Zeppelins stiegen die Nachfragen nach Reisen in ferne Länder. Durch die neuen Transportmittel sanken die Reisedauer und die Reisekosten enorm. Auch konnten diese Erfindungen mehr Menschen transportieren als beispielsweise die Postkutsche zuvor. So kam es zu einem starken Wandel im Bereich des Tourismus.

Wohlhabende Menschen mussten dabei nicht auf Komfort verzichten. So fuhren Ende des 19. Jahrhunderts luxuriöse Schlafwagenzüge durch Europa, wie etwa der Orient-Express von Paris nach Istanbul. Auch die Nachfrage nach der Nutzung von Expresszügen stieg.

Die Dampfschiffe ermöglichten ein bequemes und planmäßiges Reisen nach Übersee. Am 10. April 1912 brach die Titanic, das damals größte Schiff der Welt, zu seiner ersten Reise von Southampton nach New York auf. Von den 1308 Passagieren waren 57 Millionäre an Bord. Das damals größte Schiff der Welt wurde mit einem Luxushotel verglichen. Es besaß ein Schwimmbad, ein türkisches Bad, einen Squash-Platz, einen Gymnastikraum, eine Bordkapelle und einen Empfangssaal mit Glaskuppel und Freitreppe. Die Kabinen der ersten Klasse hatten Waschbecken aus Marmor und holzgetäfelte Wände.

Die Menschen hielten die Titanic für unsinkbar. Doch am 15. April 1912 sank sie nach einem Zusammenstoß mit einem Eisberg. Viele Passagiere und Besatzungsmitglieder starben.

M3 Kurz vor Mitternacht stieß die Titanic mit einem Eisberg zusammen (Zeichnung aus einer französischen Zeitschrift, 1912).

Webcode:
Informationen zum Untergang und zu den Passagieren der Titanic: WES-110781-501

ARBEITSAUFTRÄGE

- 〉 **1.** Nenne Erfindungen, die eine Vernetzung der Erde ermöglichten.
- 〉〉 **2.** Erkläre die Funktionsweise eines Telegrafen.
- 〉〉 **3.** Erstelle eine Liste mit den Vorteilen eines Telegrafen.
- 〉〉 **4.** Arbeite aus M2 bedeutende technische Erfindungen heraus.
- 〉 **5.** Beschreibe die neuen Formen des Reisens.
- 〉〉〉 **6.** Gestalte einen Eintrag in ein Schülerlexikon zur Geschichte der Titanic.
- 〉〉〉 **7.** Erörtere die Vor- und Nachteile der Vernetzung der Welt.

zu 2.
Nutze Q1 und M1.

zu 6.
Wende die Schritte zum Erstellen eines Sachtextes von Seite 288 an.

M1 Die Pavillons der verschiedenen Länder reihten sich an der Seine entlang (Farbdruck, 1900).

M2 Der deutsche Pavillon (Farbdruck, 1900)

Die Welt zu Gast in Paris

Die Weltausstellung ist eine technische und zugleich kunsthandwerkliche internationale Ausstellung. Sie wird auch als EXPO (Exposition Universelle Internationale) bezeichnet. Seit dem Zeitalter der Industrialisierung findet diese Leistungsschau alle paar Jahre erfolgreich statt. Auf diesen Ausstellungen werden technische Neuheiten oft in extra nachgebauten Bauwerken aus den teilnehmenden Ländern präsentiert. Diese Pavillons werden am Ende der Weltausstellung in der Regel wieder abgerissen. Die erste Weltausstellung fand 1851 in London statt. Noch heute gibt es die EXPO.

Die fünfte Weltausstellung

Die fünfte Weltausstellung fand 1900 in Paris statt und erstreckte sich über eine Fläche von 216 Hektar. Dort wurden von 50 Nationen Pavillons mit 80000 Ständen errichtet. Fast alle Pavillons spiegelten verschiedene Baustile aus der Vergangenheit wider. So traf hier Vergangenes auf Modernes.

Diese EXPO war weit mehr als eine Industrieveranstaltung. Ein Riesenrad mit einem Durchmesser von 100 Metern und weitere Attraktionen lockten etwa 48 Millionen Menschen aus der ganzen Welt innerhalb von etwa 7 Monaten nach Paris.

Der Rollsteig

Das Zentrum der Weltausstellung konnten etwa 14000 Besucher gleichzeitig entspannt von einem Rollsteig aus bewundern. Dies war ein Band aus Holz, das von Elektromotoren angetrieben wurde. Der rollende Fußweg war 3,5 km lang und an neun Stellen konnten die Besucher ihn betreten und verlassen. Allerdings beschwerten sich die Anwohner über den Lärm, den die sogenannte Straße der Zukunft verursachte.

M3 Der Eiffelturm wurde für die Weltausstellung 1889 gebaut und ist heute noch das Wahrzeichen von Paris (zeitgenössische Malerei).

Der Palast der Elektrizität

Ein Höhepunkt der EXPO war der Palast der Elektrizität. Die Franzosen haben dafür den Eiffelturm von oben bis unten mit Glühlampen versehen. Elektrizität war zwar 1900 keine neue Sensation mehr, aber so konnte zum einen das ganze Ausstellungsgelände beleuchtet werden und zum anderen fand so eine Würdigung des Stroms als wichtigste und modernste Energieform statt.

Weitere Höhepunkte

Die Brüder Lumière führten ein Gerät vor, das Filmkamera, Kopiergerät und Filmprojektor in einem war und sorgten mit ihren Großprojektionen für Bewunderung. Auch ein mit Erdnussöl betriebener Dieselmotor zog interessierte Besucher an. Ludwig Lohner und Ferdinand Porsche führten das erste allradbetriebene Automobil vor.

Nicht nur technische Neuerungen gab es zu bewundern, sondern auch Artikel für den alltäglichen Bedarf, die von der chemischen Industrie entwickelt wurden. Dazu zählte Brillantine. Dies war ein ölhaltiges Haarpflegeprodukt. Durch dieses Haaröl sollten die Haare gesund und glänzend bleiben. Auch wurde ihm eine beruhigende Wirkung bei trockener Kopfhaut nachgesagt. Da die Menschen damals kaum Haarpflegeprodukte kannten, war dieses Mittel eine Sensation.

M4 Im Rahmen der Weltausstellung in Paris wurde die erste Linie der Metro, der Pariser U-Bahn, eröffnet.

ARBEITSAUFTRÄGE

- » **1.** Erkläre den Begriff Weltausstellung.
- › **2.** Nenne Höhepunkte der EXPO in Paris.
- » **3.** Charakterisiere die Weltausstellung von 1900.
- » **4.** Erstelle eine Liste mit Einrichtungen, in denen du heute einen Rollsteig oder eine Rolltreppe vorfinden kannst.
- ›» **5.** Bewerte die Bedeutung der Weltausstellung für Industrie und Wirtschaft.

zu 3.
Nutze auch das Bildmaterial.

Die Hoffnung im Gepäck

M 1 Italienische Arbeiter wurden unter anderem beim Bau der Eisenbahnlinie bei Nürnberg eingesetzt. Viele Italiener kehrten während der Wintermonate zu ihren Familien nach Italien zurück (Zeichnung, 1874).

Wenn Menschen aus ihrer Heimat zeitweise oder für immer auswandern, wird dies als Migration bezeichnet. Dabei kann es sich um einen Umzug innerhalb der Staatsgrenzen oder um ein Verlassen des Landes handeln.

Wachsen der Städte durch Arbeitsmigration

Im Zeitalter der Industrialisierung wurden Arbeitskräfte in den Fabriken gesucht. Daher verließ die arme Landbevölkerung ihre Dörfer und hoffte auf ein besseres Leben in den wachsenden Städten.

	1800	1850	1880	1900	1910
Berlin	172 000	419 000	1 122 000	1 889 000	3 730 000
Köln	50 000	97 000	145 000	373 000	516 000
München	30 000	110 000	230 000	500 000	595 000
Stuttgart	18 000	48 000	117 000	177 000	286 000

M 3 Wachstum deutscher Großstädte

Das Deutsche Kaiserreich – ein Einwanderungsland

Die deutsche Wirtschaft war aufgrund des aufgetretenen Arbeitskräftemangels auf ausländische Arbeiter angewiesen. So wurde das Deutsche Kaiserreich ein Einwanderungsland. Im Jahr 1907 waren mehr als 800 000 Polen, Italiener, Niederländer, Schweizer und Österreicher in Deutschland beschäftigt. Ihre Zahl stieg im Laufe der Jahre weiter an. Nahe der niederländischen Grenze gründeten Unternehmer aus den Niederlanden kleine Unternehmen im Deutschen Kaiserreich. Dies lief völlig unbürokratisch und problemlos ab. Einige Niederländer pendelten täglich über die Grenze zur Arbeit, andere wanderten aus.

Die Ruhrpolen

In den Bergwerken des Ruhrgebiets wurden immer weitere Arbeitskräfte benötigt. Dort fanden vor allem Menschen aus den preußischen Ostprovinzen, welche einst polnische Gebiete waren, einen Arbeitsplatz im Bergbau. Sie wurden als Ruhrpolen bezeichnet. Weil sie preußische Staatsbürger waren, galten sie nicht als Ausländer. Trotzdem begegneten die Politik und große Teile der Bevölkerung diesen Arbeitern mit Feindseligkeiten und Vorurteilen.

M 2 Im Fußballverein Schalke 04 spielten vor und nach dem Ersten Weltkrieg zahlreiche Ruhrpolen und trugen zum Erfolg dieses Vereins bei.

Q 1 Forderungen des Alldeutschen Verbandes von 1901

... Die Einwanderung ist nur reindeutschen Polen zu gestatten ... Die polnische Presse im Industriebezirk ist streng zu beaufsichtigen; ...Es ist anzustreben, dass alle Versammlungen im Industriebezirk in der Landessprache abgehalten werden ... Die Teilnahme polnisch sprechender Schulkinder an Versammlungen, vor allem die Benutzung dieser Schulkinder zum Aufsagen polnischer Gedichte ... ist zu untersagen ... Die polnische Sprache ist unter keinen Umständen in den Schulen ... zuzulassen.

Migration heute

Auch heute machen sich Menschen auf den Weg, ihre Heimat zu verlassen. Etwa 60 Millionen waren 2016 weltweit auf der Flucht. Die Gründe sind vielfältig: Bürgerkrieg, Verfolgung, Arbeitslosigkeit, Hunger- und Umweltkatastrophen. Auf der Suche nach einem besseren und sicheren Leben nehmen sie einen beschwerlichen Weg auf sich, um nach Europa zu gelangen. Dabei geben sie für Schlepper viel Geld aus, die sie illegal in das Land ihrer Hoffnung bringen sollen. Auf dieser beschwerlichen Reise riskieren die Flüchtlinge ihr Leben. Tausende sterben dabei.

Diese Einwanderungswelle stellt die europäischen Länder vor große Herausforderungen. Die hilfesuchenden Menschen sind ungleich in Europa verteilt. Nicht jeder Asylantrag kann genehmigt werden. Voraussetzung ist nämlich, dass der Antragsteller aus einem unsicheren Herkunftsland kommt. So darf niemand, dem in seinem Heimatland Verfolgung, Folter, Tod oder andere Menschenrechtsverletzungen drohen, abgeschoben werden.

Vielen Deutschen machen die zahlreichen Zuwanderungen Angst. Sie befürchten z. B., dass die Zugewanderten statt nach deutschen Gesetzen nach ihren eigenen Regeln und Gebräuchen leben. Deutschland ist allerdings ein Land mit einer niedrigen Geburtenrate und vielen älteren Menschen. Daher werden in fast allen Bereichen der Wirtschaft Einwanderer als Arbeitskräfte benötigt.

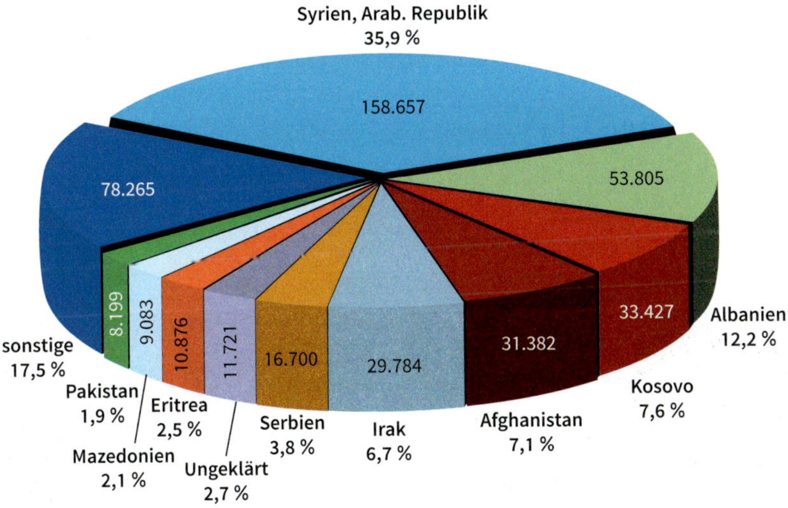

M4 Hauptherkunftsländer der Asylbewerber von 2015

M5 Flüchtlinge aus Afrika auf einem überfüllten Boot (Foto 2011)

M6 Flüchtlinge auf ihrem beschwerlichen Weg von Serbien zu Fuß nach Ungarn (Foto, 2015)

Webcode:
Informationen zu Flüchtlingen weltweit
WES-110781-502

ARBEITSAUFTRÄGE

-)) **1.** Erkläre den Begriff Migration.
-)) **2.** Arbeite aus M3 das Bevölkerungswachstum der Städte heraus.
-) **3.** Nenne ausländische Bevölkerungsgruppen, die im Deutschen Kaiserreich im Zeitalter der Industrialisierung Arbeit fanden.
-)) **4.** Stelle die Bedeutung der Ruhrpolen für das Ruhrgebiet dar.
-))) **5.** Bewerte die Forderungen des Alldeutschen Verbandes in Q1.
-)) **6.** Vergleiche die Auswanderungsgründe des 19. Jh. mit den heutigen.
-)) **7.** Analysiere die Statistik M4.
-))) **8.** Gestalte einen Beitrag für eine Schülerzeitung zur aktuellen Flüchtlingssituation.

zu 6.
Nutze auch Seite 184/185.

zu 7.
Wende die Schritte zur Auswertung einer Statistik von Seite 208 an.

zu 8.
Wende die Schritte zur Erstellung eines Sachtextes von Seite 288 an. Nutze auch M4 - M6.

Veränderung der Umwelt

M1 Eisenherstellung mit Holzkohle und Wasserkraft um 1850

Millionen von Menschen wanderten dorthin, wo sie neue Arbeit fanden. So wuchsen Dörfer in der Nähe von Fabriken in wenigen Jahrzehnten zu Städten, aus diesen entwickelten sich Großstädte. Dieses Wachstum der Städte wird Urbanisierung genannt. Es entstanden Fabriken der Maschinenbauindustrie, der chemischen Industrie und weiterer Industriezweige. Diese Firmen brachten allerdings auch Probleme für die Menschen und die Umwelt mit sich.

Kein nachhaltiges Wirtschaften

Das Naturprodukt Holz war wegen seiner Stabilität und Haltbarkeit Jahrtausende lang ein begehrter Bau- und Brennstoff. Für ihn holzten die Menschen ganze Landstriche und Wälder ab, ohne sie wieder aufzuforsten. Dadurch wurde der Rohstoff Holz rar und verteuerte sich.

M2 Köhler schichteten Holz zu hohen, halbkugelförmigen Haufen auf. Diese bedeckten sie mit Gras und Erde. Durch ein langsames Verbrennen des Holzes bei einer sorgfältig geregelten Luftzufuhr entstand unter der Decke Holzkohle (zeitgenössische Zeichnung).

Q1 Der Arzt Wilhelm Gottfried Ploucquet (1744–1814) schreibt 1780 über die Abholzung der Wälder

Der erhöhte Preis des Holzes … beruht entweder auf dessen … Seltenheit oder auf der größeren Menge der Käufer oder auf beide Umstände zugleich …
Es ist wohl keine Fabrik, die nicht zu ihrer Unterhaltung mehr oder weniger Brennholz nötig hat. Jedoch sind die beträchtlichen Holzfeinde die Metallhütten, die Glashütten, die Salzsiedereien, … und Ziegelhütten …

Mit der Industrialisierung stieg der Ressourcenverbrauch in Europa sprunghaft an. Die Steinkohle, die unter Tage in Bergwerken abgebaut wurde, löste die alten Brennstoffe Holz und die Holzkohle vermehrt ab. Allerdings ist die Kohle kein erneuerbarer Rohstoff.

M3 In einer Salzsiederei wurde durch das Eindampfen einer Salzlösung Kochsalz gewonnen. Zum Beispiel Bad Friedrichshall und Schwäbisch Hall waren bekannt für ihre Salzproduktion (bemalter Holzstich, 1800).

Luftverschmutzungen in den Städten

Das größte Problem in den Städten war die Luftverschmutzung. Bei der Verbrennung der Kohle wurde Rauchgas freigesetzt. Dieses belastete die Luft und verursachte unwiderrufliche Schäden in den Wäldern. Auch litten die Menschen sehr unter dem, was aus den Schornsteinen der Fabriken ungefiltert ins Freie gelangte. Atemwegserkrankungen breiteten sich aus.

M4 Industrielle Eisenherstellung mit Steinkohle um 1850

Wasserverschmutzungen als Folge der Industrialisierung

Farbstoffe der Baumwollfabriken, Düngemittel, Kot und Urin gelangten unkontrolliert in die Flüsse, sodass das Wasser verschmutzt und ungenießbar wurde. Auch giftige Chemikalien aus den zu Beginn des 20. Jahrhunderts entstandenen chemischen Industrien taten ihr Übriges. Die Fische in den Gewässern starben und die Fangerträge der Fischer gingen zurück. Weitere Umweltschäden nahmen zu.

Das Wachsen der Müllberge

In der vorindustriellen Gesellschaft nahmen die Menschen Müll nur als unbedeutende Erscheinung war. Dies änderte sich mit der Industrialisierung und der damit verbundenen Urbanisierung. Massenkonsum, Verzehr von Fertiggerichten, Verwendung von zahlreichen Einwegprodukten und die Einführung von Gemischtwarenläden sorgten vor allem für ein Anwachsen des Mülls. Gleichzeitig sank der Ascheanfall, da immer mehr Menschen auf öl- oder gasbetriebene Heizungen und Herde umgestiegen waren. Papier und Holzreste konnten dadurch nicht mehr im eigenen Ofen verbrannt werden.

Dies führte zu einem Anwachsen der Müllberge in den Städten. Zur Vermeidung von Gesundheitsgefährdungen übernahmen die Stadtverwaltungen die Sammlung und Abfuhr von Hausmüll. Mülltrennung wurde im Zeitalter der Industrialisierung als unwirtschaftlich angesehen, daher wurde der anfallende Müll meist unsortiert verbrannt.

M5 Das Wasser bringt den Tod (Karikatur, 1866).

Anfänge der Natur- und Tierschutzbewegungen

Bereits im Zeitalter der Industrialisierung setzten sich Menschen für den Schutz von Tieren und der Natur ein. Verschiedene Vereine wurden gegründet. Die Motive waren vielfältig. Die Umweltschützer wollten für die Stadtbewohner grüne Oasen bewahren und pflegen, bedeutende Naturdenkmäler erhalten, Tiere als Lebewesen achten, die deutsche Heimat stärken oder ganz allgemein gegen alles Neue sich widersetzen. Allerdings kümmerten sich diese Umweltschützer kaum um Probleme wie Lärm- und Geruchsbelästigung, Abwasser- und Müllentsorgung.

ARBEITSAUFTRÄGE

- ›› **1.** Erkläre den Begriff Urbanisierung.
- › **2.** Beschreibe die Herstellung von Holzkohle.
- ›› **3.** Arbeite aus Q1 und M3 Gründe für den Holzmangel heraus.
- ›› **4.** Vergleiche die Eisenherstellung in M1 und M4.
- ›› **5.** Analysiere die Karikatur M5.
- ›› **6.** Erläutere das Anwachsen des Hausmülls.
- › **7.** Nenne Gründe für die Entstehung der Natur- und Tierschutzbewegungen.
- ››› **8.** Bewerte die Folgen der Industrialisierung für die Umwelt.

zu 2.
Nutze M2.

zu 5.
Wende die Schritte zur Interpretation einer Karikatur von Seite 204 an.

Gegensätze in der Gesellschaft

M1 Die Rolle der Arbeiter in der deutschen Klassengesellschaft (Karikatur auf einem Plakat von 1900)

In den Großstädten entstand die neue Bevölkerungsschicht der Industriearbeiter. Sie bildete in der Gesellschaft die unterste Schicht. Im Gegensatz zum Bürgertum war das Leben dieser Menschen durch Armut und ausbeutende Arbeitsbedingungen geprägt.

Durch die Fabrikarbeit änderte sich auch der Tagesablauf der Industriearbeiter. Sie arbeiteten in großen, lauten und staubigen Fabrikhallen. Arbeiter hatten den ganzen Tag über Maschinen zu bedienen. Diese Geräte waren teure Anschaffungen, deshalb mussten sie möglichst rund um die Uhr laufen. Es wurde daher in drei Schichten gearbeitet. Die Arbeitsbedingungen waren beschwerlich.

Q1 In seinem Roman „Maschinen" von 1895 beschrieb Konrad Alberti die Rolle der Arbeiter aus der Sicht eines Unternehmers:

Ich will Arbeiter, die früh bis Abend schuften wie die Maschinen, ... die Essen und Schlafen auch rein wie mechanische Verrichtungen abwickeln, die abends wie tot vom Stuhl auf die Streu sinken und morgens ... um Schlag acht auf dem Posten sind ... Der Einzelne muss zum Nutzen des Gesamtwerkes zur Maschine werden wie der Soldat im Heer.

Die Not der Arbeiter

Da die Löhne niedrig waren, führten sie mit ihren Familien ein Leben in Armut. Viele Arbeiter erlitten Unfälle, da die Maschinen keine Schutzvorrichtungen hatten. Verletzte oder kranke Arbeiter erhielten keine finanzielle Unterstützung. Arbeitslosigkeit oder Arbeitsunfähigkeit bedeuteten für die Arbeiterfamilie große Not. Für verschiedene Menschen stellte sich daher die Frage, wie das Leid der Arbeiterfamilien gelindert werden kann. Diese Frage wird als Soziale Frage bezeichnet.

M2 Ein Unfall in einer Fabrik (Gemälde von Johann Bahr, 1889)

M3 Eine großbürgerliche Familie beim Frühstück (Gemälde von Hans Gabriel Jentzsch, 1902)

Der Wohlstand des Bürgertums

Besser gestellt in der Gesellschaft war das Bürgertum. Zu dieser Schicht gehörten zum Beispiel die Kaufleute, Ärzte, Fabrikbesitzer und höhere Beamte. Sie zeigten durch wertvolle Kleidung und eine gut eingerichtete Wohnung, dass sie zur sogenannten besseren Gesellschaft gehörten und sich von den Arbeitern unterschieden. Bürger schickten ihre Söhne auf das Gymnasium und ließen sie studieren. Wenn ihre Töchter heirateten, bekamen sie eine reiche Ausstattung mit in die Ehe.

Q2 Ein Hamburger Kaufmannssohn über seine Wohnsituation aus dem Jahr 1893:

Da das unsrige (Haus) sehr geräumig war, brauchte meine Mutter außer dem Kinderfräulein eine Unterköchin, ein Serviermädchen, … und ein Dienstmädchen, das vor allem putzte. Zum Stiefelputzen und Anmachen der Heizung kam eine männliche Hilfskraft …
Und dann die Einrichtung! Das Mahagoni der Möbel und die hölzernen Wandverkleidungen, die Türdrücker und die Beschläge aus Messing, das Silber und das Kristall auf dem Tisch …

M4 Solche Schilder gab es häufig an Bürgerhäusern.

ARBEITSAUFTRÄGE

› **1.** Beschreibe das Unfallgeschehen in M2.
› **2.** Nenne Probleme der Arbeiter.
›› **3.** Analysiere die Karikatur in M1.
›› **4.** Charakterisiere den idealen Arbeiter nach Q1.
›› **5.** Erkläre den Begriff Soziale Frage.
›› **6.** Arbeite aus M3, M4 und Q2 die Wohnverhältnisse des Bürgertums heraus.
››› **7.** Der Staat war auf die Industriearbeiter angewiesen. Überprüfe unter Verwendung von M1 diese Behauptung.
››› **8.** Gestalte einen Brief aus der Sicht eines Fabrikarbeiters aus M2.

→ zu 3.
Wende die Schritte zur Interpretation einer Karikatur von Seite 204 an.

Das Leben in einer Arbeiterfamilie

M1 Der Innenhof einer Mietskaserne Ende des 19. Jahrhunderts

Wohnverhältnisse der Arbeiter

Im 19. Jahrhundert suchten die Arbeiter in der Nähe der Fabriken eine Wohnung, da es keine geeigneten Verkehrsmittel gab, um täglich vom Land in die Stadt zu pendeln. Der Wohnraum war knapp. Mit Glück fanden sie eine Wohnung in einer mehrstöckigen Mietskaserne. Diese Wohnblöcke hatten enge, lichtarme Innenhöfe. Die Wohnungen bestanden häufig aus einem Raum, der etwa 20 m² groß war und indem sechs bis sieben Personen lebten.

Die Zimmer waren eng, schmutzig, dunkel und oft ohne fließendes Wasser. Geheizt wurde mit Kohle in der Küche. Die Toiletten befanden sich meist im Treppenhaus oder im Innenhof. Mehrere Familien nutzten sie gemeinsam.

Die Arbeiter mussten eine hohe Miete zahlen, da die Nachfrage nach Wohnraum groß war. Viele Familien nahmen in ihren überfüllten Wohnungen noch Schlafburschen auf, die sich zu zweit oder dritt ein Bett teilten.

Q1 Bericht über Arbeiterwohnungen

Da die Arbeitenden beim Morgengrauen das Haus verließen und erst am Abend zurückkehrten, waren sie in erster Linie an einer Schlafmöglichkeit interessiert … Die jungen Arbeiter und Arbeiterinnen konnten sich lediglich eine Schlafstelle in (einem) voll genutzten Wohnraum leisten – eine Lagerstätte, nicht mehr, und auch diese nur für Stunden. Zahlreiche Vermieter vermieteten die Lagerstätte bei Nacht und bei Tag. Das Bett … wurde nicht kalt. Auch Familien besaßen in der Regel nur einen Raum, der Koch-, Wohn- und Schlafraum war.

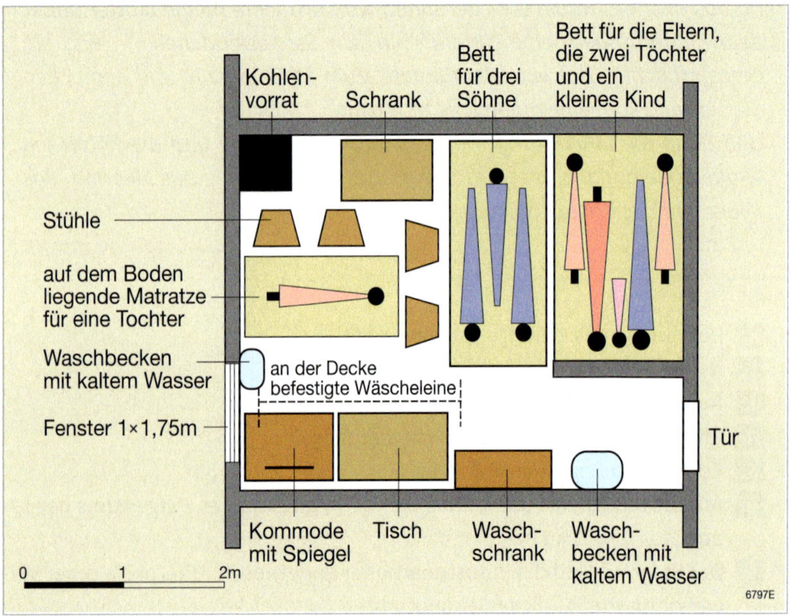

M2 Beispielgrundriss für eine Arbeiterwohnung um 1900

Vater: Metallarbeiter / Sohn: Lehrling	Mutter: Aushilfsarbeiterin / Tochter: schulpflichtig	Tageszeit	
Kaffee (Malz/Gerste), Schwarzbrot mit Bückling, Käse oder Wurst (ohne Butter)	trockenes Schwarzbrot in Kaffee (Gerste/Malz) gestippt	6 Uhr	alltags
	Schwarzbrot mit Pflaumenmus	12 Uhr	alltags
Mehlspeise oder Eintopfgerichte (Erbsen, Linsen, Kartoffeln), Wasser oder Kaffee (Malz/Gerste)		19 Uhr	alltags
Kuhfleisch (von notgeschlachteten Tieren), Kartoffeln, Schwarzbrot, Kaffee, etwas Aufschnitt 		mittags, morgens und abends	sonntags

0989G

M3 Speiseplan einer Arbeiterfamilie (1909)

Ernährung der Arbeiter

Kartoffeln und Schwarzbrot waren die Hauptnahrungsmittel. Fleisch gab es nur an Sonn- und Feiertagen. Ihr Geld mussten die Arbeiterfamilien zu einem großen Teil für Miete und Nahrungsmittel ausgeben. Für andere Ausgaben, wie Kleidung, Schuhe oder Arztbesuche reichte es kaum.

Deshalb wurde bei geringem Einkommen häufig am Essen gespart. Hunger, Unterernährung, Mangelkrankheiten und ein früher Tod waren die Folge.

Q2 Zeitungsbericht über die Notlage der Arbeiterfamilien (1845)

Wenn sie alle Tage Arbeit haben und ihre körperlichen Kräfte aufs Äußerste anstrengen, so können sie die dringlichsten Anforderungen ihres Magens notdürftig befriedigen. Sie werden fast nie dahin gelangen, einen Notpfennig für das Alter zurückzulegen, und wenn sie krank werden oder sonst ein Unglück haben, wenn sie nur für kurze Zeit arbeitslos sind, ja dann ist es freilich schlimm. An einem solchen Unglück … haben sie jahrelang zu tragen und zuweilen verwinden sie es nie.

Wochenlohn:	**22,00 Mark**
Frühstück	1,50 Mark
Milch	1,40 Mark
Zucker	0,87 Mark
Kaffee	0,90 Mark
Kaffeeersatz	0,15 Mark
Brot	2,50 Mark
Butter	2,25 Mark
Fleisch	2,10 Mark
Kartoffeln	1,50 Mark
Gemüse, Reis	1,50 Mark
Feuerung (Herd)	2,10 Mark
Lampenöl	1,50 Mark
Miete	4,97 Mark
Mietsteuer	0,32 Mark
Nadel und Faden	0,10 Mark
Gesamtausgaben.	**23,66 Mark**

M4 Die wöchentlichen Ausgaben eines Bautischlers für seine Familie mit vier Kindern um 1900

ARBEITSAUFTRÄGE

› **1.** Beschreibe die Wohnverhaltnisse in einer Mietskaserne.

›› **2.** Erkläre den Begriff Schlafbursche.

›› **3.** Begründe den Speiseplan in M3.

›› **4.** Vergleiche den Speiseplan in M3 mit deinen täglichen Malzeiten.

››› **5.** Gestaltet ein Rollenspiel, in dem eine Arbeiterfamilie sich über ihre finanzielle Situation unterhält.

››› **6.** Entwickle einen Einsparungsvorschlag, sodass der Wochenlohn des Bautischlers aus M4 zum Lebensunterhalt reicht.

zu 3.
Wer hat was und warum gegessen?
Zu welchen Zeiten wurde warum gegessen?

M1 Arbeiterinnen in einer deutschen Zigarrenfabrik im Jahr 1908

Frauen und Kinder als Industriearbeiter

Häufig reichte das Einkommen des Mannes nicht aus, um die Familie zu ernähren. Deshalb mussten die Ehefrau und die Kinder auch arbeiten. Nur so konnten die Familien überleben. Allerdings arbeiten sie nun nicht mehr wie in der mittelalterlichen Agrargesellschaft auf dem eigenen Hof, sondern in einem fremden Unternehmen.

Frauen zwischen Fabrik- und Familienarbeit

Neben der schweren Fabrikarbeit mussten die Frauen ebenfalls die anfallende Hausarbeit erledigen. Dazu gehörten das Kochen, Waschen, Putzen, Kleidungnähen und die Kindererziehung.

Benachteiligung der Frauen

Die Frauen waren in der Öffentlichkeit und rechtlich nicht gleichgestellt. Sie durften nicht wählen und erhielten für die gleiche Arbeit weniger Lohn als die Männer. Engagierte Frauen wie Louise Otto-Peters oder Helene Lange setzten sich deshalb in Deutschland öffentlich für die Rechte der Frauen ein. Diese Bewegung wird als Frauenemanzipation bezeichnet.

M2 Eine Frau mit ihrem Kind auf dem Weg zur Arbeit (Gemälde, 1897)

Q1 Eine Historikerin berichtet über den Alltag einer Arbeiterfrau um 1910:

Um 4.30 Uhr morgens beginnt ihr Arbeitsalltag, da muss sie aufstehen, Feuer machen, Kaffee kochen, ... Mittagessen vorbereiten ... und die Betten machen. Um 6.45 Uhr muss sie mit den Kindern aus dem Haus ... Die Frau geht in die Fabrik, aus der sie um 11.30 Uhr für anderthalb Stunden heimkommt. Nun wird das Essen gewärmt und verzehrt und dann so viel häusliche Arbeit wie irgendwie möglich verrichtet. Um 1 Uhr beginnt wieder die Fabrikarbeit. Nach Schluss derselben (ca. 19.30 Uhr) von neuem Hausarbeit ... An einem Abend wird Wäsche gewaschen, am nächsten gebügelt.

Kinder – arbeiten statt lernen

Während der Industriellen Revolution mussten Kinder auch in Fabriken arbeiten. Die Maschinen waren leicht zu bedienen. Die Kinder erhielten sehr viel weniger Lohn als die Erwachsenen. Das nutzten die Fabrikbesitzer aus. So konnten die Unternehmer ihre Gewinne steigern.

Besonders schlimm erging es Kindern in Kohle- und Eisenerzbergwerken. Wegen ihrer geringen Körpergröße waren sie als Arbeitskräfte in den engen und niedrigen Stollen gefragt und mussten die gleichen Arbeitszeiten wie die erwachsenen Arbeitskräfte ableisten. Sie konnten nicht in die Schule gehen.

M4 Kinderarbeit in einer Spinnerei 1907

Q2 Der Zentralverband deutscher Industrieller zur Kinderarbeit (1884):

Es scheint vernünftiger, die Kinder angenehme Arbeit verrichten zu lassen, als sie dem Müßiggang und der Verwilderung preiszugeben. Ein Gesetz, welches die Arbeit der Kinder im schulpflichtigen Alter verbietet, verlängert die Not vieler Arbeiterfamilien und verschlechtert ihre Lebenshaltung. Geschützte Kinder würden durch ungenügende Ernährung mehr leiden als durch Fabrikarbeit.

Folgen der Kinderarbeit

Die Arbeiten in den Fabriken und Bergwerken hatten für die Kinder schlimme Folgen. Staub, Lärm, stickige Luft und schwere körperliche Anstrengungen führten zu gesundheitlichen Schäden. Andere erlitten Arbeitsunfälle und waren lebenslänglich körperlich geschädigt.

In der ersten Hälfte des 19. Jahrhunderts erkannten die Politiker diese Folgen. Nach und nach wurde deshalb die Kinderarbeit begrenzt. Auch die allgemeine Schulpflicht führte zu einer Einschränkung.

	Fabrikarbeit	Heimarbeit	Landarbeit
1839	10 Std. ab 9 Jahren	unbegrenzt erlaubt	unbegrenzt erlaubt
1853	6 Std. ab 12 Jahren	unbegrenzt erlaubt	unbegrenzt erlaubt
1891	6 Std. ab 13 Jahren	unbegrenzt erlaubt	unbegrenzt erlaubt
1903	6 Std. ab 13 Jahren	3 Std. ab 10 Jahren	unbegrenzt erlaubt
1938	ab 14 Jahren	2 Std. ab 12 Jahren	unbegrenzt erlaubt
1960	ab 14 Jahren	ab 14 Jahren	ab 12 Jahren gelegentliche Mitarbeit
heute	ab 15 Jahren	ab 15 Jahren	ab 13 Jahren

M3 Kinderarbeitsschutzregelungen im Überblick

M5 Kinderarbeit in einem Bergwerk (Druck, 1844)

ARBEITSAUFTRÄGE

› **1.** Beschreibe die Doppelbelastung der Frauen.
›› **2.** Erkläre den Begriff Frauenemanzipation.
› **3.** Nenne die Bereiche, in denen häufig Kinder arbeiteten.
›› **4.** Liste Argumente für Kinderarbeit aus der Sicht eines Unternehmers auf.
›› **5.** Begründe die Einschränkung der Kinderarbeit in deutschen Industriebetrieben.
›› **6.** Analysiere die Statistik M3.
››› **7.** Überprüfe, ob es heute noch Kinderarbeit in der Welt gibt.

zu 1. *Nutze auch M1, M2 und Q1*

zu 4. *Nutze auch Q2.*

zu 6. *Wende die Schritte zur Auswertung einer Statistik von Seite 208 an.*

zu 7. *Recherchiere im Internet, z. B. www.unicef.de*

M1 Flugblätter spielten für die Aktivierung der Arbeiterschaft eine wichtige Rolle (sozialdemokratisches Flugblatt, 1905).

M2 „Ans Vaterland, ans teure, schließ` dich an!“ Die Schwerindustriellen Hugo Stinnes und August von Thyssen und ihre Arbeiter (Karikatur aus der Zeitschrift „Der Wahre Jacob“, 1905)

Zusammenschluss der Arbeiter

Viele Arbeiten an den Fabrikmaschinen konnten selbst ungelernte Arbeitskräfte erledigen. Die Handgriffe an den technischen Geräten wiederholten sich immer und waren schnell gelernt. Nur für wenige Arbeitsgänge wurden ausgebildete Arbeitskräfte benötigt. Diese erhielten auch mehr Lohn als die einfachen Arbeiter.

Ungelernte Arbeitskräfte waren leicht zu ersetzen. Deshalb ließen die Unternehmer sie oft bis zur Erschöpfung arbeiten. Den Lohn und die Arbeitsbedingungen legten die Fabrikbesitzer allein fest. Auch konnten sie Kranke, Unwillige oder Protestierende jederzeit entlassen.

Kaum Protest möglich

Die Zahl derjenigen, die von dem Lohn nicht leben konnten, stieg ständig an. Trotzdem kam es selten zu offenen Protesten, denn die Arbeiter kannten ihre Machtlosigkeit. Sie konnten zwar die Arbeit verweigern, aber das bedeutete auch kein Lohn. Außerdem gab es genug Arbeitssuchende, sodass die Fabrikbesitzer jederzeit protestierende Arbeiter entlassen und neue einstellen konnte.

Zusammenschluss der Arbeiter

Mit der Zeit erkannten die Arbeiter, dass sie ihre Lage am wirksamsten veränderten, wenn sie sich zusammenschlossen. Dann konnten sie gemeinsam ihre Forderungen an die Unternehmer stellen. Nur so sahen sich die Fabrikbesitzer gezwungen, auf die Ansprüche ihrer Arbeiter einzugehen, denn sie konnten ja nicht alle entlassen.

Die Arbeiter schlossen sich zumeist nach Berufsgruppen zusammen. So entstanden Arbeitervereine. Aus solchen Zusammenschlüssen bildeten sich später die ersten Gewerkschaften.

M3 Die streikenden Arbeiter stellen vor ihrem Arbeitgeber Forderungen (Gemälde von Robert Koehler, 1886).

Die Gewerkschaften

Die Gewerkschaften kümmerten sich nun gezielt um das Wohl der Arbeiter. Sie organisierten Streiks, da diese das wirkungsvollste Druckmittel waren. Die Gewerkschaftsvertreter verhandelten erfolgreich mit den Unternehmern um höhere Löhne, kürzere Arbeitszeiten und bessere Arbeitsbedingungen.

Die Sozialdemokratie

Die Arbeiterbewegung wollte auch auf die Gesetzgebung einwirken, um die Arbeitsbedingungen grundsätzlich zu verbessern. Dazu brauchte sie Parteien, die ihre Forderungen politisch vertraten. Im Jahr 1863 gründete Ferdinand Lassalle den Allgemeinen Deutschen Arbeiter Verein, die erste deutsche Arbeiterpartei. Diese vereinigte sich mit der Sozialdemokratischen Arbeiterpartei, aus der 1891 die Sozialdemokratische Partei Deutschlands entstand.

Die SPD arbeitete eng mit den Gewerkschaften zusammen und beteiligte sich an Wahlen. Sie konnte sich als politische Vertretung der Arbeiter durchsetzen und ist heute die älteste deutsche Partei.

	Streiks	Beteiligte
1871	157	64 300
1872	362	108 800
1889/90	1131	394 440
1900	1468	131 888
1905	2657	526 810
1906	3626	349 327

M4 Massenstreiks im Kaiserreich

1800	70 Stunden
1820	78 Stunden
1840	96 Stunden
1870	73 Stunden
1900	70 Stunden
2000	38,5 Stunden
2014	40 Stunden

M5 Durchschnittliche Wochenarbeitszeit in Deutschland

ARBEITSAUFTRÄGE

- › **1.** Beschreibe das Flugblatt M1.
- ›› **2.** Begründe die Ersetzbarkeit von ungelernten Arbeitern.
- ›› **3.** Analysiere die Karikatur M2.
- ››› **4.** Gestalte einen Beschwerdebrief mit möglichen Forderungen der Streikenden aus M3 gegenüber ihrem Arbeitgeber.
- ›› **5.** Erkläre die Begriffe Gewerkschaft und Sozialdemokratie.
- › **6.** Fasse die Entstehung der SPD zusammen.
- ››› **7.** Bewerte das Vorgehen der Gewerkschaften für die Arbeiterschaft.

zu 3.
Wende die Schritte zur Interpretation einer Karikatur von Seite 204 an.

zu 7.
Nutze M4 und M5.

M2 In Hamburg gründete der evangelische Theologe Johann Heinrich Wichern das sogenannte Rauhe Haus. Dies war eine Einrichtung, in dem junge Menschen ohne Beruf und Familie eine Unterkunft und Ausbildung erhielten (Holzstich mit dem Titel „Knabenarbeitssaal im rauhen Hause“ von 1845, später koloriert).

Antworten auf die Soziale Frage

Hilfe der Kirchen

Im Mittelalter war die Sorge für Arme und Bedürftige als Gebot der Nächstenliebe eine wichtige Aufgabe für jeden Christen. In der Zeit der Industrialisierung betrachtete die Kirche das Elend der Menschen als unverschuldetes Massenschicksal. Die Ursache dafür war in ihren Augen die Gier und Maßlosigkeit einzelner Unternehmer.

Geistliche versuchten deshalb, die größte Not mit sozialen Einrichtungen zu lindern. Im Jahr 1848 gründete die evangelische Kirche das Hilfswerk Innere Mission. Die katholische Caritas folgte 1897. Diese Organisationen unterstützten in Not geratene Arbeiterfamilien mit Lebensmitteln, Kleidung oder Wohnraum.

M1 Eine Nonne bringt einer armen Arbeiterfamilie Lebensmittel und kümmert sich um das verletzte Familienoberhaupt (Stich von Francois Rene de Chateaubriand, Frankreich, 1852).

Hilfe einzelner Unternehmer

Auch einige Unternehmer bemühten sich, die Not der Menschen zu lindern. Die BASF baute Werkswohnungen für ihre Arbeiter. Die Miete war deutlich niedriger als auf dem freien Wohnungsmarkt. Andere versprachen ihren Angestellten eine Gewinnbeteiligung. Die Firma WMF richtete eine Betriebskrankenkasse, eine Betriebssparkasse, ein Jugendheim und einen Wohlfahrtsverein ein, der für die Angestellten verschiedene soziale Unterstützungen zu niedrigen Preisen und teilweise sogar kostenlos anbot. Ferner wurden in eigenen Unternehmen Speiseräume und firmeneigene Geschäfte eingerichtet. Dort konnten sie kostengünstig zu Mittag essen oder einkaufen.

Die Firmen wollten durch solche Fürsorge ein besseres Arbeitsklima schaffen. Dadurch erhofften sich die Arbeitgeber auch eine erhöhte Arbeitsleistung. Allerdings sorgten nur wenige Unternehmer so für ihre Arbeiter.

Die Kritik von Marx und Engels

Karl Marx und Friedrich Engels gehörten zu den schärfsten Kritikern der sozialen Probleme. Marx führte die Probleme auf die neue Produktionsform der Fabrikarbeit zurück. Er kritisierte, dass die Unternehmer ihre Arbeiter, die sogenannten Proletarier, rücksichtslos ausbeuteten. Dadurch wurde Arbeitsatmosphäre unpersönlich. Ferner war jeder Proletarier leicht zu ersetzen. Auch beanstandete er das zu niedrige Einkommen der Proletarier. Die Hilfen der Unternehmer, der sogenannten Kapitalisten, bewertete Engels als ungenügend.

Die revolutionären Ideen von Marx und Engels

Gemeinsam entwickelten Marx und Engels verschiedene Lösungsansätze und gründeten in diesem Zusammenhang den Bund der Kommunisten mit. So entstand im 19. Jahrhundert eine politische Bewegung, die eine Gesellschafts- und Wirtschaftsordnung ohne jegliches privates Eigentum schaffen wollte. Dadurch sollten die Gegensätze der sozialen Klassen beseitigt werden. Dafür war es ihrer Meinung nach nötig, dass sich die Proletarier zusammenschlossen und sich im Zuge einer Revolution von der Unterdrückung und Ausbeutung durch das Bürgertum befreien. Nach dem Sieg über den Kapitalismus würden die Arbeiter über die alleinige Macht im Staat verfügen.

Zu der von Karl Marx und Friedrich Engels erwarteten Revolution kam es in Deutschland nicht.

Q1 Erste Strophe des Liedes der internationalen Arbeiterbewegung (Melodie von Pierre Degeyter aus dem Jahr 1888, deutscher Text unter anderem von Emil Luckhardt, 1910):

Wacht auf, Verdammte der Erde,
die stets man noch zum Hungern zwingt!
Das Recht wie Glut im Kraterherde
Nun mit Macht zum Durchbruch dringt.
Reinen Tisch macht mit dem Bedränger!
Heer der Sklaven, wache auf!
Ein Nichts zu sein, tragt es nicht länger,
alles zu werden, strömt zuhauf!
Völker, hört die Signale!
Auf, zum letzten Gefecht!
Die Internationale erkämpft das Menschenrecht!

M3 Karl Marx (1818–1883) stammte aus einer Rechtsanwaltsfamilie (Portraitfotografie, ca. 1880, später koloriert).

M4 Friedrich Engels (1820–1895) war der Sohn eines reichen Unternehmers (Gemälde, 1880).

ARBEITSAUFTRÄGE

› **1.** Beschreibe den Arbeitsraum des Rauhen Hauses (M2).
›› **2.** Stelle die unterschiedlichen Maßnahmen zur Lösung der Sozialen Frage in einer Tabelle dar.
› **3.** Nenne Mitbegründer des Kommunismus.
› **4.** Fasse die Ziele des Bundes der Kommunisten zusammen.
›› **5.** Analysiere das Lied Q1.
››› **6.** Bewerte die unterschiedlichen Maßnahmen zur Lösung der Sozialen Frage.

zu 1.
Welche Tätigkeiten werden von Jugendlichen ausgeübt?

zu 2.

	Maßnahmen
ev. Kirche	...
kath. Kirche	...
einzelne Unternehmer	...
Marx und Engels	...

zu 5.
Wende die Schritte zur Analyse eines Liedes von Seite 173 an.

M1 „Der moderne Atlas“ (Karikatur, 1897). Atlas ist in der griechischen Sagenwelt ein Riese, der das Himmelsgewölbe auf seinen Schultern trägt.

M2 Großer Andrang bei der Rentenauszahlung (Holzstich, 1890)

Die Reaktion des Staates

Die Politik des Kaiserreiches, vertreten vor allem durch Kaiser Wilhelm I. und seinen Reichskanzler Otto von Bismarck, hatte bislang die Meinung vertreten, das Problem der Arbeiter würde sich von selbst lösen. Zwar hatten einige Vertreter aus der Kirche und einzelne Unternehmer versucht, die Not zu lindern. Doch diese Maßnahmen kamen immer nur einigen wenigen Menschen zugute.

Q1 Reichskanzler Otto von Bismarck äußerte sich zu den Sorgen der Arbeiter im März 1884:

Die Frage von Arbeitszeit und Lohnhöhe ist durch Gesetze außerordentlich schwierig zu lösen. Ich habe darüber auch nur sporadisch lokale Klagen gehört. Die eigentlichen Beschwerdepunkte (des Arbeiters) … ist die Unsicherheit seiner Existenz. Er ist nicht sicher, dass er immer Arbeit haben wird, er ist nicht sicher, dass er immer gesund ist, und er sieht voraus, dass er einmal alt und arbeitsunfähig sein wird. Verfällt er aber der Armut auch nur durch längere Krankheit, so ist er darin nach seinen eigenen Kräften völlig hilflos und die Gesellschaft erkennt ihm gegenüber bisher eine eigentliche Verpflichtung … nicht an …

Die Sozialgesetzgebung

Aufgrund der sozialen Missstände der Arbeiterschaft kam es immer öfters zu Streiks und Unruhen. Kaiser Wilhelm I. und Otto von Bismarck befürchteten, dass diese Unzufriedenheit immer mehr Menschen in die Arbeiterparteien führen würde. Beide sahen in der Sozialdemokratie eine Macht, die dem Staat gefährlich werden konnte. Um diese Bedrohung in den Griff zu bekommen, wurde von Bismarck in den Jahren von 1883 bis 1889 schrittweise die Sozialgesetze für Kranken-, Unfall und Rentenversicherung eingeführt. Damit begann in Deutschland die staatliche Sozialpolitik.

Versicherungsart	Krankenversicherung	Unfallversicherung	Rentenversicherung
Einführung	1883	1884	1889
Beitragshöhe	2 – 3 % des Lohns	unterschiedlich	1 % des Lohns
Wer zahlt die Beiträge	2/3 zahlt der Arbeiter, 1/3 der Unternehmer	Unternehmer zahlt sie alleine	Arbeiter und Unternehmer zahlen je die Hälfte
Welche Leistungen erhält der Arbeiter	– Bezahlung der Arztbesuche und der Medikamente – Kosten für Krankenhausaufenthalt – bis zu 50 % des Durchschnittlohns als Krankengeld ab dem 3. Krankheitstag bis zu 26 Wochen	– Bezahlung der Heilungskosten – bei Erwerbsunfähigkeit Weiterzahlung von 2/3 des Einkommens – bei Unfalltod 1/5 des Lohns für Witwen	– Altersrente ab 70 Jahren und nach 30 Jahren Beitragszahlung

M3 Die Sozialgesetzgebung von Otto von Bismarck beinhaltete drei Pflichtversicherungen.

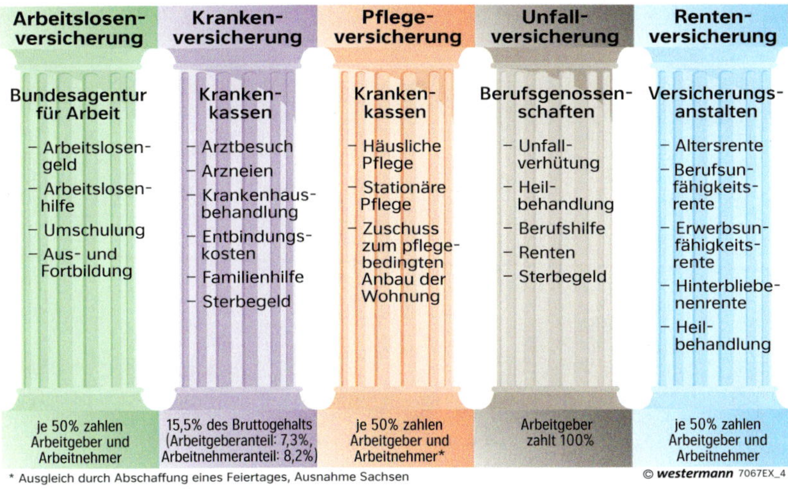

M4 Bei den Säulen der heutigen Sozialversicherungen handelt es sich um fünf staatlich vorgeschriebene Versicherungen. Die Arbeitslosenversicherung wurde 1927 und die Pflegeversicherung 1995 eingeführt.

Reaktionen auf die Sozialgesetzgebung

Otto von Bismarck führte diese drei Versicherungen trotz heftigem Widerstand ein. Die Gegner hatten Angst vor der Schaffung eines Wohlfühlstaates. Die Unternehmerschaft lehnte die Gesetze aus Sorge vor den anfallenden Kosten ab. Sie fürchteten außerdem Gewinneinbußen. Die katholische Zentrumspartei legte Wert auf die allgemeine Pflicht der christlichen Nächstenliebe und diese stand für sie mit den eingeführten Pflichtversicherungen im Widerspruch. Offiziell lehnten auch die Sozialdemokraten die Sozialgesetze ab. Allerdings fanden sich hinter verschlossener Tür zahlreiche Verfechter für diese. Unterstützung erhielt Bismarck vor allem von Professoren und einzelnen konservativ eingestellten Personen, die die Fürsorge für die Bevölkerung als Staatspflicht ansahen.

Mit Zuckerbrot und Peitsche

Bismarck war der Überzeugung, dass er durch das Zuckerbrot in Form der Schaffung eines Sozialstaates die Arbeiterschaft milde gestimmt hatte. Dies reichte ihm aber nicht aus, um die Sozialdemokratie unter Kontrolle zu halten. So trat bereits im Vorfeld im Jahr 1878 die Peitsche in Gestalt eines umfangreichen Sozialistengesetzes in Kraft, das bis 1890 Bestand hatte. Durch dieses Gesetz wurden sozialdemokratische Parteien verboten. Sozialistisch orientierte Politiker konnten sich zwar als Einzelkandidaten für verschiedene Wahlen aufstellen lassen, doch wurde ihr Wahlkampf erheblich behindert. Anlass für dieses Parteienverbot waren zwei versuchte Anschläge auf Kaiser Wilhelm I., für die die Sozialdemokraten verantwortlich gemacht wurden.

M5 Otto von Bismarck sah in der SPD das Böse, das dem Wilhelminischen Kaiserreich schaden möchte und daher bekämpft werden muss (Karikatur aus einer englischen Satirezeitschrift, 1878).

ARBEITSAUFTRÄGE

- »» **1.** Arbeite aus Q1 die Sorgen der Arbeiter heraus.
- »» **2.** Analysiere die Karikatur M1.
- » **3.** Nenne die von Bismarck eingeführten Versicherungen.
- »» **4.** Begründe die Einführung der Sozialgesetze.
- » **5.** Fasse die Widerstände gegen die Sozialgesetzgebung zusammen.
- »» **6.** Erläutere Bismarcks Politik von Zuckerbrot und Peitsche.
- »» **7.** Vergleiche die damalige Sozialgesetzgebung mit dem heutigen Sozialversicherungssystem.
- »»» **8.** Bewerte die Sozialgesetzgebung von Bismarck.

zu 2.
Wende die Schritte zur Interpretation einer Karikatur von Seite 204 an.

zu 6.
Nutze auch M5.

zu 7.
Notiere Gemeinsamkeiten und Unterschiede.
Nutze M3 und M4.

M1 Vorbeimarsch von Reserveoffizieren bei einer Parade in Ulm um 1900, dabei dienten die Schirme und Stöcke als Säbelersatz.

Soldaten, Uniformen, Untertanen

Militarismus im Kaiserreich

Im Kaiserreich hatten Soldatentum und Krieg einen positiven Stellenwert in der Gesellschaft. Das Militär war allgegenwärtig. Während ihrer Dienstzeit wurde den Wehrpflichtigen unbedingte Kaisertreue, Disziplin und Gehorsam vermittelt. Diese militärischen Grundsätze galten auch in der Familie und bei der Arbeit. Die Begeisterung für das Militärische war in allen Schichten der Gesellschaft ausgeprägt. Menschen, die eine Uniform trugen, wurden höher geachtet als andere. Dies galt auch für Polizisten, Postbeamte und Eisenbahner.

Wenn militärische Wertevorstellungen und Verhaltensweisen auf Lebensbereiche übertragen werden, die eigentlich gar nichts mit dem Militär zu tun haben, wird dies als Militarismus bezeichnet.

M2 Ehemalige Soldaten waren häufig Mitglied in einem Kriegerverein (Postkarte, um 1900).

Q1 Der Zeitzeuge Georg Braunbeck erinnert sich:

Wir Buben spielten gern Kriegsspiele … Dass im Krieg geschossen wurde und dass er weit fort war, wusste man auch, aber sonst nicht viel mehr. Mit der Zeit wurde man auch aufmerksam auf einheimische Soldaten, die auf Urlaub waren. Alle Buben haben sich interessiert für die Soldaten in bunter Uniform mit kurzen oder langen Säbeln und Reitsporen. Mancher 4- und 5-jährige Bub bekam zu Weihnachten eine … Uniform mit Säbel, dazu noch Bleisoldaten …

M3 Kindliche Begeisterung für das Militärische (Postkarte, ca. 1914)

Q2 Das berühmte Kinderlied „Morgen kommt der Weihnachtsmann" (1835) von Hoffmann von Fallersleben lautete ursprünglich :

Morgen kommt der Weihnachtsmann, kommt mit seinen Gaben; Trommel, Pfeife und Gewehr, Fahn' und Säbel und noch mehr, ja ein ganzes Kriegesheer, möcht' ich gerne haben.

M4 Schulklasse um 1900. In gemischten Klassen durften Jungen und Mädchen nicht nebeneinander sitzen.

Drill in der Schule

Um 1900 konnten in Deutschland mehr Kinder lesen und schreiben als in jedem anderen Land Europas, weil im Kaiserreich eine achtjährige Schulpflicht galt. Die Kinder besuchten die Volksschule. Mehrere Jahrgänge hatten gemeinsam Unterricht. So saßen bis zu 80 Kinder gemeinsam in einem Zimmer. Nach der Volksschulzeit wechselten aus Geldmangel nur wenige Kinder auf eine weiterführende Schule.

Ebenso wie beim Militär wurde in vielen Schulen Gehorsam und Disziplin von den Lehrern gefordert und eingeübt. Sie sprachen im Befehlston mit ihren Schülern und Schläge mit einem Holzstock auf die Hand oder auf den Hintern als Bestrafung waren üblich. Die meisten Eltern waren froh, dass ihr Kind in der Schule Anstand und Benehmen lernte, da sie selbst für Kindererziehung kaum Zeit hatten.

M5 Der damalige Schüler schrieb auf einer Schiefertafel. Da diese teuer war, musste jeder gut aufpassen, dass sie nicht kaputt ging, sonst wurde er sowohl vom Lehrer als auch von den Eltern bestraft (Zeichnung, 1860).

Q3 Aus einem Ratgeber für Lehrer von 1877:

Damit jede Störung des Unterrichts unmöglich gemacht werde, hat der Lehrer … darauf zu halten:
a) dass alle Schüler anständig, gerade … sitzen …
b dass jedes Kind seine Hände geschlossen auf die Schultafel legt …
c) dass die Füße parallel nebeneinander auf dem Boden gestellt werden …
d) dass sämtliche Schüler dem Lehrer fest in die Augen schauen …

ARBEITSAUFTRÄGE

› **1.** Nenne militärische Grundsätze, die das Leben im Kaiserreich prägten.
›› **2.** Erkläre den Begriff Militarismus.
› **3.** Beschreibe den Militarismus im Leben der Menschen im Kaiserreich.
›› **4.** Erstelle einen Wunschzettel für ein Kind aus dem Kaiserreich.
››› **5.** Beurteile den Alltag in einer Schule um 1900.
››› **6.** Gestalte ein Rollenspiel zum damaligen Schulwesen.

→ **zu 4.**
Beachte Q1 und Q2.

→ **zu 6.**
Nutze auch Q3.
Das Schlagen von Mitschülerinnen oder Mitschülern ist nicht erlaubt!
Wende die Schritte zur Gestaltung eines Rollenspiels von Seite 143 an.

M1 Das Föderationsfest am 14. Juli 1790, bei dem die Verfassung gefeiert wurde (Druck, 1890)

M3 Militärparade anlässlich des französischen Nationalfeiertags 2012 in Paris

Gemeinsames Feiern und Erinnern

Der Umgang einzelner Menschen oder der Bevölkerung eines Landes mit Ereignissen aus der Vergangenheit wird als Erinnerungskultur bezeichnet. Es gibt unterschiedliche Möglichkeiten, um sich bewusst an Vergangenes zu erinnern. Das private Erinnern kann durch das Anlegen eines Familienalbums oder durch Ahnenforschung gepflegt werden. Der Staat gedenkt Vergangenem durch Errichten von Denkmälern, Gedenkstätten oder durch Festlegen von Gedenktagen.

Der französische Nationalfeiertag

Der französische Nationalfeiertag ist seit 1880 am 14. Juli. Dieser Tag soll die Franzosen sowohl an den Sturm auf die Bastille am 14. Juli 1789 als auch an das Föderationsfest 1790 erinnern. Bei diesem Fest legte der König einen Eid auf die Nation ab. Bei den Vorbereitungen waren alle Stände beteiligt. Daher gilt dieses Fest als Symbol für den Zusammenhalt der gesamten französischen Bevölkerung. Zugleich erinnerten sie sich an die Ziele der Revolution – Freiheit, Gleichheit und Brüderlichkeit.

Am 14. Juli 1880 wurde der durch ein Gesetz eingeführte Nationalfeiertag auf der Pferderennbahn von Longchamp zum ersten Mal gefeiert. 300 000 Zuschauer verfolgten das Schauspiel. Von da an fanden die Feierlichkeiten zum Nationalfeiertag jährlich in Paris statt. Das Veranstaltungsprogramm wurde mit der Zeit immer weiter ausgebaut.

Am Vormittag findet eine etwa zweistündige Militärparade auf der Champs-Élysée in Paris statt. Bei dieser nehmen nicht nur französische Soldaten teil, sondern auch Soldaten aus anderen Ländern werden dazu eingeladen. Im Rahmen der Militärparade wird auch der französische Präsident ehrenvoll begrüßt, da er eine wichtige Stütze der Demokratie ist. Eine Fliegerstaffel begleitet die Parade.

Am Abend wird am Eiffelturm ein Feuerwerk gezündet. Diesen Tag feiert die Bevölkerung in ganz Frankreich. Daher sind so gut wie alle Geschäfte, Banken und Behörden geschlossen.

M2 Arc de Triumph in Paris am 14. Juli 2003

M4 Feierlich geschmücktes und beleuchtetes Brandenburger Tor in Berlin mit einem Ausspruch von Kaiser Wilhelm I. (Foto, 2. September 1895)

Der Sedantag

Der Sedantag wurde im Deutschen Kaiserreich jedes Jahr am 2. September gefeiert. An diesem Tag bejubelten die Menschen den Sieg der preußischen, bayerischen, württembergischen und sächsischen Truppen über die französische Armee. Am 2. September 1870 nahmen deutsche Soldaten den französischen Kaiser Napoleon III. in der Nähe der Stadt Sedan gefangen.

Im darauffolgenden Jahr errichteten die Menschen Siegesdenkmäler im gesamten Deutschen Kaiserreich. Erst 1873 wurde der Sedantag ein Festtag. Kaiser Wilhelm I. erklärte ihn allerdings nie zu einem offiziellen Feiertag. Vielmehr feierten die Menschen ihn auf Anordnung des preußischen Kulturministeriums.

M5 Truppenparade in Berlin am 2. September 1914

Die Feierlichkeiten am Sedantag

Ursprünglich waren nur festliche Veranstaltungen an Schulen und Universitäten geplant gewesen. In zahlreichen Städten fanden jedoch Feierlichkeiten mit Singen nationaler Lieder, Glockengeläut, Kanonendonner, Freudenfeuern, Festumzügen, Tanzveranstaltungen und Reden statt. In Berlin wurde jährlich eine Militärparade abgehalten, da für Kaiser Wilhelm I. der 2. September vorwiegend ein Tag zu Ehren der siegreichen Armee sein sollte.

Reaktionen auf den Sedantag

Der Sedantag war kein offizieller Feiertag und konnte sich im deutschen Obrigkeitsstaat, in welchem die ganze Macht vom Staat ausging, nur schwer durchsetzen. Auch wurde er von einigen politischen Parteien abgelehnt, so etwa von der SPD. Sie sah in den Feierlichkeiten eine reine Verherrlichung von Krieg und Militär. Mit der Zeit verlor der Sedantag an Bedeutung.

ARBEITSAUFTRÄGE

- » **1.** Erkläre den Begriff Erinnerungskultur.
- › **2.** Nenne Beispiele für die Erinnerungskultur.
- » **3.** Vergleiche den französischen Nationalfeiertag mit dem Sedantag.
- »» **4.** Die Feierlichkeiten zum Sedantag stellten einen Siegeskult dar. Beurteile diese Behauptung.

zu 3.
An welchem Tag wird er gefeiert?
In welchem Land wird er gefeiert?
Seit wann wird er gefeiert?
Warum wird er gefeiert?
Wie wurde er eingeführt?
Wie reagierte die Bevölkerung auf die Einführung?
Wie wird er gefeiert?
Wird er heute noch gefeiert?

Nutze auch M1 – M5.

Von der Emanzipation zum Antisemitismus

Judenemanzipation im Kaiserreich

M1 Moritz Ellstätter, jüdischer Rechtsanwalt und Finanzminister aus Karlsruhe (1827–1905)

In zahlreichen Ländern Europas mussten sich Juden rechtlichen Beschränkungen fügen. Sie waren der christlichen Bevölkerung nicht gleichgestellt. Einige deutsche Gemeinden schrieben sogar vor, wie viele jüdische Familien überhaupt dort leben durften. Staatliche Ämter sowie gesellschaftlich wichtige Stellungen blieben Juden in der Regel verwehrt.

Im Deutschen Kaiserreich änderte sich dies im Jahr 1871. Der Reichstag verabschiedete das Gesetz zur bürgerlichen Gleichstellung der Juden. Parallel entwickelten sich allerdings antisemitische Haltungen im Kleinbürgertum. Es kam zu Demonstrationen und Angriffen auf Juden und ihren Besitz.

Der soziale und wirtschaftliche Aufstieg

Vielen Juden gelang im Kaiserreich der Aufstieg in das Mittel- und Großbürgertum. In den deutschen Großstädten stieg der Anteil der jüdischen Bevölkerung deutlich an – wobei er allerdings selbst in Frankfurt am Main, der Stadt mit der größten jüdischen Gemeinde, unter fünf Prozent blieb. Die Juden wurden nach Jahrhunderten der Ausgrenzung zunehmend zu einem Teil der bürgerlichen Gesellschaft.

Zahlreiche jüdische Unternehmer erlangten wirtschaftlichen Erfolg. Sie waren vor allem in der Textil-, Nahrungs- und Genussmittelindustrie tätig. Auch eröffneten sie in vielen Städten moderne Kaufhäuser, die ein vielfältiges Warenangebot hatten. Zum Beispiel gründete die Familie Knopf in Karlsruhe, Freiburg, Lörrach und Ravensburg Kaufhäuser.

M2 Kaufhaus der Familie Knopf in Lörrach. Das jüdische Familienunternehmen unterhielt auch in der Schweiz und im Elsass mehrere Filialen (Postkarte, um 1900).

Die völkische Bewegung

Gegner der Judenemanzipation war die sogenannte völkische Bewegung. Dabei handelte es sich um radikalnationale und antisemitische Personen, Vereine und Gruppen, die mit der Zeit immer mehr Einfluss auf Bevölkerung und Politik im Deutschen Kaiserreich und in der österreichisch-ungarischen Monarchie ausübten.

Vor allem das Hakenkreuz und der Hammer waren bedeutende Symbole der völkischen Bewegung. Die Vertreter der völkischen Bewegung forderten:
- eine reine deutsche Sprache ohne Fremdwörter,
- nur deutsche Namen für Kinder,
- das klare Bekenntnis zur sogenannten germanischen Rasse,
- ein Eheverbot zwischen Personen unterschiedlicher Rassen,
- neuen Siedlungsraum in den angrenzenden Regionen durch Krieg,
- eine „deutsche Religion".

Die völkische Bewegung lehnte alles angeblich Fremdrassige ab. Ihre Anhänger waren der Überzeugung, alles bekämpfen zu müssen, was ihnen „undeutsch" vorkam. Sie sahen Juden als Bedrohung und Gefahr für das Deutsche Kaiserreich an. Neben den Juden betrachteten sie vor allem die slawischen Völker, die Franzosen und die Chinesen als Feinde. Die völkische Bewegung war daher entschieden gegen die Einwanderung von Polen und Franzosen.

Die Anhänger der völkischen Bewegung wollten erreichen, dass alle gesellschaftlichen Gruppen, Bevölkerungsschichten, politischen Organisationen und Interessensverbände im Deutschen Kaiserreich diese Einstellung vertraten. Gegner mussten sich den Vorwurf gefallen lassen, dass sie keine guten Deutsche seien und den „Rassenzerfall" durch Weichheit, Genusssucht, zunehmende demokratische Gesinnung und die Förderung der Sozialdemokratie vorantrieben.

M3 In Völkerschauen wurden Menschen aus fremden Ländern präsentiert. Dabei sollte die Überlegenheit des Germanen ausgedrückt werden (Werbeplakat, 1900).

Eine deutsche Religion

Zahlreiche Anhänger der völkischen Bewegung sahen aber nicht im Antisemitismus den wichtigsten Punkt zur Umsetzung ihrer Vorstellungen, sondern in einem „deutschen Glauben", da die Religion eine bedeutende und prägende Rolle im Leben der Menschen damals einnahm. Sie forderten eine erneute Reformation des christlichen Glaubens. Alles Hebräische und Römische sollte aus der Bibel entfernt werden, um so eine in den Augen der völkischen Bewegung „deutsche Religion" zu schaffen. Dabei sahen sie eine Loslösung vom Papst und der katholischen Kirche als unausweichlich an.

ARBEITSAUFTRÄGE

› **1.** Nenne Einschränkungen, die für Juden vor 1871 galten.
›› **2.** Erkläre die Begriffe Judenemanzipation und Antisemitismus.
›› **3.** Charakterisiere einen Anhänger der völkischen Bewegung.
›› **4.** Erstelle eine Mind Map zur völkischen Bewegung.
›› **5.** Analysiere die Vorstellungen der völkischen Bewegung zur einer „deutschen Religion".
››› **6.** Gestalte ein Plakat zum jüdischen Leben im Kaiserreich in Württemberg und Baden.

zu 4.
Nutze auch M3.

zu 6.
Nutze auch M1 und M2.

Das Lied von der Schwäbischen Eisenbahn

M 1 Im oberschwäbischen Durlesbach wurde dem Lied „Auf de schäwbsche Eisenbahne" ein Denkmal gewidmet

Am 18. April 1843 unterzeichnete der württembergische König Wilhelm I. ein Gesetz, in dem der Bau einer Eisenbahnlinie von Stuttgart aus nördlich nach Heilbronn, westlich bis zur Landesgrenze zu Baden und südlich über Ulm und Biberach bis nach Friedrichshafen festgelegt wurde. Die Gesellschaft hieß Königlich Württembergische Eisenbahnen.

Q1 Die schwäbische Eisenbahn wurde um 1850 von einem heute unbekannten Autor in einem noch heute bekannten Volkslied verewigt:

Auf de schwäbsche Eisenbahne
gibts gar viele Haltstatione:
Schtuegert[1], Ulm und Biberach,
Meckebeure[2], Durlesbach.
Trulla, trulla, trullala,
trulla, trulla, trullala,
Schtuegert, Ulm und Biberach,
Meckebeure, Durlesbach.

Auf de schwäbsche Eisenbahne
wollt emol a Bäuerle[3] fahre,
geht an Schalter, lupft de Huet:
„Oi Billettle[4], seid so guet!"
Trulla, …

Eine Geiß hat er si kaufet,
und dass sie ihm net verlaufet,
bindet sie der guete Ma
an de hintre Wage na.
Trulla, …

„Böckle, tue nuer woidle[5] springe,
`s Futter wer`i dir scho bringe."
Hockt sie zu sei`m Weible na,
zünd`t sei stinckichs Pfeifle a.
Trulla, …

Wia der Zug no wieder staut[6],
d`r Bauer nach sei`m Goißbock
schaut,
find`t er bloß no `n Kopf und `s Soil
an dem hintre Wagedoil.
Trulla, …

Da kriegt er en große Zore[7],
packt de Goißkopf bei de Ohre,
schmeißt en, was er schmeiße ka,
`m Konduktör[8] an `n Ranza[9] na.
Trulla, …

„So, jetzt kannsch de Schade zahle,
warum bisch so schnell auch gfahre!
Du alloi bisch Schuld do dra,
dass i d`Goiß verlaure[10] ha!"
Trulla, …

So, jetzt wär des Liadle[11] g`songe.
Hot`s eich reacht in d` Ohre klonge?
Wer`s no net begreife ka,
fang`s no` mol von vorne a!
Trulla, …

1 Stuttgart
2 Meckenbeuren
3 Bauer
4 Fahrkarte
5 kräftig
6 anhält
7 Zorn, Wutanfall
8 Schaffner
9 Bauch
10 verloren
11 Lied

ARBEITSAUFTRÄGE

› **1.** Fasse den Inhalt des Liedes „Auf de schwäbsche Eisenbahne" in deinen eigenen Worten zusammen.

›› **2.** a) Arbeite aus Q1 die genannten Bahnhöfe heraus.
b) Erstelle eine Karte mit den damaligen Eisenbahnlinien.

››› **3.** Gestalte einen Comic zu dem Lied „Auf de schwäbsche Eisenbahne".

1769: Erfindung der Dampfmaschine

1835: erste Eisenbahnstrecke in Deutschland eröffnet

ab 1880: Arbeiterelend in den Städten, Soziale Frage

ab 1883: Einführung der Sozialversicherung

1891: Gründung der Arbeiterpartei SPD

1770 – 1800 – 1830 – 1860 – 1890 – 1920

zunehmende Industrialisierung in Deutschland →

Der industrialisierte Nationalstaat

Du hast in diesem Kapitel erfahren, wie Fortschritte in der Landwirtschaft, Bevölkerungswachstum, die Erfindung der Dampfmaschine und die verstärkte Nachfrage nach Waren in England die Industrialisierung auslösten. Diese fand etwa 50 Jahre später in Deutschland statt. Menschen zogen vom Land in die Städte, wo sie in Fabriken Arbeit fanden. Die von den Unternehmern gezahlten Löhne reichten im Wilhelminischen Kaiserreich selten aus, die Familie zu ernähren. Kinder und Frauen mussten deshalb zum Lebensunterhalt der Familien mitverdienen. Der Sozialen Frage nahmen sich unterschiedliche Organisationen an, wie etwa die evangelische und katholische Kirche.
Der Unterschied zwischen den wenigen reichen Unternehmern und der großen Masse der armen Proletarier wurde immer größer. Arbeiter schlossen sich zu Gewerkschaften zusammen und die Arbeiterpartei SPD entstand. Da der militaristisch geprägte Obrigkeitsstaat befürchtete, dass die Missstände zu Unruhen führen könnten, wurden Sozialversicherungen eingeführt.

Arbeitstechnik

In diesem Kapitel hast du gelernt,
- wie du eine Statistik auswertest und
- wie du Karikaturen interpretierst.

WICHTIGE BEGRIFFE

Industrialisierung
Fabrik
Eisenbahn
Arbeiter
Unternehmer
Arbeiterbewegung
Kommunismus
Sozialdemokratie
Gewerkschaft
Großstadt
Obrigkeitsstaat/Demokratie
Sedantag/14. Juli
Dampfschiff
Telegraf

Frauenemanzipation
Judenemanzipation
Antisemitismus
Militarismus
Migration

Wirtschaftsliberalismus
Klassengesellschaft
Sozialgesetzgebung
Urbanisierung
Radikalnationalismus
Weltausstellung

M1 „Kapital und Arbeit" (Karikatur, um 1900)

Der industrialisierte Nationalstaat

Ich kann ...	☆	☆☆	☆☆☆
... Karikaturen interpretieren.			
... Statistiken auswerten.			
... unterschiedliche Materialien untersuchen.			
... mich in eine Person aus der Vergangenheit hineinversetzen und aus ihrer Sicht einen Text schreiben.			

Karikaturen interpretieren

☆ Beschreibe das Dargestellte in M1.
☆☆ Analysiere die Karikatur M1.
☆☆☆ Beurteile die Situation der Arbeiterfamilien in M1.

Statistiken auswerten

☆ Nenne die Darstellungsart in M2.
☆☆ Analysiere die Statistik M2.
☆☆☆ Beurteile die Exportentwicklung Deutschlands.

M2 Deutsche Exporte einzelner Waren und Warengruppen von 1880 bis 1913 (in Mio. Mark)

	1880/84	1885/89	1890/94	1895/99	1900/04	1905/09	1909/13
Zucker	161	160	211	215	189	203	202
Steinkohle	72	86	108	141	216	273	391
Leder(-waren)	152	184	146	153	160	233	298
Eisenwaren	212	210	242	339	541	693	956
Textilien	681	738	656	669	834	989	1031
Maschinen, KFZs, Elektronik	56	57	79	175	298	585	864

M3 „Der späte Schlafbursche“ (Zeichnung von Heinrich Zille)

M4 Eingang zu einer Mietskaserne mit sechs Hinterhöfen mit einem sozialen Gefälle vom Vorderhaus zu den Hinterhäusern

Unterschiedliche Materialien untersuchen

- ☆ Nenne eine übergeordnete Überschrift zu M3, M4, M5 und Q1.
- ☆☆ Erstelle eine thematische Mind Map zu M3, M4, M5 und Q1.
- ☆☆ Beurteile die dargestellten und beschriebenen Wohnbedingungen.

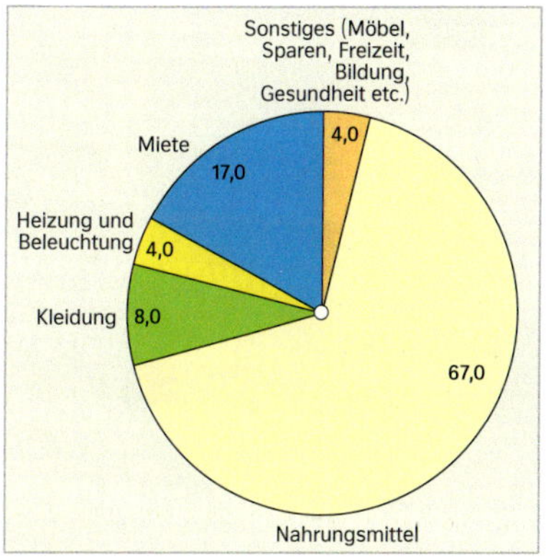

M5 Durchschnittliche Ausgaben einer Arbeiterfamilie um 1890

Q1 In einem Bericht aus dem Jahre 1908:

Wir betreten eine der berüchtigten Mietskasernen, welche im Industriegebiet in so großer Zahl vorhanden sind und noch täglich allerorts wie Pilze aus der Erde hervorschießen … Diese Häuser, meist drei bis vier Stockwerke hoch, werden mit Vorliebe an neu angelegten Straßen errichtet. Inmitten Haufen von Schutt und Geröll bieten sie schon von Weitem einen öden und trostlosen Anblick. …

Das ganze Haus besteht durchweg aus Abteilungen von zwei bis drei Zimmern, für je eine Familie bestimmt. Ein fauliger Geruch strömt uns entgegen, wenn wir die langen, dunklen und feuchten Flure, die die einzelnen Wohnabteile auf jeder Etage verbinden und in welchen Licht und Luft sehr seltene Erscheinungen sind, betreten. Überall ist Abfall und Schmutz …

Fast 40 bis 50% aller Arbeiterwohnungen bestehen aus 2 Zimmern und werden bewohnt von Familien, die sechs bis zehn Köpfe stark sind … Und erst die Wohnungseinrichtung: Kaum Möbel und ohne jeglichen Sinn für häusliche Zweckmäßigkeit … In einem Schlafraum, mit zwei Betten ausgestattet, der nie gelüftet, noch seltener gereinigt wird und dessen Bettzeug daher einem Haufen stinkender Lumpen ähnlich ist, schlafen oft bis zehn Personen, vier Kinder in einem Bette, zwei am Kopf und zwei am Fußende, ohne Rücksicht auf Alter und Geschlecht.

M6 In einer Fabrik, in der Stoffe gewebt wurden

Sich in Personen hineinversetzen

- ☆ Nenne Forderungen aus der Sicht des Jungen in M6.
- ☆☆ Erstelle einen Tagebucheintrag aus seiner Sicht.
- ☆☆☆ Überprüfe deinen Tagebucheintrag unter Verwendung von Seite 223 auf seine Stimmigkeit.

Webcode Lösungen: WES-110781-510

Imperialismus und Erster Weltkrieg

Der Übergang vom 19. ins 20. Jahrhundert war geprägt vom unerbittlichen Machtstreben der europäischen Staaten. Dabei konkurrierten sie untereinander um die Aufteilung ganzer Kontinente wie z.B. Afrika.
Das Attentat von Sarajewo im Juli 1914 war der Anlass, der die Spannungen zwischen den imperialen Staaten in einen großen Krieg münden ließ. Ihr erfahrt, wie die Technisierung des Krieges diese Auseinandersetzung zu einem modernen Krieg mit Millionen Opfern machte.
In diesem Kapitel lernt ihr, Feldpostbriefe und Kriegerdenkmale zu analysieren.

Schlussszene aus dem Spielfilm „Im Westen nichts Neues“ von 1930

Das British Empire

Seefahrer und Entdecker

Im 15. und 16. Jahrhundert entdeckten und eroberten europäische Seefahrer im Auftrag ihrer Könige große Gebiete in Amerika, Asien und Afrika. Die einheimischen Bevölkerungen waren den Eroberern aus Europa waffentechnisch weit unterlegen. Sie wurden unterdrückt und wirtschaftlich ausgebeutet.

Reiche Schätze an Gold, Gewürzen und Rohstoffen flossen in die europäischen Mutterländer. Die besetzten Gebiete auf anderen Kontinenten wurden Kolonien genannt. Die Seefahrernationen Portugal und Spanien stiegen aufgrund ihrer großen Flotten und ihrer reichen Kolonien zu europäischen Großmächten auf.

Das British Empire – Weltmacht durch Kolonien

Durch den Besitz von Kolonien bereicherten sich die Großmächte Europas und verstärkten dadurch ihre Macht auf dem europäischen Kontinent. Im 18. Jahrhundert stieg eine andere Nation zur größten Seemacht der Welt auf – Großbritannien.

Durch offensive Eroberungspolitik gründete das britische Königreich zahlreiche Kolonien in Amerika, Afrika, Asien und Australien. Das britische Imperium, das British Empire, war geboren. Großbritannien wurde so im Verlauf des 19. Jahrhunderts zur Weltmacht und zur bedeutendsten europäischen Großmacht.

Da auch andere Mächte bestrebt waren, nach dem Vorbild Großbritanniens Kolonialreiche zu errichten, wird diese Zeit von Historikern als die Zeit des Imperialismus bezeichnet.

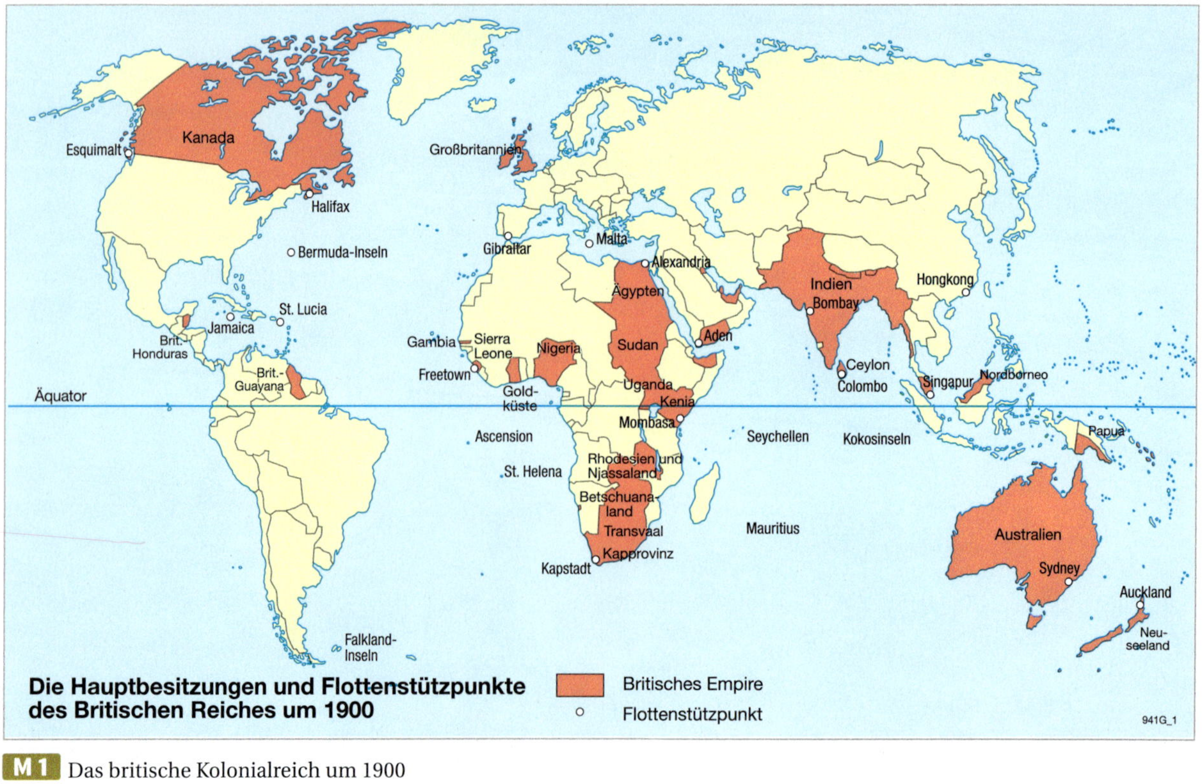

M1 Das britische Kolonialreich um 1900

Kolonie Indien – das Juwel der Krone

Seit 1600 versuchten britische Unternehmen, Einfluss auf das rohstoffreiche Indien zu nehmen und ab 1857 stand der Subkontinent vollends unter der Herrschaft des britischen Königreichs. Königin Victoria nahm den Titel Kaiserin von Indien an. Dies unterstrich den Machtanspruch Großbritanniens. Indien besuchte die Königin zeitlebens allerdings nie. Ein von ihr ernannter Vizekönig verwaltete das riesige Land, das besonders reich an Bodenschätzen und Naturprodukten war. Diese Rohstoffe sowie die große, stetig wachsende Zahl der indischen Bevölkerung als Abnehmer britischer Waren verhalfen Großbritannien zu gewaltigem Reichtum. Indien war für Großbritannien so wertvoll wie ein Edelstein, weshalb es auch als Kronjuwel bezeichnet wurde.

Die europäischen Mächte konnten in ihren Kolonien Produkte durch billige Arbeitskräfte kostengünstig herstellen. Die verwalteten Gebiete waren darüber hinaus ein weiterer Absatzmarkt für europäische Waren. Während die Industrienationen immer mehr produzierten, galt der europäische Markt allmählich als gesättigt. So konnte die britische Industrie ein Vermögen damit verdienen, im britisch verwalteten Indien ein weit verzweigtes Schienennetz aufzubauen und Lokomotiven dorthin zu verkaufen. Nicht nur Großbritannien, auch alle anderen Kolonialmächte beuteten die unter ihrer Verwaltung stehenden Gebiete aus.

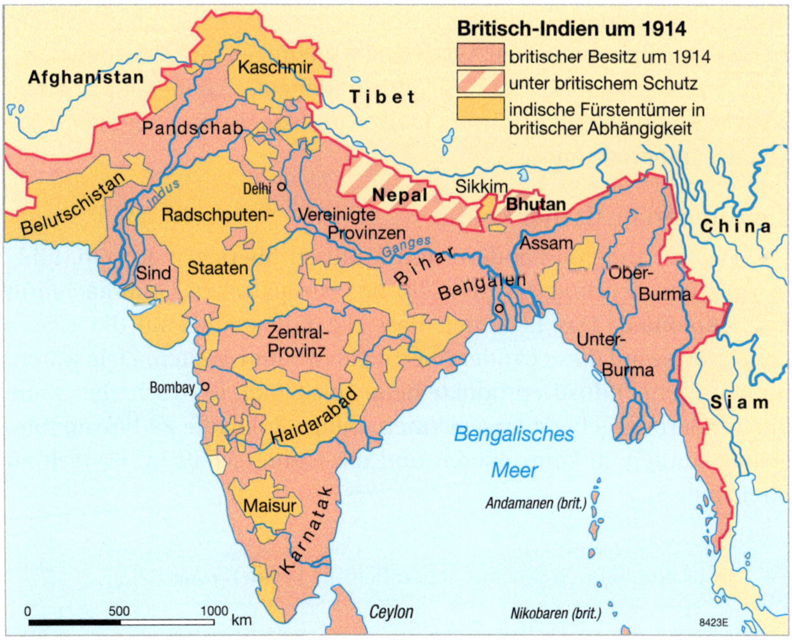

M2 Die Kolonie Britisch-Indien um 1914

Q1 Lord Curzon, Vizekönig in Indien von 1898 bis 1905, beschrieb 1908 die Bedeutung Indiens für Großbritannien:

Es ist … klar, dass der Herr Indiens unter modernen Verhältnissen die größte Macht auf dem asiatischen Kontinent und damit … in der Welt sein muss. Die Zentrallage Indiens, seine mächtigen Hilfsquellen, seine stets zunehmenden Menschenmassen, seine großen Handelshäfen, sein Vorrat an militärischer Kraft, die uns eine Armee liefert, die dauernd auf einem hohen Stand der Kriegsbereitschaft ist und jeden Augenblick nach irgendeinem Punkte Asiens oder Afrikas geworfen werden kann – all dies beweist unwiderleglich seinen überragenden Wert …
Lassen Sie mich Ihnen vor Augen führen, was Indien England und dem Reiche darbietet: Seine Volksmasse liefert uns die Arbeitskräfte, um unsere Länder, die wir überall auf der Erdkugel besitzen, auszubeuten … Unser Indien ist ein Hauptfeld für die Verwendung britischen Kapitals; denn es liefert uns im Überfluss das Rohmaterial für einen großen Teil unserer Industrie und bedeutende Mengen an Nahrungsmitteln …

ARBEITSAUFTRÄGE

- › **1.** Nenne Gründe dafür, dass europäische Nationen Kolonien gründeten.
- ›› **2.** Erkläre die Entwicklung Großbritanniens zur Weltmacht.
- ›› **3.** Erläutere den Prozess der Ausbeutung von Kolonien.
- ›› **4.** Arbeite die Bedeutung der Kolonien für das britische Empire heraus.
- ››› **5.** Überprüfe mithilfe von Q1 die Aussage, Indien sei das Kronjuwel Großbritanniens.

→ **zu 2.**
Beginne z. B. so: „Großbritannien stieg zur größten Seemacht der Welt auf. …“

→ **zu 3.**
Verwende dazu die Begriffe Absatzmarkt, Arbeitskräfte, Rohstoffe.

Die Aufteilung der Welt

M1 „Ein Schuft, wer Böses dabei denkt." Überschrift einer französischen Karikatur, 1899

In den Jahren zwischen 1880 und 1914 erreichte der Kolonialismus seinen Höhepunkt. Die alten Großmächte Frankreich und Großbritannien wollten ihre Kolonien bewahren, aber auch neue Gebiete hinzugewinnen. Als neue Kolonialmächte auf der Weltbühne erschienen das Deutsche Reich, die USA und Russland, die ihrerseits versuchten, durch Gründung von Kolonien ihre Macht zu vergrößern und sich selbst zu einer Großmacht in der Welt zu entwickeln. Den afrikanischen Kontinent teilten die europäischen Großmächte zwischen 1880 und 1914 unter sich auf.

Imperialismus

Im 19. Jahrhundert entwickelte sich ein übersteigertes Zugehörigkeitsgefühl zur eigenen Nation. Dieser Nationalismus führte dazu, dass die Menschen vom eigenen Land glaubten, es sei allen anderen Ländern überlegen.

Der Besitz von möglichst vielen Kolonien sollte diese Überlegenheit nach außen hin sichtbar machen. Die Kolonialmächte glaubten, dass ihnen die Macht über diese Gebiete auch die Vormachtstellung in der Welt sichern würde. Es begann ein regelrechter Wettlauf um die letzten verbliebenen Gebiete zwischen den europäischen Industrienationen. Jede Nation wollte sich durch Besitz von Kolonien nicht mehr nur bereichern, sondern ein Imperium beherrschen. Zunehmend kam es zu heftigen diplomatischen Auseinandersetzungen zwischen den europäischen Nationen um die wenigen verbliebenen Länder, die noch zu keinem Kolonialreich gehörten. Diese Konflikte waren prägend für die Zeit des Imperialismus.

Ziele imperialistischer Politik

Das Gefühl, anderen Ländern und Kulturen überlegen zu sein, führte zu einem Sendungsbewusstsein der europäischen Großmächte in ihren Kolonien. Das bedeutet, dass die Kolonialmächte die eigene Lebensweise auf diese Länder übertragen wollten. Weitere Ziele waren, für heimische Industrieprodukte neue Absatzmärkte zu schaffen, neue Auswanderungsgebiete zu gewinnen, billige Rohstoffe zu bekommen, Handelsrouten zu kontrollieren und die Vorherrschaft in der Welt zu erreichen.

Q1 Aus einem Buch des englischen Pfarrers Josiah Strong 1885:

Es scheint mir, dass Gott in seiner unendlichen Weisheit die angelsächsische Rasse auf eine Stunde vorbereiten will, die die Welt mit Sicherheit einmal erleben wird … Es gibt nunmehr keine neuen Welten mehr … Dann wird diese Rasse in ihrer unvergleichlichen Energie und mit ihren majestätischen Bevölkerungszahlen, gestützt auf die sich von ihrem großen Reichtum abgeleitete Macht, den höchsten Grad an Freiheit, die reinste Form des Christentums und die höchstentwickelte Zivilisation repräsentieren … Kann es irgendeinen Zweifel daran geben, dass dieser Wettkampf der Rassen das „Überleben des Stärksten" zum Ziel hat?

Q2 Der deutsche Arzt Ludwig Külz 1906 über den Erwerb von Kolonien:

... Wozu wollen wir die Neger erziehen? ... Wir müssen uns zuvor zuerst eine zweite wichtige Frage stellen, aber ehrlich beantworten; das ist die: Weshalb haben wir überhaupt Kolonien erworben? Antwort: Getrieben vom Kampfe ums Dasein, vom Expansionstriebe der Rasse, welcher der heimische Boden zu eng wird, getrieben von dem Willen, dem Mutterland neue Quellen zuzuführen und neue Abflussgebiete zu verschaffen. Alle anderen Motive sind im Nachhinein hineingetragen worden, um dem nackten Kinde ein Mäntelchen umzuhängen ... Legen wir uns jetzt nochmals die Frage vor: Wozu sollen wir den Neger erziehen? Meine kurze und bündige Antwort lautet: zur Arbeit für uns.

Sozialdarwinismus

Charles Darwin, ein britischer Naturforscher des 19. Jahrhunderts, entwickelte die Lehre, dass in der Pflanzen- und Tierwelt nur die Arten auf Dauer überlebten, die der Umwelt am besten angepasst waren, schwächere Arten starben aus.

Europäische Politiker übertrugen diese Theorie auf den Menschen. Sie teilten Nationen und Völker in Rassen ein, von denen manche als höher und andere als niedriger entwickelt betrachtet wurden. Die Bevölkerungen der Kolonien galten als geringwertig, ohne Bildung und Kultur und rückständig. Die Schlussfolgerung daraus war, dass die stärkere Nation von Natur aus das Recht besitzt, die schwächere zu unterwerfen. Aus Darwins Naturlehre über Pflanzen und Tiere entstand diese menschenverachtende Lehre, der sogenannte Sozialdarwinismus.

M2 Bau einer Eisenbahnlinie in Deutsch-Ostafrika im Jahr 1911

ARBEITSAUFTRÄGE

› **1.** Beschreibe die Karikatur M1.
› **2.** Nenne Staaten, die ab 1880 als neue Kolonialmächte hinzukamen.
›› **3.** a) Erkläre die Ziele imperialistischer Politik.
b) Erstelle dazu ein Schaubild.
›› **4.** Arbeite die Gründe heraus, die zum Imperialismus führten.
›› **5.** Erläutere den Begriff Sozialdarwinismus.
››› **6.** Überprüfe, inwiefern Q1 das Prinzip des Sozialdarwinismus widerspiegelt.

→ **zu 6.**
Verwende dazu Q1 und Q2.

Scramble for Africa – Wettlauf um Afrika

M 1 Cecil Rhodes in einer englischen Karikatur

Großbritannien, im Besitz zahlreicher Kolonien in der ganzen Welt, besaß in Afrika bis weit über die zweite Hälfte des 19. Jahrhunderts hinaus nur die Kapkolonie ganz im Süden. Der afrikanische Kontinent war für die britische Krone lange Zeit nicht von großem Interesse. Dies änderte sich schlagartig im Jahr 1870.

Seeweg nach Indien

Die reichste und bedeutendste Kolonie Großbritanniens war nach wie vor Indien. Im Jahr 1869 stellten die Franzosen mit dem Suezkanal in Ägypten eine Abkürzung zwischen Mittelmeer und Rotem Meer fertig. Der Kanal ersparte der Schifffahrt das Umfahren des afrikanischen Kontinents. Großbritannien, noch immer größte Seemacht der Welt, fürchtete um die Kontrolle der Handelswege vor allem zwischen Britisch-Indien und dem britischen Mutterland. Im Jahr 1875 gelang es ihnen, Anteile am Suezkanal zu erwerben, und 1882 folgte die militärische Besetzung Ägyptens. Zusammen mit der Kapkolonie, wie die Kolonie in Südafrika genannt wurde, kontrollierte Großbritannien den wichtigen Seeweg nach Indien, sowohl durch den Suezkanal als auch um Südafrika herum. Die Kapkolonie war außerdem von Bedeutung für Großbritannien, weil es hier große Diamantenvorkommen gab.

Absatzmärkte und Machtstellung

Ein weiterer Grund für das sich steigernde Interesse der Briten an Afrika war, dass sich immer mehr Nationen die letzten verbleibenden Länder als Kolonien sicherten. Mit Deutschland und Italien gab es zwei neue Nationen, die ebenfalls begannen, Kolonien zu errichten. Dies geschah zum einen, um weitere Absatzmärkte neben dem allmählich gesättigten europäischen Markt zu finden. Zum anderen ging es um politische Macht. Denn wer mehr Kolonien besaß, sicherte sich größeren politischen Einfluss in der Welt.

Großbritannien wollte seine Vormachtstellung in der Welt weiter festigen. Imperialisten wie Cecil Rhodes träumten davon, ein britisches Kolonialreich von Ägypten bis zum Kap zu errichten. Sie drängten die britische Regierung dazu, weitere Gebiete in Afrika in Besitz zu nehmen.

Q 1 Der Politiker Cecil Rhodes war ein Verfechter des Imperialismus, der ein britisches Weltreich errichten wollte und für Großbritannien einige Kolonien erwarb. Das afrikanische Rhodesien wurde nach ihm benannt. Cecil Rhodes sagte 1877:

Ich behaupte, dass wir die erste und beste Rasse auf der Erde sind und dass es umso besser für die menschliche Rasse ist, je mehr von der Welt wir bewohnen …
Da [Gott] sich die englisch sprechende Rasse offensichtlich zu seinem auserwählten Werkzeug geformt hat, muss es auch seinem Wunsch entsprechen, jener Rasse so viel Spielraum wie möglich zu verschaffen.

Die christliche Mission

Alle europäischen Kolonialmächte begannen, die Menschen in den Kolonien zum Christentum zu missionieren. Zwar stellte es nicht das vorrangige Ziel der christlichen Missionare dar, ihre europäische Lebensweise und Kultur zu vermitteln, aber gleichzeitig war für sie beides, abendländische Kultur und Christentum, untrennbar miteinander verknüpft.

Die Einheimischen hatten keine Wahl, sie mussten zum Christentum übertreten. Wo dies nicht freiwillig geschah, wurde auch Gewalt angewandt. Ihre traditionelle Religion, ihre Werte, Rituale und Gebräuche sollten die afrikanischen Bevölkerungen aufgeben. Um die Mission umzusetzen, sandte die Kirche Missionare nach Afrika und in andere Erdteile.

M2 „Scramble for Africa“ wird die Aufteilung Afrikas unter den europäischen Kolonialmächten 1880 bis 1914 genannt.

ARBEITSAUFTRÄGE

› **1.** Nenne Gründe für Großbritanniens steigendes Interesse an Afrika.

›› **2.** Arbeite die Ziele von Cecil Rhodes heraus.

›› **3.** Charakterisiere den Wettlauf um Afrika.

›› **4.** Erläutere den Begriff Mission im Zusammenhang mit dem Imperialismus.

›› **5.** Vergleiche die Karten in M2.

››› **6.** Beurteile die Art und Weise, mit der Cecil Rhodes in Q1 für den Erwerb weiterer britischer Kolonien wirbt.

→ **zu 2.**
Verwende dazu M1 und Q1.

→ **zu 5.**
Beginne so: Im Vergleich zur linken Karte, ist in der rechten …

Deutschland als Kolonialmacht

M1 Die Speicherstadt, 1884 in Hamburg errichtet, um Kolonialwaren wie Kaffee, Tee, Palmöl (für Margarine), Bananen, Elfenbein und Kakao als Freihafen zollfrei zwischenzulagern

Das Deutsche Reich war eine neue Großmacht inmitten Europas. Andere europäische Nationen fühlten sich bedroht. Reichskanzler Bismarck gelang jedoch eine Politik des Ausgleichs. Er versprach, Deutschland habe keinerlei Gebietsansprüche, und verstand es, durch Bündnisse andere Länder an das Reich zu binden und den Feind von 1870, Frankreich, zu isolieren. Als jedoch 1888 Kaiser Wilhelm II. den Thron bestieg, änderte sich die deutsche Außenpolitik radikal. Bismarck, der anfangs keine Kolonien in Afrika wollte, wurde entlassen. Das Deutsche Reich stieg nun verspätet in den Wettlauf um Kolonien ein. In Afrika, China, Indonesien und Ozeanien wurden Kolonien gegründet.

Q1 Staatssekretär von Bülow am 6.12.1897 vor dem Reichstag:

Wir müssen verlangen, dass der deutsche Missionar und der deutsche Unternehmer, die deutschen Waren, die deutsche Flagge und das deutsche Schiff … geradeso geachtet werden wie diejenigen anderer Mächte. … Mit einem Worte: Wir wollen niemand in den Schatten stellen, aber wir verlangen auch unseren Platz an der Sonne. (Wir) werden … bestrebt sein, getreu den Überlieferungen der deutschen Politik, ohne unnötige Schärfe, aber auch ohne Schwäche unsere Rechte und unsere Interessen zu wahren.

M2 Deutsches Hotel in Okahandja (Postkartenausschnitt um 1900). Der Ort Okahandja war das Stammeszentrum der Herero, der größten Bevölkerungsgruppe in der Kolonie Deutsch-Südwestafrika. Rechts im Bild der langjährige Leiter des Hotels, der Hamburger Kaufmann Andreas Mick. Deutsche Auswanderer versuchten so, die heimische Kultur nach Afrika zu bringen.

M3 Auswanderer Andreas Mick mit in der Kolonie aufgewachsenem Sohn Hans-Heinrich in Okahandja (links 1916). Rechtes Bild: Hererojunge muss mit Trompete auf einem Esel für einen Neujahrsgruß als Postkartenmotiv posieren.

Die Flagge folgt dem Handel

Zuerst waren es Kaufleute, Forscher, Missionare und Abenteurer, die aus Deutschland auswanderten. Zu ihrer Unterstützung wurde 1882 von Wirtschafts- und Bankvertretern der Deutsche Kolonialverein gegründet. Er sollte den Erwerb von Kolonien fördern. Schließlich war die deutsche Industrie an neuen Absatzmärkten und billigen Rohstoffen stark interessiert. Die Geschäftsleute, die eigenmächtig solche Handelsniederlassungen gründeten, forderten von der deutschen Regierung Schutz gegen Aufstände der einheimischen Bevölkerung und gegen Angriffe anderer Staaten. So kaufte der Bremer Tabak- und Waffenhändler Adolf Lüderitz 1883 von einheimischen Afrikanern eine Bucht mit dazugehörigem Land an der afrikanischen Südwestküste im heutigen Namibia. Lüderitz bat um die Sendung von Truppen, um ihn gegen Einheimische, aber auch gegen Briten zu beschützen. Deutsche Soldaten hissten 1884 dort die Reichsflagge.

Das Deutsche Reich sicherte diesen Gebieten Schutz zu, nach dem Motto: Die Flagge folgt dem Handel. Bismarck sprach selbst nicht von Kolonien, sondern nannte sie „Schutzgebiete". Durch weitere Siedler vergrößerte sich das Gebiet. Das neue „Schutzgebiet" bekam den Namen Deutsch-Südwestafrika. Nach diesem Muster entstanden weitere „Schutzgebiete" in andere Teilen Afrikas sowie in China und auf einigen Inseln im Südpazifik.

ARBEITSAUFTRÄGE

› **1.** Nenne Kolonialwaren, die das Deutsche Reich importierte.

›› **2.** Erläutere mit Hilfe des Bildes in M2 die Vermutung, deutsche Kolonisten wollten ihre Lebensweise auf Deutsch-Südwestafrika übertragen.

›› **3.** Erkläre die Äußerung: Die Flagge folgt dem Handel.

›› **4.** Arbeite die Bedeutung der Forderung in Q1 nach einem Platz an der Sonne heraus.

››› **5.** Beurteile die Haltung der deutschen Kolonisten gegenüber der einheimischen Bevölkerung.

zu 1.
Nutze M1.

zu 6.
Betrachte dazu das rechte Foto in M3.

Die Kolonie Deutsch-Südwestafrika

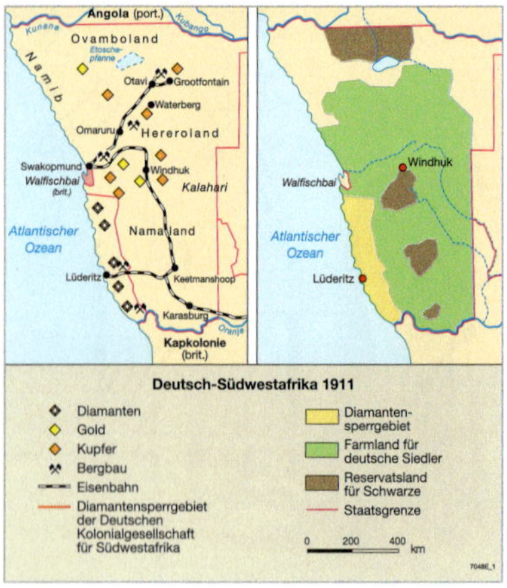

M 1 Die Kolonie Deutsch-Südwestafrika

Das von Adolf Lüderitz gekaufte Land im Südwesten Afrikas war ab 1884 deutsches „Schutzgebiet". Die größten Stämme des Gebietes, 20 000 Nama und 80 000 Herero, standen unter deutscher Verwaltung und deutschem Schutz. Die deutschen Siedler vergrößerten ihre Kolonie Deutsch-Südwestafrika durch geschickte Verträge mit den Einheimischen. Gegen Land boten sie den Häuptlingen einzelner Stämme Schutz an, falls ein anderer Stamm sie angriff, und verlangten, dass sie sich nicht gegen die Kolonialherrschaft erheben sollten.

Als die Herero mit einem anderen Stamm in einen Krieg traten, baten sie die Deutschen um Hilfe. Diese verweigerten ihnen den Beistand und die Herero wollten darum den in ihren Augen überflüssigen Schutzvertrag aufkündigen. Das Deutsche Reich lehnte das ab und schickte Soldaten, um seine Kolonialherrschaft zu erhalten.

M 2 Deutsche Kamelreiterpatrouille in Deutsch-Südwestafrika (Foto, 1906)

Unterdrückung der Herero und Nama

Die deutschen Kolonialherren nahmen keine Rücksicht auf die Lebensweise der Herero und Nama. Deutsche Viehzüchter nahmen sich das Land, das sie wollten, und schnitten dadurch die Stämme von ihrer Lebensgrundlage ab – den Zugängen zu Viehweiden und Wasserlöchern.

Das Überlegenheitsgefühl der deutschen Siedler und Soldaten führte dazu, dass sie sich gegenüber den Herero rücksichtslos verhielten und z. B. ihr Eigentum nicht anerkannten. Sie betrachteten die Einheimischen aufgrund ihrer Rasse als Menschen zweiter Klasse. Diese Denkweise wird als Rassismus bezeichnet. Dadurch wurde die politische und soziale Unterdrückung der Einheimischen gerechtfertigt.

M 3 Hendrik Witbooi (ca. 1830–1905), einer der Anführer des Herero-Nama-Aufstandes

Der Herero-Aufstand

Anfang 1904 wehrten sich die Herero. Sie besetzten ihr altes Land und töteten 123 deutsche Siedler, die vom Aufstand überrascht worden waren.

Die deutsche Schutztruppe schlug den Aufruhr erbarmungslos nieder. Der deutsche Oberbefehlshaber Lothar von Trotha nannte den Kampf gegen die Stämme einen beginnenden Krieg der Rassen und forderte: „Angreifen, um den Feind zu vernichten." Auch die deutschen Siedler erwarteten eine harte Niederschlagung des Aufstandes.

Q 1 Ein Herero berichtete 1907 über die Ursachen des Aufstandes:

Einmal waren es die Kaufleute mit ihrem schrecklichen Wucher und eigenmächtigem und gewaltsamem Eintreiben … Dann ist es der Branntwein gewesen, der die Leute schlecht und gewissenlos gemacht hat. …
Aber das schlimmste Übel ist … die Vergewaltigung unserer Frauen durch Weiße. Manche Männer sind totgeschossen worden wie Hunde, wenn sie sich weigerten ihre Frauen und Töchter preiszugeben und drohten, sie mit der Waffe in der Hand zu verteidigen.

„Aufräumen, aufhängen, niederknallen!“

Geschätzte 50 000 Herero wurden schließlich ohne Wasser in die Omaheke-Wüste getrieben. Die deutsche Schutztruppe schoss auf jeden Herero, der versuchte, die Wüste zu verlassen. Fast alle verdursteten. Das Eigentum der Herero ging in den Besitz des Deutschen Reiches über. Die Überlebenden wurden zur Arbeit für die Kolonialherren gezwungen.

Q2 General von Trotha, Kommandeur der Schutztruppe, schrieb im Oktober 1904 an den Gouverneur der Kolonie:

Die Absperrung der Ostgrenze der Kolonie ... bleibt, solange ich im Lande bin, bestehen. Die Nation (der Herero) muss untergehen. Wenn es mir nicht gelang, sie durch die Geschütze zu vernichten, so muss es auf diese Weise (durch Verdursten in der Omaheke) geschehen.

Q3 Im Januar 1905 berichteten deutsche Soldaten aus der Omaheke:

Tausende gefallenen Viehs, namentlich Großvieh, zahlreiche Gerippe von Menschen und Pferden bleichen an der Sonne ... Besonders in den dichteren Gebüschstellen am Wege, wo die durstenden Tiere Schutz vor der Sonneneinstrahlung genommen hatten, lagen die Kadaver zu Hunderten dicht neben- und übereinander. An vielen Stellen hatten die mit dem Dursttode ringenden mit fiebernder Hand 15 bis 20 Meter tiefe Löcher aufgewühlt, um Wasser zu graben – vergeblich!

Die Nama, die lange Verbündete der Deutschen gewesen waren, erhoben sich auch. Ihr Kampf dauerte bis zum Winter 1906. Sie ergaben sich schließlich und wurden zu Lagerarbeit gezwungen. Viele von ihnen starben in Gefangenenlagern.

M4 Kriegsgefangene Herero mit deutschem Bewacher

ARBEITSAUFTRÄGE

› **1.** Beschreibe das Vorgehen deutscher Siedler in Deutsch-Südwestafrika.
› **2.** Nenne Gründe für den Aufstand gegen die deutschen Siedler.
›› **3.** Analysiere die Karte in M1.
›› **4.** Erstelle einen Steckbrief zu Hendrik Witbooi in M3.
›› **5.** Erkläre anhand des Textes und M4 die Behandlung der Herero durch die Kolonialherren.
››› **6.** Bewerte die Vorgehensweise der deutschen Schutztruppen bei der Niederschlagung des Aufstandes.

→ **zu 2.**
Nutze dazu Q1.

→ **zu 3.**
Wende die Schritte zur Auswertung einer Karte von Seite 84 an.

→ **zu 4.**
Wende die Schritte zur Recherche im Internet von Seite 34 an.

→ **zu 5.**
Verwende dazu den Begriff Rassismus.

→ **zu 6.**
Lies dazu Q1 bis Q3.

Bündnissysteme in Europa

M1 „Der Lotse geht von Bord“
britische Karikatur, 1890

Nach der Gründung des Deutschen Reiches 1871 sahen die Nachbarländer mit Misstrauen auf die neue Großmacht im Herzen Europas. Reichskanzler Otto von Bismarck, der die Schaffung des Deutschen Reiches durchgesetzt hatte, besänftigte die anderen Großmächte und versprach, dass Deutschland keinerlei weitere Gebietsansprüche in Europa hegte.

Dazu schuf er eine Bündnispolitik, die Deutschland enger an die anderen Nationen Europas band. Er schloss 1882 Abkommen mit Österreich-Ungarn und Italien, den Dreibund. Bismarck sah zudem die Gefahr eines Zweifrontenkrieges mit Russland und Frankreich. Er schloss daher 1887 mit dem Zarenreich den Rückversicherungsvertrag, der eine Neutralität Russlands bei einem Krieg zwischen Deutschland und Frankreich zusicherte. Aufgrund von Spannungen mit Großbritannien um afrikanische Kolonien stand Frankreich ohne Bündnispartner da.

Q1 Bismarck über seine Außenpolitik, 1877:

So sieht das Bild aus, ... welches mir vorschwebt: nicht das irgendeines Ländererwerbes, sondern das einer politischen Gesamtsituation, in welcher alle Mächte außer Frankreich uns brauchen und von Koalitionen gegen uns durch ihre Beziehungen zueinander nach Möglichkeit abgehalten werden.

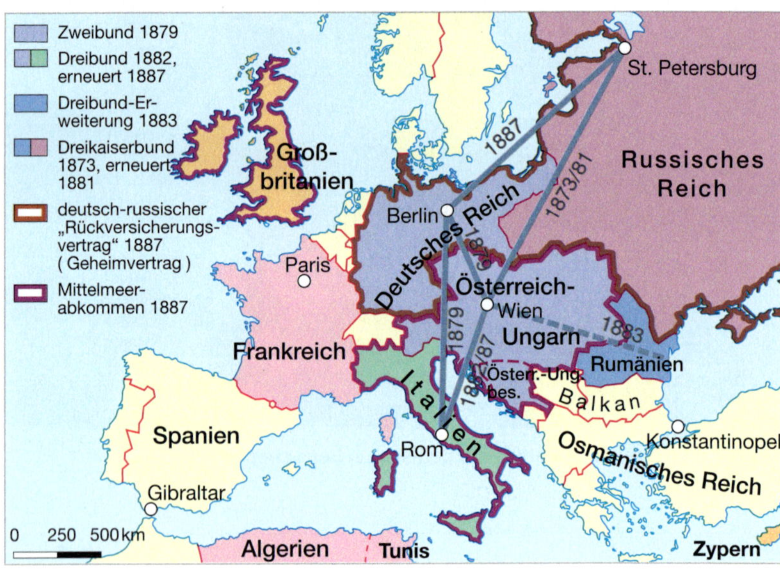

M2 Bündnissystem Bismarcks (bis 1890)

Kurswechsel unter Wilhelm II.

Wilhelm II. wurde 1888 deutscher Kaiser. Im Jahr 1890 entließ er Bismarck, weil er dessen zurückhaltende Außenpolitik nicht teilte. Wilhelm strebte eine deutsche Vormachtstellung in Europa an. Dieser Radikalnationalismus fand in weiten Teilen der deutschen Bevölkerung großen Zuspruch.

Weltmachtstreben Deutschlands

Durch einen intensiven Ausbau der deutschen Kriegsflotte und die massive Hinzugewinnung deutscher Kolonien wollte er dem Anspruch, das junge Deutsche Reich zur Weltmacht zu katapultieren, Nachdruck verleihen. Der deutsche Flottenbau provozierte aber Großbritannien, das seine Überlegenheit auf See gefährdet sah. Wilhelm II. verhinderte auch die Verlängerung des Rückversicherungsvertrages mit Russland, das sich dadurch gezwungen fühlte, nach einem neuen Bündnispartner Ausschau zu halten.

Neue Bündnisse in Europa

Großbritanniens Misstrauen gegenüber Deutschland war schließlich so groß, dass die Spannungen zwischen Großbritannien und Frankreich dadurch in den Hintergrund traten. Das britische Königreich schloss 1904 mit Frankreich ein Bündnis, die Entente Cordiale, das herzliche Einverständnis. Russland trat 1907 diesem Bündnis zur nun genannten Triple Entente bei. Deutschland, seit 1882 im Dreibund mit Italien und Österreich-Ungarn, sah sich jetzt erneut der Gefahr eines Zweifrontenkrieges mit Russland und Frankreich ausgesetzt. Auch die Spannungen zwischen Italien und Frankreich bezüglich afrikanischer Kolonien legten sich, sodass sich Italien 1902 in einem Geheimvertrag mit Frankreich verbündete und sich vom Dreibund mit Deutschland und Österreich löste.

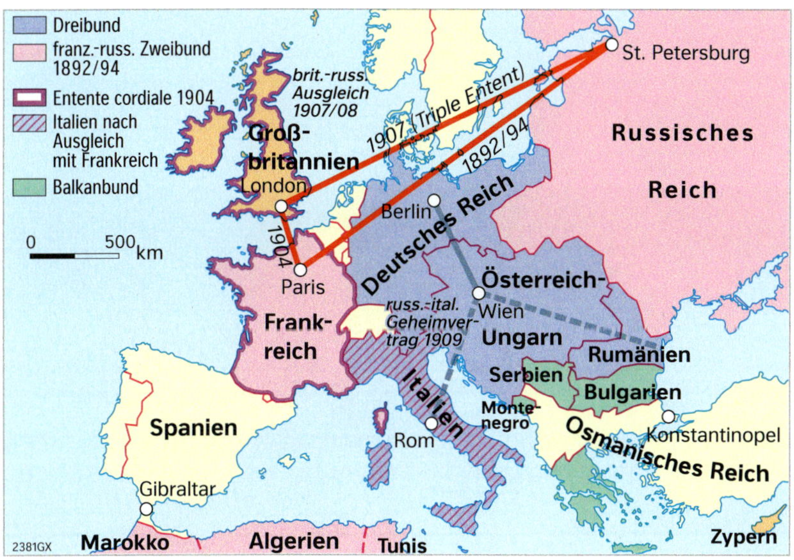

M3 Europäische Bündnissysteme 1890-1914

ARBEITSAUFTRÄGE

- › **1.** Beschreibe die Karikatur in M1.
- ›› **2.** a) Nenne das Ziel von Bismarcks Außenpolitik.
  b) Arbeite die Bündnisse Deutschlands heraus, die auf Bismarck zurückgehen.
- ›› **3.** Erkläre den Begriff Rückversicherungsvertrag.
- ›› **4.** Analysiere die Karte in M3.
- ››› **5.** Überprüfe, inwiefern Wilhelm II. das Deutsche Reich mit der Neuausrichtung seiner Außenpolitik ab 1890 isolierte.

→ **zu 2.**
Verwende dazu den Verfassertext und M2.

→ **zu 4.**
Wende die Schritte zur Auswertung einer Karte von Seite 84 an.

→ **zu 5.**
Vergleiche dazu M2 und M3.

Flottenbau und Rüstungswettlauf

M1 Einband eines Buches über die deutsche Flottenpolitik von 1906

Der Ausbau der deutschen Kriegsflotte

Um die angestrebte Weltmachtstellung zu erreichen, sollte eine deutsche Kriegsflotte aufgebaut werden. Kaiser Wilhelm II. war wie viele Deutsche davon überzeugt, dass sich die Stärke eines Landes an der Größe seiner Flotte maß. Daher setzte er um die Jahrhundertwende ein umfangreich entwickeltes Flottenbauprogramm durch.

Der Alltag der Menschen im Deutschen Kaiserreich war geprägt von Werbung für die Flotte. So führte die Admiralität öffentliche Manöverspiele mit Kriegsschiffmodellen vor. Es fanden sich Kriegsschiffmotive auf Schokoladenverpackungen, auf Sammelbildern und Ansichtskarten. Selbst Kinder wurden zu Werbeträgern, weil der Matrosenanzug ein beliebtes Kleidungsstück war.

Der in Deutschland so populäre Ausbau der Kriegsflotte belastete jedoch das Verhältnis zwischen dem Kaiserreich und Großbritannien.

Das Inselkönigreich mit seinem umfangreichen Kolonialbesitz auf dem ganzen Erdkreis war damals die bedeutendste Seemacht der Welt. Diese Überlegenheit bezüglich seiner Seestreitkraft wollte Großbritannien nicht verlieren und baute nun ebenfalls seine Kriegsflotte aus. Dies führte zu einem Rüstungswettlauf zwischen beiden Staaten.

M2 Deutsches Flottengeschwader in der Nordsee, 1908

M3 Deutsche Kinder im Matrosenanzug: Die Propaganda zum Flottenbau schlägt sich in der Mode Deutschlands nieder.

M4 Karikatur von 1912: Der Deutsche (links) und der Brite (rechts) halten die Arme voller Kriegsschiffe. Der Zeichner fragt: „Wie sollen sie sich da die Hände reichen?“

Wettrüsten mit Großbritannien

Zu Beginn des 20. Jahrhunderts nahm der Rüstungswettlauf immer stärker zu. Besonders zwischen Großbritannien und Deutschland folgte auf die Aufrüstung des einen Landes eine Verstärkung der Waffen der anderen Nation. Nicht nur die Flotte, auch die Landarmeen beider Staaten wurden dabei ausgebaut und mit modernen Waffen ausgestattet wie z. B. Maschinengewehre und Granatwerfer. Eine fortschrittliche, militärische Bewaffnung galt als Maßstab der Stärke eines Landes.

Das politische Verhältnis Deutschlands zu Großbritannien verschlechterte sich zusehends. Aus dem Ziel, Weltgeltung zu erlangen, folgte politische Isolation. Die Blockbildung, mit Großbritannien, Frankreich und Russland auf der einen Seite und Deutschland mit Österreich-Ungarn auf der anderen, hatte sich verfestigt.

Im Jahr 1914 standen sich die europäischen Nationen bis an die Zähne bewaffnet gegenüber. Ungeschickte diplomatische Zwischenfälle und mehrere Krisen ließen die Beziehungen zwischen den europäischen Nationen deutlich spürbar abkühlen.

	1905	1910	1913
F	991	1177	1327
GB	1263	1367	1491
D	1064	1377	2111
Ö/U	460	660	720
R	1069	1435	2050

M5 Rüstungsausgaben von Frankreich, Großbritannien, Deutschland, Österreich-Ungarn und Russland in Million Reichsmark

	1889–1900	1900–1910	1910–1913
GB	38	36	20
D	12	25	13
F	15	11	11
R	15	6	4

M6 Bau schwerer Kriegsschiffe

ARBEITSAUFTRÄGE

› **1.** Nenne den Grund für die Entwicklung des Flottenbauprogrammes.
› **2.** Beschreibe, inwiefern sich der Flottenbau im Alltagsleben der Menschen widerspiegelte.
›› **3.** Erkläre die Karikatur in M4.
›› **4.** Analysiere die Statistiken in M5 und M6.
››› **5.** Beurteile die Folgen des Flottenbauprogrammes in Bezug auf die europäischen Bündnissysteme. Verwende den Begriff Blockbildung.

zu 4.
Wende die Schritte zur Auswertung einer Statistik von Seite 208 an.

Die Balkankrise

M1 Die Doppelmonarchie Österreich-Ungarn 1914 beherbergte viele Slawen, die jedoch nach Unabhängigkeit strebten.

Der Balkan, der Südosten Europas, stand lange Zeit unter der Herrschaft der türkischen Osmanen. Als das Osmanische Reich zerfiel und die Slawen ihre Freiheit von den Türken erkämpften, gründeten sie neue Staaten wie z. B. Serbien und Bosnien. Der beginnende Nationalismus am Ende des 19. Jahrhunderts verstärkte das Streben nach einer eigenen Identität.

Die Doppelmonarchie Österreich-Ungarn war ein Vielvölkerstaat, in dem viele Slawen lebten. Auch sie träumten von einem eigenen Nationalstaat, konnten ihn in jedoch innerhalb Österreich-Ungarns nicht verwirklichen. Russland betrachtete sich als Schutzherr aller Slawen und unterstützte die Nationalbewegungen der slawischen Minderheiten in Österreich-Ungarn. Die Lage auf dem Balkan war angespannt.

Die Schwarze Hand

In Serbien gab es eine slawische Untergrundorganisation, die Schwarze Hand. Ziel war die Errichtung eines großserbischen Reiches, zu dem auch Bosnien gehören sollte. Die Schwarze Hand war ein Geheimbund, der sich vor allem aus serbischen Offizieren zusammensetzte. Ihr Ziel wollten sie nicht auf politischem Weg erreichen, sondern mit Gewalt.

M2 Thronfolger Franz Ferdinand mit Gattin Sophie am 28. Juni 1914, wenige Minuten vor ihrer Ermordung

Verschärfung der Krise

Zugespitzt wurde die angespannte Situation durch die österreichische Annexion von Bosnien und Herzegowina im Jahr 1908. Da die Bevölkerung überwiegend aus Slawen bestand, begriff Serbien es als Teil seines eigenen Reiches. Serbien für sich genommen war zwar für Österreich-Ungarn keine Gefahr, das kleine Königreich wurde aber von Russland unterstützt. Ein Krieg zwischen Österreich-Ungarn und Russland barg das Risiko eines großen europäischen Krieges, da hierdurch die europäischen Bündnissysteme in Kraft traten. Nur knapp konnte ein Krieg verhindert werden. Allen europäischen Staaten war jedoch bewusst, dass ein kleiner Anlass zu einem Kriegsausbruch führen konnte. Der Balkan glich einem Pulverfass und ein Funke würde ausreichen, es zum Explodieren zu bringen.

M3 Der Attentäter Gavrilo Princip bei seiner Verhaftung

Das Attentat von Sarajevo

Der österreichische Thronfolger Franz Ferdinand besuchte mit seiner Ehefrau Sophie am 28. Juni 1914 Sarajevo, die Hauptstadt Bosnien-Herzegowinas. In einem offenen Auto fuhr das Thronfolgerehepaar, das zufällig an diesem Tag auch seinen 14. Hochzeitstag beging, an jubelnden Menschenmengen vorbei. Die Straßen waren mit österreichischen und bosnischen Fahnen bunt geschmückt, die Menschen standen dicht gedrängt und bejubelten das Thronfolgerehepaar. Dann fielen zwei Schüsse aus nächster Nähe. Der junge serbische Nationalist Gavrilo Princip, erst 19 Jahre alt, hatte Franz Ferdinand und seine Frau Sophie erschossen. Er wollte damit gegen den Anschluss Bosniens an Österreich-Ungarn protestieren. Geplant hatte das Attentat die Schwarze Hand. Der junge Attentäter wurde verhaftet.

Krieg in Europa

Für das Attentat von Sarajevo gab Österreich-Ungarn seinem Nachbarstaat Serbien eine Mitschuld. Die Doppelmonarchie unter ihrem Kaiser Franz Joseph I. stellte Serbien ein Ultimatum zur Aufklärung des Mordanschlags auf den Thronfolger Franz Ferdinand.

Serbien versprach, gegen die Hintermänner des Attentats vorzugehen, ließ jedoch keine Ermittlungen österreichischer Polizisten innerhalb ihres Staates zu, da dies die Souveränität, die Eigenständigkeit ihres Landes verletzt hätte. Der deutsche Kaiser Wilhelm II. versprach Österreich beizustehen, also im äußersten Fall auch militärisch zu unterstützen.

Nach Ablauf des Ultimatums, am 28. Juli 1914, erklärte Österreich-Ungarn dem Königreich Serbien den Krieg. Jetzt wurden die europäischen Bündnisse wirksam. Deutschland und Italien waren mit Österreich-Ungarn verbündet, Russland half Serbien und hatte zugleich mit Großbritannien und Frankreich Absprachen getroffen.

In Deutschland befürchtete die militärische Führung jetzt einen Zweifrontenkrieg gegen Russland und Frankreich. Aber schon 1905 hatte General von Schlieffen einen Plan als Ausweg entworfen. In einem Blitzkrieg sollte zuerst Frankreich im Westen schnell besiegt werden, noch ehe Russland dazu in der Lage war, im Osten gegen Deutschland zu kämpfen.

Q1 Der deutsche General Moltke äußerte zur politischen Situation am 29. Juli 1914:

Deutschland will diesen schrecklichen Krieg nicht herbeiführen. Die deutsche Regierung weiß aber, dass es die tief gewurzelten Gefühle der Bundestreue … in verhängnisvoller Weise verletzen und sich in Widerspruch mit allen Empfindungen ihres Volkes setzen würde, wenn sie ihrem Bundesgenossen in einem Augenblick nicht zu Hilfe kommen wollte, der über dessen Existenz entscheiden muss.
Es ist augenscheinlich, dass Russland und Frankreich in ihren Maßnahmen Hand in Hand gehen. Deutschland wird also, wenn der Zusammenstoß zwischen Österreich und Russland unvermeidlich ist, mobilmachen und bereit sein, den Kampf nach zwei Fronten aufzunehmen.

Q2 Telegramm des deutschen Reichskanzlers Bethmann-Hollweg vom 6. Juli 1914 an die österreichische Regierung:

Was Serbien anbelange, so könne der deutsche Kaiser zu den zwischen Österreich-Ungarn und Serbien schwebenden Fragen keine Stellung nehmen … (der österreichische) Kaiser Franz Joseph könne sich aber darauf verlassen, dass (der deutsche) Kaiser Wilhelm im Einklang mit seinen Bündnispflichten und seiner alten Freundschaft treu an der Seite Österreich-Ungarns stehen werde.

M4 Kaiser Franz Joseph I. von Österreich-Ungarn, Fotografie von 1901. Er war ab 1848 Kaiser von Österreich und ab 1867 zusätzlich König von Ungarn und damit Herrscher der Doppelmonarchie Österreich-Ungarn.

ARBEITSAUFTRÄGE

- › **1.** Nenne Gründe für die Spannungen auf dem Balkan.
- ›› **2.** Erkläre die Ziele der „Schwarzen Hand".
- ›› **3.** Erläutere Ursachen und Folgen des Attentates von Sarajevo.
- ›› **4.** Charakterisiere die Haltung des Deutschen Reiches zu Österreich-Ungarn in Q1 und Q2.
- ››› **5.** Beurteile, inwiefern das Attentat von Sarajevo Ursache oder Anlass für den Ausbruch des Ersten Weltkrieges war.
- ››› **6.** Entwickle einen Plan, mit dem die europäischen Staaten nach dem Attentat die Möglichkeit gehabt hätten, den Krieg zu verhindern.
- ››› **7.** Gestalte eine Zeitleiste zum Weg in den Ersten Weltkrieg.

zu 4.
Wende die Schritte zur Internetrecherche von Seite 34 an.

zu 7.
Nutze dazu Q1 und Q2.

Bündnisfall und Kriegsausbruch

M 1 Angriffsplan des Deutschen Reichs nach Alfred von Schlieffen aus dem Jahr 1905

Die Zusicherung der unbedingten Bündnistreue Kaiser Wilhelms II. an Österreich-Ungarn vom 6. Juli 1914, die auch als Blankoscheck bezeichnet wird, löste eine Reihe von Kettenreaktionen aus. Mit der deutschen Rückendeckung erklärte Österreich-Ungarn Serbien am 28. Juli 1914 den Krieg. Das russische Zarenreich, das sich als Beschützer des slawischen Serbiens verstand und eigene Interessen auf dem Balkan verfolgte, begann am nächsten Tag mit der Mobilmachung. Für das Deutsche Reich kam dies einer Kriegserklärung gleich und es erklärte Russland am 1. August den Krieg. Am 3. August folgte Deutschlands Kriegserklärung an Russlands Verbündeten Frankreich. Der Einmarsch sollte über das neutrale Belgien erfolgen. Dieses war mit Großbritannien verbündet, das am 4. August dem Deutschen Reich den Krieg erklärte. Bis zum Ende des Krieges 1918 befanden sich 25 Staaten im Kriegszustand und insgesamt 1,35 Milliarden Menschen waren daran beteiligt. Das entsprach damals etwa ein Viertel der Weltbevölkerung.

Der Schlieffen-Plan

Obwohl Deutschland zuerst Russland den Krieg erklärt hatte, begann es mit dem Angriff gegen Frankreich. Ursache war der Schlieffen-Plan, der auf den früheren Generalstabschef Alfred von Schlieffen zurückging und aus dem Jahr 1905 stammte. Die Idee bestand darin, den Zweifrontenkrieg gegen Frankreich und Russland durch zwei nacheinander stattfindende Kampfhandlungen zu vermeiden. Da das Deutsche Reich mit einer länger andauernden Mobilmachung Russlands rechnete, sollte zuerst Frankreich über Belgien innerhalb weniger Wochen besiegt werden. Anschließend wollte Deutschland die Armeen nach Osten verlagern, wo sie gegen Russland kämpfen würden. Einen anderen Kriegsplan hatte das Deutsche Reich nicht. Doch durch die Neutralitätsverletzung Belgiens trat Großbritannien mit in den Krieg ein. Die Begrenzung auf einen lokalen Krieg allein gegen Russland und Frankreich war somit gescheitert.

M 2 Kriegsbegeisterung: Deutsche Jugendliche in Berlin am 1. August 1914

Warum Kriegsbegeisterung?

Die Auffassung, dass ein Krieg etwas Schreckliches ist, hatten im Jahr 1914 nur wenige Menschen. Zwar gab es auch viele Stimmen, die vor einem neuen Krieg warnten und voraussahen, dass dieser Millionen von Toten kosten würde. Doch die Mehrheit folgte mit Begeisterung dem Aufruf in den Krieg. Der Grund hierfür lag vor allem in der seit der Reichsgründung 1870/71 vorhandenen Militarisierung des Alltagslebens in Deutschland und im übersteigerten Nationalismus unter den europäischen Nationen. Die Zeit der Hochindustrialisierung hatte nicht nur Fortschritte, sondern auch viele Probleme und Unsicherheiten mit sich gebracht. Viele Menschen betrachteten deshalb einen Krieg als eine Art Befreiungsschlag und geflügelte Worte wie der Krieg als ein reinigendes Gewitter oder als ein Stahlbad waren in Deutschland in aller Munde.

M4 Kaiser Wilhelm II. am 4. August 1914 in einer Ansprache vom Balkon: „Ich kenne keine Parteien mehr, ich kenne nur noch Deutsche!“ Das Bild zeigt ihn während eines Lazarettbesuches.

Q1 Der Generalfeldmarschall und Chef des deutschen Generalstabs Helmuth von Moltke der Ältere (1800 bis 1891) beeinflusste das Denken der wohlhabenden Bürger und Vertreter der oberen Bevölkerungsschicht im Deutschen Reich. Im Jahr 1880 äußerte er sich in einem Brief:

Der ewige Friede ist ein Traum, und nicht einmal ein schöner, und der Krieg ist ein Glied in Gottes Weltordnung. In ihm entfalten sich die edelsten Tugenden des Menschen, Mut und Entsagung, Pflichttreue und Opferwilligkeit mit Einsetzung des Lebens. Ohne den Krieg würde die Welt im Materialismus versumpfen.

M3 Deutsche Soldaten auf dem Weg in den Krieg nach Frankreich, 1914

ARBEITSAUFTRÄGE

› **1.** Beschreibe die Fotos M2 und M3.

›› **2.** Erkläre das Inkrafttreten der verschiedenen Bündnisse zu Beginn des Krieges.

›› **3.** Erläutere den Grund für die breite Zustimmung zu einem Krieg in der deutschen Bevölkerung.

›› **4.** Begründe den Kriegseintritt Großbritanniens.

››› **5.** Bewerte die Aussage Moltkes in Q1.

→ **zu 4.**
Verwende zur Erklärung den Schlieffen-Plan.

→ **zu 5.**
Bist du mit seiner Ansicht über die Notwendigkeit des Krieges einverstanden? Wende die Schritte zur Auswertung von Textquellen von Seite 291 an.

Kriegsverlauf

M1 Zwei deutsche Soldaten mit Kampfausrüstung

Die meisten Deutschen freuten sich über den Kriegsausbruch. Viele betrachteten den Krieg als Abenteuer und Hunderttausende meldeten sich freiwillig zum Kriegsdienst. Drei Millionen deutsche Soldaten wurden im August 1914 in Marsch gesetzt, hauptsächlich nach Westen in Richtung des neutralen Belgiens. Ziel war es, gemäß dem Schlieffen-Plan, Frankreich schnell zu besiegen und die Truppen an die Ostfront gegen Russland zu versetzen.

Vom Bewegungskrieg ...

Zu Beginn schien der Plan aufzugehen, die deutschen Armeen gelangten über Belgien und Luxemburg nach Frankreich. Anfang September 1914 standen sie 40 Kilometer vor Paris. Hier konnten sie von Franzosen und Briten aufgehalten werden. Die Deutschen zogen sich über 50 Kilometer nach Norden zurück.

Der Schlieffen-Plan scheiterte, Paris wurde nicht innerhalb weniger Wochen eingenommen und die französische Armee nicht besiegt. Bis Ende Oktober 1914 waren französische und deutsche Truppen zwar in ständiger Bewegung, jedoch ohne einen wesentlichen Sieg zu erringen. Bereits jetzt ließ sich erkennen, dass sich dieser Krieg über einen viel längeren Zeitraum als gedacht hinziehen würde. Im Osten gingen indes drei Millionen russische Soldaten schneller als erwartet in Stellung und fielen schließlich ins deutsche Ostpreußen ein.

M2 Deutsche Soldaten beim Gasangriff 1917 in Flandern

... zum Stellungskrieg

Der vom Deutschen Reich gefürchtete Zweifrontenkrieg war mit dem Scheitern des Schlieffen-Plans eingetreten. Deutschland kämpfte im Osten und im Westen gleichzeitig. Die im Westen dringend benötigten deutschen Einheiten wurden im Osten gegen Russland eingesetzt. Im Westen erstarrte die Front zum Stellungskrieg. Auf einer 700 Kilometer breiten Kampflinie standen sich die Feinde gegenüber.

Keine Seite konnte einen Geländegewinn verzeichnen. Moderne Waffen aller Gegner verhinderten, dass eine Seite in kürzerer Zeit gewann. Schließlich gruben sich Franzosen, Briten und Deutsche in sogenannten Schützengräben ein. Minen- und Drahtsperren sollten die Gräben zusätzlich schützen. Ohne Pause feuerten Maschinengewehre und Geschütze stunden- und tagelang auf den jeweiligen Feind.

Materialschlacht

Schon bis Ende September 1914 wurden allein an der Westfront etwa 300 000 französische und 260 000 deutsche Soldaten in Kampfhandlungen getötet. Auf allen Seiten der Front hatten weder militärische Führer noch die Soldaten mit einer derart hohen Zahl an Verlusten gerechnet. Moderne Waffen wie Artilleriegeschütze, Maschinengewehre, Gasgranaten oder Flammenwerfer hatten das Gesicht des Krieges verändert. Massenhaft starben Soldaten in ihren Schützengräben oder beim Versuch, das gegnerische Gebiet zu stürmen. Sogenanntes Trommelfeuer bezeichnete Granatbeschuss, bei dem so viele Granaten mehrere Stunden lang explodierten, dass keine einzelnen Detonationen mehr herauszuhören waren. Alles klang wie ein einziges Dröhnen und Donnern. Die Industrie in Europa wurde fast vollständig auf die Produktion von Waffen und Munition umgestellt. Durch diesen industrialisierten Krieg produzierten alle Nationen Unmengen an Geschossen und feuerten sie beinahe ununterbrochen auf den Gegner ab. Die Zahl der getöteten Soldaten ging bei einzelnen Angriffen in die Tausende. Die massenweise Vernichtung an Material und Menschen heißt Materialschlacht.

Die Hölle von Verdun

Verdun ist eine kleine Stadt im Nordosten Frankreichs. Vom 21. Februar bis zum 19. Dezember 1916 fand hier eine Materialschlacht statt, die noch heute als Beispiel für die Sinnlosigkeit des Krieges gilt. 1,5 Millionen Franzosen und Deutsche lagen sich in Schützengräben gegenüber. Insgesamt verloren 500 000 Soldaten beider Seiten ihr Leben. Die Soldaten nannten es die Hölle von Verdun oder auch die Blutmühle. Am Ende hatte keine Seite Gebietsgewinne zu verzeichnen.

ARBEITSAUFTRÄGE

› **1.** Beschreibe den Unterschied zwischen Bewegungs- und Stellungskrieg.

›› **2.** Erkläre die Begriffe Bewegungskrieg, Stellungskrieg und Materialschlacht.

›› **3.** Arbeite den Grund für das Erstarren der Front und die Entwicklung zum Stellungskrieg heraus.

›› **4.** Charakterisiere den 1. Weltkrieg als industrialisierten Krieg.

››› **5.** Gestalte eine Übersicht mit den Opferzahlen der kriegsbeteiligten Nationen.

M3 Deutsche Soldaten in einem Schützengraben während einer Gefechtspause

Webcode:
Filmclip zum Stellungskrieg
WES-110781-601

M4 Getötete deutsche Soldaten im Schützengraben 1915

zu 5.
Recherchiere dazu im Internet.
Stelle tabellarisch dar:

Jahr	Nation	Gefallene Soldaten
1914	...	

M1 Deutsches U-Boot, 1917

Die Ausweitung des Krieges zum Weltkrieg

Britische Seeblockade

Neben dem Kriegsschauplatz auf dem europäischen Kontinent bekämpften sich die Kriegsteilnehmer auch auf dem Meer. Großbritannien verlegte in der Nordsee Minen, die explodierten, sobald ein Schiff darüberfuhr. Mit ihren zahlreichen Kriegsschiffen versperrten sie zusätzlich wichtige Seewege, so dass Deutschland hierüber keine Rohstoffe und Lebensmittel mehr importieren konnte.

Deutsche Gegenblockade

M2 Karikatur aus der Zeitschrift New York World zum Untergang der Lusitania, 1915

Auf diese britische Seeblockade reagierte das Deutsche Reich mit einer Gegenblockade. Aus Unterseebooten, sogenannten U-Booten, schossen sie mittels Torpedos britische Kriegsschiffe ab. Doch diese fuhren oft zu schnell und Begleitschiffe sicherten sie ab. Darum konzentrierten sich die U-Boote auf die Versenkung der leichter zu treffenden Handelsschiffe, um Großbritannien von der Versorgung wichtiger Güter auf dem Seeweg abzuschneiden. Auf Handelsschiffen, aber auch auf Passagierschiffen transportierten die USA außerdem Soldaten und Kriegsgüter wie z. B. Waffen oder Artilleriegeschosse. Aus diesem Grund befahl die Admiralität den deutschen U-Boot-Kapitänen, auch auf Passagierschiffe zu schießen und diese zu versenken.

Zu Beginn warnten deutsche U-Boote diese Schiffe, so dass sich die Insassen vor der Versenkung über Rettungsboote in Sicherheit bringen konnten. Aufgrund der bewaffneten Begleitschiffe wurde diese Praxis jedoch zu gefährlich für die U-Boot-Besatzungen. Deshalb verzichteten die U-Boot-Kapitäne zunehmend auf diese Warnung und versenkten Passagierschiffe ohne Ankündigung.

Als ein deutsches U-Boot 1915 den aus den USA kommenden britischen Luxusdampfer Lusitania torpedierte, starben dabei 1198 Passagiere, darunter auch 121 US-Amerikaner. Die USA drohten daraufhin dem Deutschen Reich, in den Krieg einzutreten, wenn die Versenkung von Passagierschiffen anhalten sollte. Um dies zu vermeiden, griffen deutsche U-Boote vorerst nur militärische Ziele an.

Uneingeschränkter U-Boot-Krieg

Das Jahr 1916 führte zur Erstarrung der Westfront. Es gab für keine Seite einen nennenswerten Gebietsgewinn. Die USA verhielten sich nach außen hin neutral. Jedoch galten ihre Sympathien den demokratischen Staaten Frankreich und Großbritannien. Aus diesem Grund liehen sie diesen beiden Ländern seit Kriegsbeginn 1914 hohe Kreditsummen und lieferten kriegswichtige Güter. Die militärische Führung Deutschlands, die auf dem Land keine entscheidende Wende zugunsten des Reiches sah, wollte einen Sieg über Großbritannien auf See erzwingen und die Alliierten vom Nachschub an Waffen und Kriegsgerät abschneiden. Einige Politiker warnten davor und vor einem Kriegseintritt der USA, doch die Oberste Heeresleitung beschloss am 9. Januar 1917 von Neuem den uneingeschränkten U-Boot-Krieg.

M3 „Der unschuldige Zuschauer". US-amerikanische Karikatur, 1915

Q1 Der US-Präsident am 2. April 1917 in einer Botschaft an den Senat:

Der gegenwärtige deutsche Unterseebootkrieg gegen den Handelsverkehr ist ein Krieg gegen die Menschheit. Er ist ein Krieg gegen alle Nationen. Es sind keine Unterschiede gemacht worden, die Herausforderung hat der ganzen Menschheit gegolten. Jede Nation muss selbst darüber entscheiden, wie sie sie aufnehmen will. Unser Beweggrund soll nicht Rachsucht sein …, sondern allein die Vertretung des Menschenrechts …
Wir werden für Dinge kämpfen, die immer unseren Herzen am nächsten gelegen haben, für Demokratie, für das Recht derer, die einer Obrigkeit untertan sind, eine Stimme in ihrer eigenen Regierung zu haben, für die Rechte und Freiheiten der kleinen Nationen, für eine allgemeine Herrschaft des Rechts durch einen Bund freier Völker, der allen Nationen Frieden und Sicherheit bringt und schließlich die Welt selbst befreit …

Q2 Der deutsche Generalfeldmarschall von Hindenburg über die Motive der USA, in den Krieg einzutreten:

Die amerikanischen Regierenden und Finanzkreise haben sich auf ein faules Geschäft eingelassen. Wollen sie das investierte Kapital nicht opfern, so bleibt ihnen nichts übrig, als dem schwankenden Unternehmen mit ihrem gesamten Vermögen beizuspringen.

Kriegseintritt der USA

Die Verteidigung der Demokratie in den westlichen Ländern war der politische Grund für den Kriegseintritt der USA. Daneben existierten jedoch auch wirtschaftliche Interessen wie die hohen, an die Entente-mächte vergebenen Kriegskredite. Als Antwort auf den uneingeschränkten U-Boot-Krieg brachen sie die diplomatischen Beziehungen ab und erklärten dem Deutschen Reich am 6. April 1917 den Krieg. Über eine Million US-Soldaten, große Mengen an Waffen, Munition und Lebensmittel gelangten nach Europa. Das Kräfteverhältnis änderte sich sprunghaft zugunsten der Alliierten. Viele weitere Staaten, die in engem Kontakt zu den USA standen, erklärten Deutschland und Österreich-Ungarn ebenfalls den Krieg, der dadurch zum Weltkrieg geworden war.

ARBEITSAUFTRÄGE

- › **1.** Beschreibe die britische Seeblockade und die deutsche Gegenblockade.
- ›› **2.** Erläutere die Karikatur M2.
- ›› **3.** Stelle die Beweggründe des Kriegseintritts der USA dar.
- ›› **4.** Begründe, inwiefern der Krieg ab 1917 zu einem Weltkrieg geworden war.
- ››› **5.** Beurteile Hindenburgs Aussage, dass die USA in den Krieg eintraten, um ihr investiertes Kapital nicht zu opfern.
- ››› **6.** Erörtere, inwiefern die Karikatur M3 zutrifft.

→ **zu 3.**
Verwende dazu Q1.

→ **zu 5.**
Verwende dazu Q1 und Q2.

→ **zu 6.**
Waren die USA tatsächlich nur ein „unschuldiger Zuschauer"?

M 1 Traumatisierter deutscher Soldat, Westfront 1917

Kriegsalltag

Seelische Krankheiten

Im August 1914 zogen viele Soldaten begeistert in den Krieg. Sie betrachteten ihn als großes Abenteuer, das in wenigen Wochen mit einem Sieg beendet sein würde. Die Realität des Krieges veränderte jedoch sehr schnell die Einstellung der meisten Soldaten. Tagelanger, pausenloser Granateinschlag und Maschinengewehrfeuer stellte für die Soldaten eine ständige tödliche Gefahr dar und führten zu Angst, großem seelischen Leid und Nervenschäden. Die davon betroffenen Soldaten zitterten – auch noch nach dem Beschuss – am ganzen Körper, konnten nicht mehr stehen oder eine Waffe bedienen, bekamen Weinkrämpfe oder Lähmungen. Britische Ärzte nannten dieses schwere psychische Leiden ab dem zweiten Kriegsjahr 1915 Shell Shock, in Deutschland wurde die Krankheit Kriegszitterer genannt. Eine Heilung gab es damals nicht.

Körperliche Krankheiten

M 2 Grabenfuß bei einem unbekannten Soldaten

Der schlammige oder nasse Boden in den Schützengräben führte zu einer Krankheit, die Grabenfuß hieß. Die Stiefel wurden nass, die Haut weichte auf und rieb sich in den Stiefeln auf. Offene Wunden entstanden und es entwickelten sich häufig bakterielle Entzündungen, der sogenannte Wundbrand. Die hygienischen Verhältnisse in den Schützengräben waren entsetzlich. Leichen konnten nicht mehr beerdigt werden, weil es zu gefährlich war, den Schützengraben zu verlassen. Ratten vermehrten sich und viele Soldaten erkrankten an Infektionskrankheiten wie Cholera, Ruhr oder Typhus.

Tod und Verstümmelung

Der Erste Weltkrieg gilt als Urkatastrophe des 20. Jahrhunderts. Zum ersten Mal kämpften hochtechnisierte Industrienationen mit modernen Waffen wie z. B. Giftgas. Gasangriffe führten zu Verätzungen der Lunge und der Haut, Blindheit oder Tod. Splittergranaten zerschossen die Gesichter der Soldaten, sodass die Überlebenden entstellt blieben. Millionen wurden getötet, verletzt oder verstümmelt.

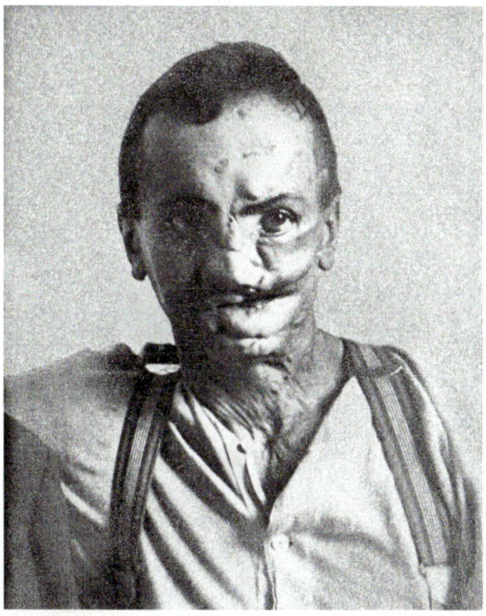

M3 Ein 25-jähriger deutscher Kriegsinvalide, dessen Gesicht 1916 durch Granatsplitter zerstört wurde. Fotografie nach zahllosen Operationen, 1919

M4 Deutsche Propagandapostkarte mit der ersten Strophe des Liedes „Der gute Kamerad", 1914

Heldentod auf dem Feld der Ehre?

Die meisten Soldaten gingen mit der Vorstellung in den Krieg, dass Mut und Tapferkeit darüber entschieden, ob sie gegen den Feind gewinnen würden. An der Front angelangt, realisierten sie, dass es nicht auf sie als einzelnen Soldaten oder auf den Kampf Mann gegen Mann ankam, sondern auf die Technik der Waffen, auf die Treffgenauigkeit der Geschütze und auf die Anzahl der Granaten und Maschinengewehrkugeln.

Etappe als Kampfpause

Etappe hieß der Versorgungsraum unmittelbar hinter der Front. Hier standen die Feldlazarette, zudem fand der Nachschub an Waffen, Lebensmitteln und Soldaten statt. Nach einigen Tagen schweren Gefechtes kamen Soldaten für kurze Zeit dorthin. Jetzt mussten sie an Waffen üben, zum Apell antreten und militärischen Unterricht besuchen. Dieser Drill bot nur wenige Pausen, in denen sie Fußball spielten, Bücher lasen, Briefe schrieben, ein Feldkino besuchten oder Karten spielten.

M5 Leiche eines deutschen Soldaten im Stacheldraht, Westfront 1917

ARBEITSAUFTRÄGE

› **1.** Beschreibe den Soldaten in M1.

› **2.** Nenne Krankheiten, die sich aufgrund der schlechten hygienischen Verhältnisse in den Schützengräben ausbreiten konnten.

›› **3.** Stelle dar, inwiefern seelische und körperliche Krankheiten zum Kriegsalltag gehörten.

›› **4.** Erkläre, inwiefern es gerechtfertigt ist, den 1. Weltkrieg als Urkatastrophe des 20. Jahrhunderts zu bezeichnen.

››› **5.** Überprüfe, inwiefern ein Widerspruch zwischen Propaganda und Kriegswirklichkeit bestand.

zu 5.
Wie werden der Kampf und der Tod eines Soldaten in M4 dargestellt im Vergleich zur Realität? Betrachte dazu auch die Fotos M1, M2, M3 und M5.

Feldpostbriefe analysieren

M 1 Ein deutscher Soldat schreibt einen Feldpostbrief auf einer Mauer (Foto, Oktober 1914).

Als der Krieg begann, nahm auch die Feldpost ihren Dienst auf. Sie organisierte den Briefaustausch zwischen Soldaten und ihren Angehörigen.

Feldpostbriefe sind besonders wertvolle Textquellen, um heute die Frage zu beantworten, wie die aktiv Beteiligten den Krieg erlebten und verarbeiteten. Doch jeder Verfasser sah den Krieg auf seine Weise. Außerdem waren die Soldaten unterschiedlich gebildet, was ihre Ausdrucksfähigkeit beeinflusste. Manche Verfasser wollten ihre Angehörigen mit grauenvollen Einzelheiten verschonen und schrieben daher wenig aussagekräftig.

Feldpostbriefe wurden auch zu Propagandazwecken eingesetzt und in Zeitungen oder Zeitschriften veröffentlicht. Hierfür wurden nur Briefe verwendet, die eine Zensur durchlaufen hatten und kein zu negatives Bild des Kriegsalltags vermittelten. Die umfassende Zensur der Feldpost war infolge der riesigen Menge an Briefen jedoch schon bald nicht mehr möglich.

Schritte zur Analyse eines Feldpostbriefes:

1. → *Informationen sammeln:*
   - *Wann wurde der Brief verfasst?*
   - *Wer hat ihn verfasst?*
2. → *Inhaltliche Informationen bearbeiten:*
   - *Worüber wird im Brief berichtet?*
   - *Was ist die Hauptaussage?*
   - *Was wird behauptet oder widerlegt?*
3. → *Quellenkritik:*
   - *Wie glaubwürdig ist die Quelle?*
   - *Welches Ziel verfolgt der Verfasser?*

M 2 Feldpostbriefe aus dem Ersten Weltkrieg

Q1 Feldpostbrief des Theologiestudenten und Leutnants Karl Josenhans (4.10. 1892 – 29.1. 1915). Er studierte in Tübingen und stammte aus Leonberg/Stuttgart. Er schrieb am 9.11.1914:

Wir kamen in die neu erstürmte Stellung, da lagen vor und hinter dem Graben noch einige Tote. Ich selbst habe zwei Franzosen und drei deutsche Soldaten beerdigen lassen und die Briefschaften abgenommen. Da findet man die Briefe von zu Hause; einem katholischen Landwehrmann schrieb seine Mutter alle möglichen Gebete, die besonders wirksam seien, sie hoffe bestimmt auf das Wiedersehen. Und dann viele französische Briefe ... Einem schrieb seine Schwester, dass sie ihm ... Schokolade schicke. Außerdem will sie ihm Handschuhe schicken ... und eine Kapuze gegen den Regen. Alles wie bei uns, und wenn man das liest, vergeht einem der letzte Funken Hass gegen die Franzosen, falls ein solcher überhaupt noch da sein sollte ...

Q2 Feldpostbrief von Anton Steiger, geb. 7. Oktober 1896, gefallen am 14. Oktober 1916 an der Somme:

17. Juli 1916. Der letzte Tag vor Verdun und der schrecklichste. ... Ungefähr 600 Meter vor unserem Bestimmungsort rasteten wir in einem Granatloch, um Kraft zu sammeln, da wir diese Strecke möglichst schnell ... machen mussten; denn da war schreckliches Sperrfeuer. ... Ich hatte mich kaum hingelegt ..., schlägt eine Granate direkt vor uns ein. Geschrei, Gewinsel, Geheule, zugleich der Ruf: „Auf, auf, marsch, marsch, was noch kann!" Ich nahm meine letzte Kraft zusammen und sprang auf, ich bin die 600 Meter nicht mehr gegangen, sondern gefallen, von einem Granatloch ins andere. Im Unterstand gingen von den 17 Mann sechs ab, drei waren tot ... Von den drei Verwundeten schleppte sich einer am anderen Tag ... in unseren Unterstand. Er wurde nachts von unseren Leuten mitgenommen. Eine Granate schlug ein unter ihnen und der Verwundete samt den vier Trägern waren tot. ... Unser Unterstand war ... nur ein Erdhaufen; wie ein Fuchsloch war der Eingang. ... Tote lagen unter dem Schutt; von einem schauten die Beine heraus bis zu den Knien. ... Die ganze Zeit war es stockdunkel ... Dann war ein schrecklicher Geruch da unten, ein schrecklicher Modergeruch von Toten. ... Am vierten Tage, Freitag, ging's dann schon in der Frühe los mit der schweren Artillerie bis abends ½ 10 Uhr. Was das heißt, zehn Stunden im Unterstand liegen, zehn Stunden unter Granatfeuer, zehn Stunden den Tod des Lebendigbegrabenwerdens vor Augen oder die Aussicht, in die Luft zu fliegen, falls eine Granate da einschlägt, wo der Sprengstoff liegt.

Stichwortartige Musterlösung zur Analyse eines Feldpostbriefes:

Schritt 1:
- Brief verfasst von Karl Josenhans aus Leonberg
- Studierte Theologie in Tübingen
- Leutnant im Krieg
- Datum 9.11.1914

Schritt 2:
- schrieb über Auffinden toter französischer und deutscher Soldaten
- drückte seine Empfindungen darüber aus
- findet und liest deren Briefe
- entdeckt Ähnlichkeit deutscher und französischer Briefe
- zeigt in eigenem Brief Ähnlichkeit zwischen französischen und deutschen Soldaten auf
- drückt aus, dass es keinen Grund für Hass gegen Franzosen geben kann

Schritt 3:
- Quelle glaubwürdig, da einfache französische Soldaten in gleicher Situation wie deutsche waren
- Verfasser möchte damit Propaganda der Heimat begegnen, die den Feind als böse darstellt

ARBEITSAUFTRÄGE

» **1.** Ordne die Informationen der Musterlösungen den Inhalten von Q1 zu.

» **2.** Analysiere den Feldpostbrief in Q2 entsprechend der Schritte zur Analyse eines Feldpostbriefes.

»» **3.** Überprüfe die Glaubwürdigkeit von Q2. Nutze dazu die Seiten 260/261 und 264/265.

„Im Westen nichts Neues“

Der Autor

Erich Maria Remarque hieß eigentlich Ernst Paul Remark. Der Sohn eines Buchbinders meldete sich 1916 nach dem Notexamen als Kriegsfreiwilliger und kam an die Westfront, wo er 1917 verwundet wurde. Nach dem Waffenstillstand im November 1918 verrichtete er Gelegenheitsarbeiten und sammelte erste Erfahrungen als Werbetexter und Journalist.

M1 Erich Maria Remarque (1878–1970)

Das Buch

In seinem Roman „Im Westen nichts Neues“ schildert Erich Maria Remarque aus Sicht eines jungen Soldaten die Schrecken des Ersten Weltkrieges. Das Buch erschien erstmals ab November 1928 in der Vossischen Zeitung als Vorabdruck, in Buchform am 29. Januar 1929. Der Roman wurde noch 1929 in 26 Sprachen übersetzt. Bis heute gibt es Ausgaben in über 50 Sprachen, die geschätzten Verkaufszahlen weltweit liegen bei über 20 Millionen.

M2 „Im Westen nichts Neues“. Einbandtitel der Ausgabe Berlin, Propyläen-Verlag, 1929

Q1 Auch wenn „Im Westen nichts Neues“ bis in die Gegenwart als Anklage gegen den Krieg und die Kriegstreiber gilt, hat der Autor es nicht so gesagt:

Dieses Buch soll weder eine Anklage noch ein Bekenntnis sein. Es soll nur den Versuch machen, über eine Generation zu berichten, die vom Krieg zerstört wurde – auch wenn sie seinen Granaten entkam.

Hauptfigur des Romans ist der 18-jährige Paul Bäumer, der gleichzeitig auch der Ich-Erzähler ist. Von der Kriegsbegeisterung im deutschen Kaiserreich getrieben und von den patriotischen Reden des Klassenlehrers gedrängt, meldete sich die gesamte Klasse freiwillig zum Kriegsdienst. Der Roman beschreibt die Erlebnisse von Paul sowohl an der Westfront als auch im Fronturlaub und im Kriegslazarett. Nach und nach sterben alle Freunde von Paul, er überlebt am längsten, bevor er am Ende des Romans, im Oktober 1918, selbst fällt.

Der Film

Bereits im August 1929 begann die amerikanische Filmgesellschaft Universal International Pictures mit der Verfilmung des Romans von Remarque. Nach seiner Premiere im April 1930 in New York wurde der Film mit dem Titel „All quiet on the Western Front“ zunächst in den USA und dann weltweit ein Kassenschlager. Jedoch waren Aufführungen des Films in Deutschland, aber auch in Frankreich, wegen der schonungslosen und kaum heldenhaften Darstellung des Alltages der Soldaten an der Front kaum möglich. Die als Ton- und Stummfilm produzierte Verfilmung wurde trotz internationaler Proteste viermal für den Oscar nominiert und erhielt die Auszeichnung in den Kategorien „Bester Film“ und „Beste Regie“. Im Jahr 1979 wurde der Roman in den USA erneut verfilmt.

Q2 Im Roman beschreibt Paul Bäumer den Frontalltag:

Es wird von einer Offensive gemunkelt. Wir gehen zwei Tage früher an die Front. Auf dem Wege passieren wir eine zerschossene Schule. An ihrer Längsseite aufgestapelt steht eine doppelte, hohe Mauer von ganz neuen, hellen, unpolierten Särgen. Sie riechen noch nach Harz und Kiefern und Wald. Es sind mindestens hundert. „Da ist ja gut vorgesorgt zur Offensive", sagt Müller erstaunt. „Die sind für uns", knurrt Detering.
„Quatsch nicht!", fährt Kat ihn an. „Sei froh, wenn du noch einen Sarg kriegst", grinst Tjaden, „dir verpassen sie doch nur eine Zeltbahn für deine Schießbudenfigur, pass auf!" Auch die anderen machen Witze, unbehagliche Witze, was sollen wir sonst tun. – Die Särge sind ja tatsächlich für uns. In solchen Dingen klappt die Organisation …
Die Front ist ein Käfig, in dem man nervös warten muss auf das, was geschieht. Wir liegen unter dem Gitter der Granatbogen und leben in der Spannung des Ungewissen. Über uns schwebt der Zufall. Wenn ein Geschoss kommt, kann ich mich ducken, das ist alles; wohin es schlägt, kann ich weder genau wissen noch beeinflussen. Dieser Zufall ist es, der uns gleichgültig macht. Ich saß vor einigen Monaten in einem Unterstand und spielte Skat; nach einer Weile stand ich auf und ging, Bekannte in einem anderen Unterstand zu besuchen. Als ich zurückkam, war von dem ersten nichts mehr zu sehen, er war von einem schweren Treffer zerstampft. Ich ging zum zweiten zurück und kam gerade rechtzeitig, um zu helfen ihn auszugraben. Er war inzwischen verschüttet worden.
Ebenso zufällig, wie ich getroffen werde, bleibe ich am Leben. Im bombensicheren Unterstand kann ich zerquetscht werden und auf freiem Felde zehn Stunden Trommelfeuer unverletzt überstehen. Jeder Soldat bleibt nur durch tausend Zufälle am Leben. Und jeder Soldat glaubt und vertraut dem Zufall.

Q3 Der Roman endet:

Es ist Herbst. Von den alten Leuten sind nicht mehr viel da. Ich bin der letzte von den sieben Mann aus unserer Klasse hier. …
Er fiel im Oktober 1918, an einem Tage, der so ruhig und still war an der ganzen Front, dass der Heeresbericht sich nur auf den Satz beschränkte, im Westen sei nichts Neues zu melden. Er war vornübergesunken und lag wie schlafend an der Erde. Als man ihn umdrehte, sah man, dass er sich nicht lange gequält haben konnte – sein Gesicht hatte einen so gefassten Ausdruck, als wäre er beinahe zufrieden damit, dass es so gekommen war.

ARBEITSAUFTRÄGE

› **1.** Nenne Gründe für den weltweiten Erfolg des Filmes.
› **2.** Beschreibe Bäumers Aussagen über die Zufälle, am Leben zu bleiben (Q1).
›› **3.** Der Film wird als Antikriegsfilm bezeichnet. Erkläre die Bedeutung dieses Begriffs.
›› **4.** Arbeite die Bedeutung des Romantitels aus Q3 heraus.
››› **5.** Gestalte zu den Szenenbildern jeweils eine Bildunterschrift.
››› **6.** Der Autor Remarque galt nach Erscheinen des Romans Ende der 1920er-Jahre als „Nestbeschmutzer". Bewerte diese Bezeichnung.

Heimatfront

M1 Frauen als Fensterputzerinnen, Berlin, 1917

Frauen in Männerberufen

Alle wehrfähigen Männer zwischen 18 und 45 Jahren mussten als Soldaten in den Krieg ziehen. In der Heimat, wo die meisten unter ihnen Berufen wie z. B. Landwirt, Bauarbeiter oder Fabrikarbeiter nachgingen, klaffte eine große wirtschaftliche Lücke. Um die Produktion gerade in der Industrie auf gleichem Niveau zu halten, ersetzten Frauen die Männer in den Fabriken, Schulen, Bauernhöfen oder Ämtern.

Kriegsindustrie

Nicht nur im Deutschen Reich, auch in allen anderen kriegsbeteiligten Ländern nahmen die Regierungen immer mehr Einfluss auf die Industrie: Die Fabriken mussten hauptsächlich Waffen, Munition, Granaten und Ausrüstung für die Soldaten produzieren, denn die Kämpfe an der Front forderten unermüdlich Nachschub. Viele Fabriken stellten ihren Betrieb komplett auf die Erzeugung kriegswichtiger Güter um. Für die arbeitenden Frauen und Männer in der Heimat bedeutete dies häufig eine Umstellung ihrer Arbeit von der Produktion ziviler Güter auf militärische. Diese Heimatfront unterstützte so die Soldaten im Krieg.

M2 Arbeiterinnen und Arbeiter in einer Munitionsfabrik zur Herstellung von Granaten, Deutschland 1915

Hungersnot in Deutschland

Das Deutsche Reich hatte nicht mit einem lang andauernden Krieg gerechnet. Die Alliierten blockierten die Seewege, so dass Deutschland von wichtigen Lebensmittellieferungen abgeschnitten war. Die deutsche Landwirtschaft erzeugte nicht genügend Lebensmittel für die Bevölkerung. Außerdem zeigte sich die Regierung des Deutschen Reiches nicht in der Lage, die vorhandenen Lebensmittel gerecht zu verteilen. Im Jahr 1916 kam es zu Missernten bei Kartoffeln und Getreide, was die Versorgungssituation weiter verschärfte. Zu essen gab es fast ausschließlich noch Steckrüben. In diesem Steckrübenwinter 1916/17 mussten die Menschen mit Lebensmittelkarten, die jeder zugeteilt bekam, stundenlang vor Lebensmittelgeschäften anstehen. Trotzdem reichten die Rüben nicht aus, so dass es zu einer großen Hungersnot in Deutschland kam. Tausende verhungerten oder starben, geschwächt durch Mangelernährung, an Krankheiten wie an der Grippe.

M4 Rübenanlieferung 1917. Aus Steckrüben wurden unter anderem Marmelade, Suppe, Pudding und Kaffee hergestellt.

M3 Schlange stehen für Lebensmittel, Berlin 1917

Lebensmittelrationen vor dem Krieg	1914	1915	1917
330 g Brot	225	220	160
150 g Fleisch	72	36	19
50 g Fett	28	12	7

M5 Essenszuteilungen pro Person und Tag

Kriegsmüdigkeit in der Heimat

In den Zeitungen nahmen Todesanzeigen gefallener Soldaten täglich immer mehr Seiten ein und der lang andauernde Stellungskrieg zerstörte jede Hoffnung auf einen baldigen Sieg. In der Bevölkerung, die den Krieg 1914 noch größtenteils unterstützt hatte, entwickelte sich immer mehr Widerstand. Die Deutschen waren erschöpft und sehnten sich nach Frieden. In den Lebensmittelschlangen sprachen die unzufriedenen Menschen ihren Protest immer lauter aus. In Fabriken kam es zu spontanen, unkontrollierten Arbeitsniederlegungen und Frauen demonstrierten auf der Straße für Frieden und Brot. Immer mehr Menschen waren kriegsmüde geworden.

ARBEITSAUFTRÄGE

› 1. Beschreibe die veränderten Aufgaben der Frauen im 1. Weltkrieg.
› 2. Nenne Gründe, die zur Hungersnot 1916/17 führten.
›› 3. Charakterisiere den Begriff Heimatfront.
›› 4. Arbeite heraus, inwiefern sich die Ernährungssituation im Laufe des Krieges verändert hat.
›› 5. Erkläre die Kriegsmüdigkeit der Menschen in der Heimat ab 1916.
››› 6. Gestalte eine Rede, in der eine Frau in Deutschland während des Ersten Weltkrieges Frieden fordert.

zu 1.
Nutze dazu auch M1 und M2

zu 4.
Verwende dazu auch M5.

Das Ende des Krieges

Kriegsmüdigkeit und Friedenssehnsucht

Im Laufe des Jahres 1917 kam es in allen kriegsbeteiligten Ländern zu Protesten, sowohl unter Soldaten als auch unter der zivilen Bevölkerung. Anfang 1918 streikten deutschlandweit etwa 1 Million Arbeiterinnen und Arbeiter. Während die Arbeiter 1916 noch hauptsächlich für eine Angleichung ihres Lohns an die gestiegenen Preise oder für mehr Nahrungsmittelrationen kämpften, verfolgten sie jetzt zunehmend politische Ziele, allen voran die Beendigung des Krieges und Demokratie.

M1 Hindenburg, Kaiser Wilhelm II. und General Ludendorff diskutieren die Kriegslage. Die Oberste Heeresleitung beschließt, dass der Krieg fortgesetzt wird.

Verständigungsfrieden oder Siegfrieden

Am 19. Juli 1917 verlangte eine Mehrheit des deutschen Reichstages von der Reichsregierung, Verhandlungen mit den Alliierten aufzunehmen. Das Ziel war ein Verständigungsfrieden, das bedeutet eine sofortige Beendigung aller Kampfhandlungen ohne Sieger. Um das Blutvergießen zu beenden, sollten alle Kriegsteilnehmer auf Gebietseroberungen verzichten. Diesen Plänen der deutschen Politiker vorausgegangen waren der ergebnislose, verheerende Stellungskrieg und der Steckrübenwinter 1916/17. Der Kriegseintritt der USA im April 1917 ließ jede Hoffnung auf einen deutschen Sieg in weite Ferne rücken. Zudem war auch der erneute uneingeschränkte U-Boot-Krieg vom Februar 1917 mit dem Ziel, den alliierten Nachschub zu unterbinden, gescheitert.

Trotz der Stimmenmehrheit aller Politiker des Parlaments lehnte die Reichsregierung, die dem Militär nahestand, den Beschluss ab. Das Militär dachte nicht daran, auf Gebietseroberungen zu verzichten. Nach Meinung der Obersten Heeresleitung, der Generäle Hindenburg und Ludendorff, konnte es nur einen deutschen Siegfrieden geben. Sie waren davon überzeugt, dass der Krieg nach wie vor zu gewinnen sei. Die Verhandlungen über einen Verständigungsfrieden kamen nicht zustande.

M2 Generalfeldmarschall Paul von Hindenburg (1847–1934), Oberbefehlshaber der deutschen Truppen. Im Laufe des Krieges wurde er im Deutschen Reich mächtiger und einflussreicher als Kaiser Wilhelm II.

Q1 Aus der Friedensresolution des Reichstages vom 19. Juli 1917:

Der Reichstag erklärt: Wie am 4. August 1914 gilt für das deutsche Volk auch an der Schwelle des vierten Kriegsjahres das Wort der Thronrede: „Uns treibt nicht Eroberungssucht.“ Zur Verteidigung seiner Freiheit und Selbständigkeit, für die Unversehrtheit seines territorialen Besitzstandes hat Deutschland die Waffen ergriffen. Der Reichstag erstrebt einen Frieden der Verständigung und der dauernden Versöhnung der Völker. Mit einem solchen Frieden sind erzwungene Gebietserwerbungen und politische, wirtschaftliche oder finanzielle Vergewaltigungen unvereinbar. Die Freiheit der Meere muss sichergestellt werden. Nur der Wirtschaftsfriede wird einem freundschaftlichen Zusammenleben der Völker den Boden bereiten. Der Reichstag wird die Schaffung internationaler Rechtsorganisationen tatkräftig fördern. Solange jedoch die feindlichen Regierungen auf einen solchen Frieden nicht eingehen, solange sie Deutschland und seine Verbündeten mit Eroberung und Vergewaltigung bedrohen, wird das deutsche Volk wie ein Mann zusammenstehen, unerschütterlich ausharren und kämpfen, bis sein und seiner Verbündeten Recht auf Leben und Entwicklung gesichert ist. In seiner Einigkeit ist das deutsche Volk unüberwindlich.

Zusammenbruch der Front

Die Bemühungen der Obersten Heeresleitung galten nach wie vor der Umsetzung der deutschen Kriegsziele, wie z. B. der Eroberung Belgiens. Auch die durch den Siegfrieden mit Russland gewonnenen neuen Gebiete wollten sie nicht wieder aufgeben. Gestärkt durch den Sieg im Osten begann die Oberste Heeresleitung noch einmal alle Kräfte zu bündeln, um mit einem letzten großen Angriff im Westen den Sieg zu erringen.

Diese Offensive zeigte anfangs Erfolg. Es kam Bewegung in den Stellungskrieg und die deutschen Truppen eroberten größere Gebiete vom Feind. Das bisher größte Trommelfeuer des Krieges tötete hunderttausende Soldaten auf beiden Seiten. Doch schon im April 1918 gingen die Kämpfe aus der Bewegung nach vorn wieder in den Stellungskrieg über. Der Vielvölkerstaat Österreich-Ungarn begann zusammenzubrechen. Die enormen Verluste, die extreme Erschöpfung sowie die Tatsache, dass all die Opfer nichts gebracht hatten, führte dazu, dass sich zehntausende Soldaten vom Feind gefangen nehmen ließen oder flüchteten. Erst jetzt, in dieser für Deutschland ausweglosen Lage, wollten Hindenburg und Ludendorff Waffenstillstandsgespräche führen.

Vom Eingeständnis der Niederlage ...

Da die deutschen Truppen am Ende ihrer Kräfte waren, stand die Niederlage unmittelbar bevor. Ludendorff und Hindenburg wollten einen Sieg der Alliierten über das Deutsche Reich vermeiden und drängten die deutsche Regierung dazu, mit dem Feind in Friedensverhandlungen zu treten. Sie hatten seit Wochen gegenüber der eigenen Regierung verschwiegen, dass der Krieg nicht mehr zu gewinnen war. Deshalb zeigte sich die deutsche Regierung nun völlig überrascht vom Drängen Hindenburgs und Ludendorffs auf Verhandlungen.

... zum Waffenstillstandsvertrag von Compiègne

Einen Monat später reisten deutsche Politiker ins französische Compiègne, wo sie den Waffenstillstandsvertrag unterzeichnen sollten. Die Bedingungen waren für das Deutsche Reich äußerst hart. Große Gebiete sollten abgegeben werden, darunter alle deutschen Kolonien. Die Seeblockade gegen Deutschland blieb bestehen, Kriegsschiffe gingen an die Sieger über und 5000 Lokomotiven und 150 000 Eisenbahnwaggons mussten abgegeben werden. Hindenburg verlangte vom deutschen Staatssekretär Matthias Erzberger, er solle den Vertrag zu jeder Bedingung annehmen. Am 11.11.1918 um 11 Uhr unterschrieb er den Waffenstillstandsvertrag mit den Alliierten.

Q2 Telegramm Hindenburgs an den deutschen Regierungschef, Reichskanzler Prinz Max von Baden, vom 3. Oktober 1918:

Die Oberste Heeresleitung bleibt auf ihrer [...] Forderung (vom 29.9.) bestehen. Infolge des Zusammenbruchs der mazedonischen Front, der dadurch notwendig gewordenen Schwächung unserer Westreserven und infolge der Unmöglichkeit, die in den Schlachten der letzten Tage eingetretenen sehr erheblichen Verluste zu ergänzen, besteht nach menschlichem Ermessen keine Aussicht mehr, dem Feinde den Frieden aufzuzwingen. Der Gegner seinerseits führt ständig neue frische Reserven in die Schlacht. [...] Unter diesen Umständen ist es geboten, den Kampf abzubrechen, um dem deutschen Volke und seinen Verbündeten nutzlose Opfer zu ersparen. Jeder versäumte Tag kostet Tausenden von tapferen Soldaten das Leben.

M3 Der Politiker Matthias Erzberger (1875–1921), unterzeichnete auf Druck Hindenburgs den Waffenstillstandsvertrag. Dafür wurde er 1921 von rechtsextremen Terroristen ermordet (Foto, 1920).

ARBEITSAUFTRÄGE

- › **1.** Nenne zwei Ziele der Arbeiterstreiks.
- ›› **2.** Erkläre die Begriffe Verständigungsfrieden und Siegfrieden.
- ›› **3.** Arbeite heraus, ob die Friedensresolution im Deutschen Reichstag am 19. Juli 1917 einen Sieg- oder einen Verständigungsfrieden anstrebte.
- ›› **4.** Charakterisiere die Beweggründe, die dazu führten, dass zehntausende Soldaten der Mittelmächte aufgaben.
- ››› **5.** Bewerte die Forderung Hindenburgs und Ludendorffs, im September 1918 nach einem Waffenstillstand zu verlangen.
- ››› **6.** Erörtere die Vor- und Nachteile eines Verständigungsfriedens.

zu 3.
Nutze auch Q1.

zu 5.
Nutze auch Q2 und M3

Ein Denkmal untersuchen

Denkmäler sind Bauwerke, die mit einer bestimmten Absicht gebaut werden. Auch ihr Standort wird meist bewusst ausgewählt. Denkmäler sollen eine Botschaft vermitteln. Als geschichtliche Quellen enthalten sie viele Informationen über die Zeit, in der sie gebaut wurden, und die Absichten ihrer Erbauer. Denkmäler sind mehr als bloße Zeugen ihrer Entstehungszeit. Die Art der Erinnerung hat sich im Laufe der Zeit verändert.

Schritte zur Untersuchung eines Denkmals:

1. ➔ ***Denkmal beschreiben:***
   - *Wo steht das Denkmal?*
   - *Aus welchem Material ist das Denkmal beschaffen und aus welchen Teilen besteht es?*
   - *Was ist dargestellt?*
2. ➔ ***Geschichte des Denkmals untersuchen:***
   - *Wann und von wem wurde das Denkmal erschaffen?*
   - *Wer hatte es in Auftrag gegeben?*
   - *Mit welcher Absicht wurde das Denkmal geschaffen?*
3. ➔ ***Wirkung benennen/hinterfragen:***
   - *Wie wirkte es wohl auf die Zeitzeugen?*
   - *Wie wirkt das Denkmal heute auf dich?*

Musterlösung zur Untersuchung des Denkmals M1:

Schritt 1:
- Kirchheim unter Teck, Landkreis Esslingen
- aus Bronze, Sockel aus Stein mit Messingplatte mit eingraviertem Text
- lebensgroße Figur eines feldgrauen Infanteristen
- Kranz in der Hand
- Er trägt in der Hand einen Kranz, was darauf deutet, dass er einem gefallenen Soldaten die letzte Ehre am Grab erweisen will.

Schritt 2:
- vom Reserve-Infanterie-Regiment 248 aus Kirchheim unter Teck in Auftrag gegeben
- Künstler ist nicht bekannt
- soll an die gefallenen Soldaten der Garnisonsstadt Kirchheim unter Teck erinnern

Schritt 3:
- Fast jede Familie hatte einen Gefallenen zu verzeichnen; der heldenhaft dargestellte, lebende Soldat trägt als letzte Ehrerbietung einen Kranz für diese in der Hand; dies und die Inschrift vermittelten den Zeitzeugen eine Art Sinnhaftigkeit des grausamen Verlustes eines Angehörigen.
- Heute gehört ein Soldat nicht mehr zum alltäglichen Bild auf unseren Straßen, weshalb die überzeichnet heroische Darstellung auf uns eher befremdlich wirkt.

M1 Denkmal in Erinnerung an den Ersten Weltkrieg in Kirchheim unter Teck, Landkreis Esslingen, aufgestellt vom Reserve-Infanterie-Regiment (RIR) 248, 1922. Die Inschrift lautet: „1914–1918“ und „Den 2417 Kameraden, die starben, dass Deutschland lebe.“ Es handelt sich um ein Bronzedenkmal mit einer Messingplatte mit Inschrift.

M2 Kriegerdenkmal in Gruorn auf der Schwäbischen Alb

M3 Kriegerdenkmal in Gruorn, Ausschnitte

ARBEITSAUFTRÄGE

» **1.** Ordne die Musterlösungen M1 zu.

» **2.** Analysiere das Denkmal in Gruorn (M2, M3) entsprechend der Schritte zur Untersuchung eines Denkmals.

»» **3.** Überprüfe, ob dein Heimatort ein Kriegerdenkmal hat.

M1 Europa, Nordafrika und der Nahe Osten vor dem Ersten Weltkrieg

Das Ende der Monarchien

Der Erste Weltkrieg gilt als die Urkatastrophe des 20. Jahrhunderts. Er stellte eine Zäsur dar und veränderte die Welt. Die bisherigen Großmächte verloren an Bedeutung. Die Monarchien Russland, Österreich-Ungarn und das Deutsche Reich waren durch Revolutionen gestürzt worden und andere Staatsformen gingen aus ihnen hervor. Das Deutsche Reich musste Gebiete abtreten. Russland verlor schon während des Krieges Territorium an das Deutsche Reich. Aus diesen Gebieten entstanden nach dem Krieg neue Nationalstaaten wie Polen. Das Osmanische Reich, das auf der Seite der Mittelmächte den Krieg verloren hatte, erlosch.

M2 Europa, Nordafrika und der Nahe Osten nach dem Ersten Weltkrieg

Die Doppelmonarchie Österreich-Ungarn wurde ebenso zerschlagen. Sowohl Österreich als auch Ungarn entwickelten sich zu eigenen Nationalstaaten. Aus den übrigen Gebieten des Reiches entstanden die neuen Staaten Tschechoslowakei und Jugoslawien, das vor allem Serben, Kroaten und Bosnier in einem Staat vereinte. Der große Krieg, wie Franzosen und Briten den Ersten Weltkrieg heute noch nennen, hatte die Landkarte Europas völlig verändert.

ARBEITSAUFTRÄGE

› **1.** Nenne die Staaten, deren Monarchien mit dem Ersten Weltkrieg untergingen.

›› **2.** Arbeite die neuen Nationalstaaten heraus.

›› **3.** Analysiere vergleichend die Karten M1 und M2.

››› **4.** Beurteile, inwiefern der Begriff Zäsur gerechtfertigt ist.

→ **zu 3.**
Wende dazu die Schritte zur Auswertung einer Karte von Seite 84 an.

USA – der Weg zur Weltmacht

M1 Autoproduktion 1913: Henry Ford erfindet das Fließband, wodurch Massenproduktion perfektioniert wird.

Nachdem die USA 1776 unabhängig wurden, versuchten ihre Politiker den noch jungen Staat im Laufe der nächsten Jahrzehnte zu stabilisieren. Bis 1890 dauerte die Erschließung des Kontinents an. Jetzt reichte das Territorium der USA vom Atlantik bis zum Pazifik. Ein rasanter wirtschaftlicher Aufstieg kennzeichnete die zweite Jahrhunderthälfte. Verantwortlich dafür war zum einen der enorme Reichtum an Bodenschätzen, allen voran das Erdöl, das viele aufgrund seiner Kostbarkeit auch schwarzes Gold nannten. Aus dem alten Europa strömten außerdem Millionen von Immigranten in die USA. Sie deckten den großen Bedarf an Arbeitskräften. Unter den Einwanderern waren auch Unternehmer. Diese brachten Ideen und das notwendige Kapital mit, das sie in neuen Industrien einsetzten. So erfand z. B. 1913 der Sohn irischer Einwanderer, Henry Ford, das erste Fließband der Welt, das in der Autoproduktion eingesetzt wurde.

M2 Schüler in einer Schule in Connecticut, USA, leisten 2003 den Fahneneid, den „Pledge Of Allegiance". Er muss bis heute täglich von allen Schulkindern geleistet werden.

Der „Pledge of Allegiance" – der Treueschwur gegenüber der Nation und der Flagge im Wortlaut:

"I pledge allegiance to the flag of the United States of America, and to the republic for which it stands, one nation under God, indivisible, with liberty and justice for all."
Deutsch: „Ich schwöre Treue auf die Fahne der Vereinigten Staaten von Amerika und die Republik, für die sie steht, eine Nation unter Gott, unteilbar, mit Freiheit und Gerechtigkeit für jeden."

Ein neues Selbstverständnis

Möglich machte den wirtschaftlichen Aufstieg ein fest in der Verfassung der USA von 1787 verankerter Liberalismus. Dazu gehörte eine Beschränkung der politischen Herrschaft sowie ein Recht auf Selbstbestimmung jedes Einzelnen. Die US-Verfassung galt als liberalste Verfassung weltweit. Für die Wirtschaft bedeutete das freier Wettbewerb, freier Handel und das Recht auf Privateigentum.

Da sich die Bevölkerung der USA vor allem aus Immigranten unterschiedlichster Nationen zusammensetzte, identifizierten sie sich mit der neuen Nation nicht aufgrund einer gemeinsamen ethnischen Herkunft oder Sprache. Sie waren jedoch stolz auf ihre liberale Verfassung, der sie ihren wachsenden Wohlstand verdankten. Dieser Glaube an die Verfassung und die demokratischen Prinzipien, der sogenannte American Creed – alle Menschen sind demnach gleich (von Gott) erschaffen, mit unveräußerlichen Rechten, z. B. dem Recht auf Leben, auf Freiheit und dem Recht auf Streben nach persönlichem Glück – bildete die Grundlage für die Identifikation der Bevölkerung mit dem Staat. Ab 1892 mussten Schulkinder täglich einen Fahneneid auf diese Werte leisten.

Eine neue Außenpolitik

Als auch in den USA der eigene Markt durch Überproduktion gesättigt war, begann die Regierung nach neuen Märkten in Übersee zu suchen. Dafür bauten die USA eine starke Handels- und Kriegsflotte. Ab den 1890er-Jahren begann die US-Regierung mit einer imperialen Außenpolitik. Sie annektierten Hawaii und weitere Inseln im Pazifik. Im Krieg gegen Spanien eroberten die USA die Philippinen. Besonders die Länder Mittel- und Südamerikas gerieten unter starken wirtschaftlichen Einfluss der USA. Mit dem Bau des Panamakanals gelang eine Seeverbindung vom Atlantik zum Pazifik, der die Umrundung Südamerikas überflüssig machte. Bis 1914 entwickelte sich die USA zur mächtigsten Industrienation der Welt.

M3 Die US-amerikanische Flagge, das „Star Spangled Banner“ (dt.: Sternenbanner). Die 13 rot-weißen Streifen stehen für die Gründerstaaten der USA, die sich mit der Unabhängigkeitserklärung von 1776 von England lösten. Die 50 Sterne versinnbildlichen dagegen alle Bundesstaaten. Jeder Stern steht für einen US-amerikanischen Bundesstaat.

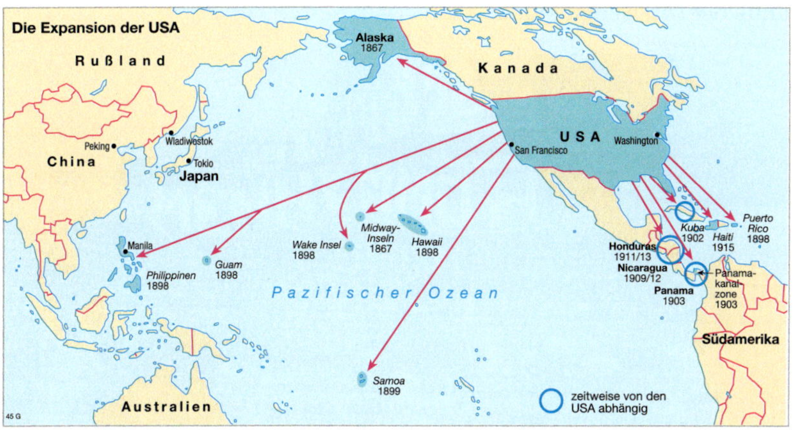

M4 Die imperiale Außenpolitik der USA um 1900

Eine neue Aufgabe

Als die Vereinigten Staaten 1917 in den Krieg eintraten, waren sie bereits eine militärische, wirtschaftliche und politische Weltmacht. Der amerikanische Präsident Woodrow Wilson begründete den Kriegseintritt mit den Worten: The world must be made safe for democracy – Die Welt muss für die Demokratie sicher gemacht werden. Das bedeutete eine Wende in der US-amerikanischen Außenpolitik. Fortan war sie bestimmt vom Sendungsbewusstsein, die eigenen demokratischen Werte in die Welt zu tragen. Historiker sprechen vom Demokratieexport. Mit einem Übergewicht an Material, Soldaten und Krediten übernahmen die USA die Führungsrolle im Kampf gegen die Mittelmächte und gingen als Siegermacht daraus hervor. Im Gegensatz zu den europäischen Staaten hatten sie keine wirtschaftlichen Verluste zu verzeichnen. Bis heute sehen sich die USA in der Rolle, als größte Weltmacht die Demokratie in der Welt zu verbreiten und zu verteidigen.

ARBEITSAUFTRÄGE

› **1.** Nenne Gründe für den wirtschaftlichen Aufschwung der USA ab der zweiten Hälfte des 19. Jahrhunderts.

› **2.** Beschreibe die imperiale Außenpolitik der USA.

›› **3.** Erkläre den in der Verfassung der USA verankerten Liberalismus.

›› **4.** Erläutere den Begriff Demokratieexport.

››› **5.** Überprüfe, inwiefern der „Pledge of Allegiance“ bis heute einen Stellenwert in der amerikanischen Gesellschaft hat.

zu 1.
Verwende dazu auch M1.

zu 3.
Welche Rechte stehen laut Verfassung im Vordergrund?

zu 5.
Beachte dabei die Zusammensetzung der Bevölkerung der USA.

Die russische Oktoberrevolution

M1 Nationalflagge der 1922 durch die Bolschewiki gegründeten Sowjetunion.

Die kraftvoll und aggressiv wirkende rote Fahne fordert die Arbeiter aller Länder zum Kampf für die Freiheit auf.

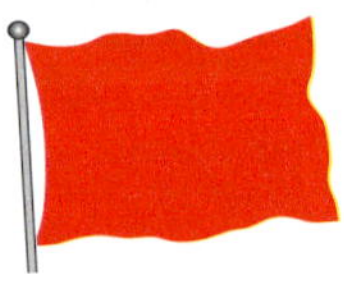

Der fünfzackige Stern steht für den „richtigen Weg“, der mit der Revolution beschritten werden sollte.

Die Sichel, das Werkzeug der Bauern, und der Hammer, das Werkzeug der Arbeiter, bedeuten: Bauern und Arbeiter führen die Revolution.

M2 Die kommunistische Revolution sollte sich in der ganzen Welt ausbreiten. Diese für alle Menschen verständlichen Zeichen forderten zum Handeln auf.

Das Ende des russischen Zarenreiches

Russland war zu Beginn des Ersten Weltkrieges ein wirtschaftlich rückständiges Reich. Die Kosten des Krieges konnten kaum aufgebracht werden, sodass schon bald viele Menschen hungerten. Gleichzeitig erlitt die russische Armee eine Reihe von militärischen Niederlagen. Die Schuld an dieser schlechten Lage gab die Bevölkerung dem Zaren. Die Menschen waren kriegsmüde. Tausende Arbeiter legten ihre Arbeit nieder und streikten. Sie forderten Brot und ein Ende des Krieges. Im Februar 1917 weigerten sich russische Soldaten in St. Petersburg, auf demonstrierende Arbeiter zu schießen. Das löste eine Revolution aus und der Zar wurde entmachtet. Diese Februarrevolution bedeutete das Ende der russischen Monarchie.

M3 Demonstrierende russische Soldaten in Moskau tragen ein Banner mit der Aufschrift Kommunismus. Foto, 1917

Doppelherrschaft

Aus dem Parlament heraus, der Duma, ernannte sich eine Gruppe von Politikern selbst zur vorübergehenden Regierung. Ihre Mitglieder vertraten besonders die Interessen der Wohlhabenden und standen dem Zaren nahe. Der Volksmund nannte sie deshalb abschätzig Duma der Herren. Gleichzeitig wählten die Arbeiter und Soldaten in vielen Städten Russlands ihre eigenen Vertreter. In jeder großen Stadt bildeten sich aus den gewählten Soldaten und Arbeitern Räte, sogenannt Sowjets. Diese beanspruchten die Macht in Russland für sich. Zwar hatten die Sowjets die Mehrheit der Menschen hinter sich, jedoch besaßen die Politiker der Duma eine größere Erfahrung im Regieren des riesigen Landes. Es kam zu einer Doppelherrschaft. Die unpopuläre Duma erließ Reformen, um den Menschen entgegenzukommen. Diese bürgerlichen Freiheitsrechte beinhalteten z. B. das Recht auf Versammlungsfreiheit und die Pressefreiheit. Darüber hinaus schaffte die Regierung alle Unterschiede zwischen den Ständen ab. Die dringlichsten Probleme, Hunger und Krieg, konnten sie jedoch nicht lösen.

Menschewiki und Bolschewiki

Schon 1903 spaltete sich die Sozialdemokratische Arbeiterpartei Russlands in zwei Gruppen. Der kleinere Teil der Partei trat für den Aufbau einer Demokratie nach westlichem Vorbild ein. Sie hießen Menschewiki, Minderheitler. Der größere Teil, die Bolschewiki, strebte den Kommunismus an.

Bolschewiki – mit Gewalt an die Macht

Der Führer der Bolschewiki, Wladimir Iljitsch Lenin, der unter Zar Nikolaus II. im Exil in der Schweiz leben musste, kehrte nach Ausbruch der Februarrevolution nach Russland zurück und rief zum Kampf gegen die Provisorische Regierung auf. Am 25. Oktober 1917 stürmten die Bolschewiki in der später so genannten Oktoberrevolution die Duma und verhafteten deren Mitglieder. Mit Lenin an der Spitze gründeten sie die erste Sowjetregierung. Lenin schloss mit dem Deutschen Reich Frieden. Er enteignete die Großgrundbesitzer und verteilte deren Land an arme Bauern.

M4 Wladimir Iljitsch Lenin (1870–1924)

Diktatur des Proletariats

Als weitere Maßnahmen zur Machtfestigung hoben die Bolschewiki die Pressefreiheit auf, enteigneten Kirchen, Industriebetriebe und Banken. Statt der Fabrikbesitzer und Bankiers übernahm jetzt der Staat die Kontrolle in sämtlichen Bereichen des öffentlichen Lebens. Jede Religionsausübung wurde verboten. Noch 1917 rief die Regierung die Geheimpolizei Tscheka ins Leben. Viele Menschen, die z. B. demokratische Mitbestimmung forderten sowie alle Andersdenkenden, verhaftete die Tscheka. Tausende wurden ermordet. Ihr Ziel, die Herrschaft der Arbeiterklasse, erklärten die Bolschewiki für erreicht.

Die von Lenin angesetzten Wahlen am 11. November 1917 bedeuteten eine große Niederlage für die Bolschewiki, die nur ein Viertel der abgegebenen Stimmen für sich verzeichnen konnten. Die Mehrheit der Arbeiter wählten sie nicht. Rücksichtslos lösten sie die demokratisch gewählte Nationalversammlung auf. Sie schlossen die Menschewiki und alle anderen Parteien aus den Sowjets aus.

Von 1918 bis 1921 kam es zum Bürgerkrieg. Gegner der Bolschewiki formierten sich als die Weißen und kämpften und unterlagen schließlich gegen die Roten, die Sowjets. Nach dem blutig zu Ende gegangenen Bürgerkrieg, in dem acht Millionen Menschen ihr Leben verloren, gelang es den Bolschewiki, ihre Herrschaft zu festigen.

Webcode:
Weitere Informationen zu Lenin
WES-110781-602

ARBEITSAUFTRÄGE

- › **1.** Nenne die Forderungen der streikenden Arbeiter vor der Februarrevolution 1917.
- ›› **2.** Erläutere die Begriffe Menschewiki und Bolschewiki.
- ›› **3.** Erkläre die Nationalflagge der Sowjetunion.
- ›› **4.** Arbeite die Gründe heraus, die zur Errichtung der Doppelherrschaft 1917 führten.
- ››› **5.** Bewerte das Vorgehen der Bolschewiki bei ihrer Errichtung und Festigung ihrer Herrschaft.
- ››› **6.** Überprüfe, inwiefern die Bolschewiki ihr Ziel, die Herrschaft der Arbeiterklasse, erreicht hatten.

zu 3.
Verwende dazu M2.

zu 4.
Nutze dabei die Begriffe Sowjets, Provisorische Regierung und Duma.

zu 5.
Welche Maßnahmen ergriffen sie?

zu 6.
Vertraten sie wirklich die Arbeiterklasse?

Zwei gegensätzliche Imperien

Das liberale Modell der USA

M1 US-Karikatur von 1919. Auf den Uhrzeigern steht Freiheit und Fortschritt, auf der Weltkugel Zivilisation. Auf dem Rücken des Mannes ist Bolschewismus zu lesen. Er versucht, die Zeiger der Uhr zurückzudrehen.

Die USA traten mit dem Kriegseintritt 1917 als selbstbewusste, wirtschaftlich und politisch stärkste Weltmacht auf. In einer berühmten Rede sprach der US-amerikanische Präsident Woodrow Wilson davon, den Frieden in der Welt zu sichern. Die bisherige Geheimdiplomatie der europäischen Mächte wollte er abschaffen. Durch sie hatten sich die Staaten erst in die für den Kriegsausbruch verhängnisvollen Bündnisse verstrickt. Dagegen forderte er eine Neugestaltung der Außenpolitik. Die Bevölkerungen der Länder sollten über die Beziehungen ihrer Regierung zu anderen Staaten informiert werden. Er bezog sich auf die eigene US-amerikanische Verfassung, mit ihrem demokratisch-liberalen Inhalt.

Wichtige Voraussetzungen für diese neue Außenpolitik stellten deshalb freie Meinungsäußerung, Religionsausübung und Wettbewerb dar. Jeder Staat sollte das Recht auf Selbstbestimmung besitzen. Statt geheimer Absprachen und Bündnisse einzelner Staaten untereinander wurde das Ziel eine Mächtegemeinschaft, der Völkerbund. Dieser sollte darauf achten, dass der internationale Frieden gesichert bliebe. Die Vision Wilsons sah die USA als Weltmacht hierbei in der Führungsrolle, diese liberale kapitalistische Sichtweise in der Welt durchzusetzen.

Q1 Woodrow Wilson am 22. Januar 1917 in seiner Rede „Frieden ohne Sieger" vor dem US-Kongress:

„[...] Ich [...] glaube, dass ich es Ihnen [...] schuldig bin, [...] ein neues Konzept für den Frieden unter und zwischen den Nationen vorzulegen. [...] Es ist unvorstellbar, dass das Volk der Vereinigten Staaten keinen Anteil an einem solch großen Unternehmen haben sollte.
Wenn ein [...] Friede ein dauerhafter sein soll, dann muss er ein Friede sein, der von [...] der gesamten Menschheit gesichert wird. [...] Denn nur ein ruhiges Europa kann ein stabiles Europa sein. Es darf kein Gleichgewicht der Macht sein, es muss eine Gemeinsamkeit der Macht entstehen; keine organisierte Rivalität, sondern ein organisierter gemeinsamer Friede. [...] Überdies kann und sollte kein Friede dauerhaft sein, der nicht das Prinzip anerkennt und bejaht, dass Regierungen ihre Macht [...] aus der Zustimmung der Regierten herleiten und dass folglich die unverletzliche Sicherheit des Rechtes auf Leben, Religionsfreiheit und freie Entwicklung allen Völkern garantiert sein sollte. [...] Keine Nation sollte danach streben, ihre Staatsform auf irgendeinen anderen Staat [...] auszudehnen; jedes Volk soll frei bleiben. [...] In einer Mächtegemeinschaft gibt es keine verstrickenden Bündnisse. Denn wenn sich alle vereinen, um in demselben Geist und mit der gleichen Absicht zu wirken, dann werden alle im gemeinschaftlichen Interesse handeln und somit frei sein, ihr eigenes Leben unter einem gemeinsamen Schutz zu gestalten.
[...] Dieses sind die amerikanischen Grundsätze und Leitideen. Wir stehen für nichts anderes. Und dies sind ebenso die Grundsätze und Leitideen aller vorausschauenden Männer und Frauen, jeder modernen Nation und jeder aufgeklärten Gesellschaft. Dies sind die Grundsätze der Menschheit und sie müssen obsiegen."

Das sozialistisches Modell der Sowjetunion

Mit der Oktoberrevolution 1917 entwickelte sich in Russland unter den Sowjets ein ideologischer Gegenentwurf zum liberal-kapitalistischen Modell der USA. Dabei verbanden beide zunächst grundlegende gemeinsame Ziele. Auch Lenin forderte eine internationale Friedenssicherung, ein Selbstbestimmungsrecht aller Staaten und die Abschaffung der Geheimdiplomatie. Inhaltlich unterschieden sich beide Weltanschauungen jedoch deutlich. Die Bolschewiki riefen weltweit zu Revolutionen auf. In allen industrialisierten Ländern sollten Arbeiter und Bauern, das sogenannte Proletariat, in einem Bürgerkrieg den Kapitalismus beseitigen. Er setzte diesen mit dem Imperialismus gleich und sah darin die Hauptursache von Kriegen. Wäre einmal die Diktatur des Proletariats erreicht, sei der internationale Frieden gesichert und das größtmögliche Wohl aller Völker erreicht.

M2 Sowjetisches Plakat von 1920, auf dem Lenin (mit dem Besen), zwei Monarchen, ein Industrieller und ein Vertreter der Kirche dargestellt sind.

Q2 Der deutsche Kommunist Karl Liebknecht (1871–1919) sagte über die Voraussetzungen eines Friedens:

Imperialismus und Krieg – oder Sozialismus und Frieden – kein Drittes gibt's.

Epochenjahr 1917

Mit dem Kriegseintritt 1917 betrat mit den USA eine neue Großmacht die Weltbühne. Ihr Ziel war die Verbreitung und Sicherung der Demokratie. Sie kämpften an der Seite der Ententemächte Großbritannien und Frankreich. Es entstand ein Übergewicht an Soldaten und Waffentechnik, was schließlich vollends zur Niederlage der Mittelmächte Deutschland und Österreich-Ungarn führte. Im Gegensatz dazu setzte sich 1917 mit den zwei russischen Revolutionen im Februar und im Oktober eine andere Weltanschauung durch. Die Bolschewiki gelangten an die Macht und sicherten die Herrschaft der Kommunistischen Partei.

Beide Ereignisse, der Kriegseintritt der USA und der Umsturz in Russland, legten den Grundstein für eine neue Weltordnung, in der ehemals mächtige europäische Nationen wie Großbritannien, Frankreich und besonders das Deutsche Reich und die ehemalige Doppelmonarchie Österreich-Ungarn an Einfluss und Macht verloren. Die USA und Russland bildeten bald darauf zwei sich gegenüberstehende Weltmächte mit gegensätzlichen Gesellschaftsmodellen.

ARBEITSAUFTRÄGE

- › **1.** Nenne die gemeinsamen Ziele der Modelle von USA und Sowjetunion.
- ›› **2.** Arbeite die Unterschiede der beiden politischen und gesellschaftlichen Modelle der USA und der Sowjetunion heraus.
- ›› **3.** Analysiere die Karikaturen in M1 und M2.
- ›› **4.** Erläutere die Aussage Karl Liebknechts aus Q2.
- ››› **5.** Überprüfe, inwiefern das Jahr 1917 als Epochenjahr bezeichnet werden kann.
- ››› **6.** Gestaltet ein Streitgespräch zwischen Woodrow Wilson und Wladimir Iljitsch Lenin.

zu 2.
Verwende dazu auch Q1.

zu 3.
Wende die Schritte zur Interpretation einer Karikatur von Seite 204 an .

zu 5.
Wie sah Europas Politik und Gesellschaft bis dahin aus und was würde sich ändern?

zu 6.
Stellt die beiden Weltanschauungen gegenüber.

Wir erstellen ein Lapbook

Ein Lapbook ist eine selbst erstellte Mappe, die z. B. aus einem Tonpapierbogen entsteht. Dazu setzt ihr euch mit einem Thema intensiv auseinander. Klebt Bilder auf den Tonpapierbogen und schreibt Texte darauf. Das Lapbook ist aufklappbar und auch darin könnt ihr Klapptaschen anbringen, die Informationen enthalten, Kärtchen aufkleben und vieles mehr. Das Lapbook lädt zum Anschauen ein und informiert über ein bestimmtes Thema. Sucht euch Informationen zu einem Thema dieses Kapitels.

Das benötigt ihr:
- 2 Plakatbögen A2
- den Farbkopierer der Schule
- Schere
- Stifte
- Klebstoff

So geht ihr vor:

1. Sucht euch Informationen zu einer bestimmten Zeit im Internet oder in Büchereien. Beachtet dabei die Aspekte Mode, Kunst, Musik, Film, technischer Fortschritt usw.
2. Bereitet das Lapbook vor, indem ihr ein Tonpapier auswählt und es faltet, so dass zwei aufklappbare Türen entstehen.
3. Gestaltet euer Lapbook: Verwendet unterschiedliche Motive für Titel- und Innenseite.
4. Präsentiert euer Lapbook: Stellt euer Lapbook der Klasse vor. Anschließend könnt ihr es zum weiteren Betrachten an der Klassenzimmerwand anbringen.

Webcode:
verschiedene Vorlagen für Lapbooks
WES-110781-603

M1 Beispiel für ein geschlosses Lapbook

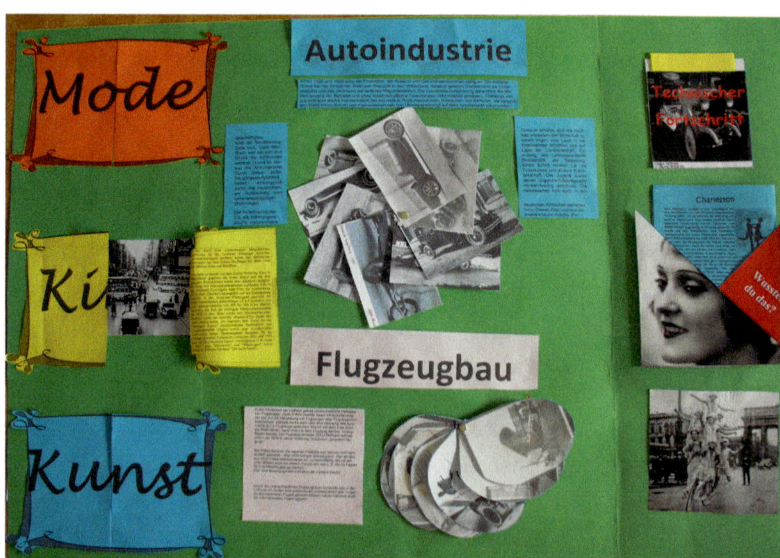

M2 Beispiel für ein geöffnetes Lapbook mit aufklappbaren Fenstern, Taschen sowie aufgeklebten Kärtchen und Fotos

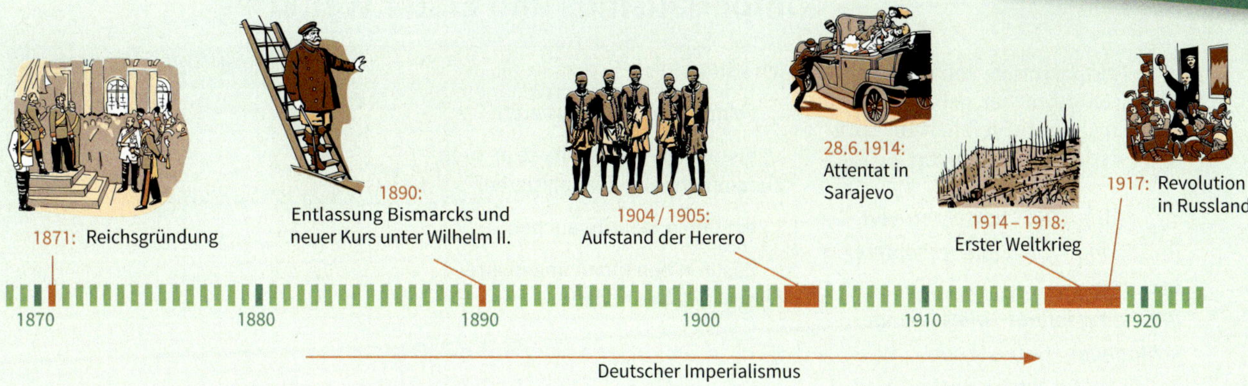

Imperialismus und Erster Weltkrieg

Die Zeit ab 1880 bis 1914 wird Imperialismus genannt. Die europäischen Nationen verlangten nach immer mehr Bedeutung und Macht. Ideen vom Sozialdarwinismus wurden populär und Rassismus breitete sich durch das Gefühl der eigenen Überlegenheit aus. Während andere europäische Großmächte wie Großbritannien und Frankreich sich die Welt durch Gründung von Kolonien längst aufzuteilen begonnen hatten, lehnte der deutsche Reichskanzler Bismarck dies lange Zeit für das eigene Land ab. Die deutsche Bevölkerung war jedoch, wie alle europäischen Völker dieser Zeit, von einem gesteigerten Nationalbewusstsein erfüllt und forderte für Deutschland einen „Platz an der Sonne".

Als Kaiser Wilhelm II. an die Macht kam, verstärkte das Deutsche Reich seine Bemühungen zur Gründung von Kolonien. Die Bündnisse eines europäischen Gleichgewichts zerfielen. Zwischen Großbritannien und dem Deutschen Reich begann ein Wettrüsten. Im Südosten Europas prallten auf dem Balkan die verschiedenen Interessen der europäischen Großmächte aufeinander. Angetrieben vom slawischen Unabhängigkeitsbestreben ermordete im Attentat von Sarajevo ein junger Nationalist den österreichischen Thronfolger. Dies mündete in den Ersten Weltkrieg. In blutigen Materialschlachten starben Millionen von Soldaten. An der sogenannten Heimatfront hungerten die Menschen. Mit dem Kriegseintritt der USA wurde der Krieg nach einem Jahr zugunsten der Alliierten Mächte entschieden.

Die europäischen Mächte verloren nach Kriegsende an Macht und Bedeutung. Zwei neue Großmächte betraten die Bühne der Welt, die USA und Russland. Diese standen sich als Weltmächte mit gegensätzlichen Weltanschauungen gegenüber. Der russische Bolschewismus forderte den Sturz des Kapitalismus und die Diktatur des Proletariats. Die USA standen für Liberalismus und Demokratie.

Arbeitstechniken

In diesem Kapitel hast du gelernt:
- Feldpostbriefe zu analysieren
- ein Denkmal zu untersuchen

WICHTIGE BEGRIFFE

Imperialismus
Kolonie
Rassismus
Rüstungswettlauf
Blankoscheck
Materialschlacht
Heimatfront
Demokratie
Kommunismus

Kolonialreich
Radikalnationalismus
Bündnispolitik
Demokratieexport
Oktoberrevolution

Sozialdarwinismus
Imperium
Liberalismus

Imperialismus und Erster Weltkrieg

Ich kann ...	☆	☆☆	☆☆☆
... Feldpostbriefe analysieren.			
... historische Sachverhalte in ihren Zusammenhängen analysieren.			
... ein Denkmal untersuchen.			
... Zäsuren benennen und in ihrer Bedeutung beurteilen.			

Q1 Feldpostbriefe von Friedrich Georg Steinbrecher, geb. 3. Mai 1892 in Dresden, gefallen 19. April 1917 in der Champagne:

13. März 1916 vor Pontavert: Rundgang durch die erbeutete Stellung ... Wie umgepflügt alles. Eingeschlagene Unterstände. Weite Granattrichter. Baum- und Kleiderfetzen, Leichen, Munition, Gewehre, Tornister. Ein Feld, ein Wald des Grauens. 14. März: Ein schwerer Dienst: Munition und Material vorschaffen. Gasgranaten verpesten die Luft. Leute werden verschüttet. Nachts kann immer nur die Hälfte schlafen. Die anderen sitzen oder stehen. Ich habe vier Tage die Toilette verkniffen, dann muss es gewagt werden. Die Nerven sind ziemlich mitgenommen ... 15. März: Alle Gänge müssen im Laufschritt gemacht werden. Jedes Essenholen ist eine Heldentat, ... Ablösung tut bitter not...

Feldpostbriefe analysieren

☆ Beschreibe die Situation, der sich der Verfasser des Briefes ausgesetzt sieht.

☆☆ Analysiere den Feldpostbrief in Q1.

☆☆☆ Überprüfe, inwiefern der Feldpostbrief in Q1 den Frontalltag realistisch wiedergibt.

M1 Die Vertreter der Alliierten nach Abschluss des Waffenstillstandes in Compiègne 1918

M2 Amerikanisches Gemälde aus den Jahr 1915

Historische Zusammenhänge analysieren

☆ Nenne das in M1 dargestellte Ereignis.

☆☆ Erstelle eine Liste, in der alle wichtigen Ursachen, die zum Ende des Weltkrieges geführt haben, aufgeführt sind.

☆☆☆ Überprüfe die unmittelbaren Folgen des in M2 dargestellten Ereignisses.

Ein Denkmal untersuchen

☆ Beschreibe das Denkmal M3.

☆☆ Analysiere das Denkmal M3 anhand der Schritte zur Analyse von Denkmälern.

☆☆☆ Gestalte eine Übersicht mit Kriegerdenkmälern zum Ersten Weltkrieg in deinem Landkreis. Recherchiere dazu im Internet.

M3 Kriegerdenkmal in Wernau/Neckar, im Landkreis Esslingen. Die Inschrift lautet: Unsern lieben Gefallenen, 1914–1918. Auf einer Messingtafel sind die Namen von 33 Gefallenen mit Todesdatum verzeichnet.

Zäsuren benennen und beurteilen

☆ Fasse Q2 zusammen.

☆☆ Arbeite heraus, inwiefern es sich bei Q2 um ein Gegenmodell zur bisherigen Politik und Gesellschaftsform handelt.

☆☆☆ Gestalte eine Mind Map zu dem Thema „Das Ende des Ersten Weltkrieges – eine weltweite Zäsur“.

Q2 Woodrow Wilson vor dem US-Kongress am 2.4. 1917:

[...] Aber das Recht ist wertvoller als der Friede, und wir werden für die Dinge kämpfen, die wir stets in unserem Herzen getragen haben – für die Demokratie, für das Recht jener, die der Autokratie unterworfen sind, auf ein Mitspracherecht bei ihrer Regierung, für die Rechte und Freiheiten kleiner Nationen, für eine allgemeine Herrschaft des Rechts durch ein Konzert der freien Völker, das allen Nationen Frieden und Sicherheit und die Welt selbst endlich frei machen wird.

Webcode Lösungen: WES-110781-610

Methodenglossar

Eine Zeitleiste erstellen

1. **Zeichne einen waagerechten Strich**
   - Verwende ein kariertes Blatt und zeichne mit einem Lineal.
   - Nutze die gesamte Breite deines Blattes.
2. **Länge des Strichs messen**
   - Dies ist wichtig, um später den richtigen Maßstab bestimmen zu können.
3. **Zeitraum auswählen**
   - Welchen Zeitraum willst du darstellen? Wie passt dieser am besten auf die Zeitleiste?
   - Achte darauf, dass die Abstände immer gleich groß sind.
4. **Zeitleiste in Abschnitte unterteilen**
   - Zeichne z. B. alle 100 oder 500 Jahre eine Markierung und beschrifte sie mit der Jahreszahl.
5. **Ereignisse eintragen**
   - Halte die Texte möglichst kurz und arbeite mit unterschiedlichen Farben. So bleibt deine Zeitleiste übersichtlich und lesbar.

Einen Sachtext erstellen

1. **Informationen sammeln**
   - Suche Quellen zu einem historischen Ereignis, einem Sachverhalt oder zu einer Person, über die du informieren möchtest.
   - Grenze dein Thema dabei soweit wie möglich ein.
   - Verwende verschiedene Quellen (Texte, Karten, Bilder, Diagramme / Schaubilder, Fotos …).
2. **Informationen bearbeiten**
   - Unterstreiche wichtige Stellen im Text.
   - Analysiere Schaubilder oder Karten.
   - Schreibe die Informationen stichwortartig auf.
3. **Stichworte ordnen**
   - Bringe die Stichworte und Auswertungen in eine sinnvolle Reihenfolge. Nutze dieses Gerüst für deinen eigenen Sachtext.
4. **Informationen überprüfen**
   - Überprüfe, ob die Informationen tatsächlich stimmen; sind einige nicht sicher, verwende Begriffe wie wahrscheinlich, vermutlich oder vielleicht.
5. **Sachtext schreiben**
   - Formuliere die Stichworte zu einem zusammenhängenden Text aus.
   - Schreibe sachlich, das bedeutet, deine eigene Meinung gehört nicht in den Text.

Eine Geschichtskarte auswerten

1. **Informationen sammeln**
   - Was ist das Thema der Karte?
   - Welche Zeit wird dargestellt? (Welche Jahreszahlen und Daten werden genannt?)
   - Welche Erklärungen gibt die Legende zu den Farben, Zeichen und Symbolen?
   - Wie lässt sich die Landschaft der dargestellten Region beschreiben (Berge, Gebirge, Vegetation, Flüsse, Seen, Nähe zu einem Meer ...)?

2. **Beschreibe die Karte**
   - Welche Meere, Gebirge, Städte etc. sind auf der Karte zu sehen?
   - Vergleiche die Geschichtskarte mit einer aktuellen Karte aus dem Atlas (Grenzlinien, Ort- und Landschaftsbezeichnungen, Gewässernamen ...).

3. **Informationen aus der Karte deuten**
   - Was ist dargestellt (Ereignis, Entwicklung ...)?
   - Welche Rückschlüsse lassen sich aus den Details ziehen?
   - Was bedeuteten die geographischen Bedingungen für die Lebensweise der Bewohner?

Textquellen von Darstellungen unterscheiden

1. **Inhalt der Textquelle erschließen**
   - Lies den Text langsam und mehrmals durch.
   - Kläre die dir unbekannten Wörter.

2. **Textquelle analysieren**
   - Wann und von wem wurde der Text verfasst? Stammt er von einem Zeitgenossen oder wurde er mit großem zeitlichen Abstand verfasst?
   - Achte auf die Sprache: Wird von dem Verfasser nur berichtet, oder erklärt, vergleicht und deutet er im Text? Ist seine Sprache sachlich oder wertend?
   - Unterscheidet sich dieser Textausschnitt von den Texten seiner Umgebung (Schrifttyp, farbiger Hintergrund, besondere Kennzeichnung ...)?
   - Gibt es zu dem Text zusätzliche Informationen, die ihn erläutern oder vorstellen?

3. **Entscheide, ob es sich um eine Quelle oder eine Darstellung handelt.**

Ein historisches Bild beschreiben

1. **Orientierung**
   - Um was für ein Bild handelt es sich (Gemälde, Zeichnung ...)?
   - Welche Informationen liefert der Bildtext?

2. **Bild beschreiben**
   - Welches Thema wird dargestellt?
   - Wie sind die Bildinhalte angeordnet (Vorder- oder Hintergrund ...)?
   - Was ist im Einzelnen in diesen jeweiligen Abschnitten dargestellt?

3. **Bild historisch einordnen**
   - Wann ist das Bild entstanden?
   - Wer ist der Auftraggeber und wer der Künstler des Bildes?

4. **Deutung des Bildes**
   - Was erfährst du aus dem Bild über die Vergangenheit?
   - Erscheint die Darstellung realistisch oder verfälschend?
   - Welche Deutungen des Bildes sind möglich? Begründe, welche der Deutungen dir am überzeugendsten erscheint.

Einen Sachtext auswerten

1. **Lies den Sachtext genau durch**
   - Beachte auch die Überschrift.
   - Schlage in einem Lexikon die dir unbekannten Wörter nach.
   - Unterstreiche Schlüsselbegriffe. Das sind Begriffe, die auf die W-Fragen antworten: Wer tut was, wo, wann und warum?

2. **Thema des Sachtextes erschließen**
   - Worum geht es in dem Sachtext?
   - Notiere dir höchstens fünf Stichpunkte.

4. **Gliedere den Sachtext in sinnvolle Abschnitte**
   - Notiere dir für jeden Abschnitt eine passende Zwischenüberschrift.

5. **Fasse die Aussagen des Textes zusammen**
   - Bearbeite einen Abschnitt nach dem anderen.

6. **Werte den Sachtext aus**
   - Will der Verfasser informieren, seine eigene Meinung äußern oder will er den Leser zu etwas auffordern?
   - Wie aussagekräftig ist dieser Sachtext?

Ein Schaubild auswerten

1. **Thema des Schaubildes nennen**
   - Was wird in dem Schaubild dargestellt?
   - Beachte Titel oder Bildunterschrift.
   - Entscheide, ob ein Zustand oder eine Entwicklung gezeigt wird.

2. **Das Schaubildes beschreiben**
   Art
   - Welche Bedeutung hat die Form?
   - Wie ist das Schaubild aufgebaut?
   Ausgestaltung
   - Vergleiche die Größenverhältnisse der Darstellung.
   - Deute die Symbole.

4. **Aussage des Schaubildes formulieren**
   - Welche Informationen zum Thema sind dem Schaubild zu entnehmen?

5. **Das Schaubild bewerten**
   - Wie wirkt das Schaubild auf dich?
   - Werden alle Informationen richtig dargestellt?
   - Ist das Schaubild vollständig?

Eine Textquelle auswerten

1. **Inhalt der Textquelle erschließen**
   - Text langsam und mehrmals durchlesen. Laut lesen, falls der Text in Dialekt oder altem Deutsch geschrieben ist.
   - Unbekannte Wörter herausschreiben und klären.
   - Punkte … bedeuten, dass Wörter ausgelassen wurden. Wörter in Klammern [ ] sollen die Quelle verständlicher machen.

2. **Textquelle untersuchen**
   - Wer ist der Verfasser (Lebensdaten, Beziehung zum Textinhalt)?
   - Wann, wo und in welchem Zusammenhang wurde der Text verfasst?
   - Um welche Art von Quelle handelt es sich (Urkunde, Brief …)?
   - Wovon handelt der Text?
   - Wen spricht der Verfasser an?
   - Was will er beim Leser erreichen?
   - Verwendung sprachlicher Mittel, z. B. Satzlänge, Wortwahl, …

3. **Textquelle bewerten**
   - Wie berichtet der Verfasser (als Beteiligter, vom Hörensagen, …)?
   - Gibt es Textstellen, die eine bestimmte Meinung enthalten?
   - Welche Absichten verfolgt der Verfasser?

Worterklärungen

Absolutismus
Form der Herrschaft, bei der alle Macht im Staat vom Herrscher ausgeht. Der Monarch herrscht absolut, d.h. seine Macht wird nicht durch eine Verfassung oder eine Volks- bzw. Ständevertretung eingeschränkt.

Abt/Äbtissin
Vorsteher/Vorsteherin eines Klosters, der/die von den Mönchen/Nonnen gewählt wird.

Agrargesellschaft
Gesellschaft, in welcher der überwiegende Teil der Bevölkerung in der Landwirtschaft arbeitet.

Alliierte
Die im Ersten Weltkrieg gegen die Mittelmächte (Deutschland, Österreich-Ungarn) verbündeten Staaten (v. a. Frankreich, Großbritannien und Russland, ab 1915 Italien, ab 1917 die USA).

Allmende
Wälder, Weiden und Gewässer, die um ein Dorf herum liegen. Das Land darf von allen genutzt werden.

Antisemitismus
Judenfeindschaft.

Aztekenreich
Indianische Hochkultur, die im 14. Jahrhundert im heutigen Mexiko entstand und im 16. Jahrhundert von den Spaniern zerstört wurde.

Bankwesen
Banken entwickelten sich in Europa bereits am Ende des Mittelalters. Durch die Kredite, die sie vergaben, wurden in der Neuzeit neue Formen des Wirtschaftens möglich.

Blankoscheck
Meint im Zusammenhang mit dem Ersten Weltkrieg die Zusage Deutschlands, Österreich-Ungarn in jedem Fall uneingeschränkt zu unterstützen. Durch diese Zusage fühlte sich die österreichische Regierung zum Vorgehen gegen Serbien ermutigt, was letztlich zur Kriegserklärung und zum Ausbruch des Weltkrieges führte.

Bolschewiki
(russ.) Mehrheitler. Radikalere Fraktion innerhalb der russischen Arbeiterbewegung. Strebte die Diktatur des Proletariats und den Kommunismus an.

Bündnispolitik
Bündnisse sind Vereinbarungen zwischen Staaten, sich im Falle eines Krieges gegenseitig zu unterstützen.

Bürgertum
Unter Bürgertum verstand man im 19. Jahrhundert Ärzte, Rechtsanwälte, Fabrikanten, Kaufleute und andere vergleichsweise wohlhabende Personengruppen. In den deutschen Ländern strebten diese Bürger vielerorts nach politischer Mitbestimmung, von der sie weitgehend ausgeschlossen waren.

Code civil
Unter Napoleon in Frankreich eingeführtes bürgerliches Gesetzbuch, das auch großen Einfluss auf die deutschen Länder hatte.

Demokratie
Regierungssystem, in dem die Macht im Staat vom Volk ausgeht. In der Regel wird das Volk durch gewählte Abgeordnete im Parlament vertreten.

Demokratieexport
Bestreben, die demokratische Staatsform auf der Welt zu verbreiten. Dem liegt die Überzeugung zugrunde, dass Demokratien keine Kriege gegeneinander führen, sondern Konflikte friedlich lösen.

Dreieckshandel
Von den Europäern in der Neuzeit betriebener Handel zwischen Afrika, Amerika und Europa. Dabei wurden in Afrika Alkohol, billige europäische Manufakturprodukte und Waffen gegen Sklaven eingetauscht. In der → Neuen Welt tauschte man die Sklaven gegen Plantagenprodukte, die dann in Europa mit hohem Gewinn verkauft werden konnten.

Deutscher Bund
Auf dem Wiener Kongress 1815 ins Leben gerufener, loser Bund deutscher Staaten.

Einheit und Freiheit
Ein Nationalstaat, in dem eine Verfassung die persönliche Freiheit der Bürger schützte, war das Ziel der nationalen Bewegungen in Europa im 19. Jahrhundert.

Erinnerungskultur
Bezeichnet den Umgang der Gesellschaft mit ihrer Vergangenheit und ihrer Geschichte.

Epochenwechsel
Übergang von einer historischen Epoche in eine andere, z.B. vom Mittelalter zur Neuzeit. Epochenwechsel stehen meistens mit bahnbrechenden Erfindungen, Entdeckungen oder Eroberungen in Zusammenhang (z. B. Erfindung des Buchdrucks, Entdeckung Amerikas, Eroberung von Konstantinopel).

Fernhandelshäuser
Fernhandelshäuser betrieben umfangreichen Warenhandel mit fernen Ländern und erwirtschafteten dabei enorme Gewinne. Sie vergaben Kredite, auch an Fürsten und Könige, und sicherten sich dadurch weitreichende Privilegien.

Fraktion
Gruppe im Parlament, die zur Erreichung gemeinsamer Ziele zusammenarbeitet. Aus den Fraktionen entwickelten sich die heutigen politischen Parteien.

Freie Reichsstadt
Stadt, die keinen anderen Herrn außer dem Kaiser hatte und dadurch ein hohes Maß an Unabhängigkeit genoss.

Freiheitslied
Lieder, in denen politische Rechte und Freiheiten gefordert wurden. Ihre Ausbreitung war von der staatlichen → Zensur wesentlich schwerer einzudämmen als Schriften.

Frondienste
Bestimmte Dienste, welche die Bauern für den Grundherrn leisten mussten, z. B. Arbeiten auf dem Hof oder den Feldern der Grundherren.

geozentrisches Weltbild
Weltbild, nach dem die Erde im Mittelpunkt des Universums steht und sich die Sonne und die Planeten um die Erde drehen.

Gewaltenteilung
Aufteilung der Staatsgewalt in die gesetzgebende, ausführende und rechtsprechende Gewalt (Legislative, Exekutive, Judikative).

Großkhan
Oberster Herrscher der Mongolen.

Grundherr
Eigentümer des Landes, der zugleich die Herrschaft über die Bauern ausübte, die es bebauten. Der Grundherr konnte ein Adliger, ein Abt oder ein Bischof sein.

Grundherrschaft
Herrschaft über das Land und die auf ihm wohnenden Menschen. Bauern erhielten vom Grundherrn Land. Dafür mussten sie Abgaben und → Frondienste leisten.

Heiliger Krieg
Krieg, der religiös begründet wird (z. B. Verteidigung des Glaubens, Befreiung von heiligen Stätten, Vertreibung, Vernichtung oder gewaltsame Bekehrung von Angehörigen einer anderen Religion).

Heiliges römisches Reich
Das Heilige Römische Reich geht auf die Kaiserkrönung Karls des Großen im Jahr 800 zurück und bestand bis 1806. Die Kaiser des Heiligen Römischen Reiches sahen sich als Nachfolger der römischen Kaiser der Antike. Zentrum des Reiches waren die deutschen Länder, der Zusatz „deutscher Nation" wurde aber erst ab dem 15. Jahrhundert gebräuchlich.

Heimatfront
Bezeichnung für die Einbeziehung der Zivilbevölkerung in den Krieg, z. B. durch intensiven Einsatz in der Rüstungsindustrie.

heliozentrisches Weltbild
Heutiges Weltbild, nach dem die Sonne im Mittelpunkt des Sonnensystems steht und nicht die Erde.

Hörige
Mittelalterliche Bauern, die unter dem Schutz eines Grundherrn standen, diesem aber auch Abgaben und → Frondienste leisten mussten. Sie konnten gemeinsam mit dem Land, das sie bewirtschafteten, verkauft werden.

Imperialismus
(lateinisch: imperium = Reich) Das Streben eines Staates, seine Herrschaft auf andere Länder und Völker auszudehnen. Als Epoche des Imperialismus gilt besonders die Zeit von 1880 bis 1914, in der die europäischen Großmächte ihre Kolonialreiche ausbauten.

Individuum
Person, die sich durch bestimmte, ihr eigene Merkmale und Eigenschaften von anderen Menschen unterscheidet.

Industrielle Revolution
Vorgang, bei dem durch Einsatz von Maschinen und Dampfkraft die bisherigen Produktionsmethoden, wie Handwerk und Manufaktur, weitgehend ersetzt wurden. Maschinelle Fertigung und das Fabriksystem ersetzten sie. Dies führte zu wirtschaftlichem Wachstum, aber auch zu einer Umwälzung der Lebensbedingungen. Die Industrielle Revolution begann um 1760 in England, erreichte 1840 Deutschland und breitete sich später weltweit aus.

junger Nationalstaat
Staat, in dem die nationale Einheit erst in der zweiten Hälfte des 19. Jahrhunderts oder noch später vollzogen wurde. Beispiele sind Deutschland und Italien. Alte Nationalstaaten sind hingegen England oder Frankreich.

Jüngstes Gericht
Im Judentum, Christentum und Islam das göttliche Gericht über Lebende und Tote am Ende der Zeit.

Kalif
Islamischer Herrschertitel. Die Kalifen beanspruchen als Nachfolger Mohammeds die Führung der Muslime.

Kapitalist/Kapitalismus
Kapitalismus ist eine Wirtschafts- und Gesellschaftsordnung, die auf Privateigentum und einer Steuerung von Produktion und Konsum über den Markt beruht. Der Kapitalist ist eine Person, die innerhalb dieser Ordnung nach maximalem Gewinn strebt, z. B. als Unternehmer.

Ketzer
Eine Person, die nach Ansicht der Katholischen Kirche eine falsche religiöse Lehre vertritt.

Kirchenbann
Der Kirchenbann bedeutete den Ausschluss aus der christlichen Kirche.

Kolonialreich
Gesamtheit der überseeischen Gebiete eines Staates, der Kolonien besitzt.

kolonisieren
Fremde Länder mit Gewalt dem eigenen Herrschaftsbereich einverleiben. Die ursprünglichen politischen und gesellschaftlichen Strukturen werden zerstört und durch die der Kolonialmacht ersetzt.

Kolonien
Überseeische Gebiete, die von einem militärisch überlegenen Staat in Besitz genommen wurden, häufig mit Gewalt.

Kommunist/Kommunismus
Von Karl Marx und Friedrich Engels begründete Ideologie, die im „Kommunistischen Manifest“ von 1848 zusammengefasst wurde. Sie beinhaltet die Abschaffung des → Kapitalismus und fordert die Herrschaft der Arbeiterinnen und Arbeiter sowie eine klassenlose Gesellschaft.

Konfession
(lateinisch: cofessio = Bekenntnis) Bezeichnet eine Untergruppe innerhalb einer Religion (z. B. die katholische Konfession innerhalb des Christentums).

Konfessionalisierung
Die Entstehung der → Konfessionen und von Herrschaftsgebieten mit einheitlicher religiöser Ausrichtung wird von Historikern als Konfessionalisierung bezeichnet.

konstitutionelle Monarchie
Im Gegensatz zum → Absolutismus ist in einer konstitutionellen Monarchie die Macht des Herrschers durch eine Verfassung und eine Volks- oder Ständevertretung begrenzt.

kopernikanische Wende
Der von Nikolaus Kopernikus eingeleitete Übergang vom → geozentrischen zum → heliozentrischen Weltbild.

Kronvasallen
Adlige Gefolgsleute des Königs. Sie erhalten Land oder ein Amt vom König und leisten ihm dafür den → Treueeid. Kronvasallen können → Lehen an Untervasallen weitervergeben.

Kulturkonflikt
Auseinandersetzung zwischen verschiedenen Kulturen, die auch gewaltsam ausgetragen werden können.

Kulturtransfer
Übernahme von kulturellen Elementen aus einem anderen Kulturkreis, z. B. Erfindungen, Mode, Speisen, Getränke, Literatur uvm.

Kummet
Gepolsterter Holzring, der Zugtieren um den Hals gelegt wird. Am Kummet können Pflug, Wagen etc. befestigt werden.

Lehen/Lehnswesen
Das Lehen entstand im 8. Jh. im Frankenreich und bildete die Grundlage der politisch-gesellschaftlichen Ordnung im Mittelalter. Der König verlieh seinen Gefolgsmännern Land und Leute als Lehen. Dafür schuldete der Lehnsmann seinem Lehnsherrn lebenslange Treue und Gefolgschaft. Mächtige Lehnsmänner verliehen Grundbesitz erneut.

Leibeigene
Unfreie, die dem Grundherrn gehörten, dessen Land sie bewirtschafteten.

Liberalismus
(lateinisch: liberalis = die Freiheit betreffend) Gesellschafts- und Wirtschaftsauffassung, welche die Freiheit des Einzelnen als die Grundlage des menschlichen Zusammenlebens und den Fortschritt als das Wesen der geschichtlichen Entwicklung ansieht.

Luxuswaren
In Europa begehrte Handelsgüter aus der → Neuen Welt oder aus Asien, z. B. Gewürze, Seide, Teppiche, Pelze, Zucker uvm.

Materialschlacht
Schlacht, bei der die Entscheidung durch den Masseneinsatz von Soldaten und technischen Kriegsgeräten erzwungen werden soll.

Mediatisierung
Gebietsreform, bei der kleinere Herrschaften größeren Territorien einverleibt werden.

Menschewiki
(russ.) Minderheitler. Gegner der → Bolschewiki innerhalb der russischen Arbeiterbewegung.

Messe
Christlicher Gottesdienst.

Migration
Migration ist der Sammelbegriff für Auswanderung, Einwanderung und alle anderen Wanderbewegungen von Menschen (zu den Ursachen → Push-Faktoren, Pull-Faktoren).

Mission
Aktive Verbreitung der eigenen Religion, Bekehrung Andersgläubiger zum eigenen Glauben.

Mobilmachung
Vorbereitung der Streitkräfte eines Staates auf den Einsatz.

napoleonische Flurbereinigung
Neuordnung deutscher Territorien durch Napoleon, wobei viele kleinere Herrschaften in größeren → Territorialstaaten aufgingen.

Nationalismus
Politische Bewegung, welche die Gründung eines Nationalstaats zum Ziel hat.

Nationalstaat
Ein Nationalstaat war das Ziel vieler politischer Bewegungen im 19. Jahrhundert. Es sollten Staaten gebildet werden, in denen alle Angehörigen einer Volksgruppe zusammenlebten, z. B. alle Polen, Italiener, Deutsche usw.

Nationalversammlung
Versammlung, bei der die gewählten Vertreter einer Nation über eine Verfassung beraten.

Neger
Abfällige, früher weit verbreitete Bezeichnung für Menschen mit dunkler Hautfarbe.

Neue Welt
So nannten die Europäer das neu entdeckte Amerika.

Obrigkeitsstaat
Staat, in dem die öffentlichen Angelegenheiten nahezu ausschließlich von der Obrigkeit, d.h. von einer politischen, militärischen oder bürokratischen Führungsschicht geregelt werden.

Osmanisches Reich
Reich, das von Osman I. im Jahr 1299 gegründet wurde und bis 1922 bestand. In seiner Blütezeit umfasste das Osmanische Reich weite Gebiete in Kleinasien, Arabien, Nordafrika und Südosteuropa. Hauptstadt war ab der Eroberung 1453 Konstantinopel.

Patrizier
Oberschicht in mittelalterlichen Städten.

pax universalis
Umfassender Friede, bei dem politische, religiöse und gesellschaftliche Konflikte beigelegt werden.

Prager Fenstersturz
Auslöser des Dreißigjährigen Krieges. Beim Prager Fenstersturz wurden kaiserliche Gesandte von böhmischen Protestanten aus dem Fenster der Prager Burg geworfen.

Proletariat
Unterste, besitzlose Klasse in Industriegesellschaften. In der Regel ungelernte Fabrikarbeiter und ihre Familien.

Pull-Faktoren
Gründe, die Menschen dazu veranlassen, in ein bestimmtes Land einzuwandern (z.B. Frieden, Sicherheit, Arbeitsplätze, gute Verdienstmöglichkeiten, Zugang zu Bildung uvm.).

Push-Faktoren
Gründe, die Menschen dazu veranlassen, ihre Heimat zu verlassen (z.B. Kriege, Naturkatastrophen, Armut, Überbevölkerung uvm.).

Radikalnationalismus
Extreme Ausprägung des Nationalismus, bei der die Überhöhung der eigenen Nation mit der Abwertung anderer Nationen verbunden wird.

Rassismus
Rassismus ist eine Weltanschauung. Menschen werden hauptsächlich aufgrund ihrer Hautfarbe in unterschiedliche Rassen eingeteilt. In der Regel wird zudem behauptet, die eigene Rasse sei anderen Rassen überlegen.

Reformation
(lateinisch: reformatio = Erneuerung) Der Begriff bezeichnet die kirchliche Erneuerungsbewegung zwischen 1517 und 1648. Sie führte zur Spaltung des westlichen Christentums in verschiedene Konfessionen (katholisch, lutherisch, reformiert). In Deutschland wurde die Bewegung von Martin Luther ausgelöst.

Reichsacht
Die Reichsacht war eine Strafe, die der Kaiser gegen Gesetzesbrecher verhängen konnte. Der Geächtete musste auf dem Reichstag erscheinen und sich vor dem Kaiser rechtfertigen. Erschien er nicht, so verlor er jeden Rechtsschutz und durfte straffrei getötet werden.

Reichsdeputationshauptschluss
Auf Druck Napoleons erlassenes Gesetz von 1803 zur territorialen Neuordnung der deutschen Gebiete (→ Mediatisierung, Säkularisation).

Renaissance
(französisch: Wiedergeburt) Im 15. Jahrhundert wandten sich viele Menschen in den norditalienischen Städten der römisch-griechischen Vergangenheit zu. Dort suchten sie die Vorbilder für ihr Leben und trennten sich von der kirchlich-religiösen Bevormundung des Mittelalters. Der einzelne Mensch, → das Individuum, rückte in den Mittelpunkt des Interesses. Er sollte seine Fähigkeiten entfalten und durch eigenständiges Denken und Beobachten die Natur erkennen.

Restauration
Wiederherstellung der Grundzüge einer alten Herrschaftsordnung.

Rohstoffe
Materialen, die aus der Natur gewonnen werden, z. B. Holz, Öl, Kohle, Eisenerz. Sie dienen als Handelsware und zur Weiterverarbeitung.

Rüstungswettlauf
Bei einem Rüstungswettlauf steigern Länder ihre Militärausgaben immer weiter, um konkurrierende Staaten zu überflügeln.

Säkularisation
Bezeichnet die Aufhebung kirchlicher Herrschaften, die anschließend von → Territorialstaaten in Besitz genommen werden.

Seemeile
Eine Seemeile ist 1852 Meter lang.

Sendungsbewusstsein
Bezeichnet das Bestreben einer Person, Gruppe oder einer Nation, die eigenen Wertvorstellungen, Lehren oder politische Ordnungen auf andere auszudehnen und verbindlich zu machen.

Sowjets
(russ.) Rat. Sowjets können politische Aufgaben oder Verwaltungsaufgaben übernehmen und dadurch Herrschaft ausüben. Die UdSSR war formal eine Sowjetrepublik, tatsächlich ging aber alle Macht von der Kommunistischen Partei aus.

Sozialdarwinismus
Übertragung der Lehre Charles Darwins, wonach sich in der Natur immer der Stärkere durchsetzen muss, auf die

menschliche Gesellschaft. In Kombination mit dem → Rassismus wurde daraus die Vorstellung abgeleitet, dass andere Rassen verdrängt werden müssen, um die Ausbreitung der eigenen Rasse zu ermöglichen.

Soziale Frage
Bezeichnung für die ungelösten Probleme der Arbeiter im 19. Jh., die durch die → Industrielle Revolution entstanden. Hierzu zählten: niedrige Löhne, hohe Arbeitslosigkeit, lange Arbeitszeiten, schlechte Arbeitsbedingungen, fehlender Versicherungsschutz oder menschenunwürdige Wohnverhältnisse.

Staufer
Adelsgeschlecht aus Südwestdeutschland. Einige der bedeutendsten Könige und Kaiser des Mittelalters waren Staufer.

stehendes Heer
Truppen, die nicht bei Bedarf aufgestellt werden, sondern dauerhaft und auch in Friedenszeit bereitstehen.

Streik
Organisierte Arbeitsniederlegung der Arbeiter mit dem Ziel, Forderungen durchzusetzen (z. B. mehr Lohn oder besseren Arbeitsbedingungen).

Territorialstaat
Staat mit einem klar abgegrenzten Staatsgebiet und einer einheitlichen politischen Organisation und Verwaltung.

Theologie
Lehre von den religiösen Inhalten eines Glaubens.

Treueeid
Den Treueeid leisten der Lehensmann dem Lehensherrn. Er verpflichtet sich damit zu Gehorsam und Gefolgschaft (→ Lehen).

Türkenfurcht
Durch die Eroberungen und die militärischen Erfolge der Osmanen ausgelöste Ängste bei den Europäern.

Tyrann
(griech.) Herrschsüchtiger Mensch, der andere unterdrückt; bei den Griechen der Inhaber unumschränkter Herrschergewalt.

Verein
Vereinigung von Personen, die sich dauerhaft zusammentun, um ein gemeinsames Ziel zu verfolgen. Beispiele sind Sportvereine, Musikvereine, Kunstvereien uvm.

Verständigungsfrieden
Bei einem Verständigungsfrieden handeln die Kriegsparteien Bedingungen im gegenseitigen Einvernehmen aus, indem Kompromisse eingegangen werden.

Völkerfrühling
Beizeichnet den zeitgleichen Kampf für → Einheit und Freiheit in verschiedenen europäischen Staaten.

Wahlrecht
Legt fest, welche Personen in einem Staat an Wahlen teilnehmen dürfen und wer sich in ein Amt wählen lassen kann.

Wallfahrt
Religiös motivierte Reise zu einem heiligen Ort.

Weltkrieg
Krieg, an dem Staaten aus mehreren Erdteilen an verschiedenen Orten auf der Welt gegeneinander kämpfen.

Westfälischer Frieden
Bezeichnung für die 1648 in Münster und Osnabrück abgeschlossenen Friedensverträge, die den Dreißigjährigen Krieg beendeten.

Wirtschaftsliberalismus
Dem Wirtschaftsliberalismus liegt die Vorstellung zugrunde, dass sich der Staat möglichst wenig in die Wirtschaft einmischen soll.

Zäsur
Ereignis, das für die Geschichte von allergrößter Bedeutung war und einen Wandel einleitet (→ Epochenwechsel).

Zehnt
Abgabe, welche die Bauern an die Kirche entrichten mussten (ein Zehntel der Ernte).

Zensur
Überwachung und Unterdrückung von Veröffentlichungen und Meinungsäußerungen in einem Staat.

Zölibat
Verpflichtung eines Priesters zur Ehelosigkeit.

Textquellen

16 Q1 Schmid, Heinz Dieter (Hg.): Fragen an die Geschichte, Bd. 2. Frankfurt a.M. 1975, S. 15.

18 Q2 Zit. nach: Lautemann, Wolfgang (Hg.): Geschichte in Quellen, Bd. 2: Mittelalter. München 1970, S. 711 f.

26 Q1 Wetzel, Manfred: Vom Mummelsee zur Weibertreu – Die schönsten Sagen aus Baden-Württemberg. Darmstadt 2015, S. 373-375.

27 Q2 Ebenda.

28 Q1 Gottfried von Straßburg: Tristan. Hrsg v. Karl Morold, Berlin/ New York 1977, S. 76.

28 Q2 Bumke, Joachim: Höfische Kultur. Literatur und Gesellschaft im hohen Mittelalter, Bd. 2, München 1986, S. 413ff.

33 Q1 Klövekorn, G. H.: Der Aussatz in Köln, München 1966, S- 64ff.

35 Q1 https://www.planet-schule.de/stadt-im-mittelalter/ (Stand 1.8.2016)

39 Q1 Boccaccio, Giovanni: Das Dekameron. Neubearbeitete Ausgabe von Johannes von Guenther. Gütersloh 1970, S. 10.

43 Q1 Steidle, Basilius (Hg.): Die Benediktusregel, Beuron 1963.

45 Q1 Zit. nach: Strehlow, Wighard: Das Hildegard von Bingen Kochbuch. München 1996, S. 18-39.

52 Q1 Zit. nach: Kroeschell, Karl: Deutsche Rechtsgeschichte, Bd. 1, Hamburg 1972, S. 160 (gekürzt und vereinfacht).

54 Q1 Die Kreuzzüge aus arabischer Sicht, aus den arabischen Quellen ausgew. und übers. von Francesco Gabrieli, Zürich/München 1973, S. 49 f.

55 Q2 Raymond d'Aguilers. Historia Francorum qui ceperunt Iherusalem, hrsg. von John Hugh Hill/Laurita Lyttleton Hill, (Memoirs of the American Philosophical Society, Bd. 71), Philadelphia 1968. Deutsche Übersetzung: http://www.manfredhiebl.de/Raimund-von-Agiles/raimund14.htm (Stand 1.8.2016)

56 Q1 Stephan Turnbull: Mongolen – Krieger 1200-1350; Brandenburgisches Verlagshaus Siegler 2008, S. 15.

63 Q1 übersetzt von R. Pfisterer. Zit. nach: Léon Poliakov: Geschichte des Antisemitismus Band 2. Frankfurt a. M. 1978.

63 Q2 Schmal, Stephan: Umweltgeschichte – Von der Antike bis zur Gegenwart. Bamberg 2001, S. 35.

66 Q1 Zit. nach: Loening, R.: Über Zensur und Pressefreiheit. In: Deutsche Rundschau. 1898, S. 445.

72 Q1 Thielen, Peter: Der Mensch und seine Welt. Toisdorf 1974, S. 105.

74 Q1 Zit. nach: Hale, John R.: Fürsten, Künstler, Humanisten. Reinbek bei Hamburg 1973, S. 26.

76 Q1 Zit. nach: Streller, Siegfried (Hg.): Hutten, Müntzer, Luther. Werke in zwei Bänden. Bd. 2. Berlin/Weimar 1982, S. 197 f. (bearb.).

80 Q1 Aus einer Predigt von Johann Fabri, Bischof von Wien von 1530-41. Zit nach: http://oops.uni-oldenburg.de/664/1/697.pdf (Stand 1.8.2016)

87 Q1 Pletchia, Heinrich: Christoph Kolumbus. Gütersloh 1987, S. 184ff. (bearb.)

87 Q2 Grün, Robert (Hg.): Das Bordbuch des Christoph Columbus, Stuttgart 1983. S. 96–98.

88 Q1 Anuario de Estudios Americanos, Bd. 1. Sevilla 1944. Zit nach: Konetzke, Richard: Lateinamerika seit 1492. Stuttgart 1971, 6f.

90 Q1 Schmitt, Eberhard (Hg.): Dokumente zur Geschichte der europäischen Expansion, Bd. 2, München 1984. S. 330.

93 Q1 Federmann, Arnold: Deutsche Konquistadoren in Südamerika. Mit einem Nachdruck der „Indianischen Historia" von Nicolaus Federmann des Jüngeren von Ulm. Berlin 1938, S. 121 (bearb.).

94 Q1 Aus dem Bericht eines Matrosen.

Zit. nach: http://de.entdeckungsreisen.wikia.com/wiki/Vorschlag_zur_Verbesserung (Stand 1.8.2016)

94 Q2 Bartholome de las Casas: Kurzgefasster Bericht über die Verwüstungen westlicher Länder. Hrsg. von H. M. Enzensberger. Sammlung Insel 23, Frankfurt 1966.

96 Q1 Übers. v. F. Dickmann, Zit. nach: Lautemann, Wolfgang / Schlenke, Manfred (Hg.): Geschichte in Quellen. Renaissance, Glaubenskämpfe, Absolutismus, München 1976, S. 58 (bearb.)

96 Q2 Übers. v. F. Dickmann, Zit. nach: Lautemann, Wolfgang / Schlenke, Manfred (Hg.): Geschichte in Quellen. Renaissance, Glaubenskämpfe, Absolutismus, München 1976, S. 68 (bearb.).

96 Q3 Las Casas: Historia II, Kap. 12-14, Übers. v. F. Dickmann, Zit. nach: Ebenda, S. 69f (bearb.).

96 Q4 J. G. Sepúlveda, Democrates alter. Zit. nach: Dor-Ner, Zvi: Kolumbus und das Zeitalter der Entdeckungen, Köln 1991, S. 236.

97 Q5 Juan Ginés de Sepúlveda: Democrates segundo o de las justas causas de la guerra contra los Indios. Ausgabe Madrid 1951, S. 83 ff. Zit. nach: Richard Konetzke: Lateinamerika seit 1492. Stuttgart 1971, 8f.

98 Q1 Kolumbus - Ein Leben voller Irrtümer. In: Stern 21/2006.

98 Q2 Reinhard, Wolfgang: Kleine Geschichte des Kolonialismus, Stuttgart 1996, S. 338 f.

100 Q1 Bucher, Adolf (Hg.): Reformation und katholische Reform 1500–1712, Sauerländer, Aarau 1958, S. 3.

100 Q2 Junghans, Helmar (Hg.): Die Reformation in Augenzeugenberichten, Dt. Taschenbuchverlag, München 1980, S. 43.

103 Q1 Steck, Karl Gerhard (Hg.): Luther. Frankfurt a. M. 1955, S. 30 f.

103 Q2 Guggenbühl, Gottfried / Huber, Hans C.: Quellen zur Geschichte der neuesten Zeit, Zürich 1956, S. 27 f.

105 Q1 Zit. nach: Köpf, Ulrich (Hg.): Deutsche Geschichte in Quellen und Darstellungen. Bd. 3. Reformationszeit 1495–1555. Stuttgart 2006, S. 101–111.

108 Q1 Zit. nach: http://www.baltringer-haufen.de/fakten.htm (Stand 1.8.2016)

108 Q2 Köpf, Ulrich (Hg.): Deutsche Geschichte in Quellen und Darstellung, Bd. 3 Reformationszeit. Stuttgart 2001, S. 154–160 (bearb.).

108 Q3 Luther, Martin: Ausgewählte Werke. Bd. 4. Frankfurt / M. 1982. S. 133 ff.

110 Q1 Luthers Werke. Briefe, Bd. 4, Weimar 1933, S. 133 f.

113 Q1 Hans Jakob Christoffel von Grimmelshausen: Simplicius Simplicissimus. Zit nach: http://gutenberg.spiegel.de/buch/simplicius-simplicissimus-5248/5 (Stand 1.8.2016).

122 Q1 Leopold Steinfeld (Hg.): Ludwig XIV: Memoiren. Basel / Leipzig 1931, S. 137.

126 Q1 Weigand, Wilhelm (Hg.): Der Hof Ludwigs XIV. Nach den Denkwürdigkeiten des Herzogs Saint Simon. Leipzig 1913

127 Q2 De Vauban, Sébastien: Projekt, Paris 1698, S. 22 ff. (vereinfacht).

130 Q1 Pleticha, H. [Hg.], Deutsche Geschichte. Bd. 7. Gütersloh 1983, S. 273.

132 Q1 Kant, Immanuel: Werke in sechs Bänden, hrsg. v. Wilhelm Weischedel, Bd. 6: Schriften zur Anthropologie, Geschichtsphilosophie, Politik und Pädagogik. Frankfurt am Main 1964, S. 53.

133 Q2 Montesquieu, Charles de: Vom Geist der Gesetze 1, übers. und hrsg. v. Ernst Forsthoff. Tübingen 1992, S. 162 f

133 Q3 Rousseau, Jean-Jaques: Der Gesellschaftsvertrag. Stuttgart 1963, S. 30 f.

134 Q1 https://www2.landesarchiv-bw.de/ofs21/olf/einfueh.php?bestand=19764 (Stand 1.8.2016)

135 Q2 Joseph Hansen (Hrsg.), Quellen zur Geschichte des Rheinlandes im Zeitalter der Französischen Revolution 1780-1801, 4 Bde, Bonn 1931-1938, Bd. 1, Nr. 21.

135 Q3 Verband Deutscher Lesezirkel e.V.: http://www.lesezirkel.de/wasistlesezirkel.php (Stand 7.2.2017).

136 Q1 Denton, Daniel: March of America (1670), XXV1, S. 34. In: Bitterli, Urs (Hg.): Die Entdeckung Amerikas, München 1992, S. 384.

139 Q1 Lautemann, Wolfgang / Schlenke, Manfred (Hg.): Geschichte in Quellen, Bd. 4: Amerikanische und Französische Revolution, bearbeitet von Wolfgang Lautemann, München 1981, S. 93

139 Q2 Ebenda, S. 93f.

141 Q1 Markov, W. (Hg): Revolution im Zeugenstand. Frankreich 1789-1799. Leipzig 1982, S. 27f.

142 Q1 F. Schmidt: Fragen an die Geschichte. Bd. 3. Frankfut a. M. 1981, S. 147. Zit. nach: Praxis Geschichte 2 / 1996, S. 34.

142 Q2 Hartig, Irmgard und Paul: Die Französische Revolution. Tempora. Quellen zur Geschichte und Politik. Stuttgart 1984: Zit. nach: Praxis Geschichte 2 / 1996, S. 34.

146 Q1 Zit. nach: Lautemann, Wolfgang / Schlenke, Manfred (Hg.): Geschichte in Quellen, Bd. 4. München 1981, S. 177 f.

150 Q1 Die Marseillaise; aus: Nationalhymnen. Texte und Melodien. 8. Auflage. Stuttgart 1998, S. 4848.

151 Q2 Hartig, Irmgard und Paul: Die Französische Revolution. Stuttgart 1980. S. 75.

151 Q3 Paschold, Chris E. u. a.: Die Französische Revolution. Stuttgart 1989. S. 262.

152 Q1 Müller, Wolfgang: In Pantoffeln durch den Terror. Das Revolutionstagebuch des Pariser Bürgers Célestin Guittard. Frankfurt a. M. 2009, S. 333 f.

156 Q1 www.zeit.de/2008/32/OdE41-Revolution-Interview (Stand 1.8.2016).

159 Q1 http://www.kinderzeitmaschine.de/neuzeit/lucys-wissensbox/kategorie/aufklaerung-von-einem-neuen-denken-und-wer-der-erste-diener-seines-staates/frage/was-bedeutete-die-teilung-der-gewalten.html?ht=6&ut1=115 (Stand 1.8.2016).

162 Q1 Kircheisen, F. M.: „Gespräche Napoleons". Stuttgart 1912, S. 63.

163 Q2 Kraus, Hans-Christof: Das Ende des alten Deutschland. Krise und Auflösung des Heiligen Römischen deutscher Nation 1806. Berlin 2006, S. 93.

165 Q1 Praxis Geschichte 1/2010 S. 4.

168 Q1 Wentzcke, Paul/ Klötzer, Wolfgang (Hg.): Deutscher Liberalismus im Vormärz. Heinrich von Gagern, Briefe und Reden 1815–1848, Musterschmidt, Göttingen 1959, S. 60.

172 Q1 Zitiert nach: Conrady, Karl Otto (Hg.): Das große deutsche Gedichtbuch von 1500 bis zur Gegenwart, 4. Aufl., München 1995, S. 341.

173 Q2 http://www.volksliederarchiv.de/text305.html (Stand: 1.8.2016).

175 Q1 Börne, Ludwig. In: Die Waage 1818. Zit. nach: http://www.textlog.de/schlagworte-voelkerfruehling.html (Stand 1.8.2016).

175 Q2 Zit. nach: http://www.zum.de/psm/italien/seidlmayer406.php (Stand 1.8.2016).

176 Q1 Schurz, Carl: Lebenserinnerungen, Bd. 1, Berlin 1906, S. 123 f.

177 Q2 Zit. nach: Lautemann, Wolfgang / Schlenke, Manfred (Hg.): Geschichte in Quellen, Bd. 5. Das Bürgerliche Zeitalter 1815–1914, bearb. v. Günter Schönbrunn. München 1980, S. 154.

179 Q1 Auswahl aus: Bundesarchiv Außenstelle Rastatt, Erinnerungsstätte für die Freiheitsbewegungen in der deutschen Geschichte, Katalog der ständigen Ausstellung. Koblenz 1984, S. 249.

183 Q1 Ebenda.

184 Q1 Schildt, Gerhard: Aufbruch aus der Behaglichkeit, Westermann, Braunschweig 1989, 33 f.

184 Q2 Stadtarchiv Pfullingen A 252. Zit. nach: Buchners Kolleg Geschichte. Neue Ausgabe für Baden Wüttemberg. Bamberg 2010, S. 187 (bearb.).

185 Q3 Benjamin Franklin, „Observations Concerning the Increase of Mankind“ (1751): in: L. W. Labaree, The Papers of Benjamin Franklin, New Haven, vol. IV, S. 234. Zit. nach: Praxis Geschichte 1/1992, S. 47 (Übersetzung: D. Knauf).

188 Q1 Herwegh, Georg: Morgenröte, New York 1947, S. 265.

188 Q2 Treitschke, Heinrich von: Historisch-politische Aufsätze. Bd 3, Freiheit und Königtum. Leipzig 1903, S. 575f.

189 Q3 Heinemann, G.W.: Reden und Interviews, Bd. 2, Bonn 1971.

190 Q1 Briefwechsel Katharinas II. und Josephs II. Zit. nach: Wege der Völker, Bd. 6. Berlin/Hannover 1951, S. 38.

192 Q1 http://www.smb.museum/museen-und-einrichtungen/museumsinsel-berlin/ausstellungen/detail/ein-europaeischer-freiheitskaempfer.html (Stand 1.8.2016).

195 Q1 www.zeno.org/Literatur/M/Freiligrath,+Ferdinand/Gedichte/Neuere+politische+und+soziale+Gedichte/Erstes+Heft/Trotz+alledem (Stand 1.8.2016).

195 Q2 http://www.baden-wuerttemberg.de/de/unser-land/geschichte/der-suedwesten-bis-1945/der-suedwesten-bis-1945-revolution-von-oben/ (Stand 1.8.2016).

200 Q1 Salin, Eduard u. a. (Hg.): Friedrich List. Schriften, Reden und Briefe, Bd. 5, Berlin 1927–1935, S. 50.

210 Q1 Wilhelm Treue / Karl-Heinz Manegold: Quellen zur Geschichte der industriellen Revolution. Göttingen 1966, S. 217.

214 Q1 Zit. nach: Brandt, Hans-Jürgen: Die Polen und die Kirche im Ruhrgebiet. Münster 1987, S. 166f.

216 Q1 Wilhelm Gottfried Ploucquet: Über den Holzmangel und die Mittel, ihm abzuhelfen. Tübingen 1780, S. 7 u. 20.

218 Q1 Alberti, Conrad: Maschinen, Leipzig 1895. Zit nach Arbeit, Maschine, Mensch. Linz, 1987, S. 93.

219 Q2 Pietzcker, Frank (Hg.): Deutsches Bürgertum im 19. Jahrhundert, Diesterweg Verlag, Frankfurt 1978, 39 ff.

220 Q1 Deuerlein, Ernst: Gesellschaft im Industriezeitalter, Hamburg 1970, 55 f.

221 Q2 Tennstädt, Florian: Vom Proleten zum Industriearbeiter. Köln 1983, 32.

222 Q1 Plößl, Elisabeth: Augsburg auf dem Weg ins Industriezeitalter, Verlag Haus der Bayer. Geschichte, München 1985, 67.

223 Q2 Budde, Heinz: Christentum und soziale Bewegung, Paulus Verlag, Aschaffenburg 1961, 16.

227 Q1 http://www.arbeiterlieder.de/internat.htm (Stand 1.8.2016).

228 Q1 Zi. nach: Bismarck, Otto von: Gesammelte Werke. Bd. 2. Berlin 1924, S. 319 f.

230 Q1 Bickel, Wolfgang (Hg.): Rheinhessen. Zeugnisse seiner Geschichte, Diesterweg, Frankfurt a.M. 1994, 122 ff.

230 Q2 http://www.zeitklicks.de/kaiserzeit/zeitklicks/zeit/alltag/kindheit-und-jugend-1/setzen-steh-auf-ruhe/ (Stand 1.8.2016).

231 Q3 Kehr, Carl: Die Praxis der Volksschule, Thienemann, Gotha 1877, S. 45.

236 Q1 http://www.lieder-archiv.de/auf_de_schwaebsche_eisebahne-notenblatt_400120.html (Stand 1.8.2016).

239 Q N. Joniak: Das Arbeiterwohnungselend im rheinisch-westfälischen Industriebezirk. Frankfurt/Main 1908, S. 4 f.

243 Q1 Zit. nach: Lautemann, Wolfgang / Schlenke, Manfred (Hg.): Geschichte in Quellen. Das Bürgerliche Zeitalter 1815–1914, bearb. v. Günter Schönbrunn. München 1980, S. 659.

244 Q1 Nach: Mommsen, Wolfgang Justin: Imperialismus. Seine geistigen, politischen und wirtschaftlichen Grundlagen, Hamburg 1977, S. 203 f.

245 Q2 Külz, Ludwig: Blätter und Briefe eines Arztes aus dem tropischen Deutschafrika, Berlin 1906.

246 Q2 Stead, William Thomas (Hg.): The Last Will and Testament of Cecil John Rhodes, "Review of Reviews" Office. London 1902, S. 98.

248 Q1 Zimmermann, Ludwig: Der Imperialismus, Klett, Stuttgart 1971, S. 36.

250 Q1 Neitz, Johannes: Die Herero betreffend. Reise zu Samuel Maharero, 1907. Zit. nach: Gründer, Horst (Hrsg.): „... da und dort ein junges Deutschland gründen". München 1999, S. 153.

251 Q2 Nuhn, Walter: Sturm über Südwest. Der Hereroaufstand von 1904 – Ein düsteres Kapitel der deutschen kolonialen Vergangenheit Namibias, Koblenz 1989, (Nachlass Paul Leutwein, Bundesarchiv Koblenz), S. 285.

251 Q3 Zit. nach: Militärwochenblatt Nr. 96, 1905, S. 2215.

252 Q1 Zit. nach: Die Auswärtige Politik des Deutschen Reiches 1871–1914, hrsg. v. Institut für Auswärtige Politik in Hamburg, Bd. 1, Berlin 1928, S. 58 f.

257 Q1 http://germanhistorydocs.ghi-dc.org/docpage.cfm?docpage_id=1415&language=german (Stand 1.8.2016).

257 Zit. nach: Lautemann, Wolfgang / Schlenke, Manfred (Hg.): Geschichte in Quellen. Bd. 5 Weltkriege und Revolutionen 1914-1945, München 1975, S. 14.

259 Q1 Holsten, Siegmar: Allegorische Darstellungen des Krieges 1870 – 1918. Ikonographische und ideologiekritische Studien, München 1976, S. 17.

263 Q1 Zit. nach: Lautemann, Wolfgang / Schlenke, Manfred (Hg.): Geschichte in Quellen. Weltkriege und Revolutionen. 1914–1945. Bearb. v. Günter Schönbrunn, S. 57 f.

263 Q2 Zit. nach: Geschichte kennen und verstehen 9. Donauwörth 1983, S. 279.

267 Q1 Zit. n.: Witkop, Philipp (Hg.): Kriegsbriefe gefallener Studenten. München 1928, S. 32 f.

267 Q1 Ebenda, S. 234 f.

268 Q1 Remarque: Im Westen nichts Neues, Propyläen-Verlag / Berlin 1929.

269 Q2 Ebenda, S. 102 ff.

269 Q3 Ebenda, S. 286 ff.

272 Q1 Zit. nach: Lautemann, Wolfgang / Schlenke, Manfred (Hg.): Geschichte in Quellen. Weltkriege und Revolutionen. 1914–1945. Bearb. v. Günter Schönbrunn, S. 93 f.

273 Q2 Huber, Ernst Rudolf: Dokumente zur deutschen Verfassungsgeschichte 3. S. 281.

282 Q1 Wilson, Woodrow: Why we are at war. Messages to the Congress January to April. New York/London 1917, S. 7-21. Übersetzung Christian Große Höötmann. Zit. nach: Praxis Geschichte 1/2007, S. 19.

283 Q2 Liebknecht, Karl: Gesammelte Reden und Schriften. Bd. 9. Berlin 1971, S. 484f.

286 Q1 Zit. nach: Witkop, Philipp (Hg.): Kriegsbriefe gefallener Studenten. München 1928, S. 284.

287 Q2 Zit. nach: Erich Angermann, Der Aufstieg der Vereinigten Staaten von Amerika. Innen- und außenpolitische Entwicklung 1914-1957, Stuttgart, o.J., S. 7f.

Bildquellen

AFP Agence France-Presse, Berlin: 82 M2 (LUSA/I. Rosa), 94 M1 (Roger-Viollet)
Agence Roger-Viollet, Paris: 79 M3
akg-images, Berlin: 6 + 12/13, 8 + 120/121 (E. Lessing), 16 M2, 21 M3, 23 M4, 27 M3, 29 M4, 33 M4, 34 M1 + M2, 37 M2 (J. Martin), 38 M2, 39 M3 + M4, 41 M3, 42 M1 (British Library), 43 M3 (Y. Travert), 44 M3 (E. Lessing), 46 M1 (Bildarchiv Monheim), 46 M3 (H. Eid), 46 M4 (von Linden), 47 M5 (Bildarchiv Monheim), 48 M1 + M2, 51 M3 (S. Held), 52 M1, 53 M3 + M4, 54 M2 (M. Cohen), 56 M1 (VISIOARS), 56 M2 (R. u. S. Michaud), 56 M3 (Universal Images Group/Sovfoto), 57 M4 + M5, 58 M2 (Nimatallah), 59 M3 (R. u. S. Michaud), 60 M1, 63 M7, 67 M3, 68 M2, 70 M2 (E. Lessing), 70 M3, 71 M4, 71 M5 (National Maritime Museum, London), 72 M1 + M2, 75 M4 (Cameraphoto), 75 M6, 76 M1, 81 M4 (Rabatti - Domingie), 82 M1, 85 M1 (J. Martin), 88 M1, 90 M1 (Science Photo Library), 94 M2, 97 M5 (ALBUM/Documenta), 101 M2, 104 M3, 110 M1 (E. Lessing), 111 M2, 112 M1 - M3, 113 M4 (E. Lessing), 113 M5 (H.U. Franck), 114 M3 (E. Lessing), 114 M4, 115 M6 (E. Lessing), 122 M2 (E. Lessing), 123 M3, 124 M1, 127 M3 (E. Lessing), 130 M1 (North Wind Picture Archives), 132 M1, 136 M2 (British Library), 139 M2 (North Wind Picture Archives), 140 M1, 142 M1, 146 M1, 148 M1, 150 M1, 151 M3, 152 M1 + M3, 153 M5, 154 M1 (VISIOARS), 154 M2 (E. Lessing), 155 M4, 159 Mi., 164 M2, 166 M2 (Imagno), 171 M2, 172 M1, 182 M2, 203 M3 (arkivi), 203 M4, 210 M1, 212 M1 + M2, 213 M3 + M4, 216 M1, 216 M2 (Quint & Lox), 219 M3, 220 M1, 222 M2, 223 M4 (L. W. Hine), 223 M5, 224 M2, 226 M1, 227 M3 + M4, 228 M1 + M2, 231 M4 (Imagno/Austrian Archives), 231 M5, 232 M1, 233 M4 + M5, 237 u., 238 M1, 249 M3 re. (P. Weiss), 256 M3, 257 M4, 258 M2, 259 M4, 260 M1 + M2, 261 M3 + M4, 262 M1, 265 M4 + M5, 266 M1, 268 M2, 270 M2, 272 M2, 273 M3, 280 M3 (Universal Images Group/Sovfoto), 286 M2
Archiv des Fürsten von Waldburg zu Zeil, Leutkirch im Allgäu: 109 M3
Artothek, Weilheim: 32 M1 (J. Blauel), 75 M3 (J.S. Martin)
Askani, B. Dr., Schwetzingen: 22 M1
Avenue Images, Hamburg: 14 M1 (SGM/agefotostock)

Badisches Landesmuseum, Karlsruhe: 183 M3
Batchelor, J.: 86 M1
Bayerische Staatsbibliothek, München: 41 M4 (Rechtsarchäologische Sammlung Karl von Amira), 205 M2
Bibliotheca dell Archivo General de la Nacion, Mexico: 91 M5
Bibliothèque nationale de France, Paris: 55 M3, 126 M2
Bildarchiv Foto Marburg: 119 M4
Bismarck-Museum, Friedrichsruh: 186 M2
bpk–Bildagentur, Berlin: 9 o. + 160/161, 9 u. + 196/197 (SMB/Nationalgalerie/J.P. Anders), 27 M4 (SBB/Handschriftenabteilung), 38 M1 (D. Katz), 59 M4 (H. Buresch), 72 M3 (RMN), 72 M4 li. (SBB/R. Schacht), 72 M4 re. (SBB/D. Katz), 74 M2 (Scala), 80 M1, 87 M2 (L. Braun), 92 M3 (SMB/Kunstbibliothek/K. Petersen), 96 M1 + M3, 107 M3, 133 M3, 138 M1 (D. Katz), 155 M3, 158 M1 (Staatliche Kunsthalle, Karlsruhe/A. Fischer/H. Kohler), 169 M2, 177 M3, 178 M1 (D. Katz), 179 M4 (D. Katz), 188 M1, 217 M4 (L. Braun), 230 M3, 239 M3, 252 M1, 255 M3 + M4, 271 M4 (M. Mißmann)
Bridgeman images, Berlin: 30 M1, 30 M2 + M3 (Giraudon), 42 M2 (Giraudon), 45 M6, 122 M1 (Girandon), 141 M4 (Giraudon), 147 M2, 149 M2, 151 M2 (Giraudon), 152 M2 (Musee de la Ville/Musee Carnavalet, Paris), 153 M4 (Giraudon), 185 M3 (Archives Charmet/Bibliotheque Nationale, Paris)
British Library, London: 20 M1
British Museum, London: 18 M2
Bundesarchiv, Koblenz: 254 M2 (DVM 10 Bild-23-61-51)

Calagan, D., Stuttgart: 274 M1
Christoph Clasen Illustration, Hamburg: 144/145
Christoph. D., Burgrieden: 69 M4, 93 M5

Dagli Orti, G., Paris: 90 M3
Deutsches Filminstitut, Frankfurt/M.: 269
Deutsches Historisches Museum, Berlin: 40 M2, 218 M1, 218 M2 (A. Psille), 225 M3
Dorling Kindersley Ltd., London: 24/25 M1
dreamstime.com, Brentwood: 93 M4 (Vladgalenko)
Dreiländermuseum Lörrach: 234 M2

Evangelische Kirchengemeinde Stuttgart-Birkach: 116 M2 (E. Dittmann)
Eyferth, K., Berlin: Titel Vordergr.

fotolia.com, New York: 15 M3 Mi.li. (S. Krüger), 15 M3 o.Mi. (jarek106), 15 M3 o.li. (pure-life-pictures), 15 M3 o.re. (jarek106), 15 M3 u. (M. Schönfeld), 26 M1 (mmuenzl), 50 M2 (Benshot), 63 M6 (World travel images), 114 M2 (J. Sabel), 156 (M. Konz), 198 M2 (OHRAUGE/N. Bornemann), 279 M3 (B. Wylezich)
Franz, R., Essen: 284 M1 + M2

Gemeindearchiv Kuchen: 201 M4
Generallandesarchiv Karlsruhe: 234 M1
Germanisches Nationalmuseum, Nurnberg: 23 M3, 73 M6, 168 M1, 174 M1, 182 M1 (Inv.Nr.: Gew 4986)
Getty Images, München: Titel Hintergr. (W. Andrew), 99 M3 (AFP/A. Scorza), 211 M3 (Universal Images Group)

Hachette Jeunesse, Paris: 17 M3
Herzog August Bibliothek, Wolfenbüttel: 105 M5
Historisches Museum, Frankfurt/M.: 33 M3
Horber Ritterspiele: 29 M3

IGS Wedemark - www.igs-wedemark.de: 68 M1 (H. Schlimme-Graab)
INTERFOTO, München: 14 M2 (imageBROKER/M. Lange), 37 M3

(Bildarchiv Hansmann), 41 M5 (HERMANN HISTORICA), 54 M1 (NG Collection), 70 M1 (Sammlung Rauch), 78 M2 (picturedesk.com/ÖNB), 90 M2 (Hermann Historica), 104 M2 (Sammlung Rauch), 116 M1 (Toni Schneiders), 170, 198 M1 (imageBROKER/STELLA), 208 M1 (TV-Yesterday), 211 M2 (Bildarchiv Hansmann), 214 M1 (Rammlung Rauch), 230 M2 (TV-Yesterday), 235 M3 (Pulfer), 281 M4 (Votava)

Karto-Grafik Heidolph, Dachau: 55 M4, 252 M2, 253 M3
Kesper, I., Salzkotten: 140 M2

Landesarchiv Baden-Württemberg, Stuttgart: 171 M3 (Abt. Hauptstaatsarchiv Stuttgart E 146 Bü 8468 Bild 1)
Langner & Partner, Hemmingen: 31 M6
Lesegesellschaft Müllheim von 1789 e.V.: 135 M2

mauritius images, Mittenwald: 15 M3 Mi. re. (Alamy/S. Randebrock), 26 M2 (CuboImages/E. Spandu), 31 M5 (robertharding/M. Lange), 46 M2 (imageBROKER/D. Schoenen), 51 M4 (imageBROKER/K.-W. Friedrich), 62 M1 (Alamy/W. Otto), 62 M2 (B. Gierth), 62 M3 (RODRUN/Knöll), 62 M4 (Westend61/H. Spiering), 63 M5 (RODRUN/Knöll), 207 M4 (Alamy/bilwissedition Ltd. & Co. KG), 214 M2 (imageBROKER/C. Reisinger), 215 M6 (Alamy/Newzulu), 232 M3 (Alamy/pjh-pix), 278 M2 (Alamy/Enigma)
mediacolor's Bildagentur, Zürich: 105 M4
Melchior Historischer Verlag, Wolfenbüttel: 254 M1
Müller, B., Bartensleben: 20 M2
Musée de l'Assistance Publique-Hopitaux, Paris: 45 M5
Museum für Kunst und Kulturgeschichte der Hansestadt Lübeck: 101 M3
Museum für Literatur am Oberrhein, Karlsruhe: 134 M1
OKS Group, Delhi: 215 M4

Picture-Alliance, Frankfurt/M.: 44 M4 (ZB/ A. Lander), 50 M2 (Bildagentur Huber/R. Schmid), 58 M1 (B. Coleman/Photoshot), 66 M1 (dpa/H. Wieseler), 95 M3 (akg-images), 103 M2 (dpa/Ottfilm), 108 M1 (akg-images), 114 M1 (dpa/A. Keuchel), 118 M1 (dpa/Feix), 118 M2 (dpa), 131 M2 (dpa/U. Anspach), 133 M4 (akg-images), 206 M2 (akg-images), 207 M5 (dpa), 230 M1 (IMAGNO), 232 M2 (SIPA/L. Chamussy), 236 M1 (dpa/S. Puchner), 256 M2 (AP Photo), 264 M1 (Mary Evans Picture Library), 270 M1 (ZB/ Berliner Verlag), 278 M1 (Ford)

Rizzoli, Mailand: 28 M1
Robert Bosch GmbH, Stuttgart: 206 M1

Sanka, M., Düsseldorf: 49 M3
Scala Archives, Florenz: 91 M4 (Biblioteca Nazionale, Firence)
Schuster, H., Köln: 143 M1 - M3
Schwarzstein, Y., Hannover: 128 M1
Seipelt, A., Vechelde: 30 M4
Seitz, P., Hockenheim: 248 M2, 249 M3 re.
Spangenberg, F., Konstanz: 17 M4
Staatliche Schlösser und Gärten Baden-Württemberg, Ludwigsburg: 164 M1 (Landesmuseum Württemberg, Stuttgart/P. Frankenstein/H. Zwietasch)
Stadtgeschichtliches Museum, Leipzig: 125 M2 (Staatsbibliothek Württemberg), 131 M3, 264 M2 (Library an Archives Canada/PA-149311)
Süddeutsche Zeitung - Photo, München: 92 M2, 222 M1 (Scherl), 226 M2 (Rue des Archives), 259 M3 (Scherl), 271 M3 (Knorr + Hirth)

TESSLOFF Verlag, Nürnberg: 52 M2
The Israel Museum, Jerusalem: 175 M2
Tonn, D., Bovenden: Vorsatz,61, 117, 157, 193, 237, 237 o., 285

ullstein bild, Berlin: 7 + 64/65 (IBERFOTO), 19 M3 (Archiv Gerstenberg), 44 M1 (Granger Collection), 66 M2 (Archiv Gerstenberg), 79 M4 (imageBROKER/M. Siepmann), 79 M5 (Hackenberg), 88 M2 (Granger Collection), 92 M1 (Archiv Gerstenberg), 97 M4 (Imagno), 102 M1 (Archiv Gerstenberg), 104 M1 (heritage), 176 M1, 192 M1, 204 M1 (Archiv Gerstenberg), 206 M3, 215 M5 (JOKER/A. Stein), 216 M3 (Archiv Gerstenberg), 217 M5 (The Granger Collection), 224 M1 (Imagno), 229 M5 (Archiv Gerstenberg), 239 M4, 239 M6, 244 M1 (Archiv Gerstenberg), 245 M3 (Haeckel-Archiv), 246 M1 (Granger Collection), 250 M2 (Süddeutsche Zeitung Photo/Scherl), 251 M4, 263 M3 (Granger Collection), 265 M3 (Archiv Gerstenberg), 266 M2 (CK-Press), 268 M1 (Granger Collection), 272 M1, 286 M1 (Süddeutsche Zeitung Photo/Scherl)

Visum, Hannover: 248 M1 (M. Steinmetz)

Warden and Fellows of Keble College, Oxford: 44 M2 (MS 49 fol. 162r)
Wernau, T.P.: 287 M3 (static.panoramio.com/photos/original/27599892.jpg)
Wien Museum, Wien: 166 M1
wikipedia.commons: 60 M2 (Bassoonstuff), 73 M7 (V. Muratov), 81 M3 (Sandstein), 159 re., 275 M2 + M3 (Unterillertaler)

123RF.com, Hong Kong: 81 M5 (vadimmmus)

alle übrigen Karten und Schaubilder: Westermann Kartographie/Technisch Graphische Abteilung, Braunschweig

Operatorenliste

In der Tabelle findet ihr alle Operatoren, die im Buch verwendet wurden. Operatoren sind Verben, mit denen ein Arbeitsauftrag eingeleitet wird. Falls euch nicht klar ist, was von euch verlangt wird, findet ihr hier eine Erklärung und einen Tipp zu jedem Operator.

Die Operatoren sind nach verschiedenen Anforderungsbereichen gegliedert. Die Anforderungsbereiche sind mit Klammern gekennzeichnet. Informationen zu den drei Anforderungsbereichen findet ihr vorn im Buch auf Seite 4.

Tipps zum Lesen einer Aufgabenstellung:

Schritt 1: Lies die Aufgabenstellung genau durch. Wenn nötig mehrmals.
Schritt 2: Schaue in der Liste nach, was die Aufgabenstellung bedeutet.
Schritt 3: Überlege dir nun, was von dir verlangt wird („Ich muss …“ / „Ich soll …“).
Schritt 4: Löse die Aufgabe. Versuche dabei, ordentlich, genau und sauber zu arbeiten.

Aufgabenstellung	Was wird von dir verlangt	Tipp
⟩⟩ Analysiere	Du untersuchst Materialien (Texte, Bilder, Sachquellen) gründlich.	Nutze, wenn möglich, die Arbeitstechnikseiten.
⟩⟩ Arbeite ... heraus	Du gibst aus Materialien bestimmte Sachverhalte wieder.	Bearbeite das Material gründlich – der Sachverhalt ist nicht immer direkt genannt.
⟩⟩ Begründe	Du sollst Aussagen, z. B. eine Behauptung, unterstützen. Führe Beispiele und/oder Belege an.	Nutze Sachwissen, formuliere nachvollziehbar und verständlich. Verwende z. B. deshalb ... oder weil …
⟩ Beschreibe	Du gibt den Inhalt eines Materials oder einen Sachverhalt mit eigenen Worten wieder.	Bilde vollständige Sätze. Beschränke dich auf das Wichtigste. Eine Beschreibung kann mündlich oder schriftlich erfolgen.
⟩⟩⟩ Beurteile	Du überprüfst Sachverhalte, Aussagen oder Vorschläge. Begründe dein Urteil.	Um zu dem Sachurteil zu gelangen, musst du nach bestimmten Merkmalen, Eigenschaften oder Kennzeichen suchen.
⟩⟩⟩ Bewerte	Du nimmst zu Aussagen, Vorschlägen oder Maßnahmen Stellung.	Begründe deine Meinung.
⟩⟩ Charakterisiere	Du nennst Merkmale von Sachverhalten, Personen oder Gegenständen und beschreibst damit ihre Besonderheiten.	Wähle typische Merkmale.
⟩⟩ Entwickle	Du versuchst, zu einem vorgegebenen oder selbst ausgedachten Problem eine Lösung zu finden.	Achte auf Nachvollziehbarkeit.